TRAITÉ

DES

FAILLITES ET BANQUEROUTES.

AIX, IMPRIMERIE DE VITALIS, PONT-MOREAU, 2.

TRAITÉ

DES

FAILLITES ET BANQUEROUTES,

OU

COMMENTAIRE

DE LA LOI DU 28 MAI 1838.

Par J. BÉDARRIDE,

AVOCAT A LA COUR ROYALE D'AIX.

TOME SECOND.

PARIS,

GUILBERT, LIBRAIRE, | THOREL, LIBRAIRE,
RUE J.-J.-ROUSSEAU, 3. | PLACE DU PANTHÉON, 4.

AIX,

Makaire et Deleuil, libraires.

—

1844.

TRAITÉ

DES

FAILLITES ET BANQUEROUTES.

LOI

SUR LES FAILLITES ET BANQUEROUTES.

—

CHAPITRE VI.

Du concordat et de l'union.

SECTION II.

DU CONCORDAT.

—

§ I.

De la Formation du Concordat.

ARTICLE 507.

Il ne pourra être consenti de traité entre les créanciers délibérants et le débiteur failli, qu'après l'accomplissement des formalités ci-dessus prescrites.

Ce traité ne s'établira que par le concours d'un nombre de créanciers formant la majorité et représentant, en outre, les trois quarts de la totalité des créances vérifiées et affirmées, ou admises par provision, conformément à la section V du chapitre V : le tout à peine de nullité.

ARTICLE 508.

Les créanciers hypothécaires inscrits ou dispensés d'inscriptions, et les créanciers privilégiés ou nantis d'un gage, n'auront pas voix dans les opérations relatives au concordat pour lesdites créances , et elles n'y seront comptées que s'ils renoncent à leurs hypothèques, gages ou priviléges.

Le vote au concordat emportera de plein droit cette renonciation.

ARTICLE 509.

Le concordat sera , à peine de nullité, signé séance tenante. S'il est consenti seulement par la majorité en nombre, ou par la majorité des trois quarts en somme, la délibération sera remise à huitaine pour tout délai ; dans ce cas, les résolutions prises et les adhésions données lors de la première assemblée demeureront sans effet.

SOMMAIRE.

333. Chaque créancier ne peut compter que pour une voix, quel que soit le nombre de ses créances.

334. Distinction créée par un arrêt de la Cour de Bordeaux, entre les cessions antérieures à la faillite et celles postérieures, condamnée par la Cour de cassation.

335. Le mandataire compte pour autant de voix qu'il a de procurations.

336. La majorité en sommes se calcule sur le total des créances vérifiées. Elle doit être des trois quarts.

337. Exception : 1° pour ce qui concerne les créances hypothécaires ou privilégiées.

338. 2° Pour celles dues aux créanciers étrangers.

339. Les créances provisoirement admises ne comptent que pour la quotité déterminée par le tribunal.

340. Les créanciers hypothécaires ou privilégiés, s'ils votent sur le concordat, sont présumés, par cela seul, avoir renoncé à leur hypothèque ou privilége.

341. Il importe donc que le nom de ceux qui auraient voté soit inscrit au procès-verbal. Qui peut demander l'application de l'art. 5o8 ?

342. La déchéance, résultant du vote, annulle l'hypothèque et le privilége, même à l'égard des créanciers postérieurs au concordat.

343. Les priviléges sur les meubles sont également atteints par l'article 5o8.

344. La nullité ou la résolution du concordat restitue aux renonçants tous les effets de leur hypothèque ou privilége.

345. Distinction entre le concordat et les traités particuliers entre les créanciers et le failli. Ces derniers sont-ils valables?

346. La loi ne qualifie de concordat que l'acte délibéré en assemblée de créanciers et signé séance tenante. Cette signature est prescrite à peine de nullité.

347. Si dans la première réunion le concordat est voté par l'une des deux majorités, il y a lieu de renvoyer à huitaine. Ce délai, sous la loi actuelle, est de rigueur.

348. Ce renvoi n'est pas une continuation de la délibération. Tout ce qui s'est fait à la première séance est nul et sans portée.

523. L'importance du concordat a déterminé le lé-gislateur à en fixer les conditions d'une manière précise. Ces conditions se rapportent à l'époque à laquelle il est permis de le consentir, à la majorité requise pour le

rendre obligatoire, au mode de délibération qui doit être suivi.

524. A quelle période de la faillite peut-on valablement concorder ? Des motifs d'intérêt général ont déterminé la disposition de l'article 507 qui défend tout traité avant l'accomplissement des formalités prescrites par les articles précédens. Une vérité démontrée par l'expérience, c'est que les commerçants sont beaucoup trop faciles à concorder. Cela tient à leur profession, qui n'est qu'une chance perpétuelle de gains ou de pertes. Quel est le négociant dans les prévisions duquel il n'entre pas annuellement quelques faillites à supporter ? Or, la perte prévue est plus facilement supportée. Ce qu'on désire, c'est de la régler le plus tôt possible, afin de n'y plus penser.

Ce sont ces dispositions que la loi a voulu combattre. Les facilités qu'elles présentent pour terminer amiablement pourraient encourager les fraudes et contribuer à augmenter le nombre des faillites.

En effet , autoriser à concorder à l'ouverture de la faillite, c'était conférer au failli tous les bénéfices de sa position, sans lui en imposer les charges ; c'était lui permettre d'abuser ses créanciers sur l'importance de son actif, sur la consistance de son passif ; c'était faciliter l'introduction de créanciers simulés et par cela même l'adoption d'un concordat frauduleux, au mépris des droits des créanciers sérieux ; c'était enfin mettre le failli à l'abri de toutes poursuites du ministère public en créant un obstacle invincible à toutes recherches ultérieures.

Tous ces inconvéniens, le législateur de 1807, appelé à la réforme de nos institutions commerciales, les voyait se dérouler sous ses yeux. Telles étaient, en effet, les

tristes, mais réelles conséquences des prescriptions in-
complètes de l'ordonnance de 1673, dont l'insuffisance
avait été si audacieusement exploitée, que les faillis *pouvaient impunément jouir des richesses qu'ils extorquaient
à leurs créanciers* (1).

Le remède était ici à côté du mal. Le Code de commerce n'hésita pas à le prescrire, et sa disposition est
passée dans la loi nouvelle.

Il n'y a de concordat obligatoire que celui dont l'adoption a été précédée par l'accomplissement des formalités que nous avons retracées. Ainsi, le failli ne peut plus
tromper sur la consistance de son actif. L'apposition des
scellés et l'inventaire l'ont fixé d'une manière invariable.

On n'a plus à redouter le concours de créanciers simulés, la vérification ayant constaté les titres de ceux
appelés à délibérer. Enfin, si la fraude existe, elle a pu
être recherchée et punie, la liquidation ayant subi toutes ses phases préliminaires sous les regards du juge-
commissaire, et la surveillance qu'il est loisible au procureur du roi d'exercer.

525. On ne doit pas confondre le concordat avec les
traités qu'un débiteur en déconfiture peut faire avec ses
créanciers. Ceux-ci peuvent se réaliser à toutes les époques. Ils diffèrent du concordat en ce que celui-ci, s'il
est régulier et légal, oblige tous les créanciers, même
ceux qui s'y sont opposés, ou qui n'y ont point concouru,
tandis que les autres ne lient que les créanciers qui les
ont consentis. Peu importe que les adhésions soient nombreuses, qu'elles représentent la très grande majorité,
n'y eut-il qu'un seul dissident, qu'on ne pourrait non

(1) V. discussion au conseil d'état.

seulement pas le contraindre à subir le sort des autres, mais encore l'empêcher de poursuivre la déclaration de faillite, et, par là, la nullité complète du traité.

526. Il faut donc, pour qu'un traité de ce genre puisse exister, qu'il réunisse l'unanimité des créanciers. A cette condition, la loi ne pouvait que l'accepter, quelles qu'en fussent les stipulations. Mais il faut de plus que ce traité ait été consenti avant toute déclaration de faillite. Après le jugement qui la proclame, l'unanimité des créanciers se prononcerait en vain. Elle ne pourrait arrêter la marche de la faillite, ni se soustraire à l'application de l'article 507. Les formalités qui doivent précéder le concordat sont d'ordre public. Il n'est donc permis à personne d'en empêcher la réalisation.

527. A quelle majorité doit être consenti le concordat? L'ordonnance de 1673 n'en exigeait qu'une qui se composait des trois quarts des créances.

Il résultait de cette prescription, que le failli n'avait qu'à créer quelques dettes simulées pour former tout-à-coup un volume de créances capables de réduire au silence les porteurs de titres sérieux.

528. Rassurés sur ce point par la nécessité d'une vérification préalable, les auteurs du Code avaient proposé l'adoption de la disposition de l'ordonnance; mais cette proposition fut vivement attaquée par les sections réunies du Tribunat, comme ne protégeant pas également les intérêts de tous les créanciers.

« En effet, disait l'orateur, en écartant même tout soupçon de fraude, les créanciers les plus considérables dans une faillite sont toujours les négocians avec lesquels le failli fait des affaires. Or, ceux-là se prêtent volontiers à un concordat, parce qu'ils espèrent se remplir de leur perte dans les relations subséquentes qu'un commerce ultérieur leur donnera l'occasion de se ménager.

« Il n'en est pas ainsi du petit capitaliste, comme le rentier, le journalier, le domestique qui a placé ses économies sur le failli. Celui – là se les voit enlever, sans avoir pour les recouvrer, les mêmes ressources que ceux qui lui imposent ce sacrifice.

« D'ailleurs, ajoutait le Tribunat, en principe général, tout créancier a le droit d'exercer sur son débiteur tous les effets attachés à son titre, jusqu'à l'acquit parfait de ce qui lui est dû. Nulle remise ne peut lui rien faire perdre, si elle n'est consentie par lui-même et de son plein gré.

« Le concordat repose sur des bases entièrement contraires, puisqu'il s'y trouve toujours quelque créancier qui est forcé, par la volonté d'autrui, à voir s'évanouir une partie, quelquefois notable, de sa créance, et à laisser en même temps son débiteur jouir, en pleine franchise, de la liberté de sa personne et de tous les avantages du bien qui lui reste.

« Pour qu'une telle condition, quelquefois si injuste, toujours si dure à l'égard du créancier qui s'y refuse, lui soit imposée, malgré lui, il faut au moins que sa volonté se trouve contrebalancée par un grand poids de volontés opposées. Il est donc équitable que dans un concordat les voix soient, non seulement pesées, mais comptées, de manière que, pour faire la loi aux refusans, il fallût, avec la plus haute quotité de créances, réunir aussi la majorité des voix. »

529. C'est ce qui fut, en définitive, admis par le Code. C'est aussi ce que la loi nouvelle a consacré. Il n'existe donc de concordat valable que celui qui réunit la majorité des créances en nombre et en sommes.

Comment doit-on calculer cette double majorité?

530. 1° Majorité en nombre. Elle se forme de la moitié plus un des créanciers admis à voter. Or, sont admis de droit tous ceux qui ont fait vérifier et affirmer leur créance. Sera-ce sur leur nombre total que l'on devra calculer la majorité, ou bien sur celui des présens au vote?

C'est dans ce dernier sens que s'était prononcé le Code de commerce (1), et cette solution était rationnelle et juste. En effet, exiger la majorité des créanciers vérifiés, c'était laisser la décision du concordat en dehors de toutes règles, donner à la négligence ou à l'inertie la faculté de le rendre impossible, et livrer la majorité en sommes au caprice du nombre.

Sans doute, chaque créancier vérifié a droit de voter le concordat. Mais ce droit veut être exercé; celui qui s'abstient de le faire, s'en rapporte volontairement au jugement d'autrui, et se soumet à subir une loi à laquelle il n'a pas voulu s'opposer.

Il est à regretter que la loi actuelle ne se soit pas nettement expliquée sur ce point, et que l'article 507 ne reproduise plus les expressions de l'article 522 du Code. Mais cette omission ne doit pas être considérée comme introduisant un droit nouveau. Rien dans la discussion législative n'autorise une pareille idée que l'esprit de la loi repousse, au contraire, formellement. Il est certain, en effet, qu'on a voulu favoriser le concordat, et le rendre plus facile que sous le Code. Or, cette intention serait inconciliable avec la faculté laissée aux créanciers d'en empêcher l'adoption par une absence involontaire ou calculée. Il faut donc tenir aujourd'hui, comme autrefois, que les présens délibèrent pour les

(1) Art. 522.

absens, et que la majorité qu'exige la loi est celle des suffrages réellement exprimés.

531. Les mêmes motifs empêchent de considérer comme présens les créanciers étrangers qui sont encore dans les délais de la vérification. Le résultat, en effet, eut été le même, puisqu'ils peuvent être en nombre tel, qu'avec les absens volontaires, l'unanimité des votans ne pût pas atteindre à la majorité voulue ; il n'a pu certainement entrer dans l'esprit de la loi, de créer une hypothèse, dans laquelle, par la seule force des choses, le concordat serait d'avance condamné.

532. Ne sont réputés présens, dans le sens de la loi, que ceux qui ont droit de voter et qui votent, en effet. Ainsi les créanciers hypothécaires ou privilégiés ne peuvent, quoique assistant à la délibération, compter pour déterminer la majorité. Mais il en serait autrement, si, renonçant à leur hypothèque ou privilége, ils prenaient part au vote ; ou si, porteurs d'un titre ordinaire, vérifié et admis, ils avaient voté comme créanciers chirographaires jusqu'à due concurrence.

En effet, la prohibition de voter n'est relative qu'aux créances garanties par une affectation spéciale ; toute autre créance, quel qu'en soit le porteur, donne à celui-ci le droit de participer à toutes les opérations de la faillite sans distinction.

533. Mais chaque créancier ne compte que pour une voix, quel que soit, d'ailleurs, le nombre des créances dont il est porteur, soit que ces créances lui soient personnellement dues, soit qu'elles lui aient été transmises par vente, cession ou transport. Le droit de voter est indivisible, et insusceptible d'être exercé plus d'une fois par le même créancier.

534. Un arrêt de la cour royale de Bordeaux, du 26 avril 1836 (1), avait décidé qu'il fallait distinguer si les cessions étaient antérieures ou postérieures à la faillite. Dans le premier cas, disait la cour, les titres cédés se confondent sur la tête du cessionnaire, qui devient créancier unique, et qui, par conséquent, ne peut avoir qu'une voix dans les délibérations. Dans le second cas, les créanciers cédants, transmettent à leur cessionnaire, tous les droits qu'ils avaient eux-mêmes, et partant la faculté de voter que chacun d'eux avait incontestablement acquise ; conséquemment le cessionnaire doit compter dans la délibération pour autant de voix qu'il a de créances.

Mais cet arrêt, déféré à la cour régulatrice, a été cassé le 24 mars 1840. « Attendu, porte l'arrêt, que le droit de voter est un droit individuel qui ne peut être exercé qu'une seule fois par la même personne, quel que soit le nombre des titres qui lui confèrent le droit de l'exercer ; et que pour qu'il en fût autrement, il faudrait qu'il existât dans la loi une disposition qui n'existe pas dans le Code de commerce ; que la distinction faite par l'arrêt, attaqué entre les cessions faites postérieurement à la faillite et celles faites avant son ouverture, est une distinction arbitraire qui n'est également fondée sur aucune disposition de la loi (1). »

Il résulte bien clairement de cette décision qu'un créancier, ayant déjà le droit de voter, qui acquiert de nouvelles créances, confond celles-ci avec les siennes propres, que la substitution aux cédants ne lui transfère pas la faculté de voter, appartenant à ceux-ci ; en un

(1) Dalloz, 1836, 2, 147.
(1) Dalloz, 1840, 1, 38.

mot, que cette faculté étant exclusivement attachée à la personne, le même individu ne peut l'exercer plusieurs fois.

535. C'est par un autre principe qu'il faut régler le cas où un créancier réunit en ses mains plusieurs procurations. Alors, en effet, le créancier n'est plus substitué aux droits des mandants. Les créances restent distinctement sur la tête de chacun de ceux-ci qui sont censés agir personnellement. Leur mandataire a donc le droit de voter pour chacun d'eux, et il doit, dans les délibérations, compter pour autant de voix qu'il a de procurations.

536. 2° *Majorité en sommes.* Comme l'ordonnance de 1673 et le Code précédent, la loi actuelle exige pour que la majorité existe l'adhésion des trois quarts des créances. Or, il n'en est pas de cette majorité, comme de celle en nombre. On ne la calcule pas seulement sur le chiffre des créances représentées, mais sur le total des sommes vérifiées et admises.

537. Ce principe comporte cependant exception dans certains cas qui naissent, soit de la nature des choses, soit d'une prévision implicite de la loi.

1° Les créances hypothécaires ou privilégiées doivent être vérifiées. Mais elles sont loin d'être dans la position des chirographaires relativement au concordat.

Ainsi, les premières restent étrangères aux stipulations du traité. Quelle que soit la remise accordée, elles n'en seront pas moins intégralement payées, et c'est surtout à cause de ce résultat, que la loi interdit à leurs propriétaires de voter sur le concordat. Il ne serait ni rationnel, ni juste, de confier la détermination de la remise à consentir, à ceux qui ne doivent en supporter aucune.

Par réciprocité, il convient de laisser ces mêmes créances de côté, lorsqu'il s'agit de calculer la majorité en sommes exigée par la loi. Le contraire eut conduit inévitablement, dans certains cas, à la conséquence que nous signalions tout-à-l'heure, à savoir que tout concordat pourrait devenir impossible. En effet, les créances hypothécaires peuvent s'élever à plus d'un quart du passif, et, dans ce cas, l'unanimité des créanciers ordinaires ne pourrait atteindre au chiffre exigé.

Un pareil résultat serait d'autant plus extraordinaire, que les créanciers hypothécaires privés de voter, sous peine de perdre les effets attachés à leur titre, ne pourraient, dans aucun cas, compléter la majorité, et qu'ainsi les chirographaires seraient dans l'impuissance d'obtenir un concordat avantageux, et forcés, malgré eux, à se lancer dans une liquidation qui peut être désastreuse. Il n'était donc pas possible que la loi qui a voulu favoriser le concordat dans l'intérêt des créanciers, autant que dans celui du failli, se jetât dans cette inextricable difficulté.

La majorité que la loi impose ne peut être que les trois quarts des créances chirographaires. Les hypothécaires ou privilégiées, quoique dûment vérifiées, ne doivent influer en rien dans le calcul de cette majorité.

538. 2° Nous avons vu que les créances dues aux créanciers domiciliés hors France, sont censées vérifiées, lorsqu'il s'agit de la répartition des deniers. Mais il n'en est pas de même pour le concordat ; elles restent donc nécessairement en dehors de celles sur lesquelles se calcule la majorité.

539. Les créances provisoirement admises en vertu des articles 499 et 500, ne sont comptées que pour la

quotité déterminée par le tribunal. Le concordat n'est pas nul, si la contestation étant jugée, ces créances sont portées à une valeur supérieure, à moins cependant que cette augmentation n'eût pour effet de faire disparaître la majorité (1).

Le concordat qui serait intervenu en violation des dispositions de l'article 507, soit quant à l'époque où il a été consenti, soit quant à la majorité requise, serait frappé de nullité. Dans les articles suivants nous exposerons les conséquences de cette nullité, les formes et les délais dans lesquels elle doit être relevée.

510. Nous venons de voir que les créances hypothécaires restent nécessairement en dehors de toutes les opérations du concordat, à moins que leurs propriétaires ne renonçassent aux avantages qui sont attachés à leur qualité. Cette renonciation n'a pas besoin d'être expresse. Elle est complète par la seule participation au vote.

Sous l'empire du Code de commerce qui consacrait ce principe, on admettait qu'il était loisible au juge-commissaire ou au tribunal d'autoriser ces créanciers à voter, si par le rang du privilége ou de l'hypothèque, il était évident qu'ils n'en retireraient aucun bénéfice (2). Cette tolérance n'est plus dans l'esprit de la loi qui nous régit. Dans aucun cas, et quel que soit le rang de leur hypothèque, les créanciers ne peuvent voter, sans perdre immédiatement leur qualité. La loi leur laisse le choix ou de suivre les chances de la distribution du prix des immeubles, ou de revêtir la qualité de simples chirographaires. Ils ne peuvent profiter des unes et de l'autre.

(1) Vid. art. 512, n. 56.

(2) Pardessus, tom. 4, n. 1235 ; Boulay-Paty, n. 255, 256.

C'est donc à eux à voir ce qui leur est le plus avantageux, et à agir au mieux de leurs intérêts.

541. Il importe donc que les noms des créanciers hypothécaires ou privilégiés qui ont pris part au vote,
soient inscrits sur le procès – verbal. Cette constatation assure à chacun des intéressés le bénéfice de l'article 508. Or, tous les créanciers indistinctement ont
qualité pour poursuivre la déchéance encourue. Les hypothécaires, parce que les sommes que le renonçant aurait touchées seront attribuées à ceux qui viennent après
lui ; les chirographaires, parce que s'il n'existe aucune
inscription postérieure, ces sommes viendront augmenter la masse mobilière.

542. La déchéance qui résulte du vote au concordat
est absolue et définitive contre le créancier. Son hypothèque est à jamais éteinte, même en faveur du tiers
qui aurait contracté avec le failli, postérieurement au
concordat, alors même que celui – ci consentirait à la
considérer comme valable. Admettre le contraire, serait éluder la loi, et donner à la fraude une large issue.
En effet, tous les créanciers hypothécaires pourraient
voter, imposer ainsi le concordat aux chirographaires,
après s'être assurés d'avance de la volonté du failli, de
considérer comme non avenue la renonciation écrite
dans l'article 508.

Or, loin d'autoriser de pareilles conséquences, l'intention de la loi a été de proscrire toute espèce de
fraude dans l'obtention du concordat. Aussi le créancier
qui se trouverait dans cette position ne pourrait-il même
exciper du consentement du failli. Dans tous les cas,
non seulement il n'obtiendrait pas d'être relevé des effets de sa renonciation tacite, mais il serait encore susceptible d'être poursuivi en vertu de l'article 597.

543. Les créanciers privilégiés sur les meubles sont-ils, par rapport au concordat, placés sur la même ligne que les privilégiés sur les immeubles? Sont-ils, comme eux, atteints par la prohibition de l'article 508?

Cette question était controversée sous l'empire du Code. M. Locré (1) soutenait la négative. L'affirmative était, au contraire, enseignée par MM. Pardessus (2) et Boulay-Paty (3). C'est dans ce dernier sens que semblent l'avoir résolue le texte et l'esprit de la loi actuelle.

Le texte. Il est certain, en effet, qu'en comparant la disposition de notre article 508 avec celle de l'ancien article 520, on est forcé de reconnaître que la première a entendu régir tous les priviléges de quelque nature qu'ils soient, puisque après avoir parlé des créanciers dispensés d'inscription, c'est-à-dire des privilégiés sur les immeubles, elle ajoute les privilégiés ou nantis d'un gage. Il est évident que ce second membre de phrase ne peut s'appliquer qu'aux priviléges sur les meubles.

L'esprit de la loi corrobore cette explication. Les privilégiés sur les meubles ne sont pas plus soumis aux conditions du concordat que les privilégiés sur les immeubles. Quelle que soit la remise consentie, ils retirent toujours l'intégralité de leur créance. Et puisque ce motif a fait écarter ceux-ci du vote, on ne voit pas pourquoi on ne prendrait pas la même décision contre les autres, *ubi eadem ratio, idem jus.*

L'intérêt des créanciers chirographaires est: que tous ceux qui ne participent pas à la perte qui résulte du concordat, ne concourent pas à la rendre obligatoire. Sur

(1) *Esprit du Code de commerce*, tom. 6, pag. 45.
(2) Tom. 4, n. 1235.
(3) Tom. 1, pag. 362, n. 255.

ce point, il n'y a nulle différence entre les privilégiés sur les immeubles et les privilégiés sur les meubles. Ils doivent conséquemment être tous placés sur la même ligne et être atteints par les mêmes prohibitions.

Pour les uns, comme pour les autres, le vote au concordat entraîne donc renonciation à tous les effets de leur privilége.

544. Dans tous les cas où cette renonciation est encourue, elle n'est définitive que si le concordat reçoit son exécution. En conséquence, si celui-ci n'était pas homologué, s'il était annulé ou rescindé, les créanciers hypothécaires ou privilégiés rentreraient dans la plénitude de leurs droits, et seraient relevés des effets de leur renonciation. Dans le concordat, comme dans tous les autres contrats synallagmatiques, les deux obligations sont corrélatives et inséparables. Les créanciers ne sont censés avoir renoncé à leurs droits que contre les avantages promis par le concordat. Si la réalisation de ceux-ci devient impossible, leur propre obligation s'évanouit et s'efface. Toutes les parties sont remises au même état qu'avant.

545. On ne doit pas confondre le concordat avec les traités que le failli peut souscrire individuellement avec un ou plusieurs de ses créanciers. Ces traités, en les supposant valables, n'obligent que ceux qui les ont contractés.

Or, cette validité serait aujourd'hui beaucoup plus douteuse que sous l'empire de la législation précédente. Ce qui nous le fait penser ainsi, c'est l'intention manifeste du législateur de réprimer énergiquement tout ce qui tendrait à amener une inégalité quelconque dans le sort des créanciers. Dans tous les cas, ces traités devraient être appréciés sous l'influence de l'article 597, dont la sévère application est la garantie la plus efficace de la sincérité du concordat.

546. La loi ne considère comme tel que l'acte qui est délibéré par l'assemblée des créanciers régulièrement convoqués. C'est pour empêcher qu'il en soit autrement que l'article 509 exige que cet acte soit signé, séance tenante. Sans cette précaution, le concordat pourrait être colporté auprès des créanciers, et des adhésions recueillies par séduction ou corruption, arrachées par la ruse à la faiblesse, imposeraient la loi aux dissidens. Or, dans bien des circonstances, cette loi est assez dure, pour qu'on ait dû, dans toutes, s'assurer de la sincérité des suffrages qui l'ont sanctionnée.

La signature, séance tenante, est impérieusement exigée à peine de nullité. Le juge-commissaire doit donc veiller à l'exécution stricte de cette formalité. Le concordat intervenu au mépris de cette prescription ne pourrait être homologué par le tribunal. Chaque intéressé pourrait faire valoir cette irrégularité, et casser le concordat prétendu, si le tribunal ne croyait pas devoir le faire d'office.

547. Si les adhésions recueillies à la première séance ne représentent ni la majorité en nombre, ni celle en sommes, le concordat est définitivement rejeté. Mais, si l'une de ces majorités s'est prononcée en faveur du traité, la loi autorise une seconde épreuve, en permettant le renvoi de la délibération à huit jours.

La précédente législation contenait une disposition semblable. Mais, dans l'exécution, celle-ci avait reçu une modification dont la législation actuelle est insusceptible. On décidait en effet, sous le Code, que l'article 522 n'était que comminatoire, et que rien n'empêchait

que le concordat qui n'avait pas été admis dans la seconde réunion ne le fût postérieurement (1).

Cette doctrine ne saurait être adoptée sous l'empire de
notre article. Elle a été formellement proscrite, ainsi que
nous l'apprend la discussion législative. Le délai que
l'article 509 accorde est un délai fatal, entraînant une
déchéance absolue. Si, dans la seconde délibération, le
concordat n'est pas sanctionné par la majorité de l'article 507, il est immédiatement procédé à l'union. Le
juge-commissaire est forcé d'en proclamer l'existence (2).
Il devient donc désormais impossible même de s'occuper
d'un concordat.

548. L'article 509 a définitivement tranché une difficulté que le vague de l'article 522 du Code de commerce avait fait naître, à savoir : si les créanciers qui
avaient adhéré au concordat dans la première réunion
étaient liés par leur consentement. Le doute n'est plus
permis aujourd'hui en présence des termes formels de
la loi. Il n'y a de concordat obligatoire, même pour
ceux qui l'ont signé, que celui qui réunit la majorité
indispensable pour sa constitution valable. L'absence de
cette majorité laisse le traité en état de simple projet,
et rend sans effet les adhésions qui avaient été déjà recueillies.

Or, le renvoi à huit jours autorisé par l'article 509
n'est pas une continuation de la délibération ; c'est une
délibération nouvelle, indépendante de la première, qui
s'ouvrira au jour indiqué. Là les propositions du failli
seront renouvelées, et la discussion recommencera sur

(1) Dalloz A., tom. 8, p. 125, n° 15.— Caen, 2 avril 1838.— Dalloz
P. 40, 2, 13.

(2) V. inf. art. 529, et cass. 6 août 1840. D. P. 40, 1, 329.

leur appréciation. C'est à la majorité des membres présens que la délibération devra être prise, et l'admission ne sera valable que si cette majorité signe le traité séance tenante. Les créanciers absens ne seront point comptés pour déterminer cette majorité, alors même qu'ils auraient assisté à la réunion qui a déjà eu lieu, et signé le concordat. En un mot, tout ce qui a été fait avant la seconde réunion est considéré comme non avenu, et ne saurait être invoqué en faveur ou contre le failli.

ARTICLE 510.

Si le failli a été condamné comme banqueroutier frauduleux, le concordat ne pourra être formé.

Lorsqu'une instruction en banqueroute frauduleuse aura été commencée, les créanciers seront convoqués à l'effet de décider s'ils se réservent de délibérer sur un concordat, en cas d'acquittement, et si en conséquence, ils sursoient à statuer jusqu'après l'issue des poursuites.

Ce sursis ne pourra être prononcé qu'à la majorité en nombre et en somme déterminée par l'article 507. Si, à l'expiration du sursis, il y a lieu à délibérer sur le concordat, les règles établies par le précédent article seront applicables aux nouvelles délibérations.

ARTICLE 511.

Si le failli a été condamné comme banqueroutier simple, le concordat pourra être formé. Néanmoins, en cas de poursuites commencées, les créanciers pourront surseoir à délibérer jusqu'après l'issue des poursuites, en se conformant aux dispositions de l'article précédent.

SOMMAIRE.

449. La prohibition de concorder, faite au banqueroutier frauduleux, n'a pas besoin d'être justifiée. Il eut été immoral que l'homme que la loi condamne à une peine afflictive et infamante obtînt de ses créanciers une faveur réservée à la bonne foi et au véritable malheur.

Aussi, le législateur n'a-t-il pas voulu que les intérêts privés en opposition avec l'intérêt public amenassent une transaction, lorsqu'il y a crime. Nous aurons occa-

sion de remarquer plus d'une fois que la disposition
de l'article 510 est d'ordre public, qu'il ne peut y être
dérogé sous aucun prétexte, et que la banqueroute non
seulement empêche tout concordat à intervenir, mais
encore efface et annulle celui déjà intervenu.

450. Le Code de commerce était beaucoup plus sévère que la législation actuelle. Notre article ne prohibe
le concordat qu'en cas de condamnation intervenue,
tandis que l'article 521 du premier faisait produire cet
effet à la simple présomption, sans s'expliquer sur le cas
où, par suite de l'instruction, cette présomption venait
à se dissiper. Cette lacune se trouve aujourd'hui remplie
par le second paragraphe de l'article 510.

En principe donc, le soupçon de fraude ne suffit plus
pour rendre tout traité impossible. Il y a possibilité de
concorder tant que le failli n'est pas condamné. Tant
qu'il n'est que poursuivi, il ne saurait, il est vrai, intervenir de concordat définitif, il eût été imprudent de le
permettre, puisque si la poursuite se terminait par une
condamnation, celle-ci entraînerait de plein droit la
nullité de ce qui aurait été fait ; mais la délibération
peut être suspendue jusqu'après le jugement; et comme
cette suspension n'est qu'une concession faite à l'intérêt
des créanciers, c'est à eux que la loi s'en rapporte pour
en déterminer l'opportunité.

Le législateur de 1838 a compris que dans bien des
cas les créanciers auront beaucoup à perdre à être contraints à contracter l'union; que le concordat n'est pas
seulement favorable au failli ; qu'il importait donc, en
voulant punir justement celui-ci, de ne pas faire supporter aux premiers les fâcheuses conséquences du doute
qui existe encore. Ce but nous paraît atteint par la dis-

position qui autorise le sursis en cas de poursuites pour banqueroute frauduleuse. Les créanciers, en effet, ne manqueront pas de le consacrer toutes les fois que leur intérêt exigera d'éviter l'union.

541. Le sursis ne peut être admis que s'il est voté par la majorité voulue pour le concordat lui-même, c'est-à-dire la moitié plus un des votants et les trois quarts des créances chirographaires admises. Le législateur semble s'être vivement préoccupé de cette pensée : que pour différer la marche de la faillite, il fallait avoir la presque certitude que le concordat sera adopté, s'il est possible qu'il le soit. Présumant en conséquence que les opposants au renvoi s'opposeront plus tard au concordat lui-même, il considère comme inutile de retarder une solution que le nombre et le chiffre des oppositions rendent dès lors extrémement probable.

552. Nous ne saurions nous associer à cette préoccupation, et l'exigence d'une pareille majorité pour autoriser le sursis nous paraît contrarier le but que celui-ci doit atteindre. Il a été dans la pensée de la loi de favoriser le concordat. Or, est-ce cette pensée que l'on poursuit, lorsqu'on laisse au premier mouvement d'irritation la faculté de le rendre impossible, dans des conditions telles que la plus extrême prudence devait protéger les créanciers contre leur propre impulsion.

En effet la poursuite contre le failli peut n'avoir pour base qu'une erreur que le grand jour de l'audience viendra éclaircir et dissiper. Et cependant, cette poursuite imméritée se sera aggravée par le rejet du concordat qu'elle aura peut-être seule déterminé. Il est possible, il est même probable que l'opposition de certains créanciers n'aura été que la conséquence de la conviction de la fraude imputée au failli, conviction que les créanciers ont tous ordinairement à l'ouverture de la faillite, et qui, dans la circonstance, aura puisé un plus haut degré de force dans l'accusation poursuivie par la justice. Cette éventualité n'était-elle pas de nature à empêcher que le sort de tous les créanciers, que l'avenir du failli fût livré à la merci d'un petit nombre d'entre eux, qui seront les premiers à regretter plus tard la mesure irréparable qu'ils ont prise par erreur ?

Il eut été, ce semble, beaucoup plus rationnel de suivre, dans ce cas, la règle ordinaire des assemblées délibérantes, et de s'en rapporter à la majorité des votants; ou bien, puisque la condamnation pour banqueroute frauduleuse est seule exclusive du concordat, proclamer en principe qu'il serait sursis à la délibération, lorsque le failli serait poursuivi, sauf à la majorité des créanciers de déclarer qu'il serait passé outre. On évitait ainsi de laisser à quelques refus la faculté de proscrire le concordat ; on donnait à chaque créancier le moyen de redresser son opinion, de s'éclairer des renseignemens que l'instruction aura fait surgir. On substituait, enfin, à une précipitation irréfléchie, une marche plus juste, quoique plus lente.

En l'état, il n'existe, relativement au soupçon de banqueroute frauduleuse, qu'une différence, plutôt apparente que réelle, entre la disposition de la loi nouvelle et celle du Code précédent. Sous l'empire de celui-ci, l'effet de la prohibition était peu sensible, soit par les longs délais qui s'écoulaient de l'ouverture de la faillite à la délibération du concordat, et qui permettaient toujours de fixer la position du failli ; soit parce que l'union devant être contractée par les créanciers, il était tou-

jours loisible à ceux-ci d'en retarder l'époque. Aujour-
d'hui, au contraire, le rejet du sursis entraîne de plein
droit l'union qui doit être proclamée séance tenante.
C'est ce qui se réalisera, dans la plupart des cas, par la
difficulté que présente la nécessité de réunir la majorité
en nombre et en sommes en faveur du sursis.

553. Quoi qu'il en soit, dès qu'il y aura poursuite
commencée, le juge-commissaire consultera les créanciers sur le sursis; si celui-ci n'est pas adopté par la majorité en nombre et en sommes, il doit être passé outre
à l'union.

554. Si l'une de ces majorités se prononce pour
l'affirmative, faut-il, aux termes de l'article 509, renvoyer la délibération à huitaine? Il convient, dans le silence du texte, de rechercher l'esprit de la loi. A notre
avis, on parvient ainsi à résoudre affirmativement cette
question.

Le sursis, en cas de poursuite pour banqueroute
frauduleuse, est assimilé au concordat. Il doit être admis par la majorité requise pour celui-ci. Il est donc
naturel que dans une circonstance identique l'on procède également pour l'un et pour l'autre, et que la double épreuve ordonnée leur soit commune.

Le rejet du sursis, lorsque l'une des deux majorités
le sanctionne, ne condamne pas seulement le failli, mais
encore l'autre majorité elle-même. Or, entre celle qui
adopte, et celle qui ne s'est pas prononcée, il serait
par trop rigoureux d'opter pour le côté de la rigueur,
avec d'autant plus de raison que cette dernière peut
ne manquer que d'un nombre ou d'un chiffre peu
important. D'ailleurs un tel état de choses constitue au
moins un doute, et ce doute ne peut être tranché que
par une nouvelle et dernière épreuve. Ce qui est vrai

pour le concordat, ne peut pas ne pas l'être pour le sursis, puisque le refus de celui-ci entraîne inévitablement la constitution de l'union, et produit, par conséquent, un effet analogue au rejet du premier. Il ne pouvait donc entrer dans l'esprit de la loi d'agir dans un cas autrement que dans l'autre.

Conséquemment l'obligation, quant à la majorité, d'obéir à l'article 507, dans le cas de sursis, crée celle de se conformer à l'article 509, lorsque cette majorité se divise. Il y a donc lieu de recourir à une seconde épreuve, lorsque, sans être encore décisive, la première a été favorable.

555. Si le sursis est accordé, la délibération sur le concordat est de plein droit renvoyée jusqu'après l'issue de la poursuite. A cette époque, une convocation nouvelle, faite dans les formes prescrites par l'article 504, réunit les créanciers qui peuvent ou non consentir le concordat, selon qu'il y a eu acquittement ou condamnation.

556. C'est le principe de celle-ci, et non la peine appliquée, qui doit, dans ce dernier cas, faire admettre ou rejeter le concordat. Ainsi, le failli condamné pour banqueroute frauduleuse, en faveur de qui le jury aurait admis des circonstances atténuantes, et qui n'aurait été puni que correctionnellement, ne resterait pas moins sous le coup de la prohibition de l'article 510.

557. On avait agité sous le Code la question de savoir si la plainte en banqueroute déposée par un créancier suffisait pour empêcher le concordat. On pourrait aujourd'hui se demander s'il y aurait lieu à délibérer sur le sursis? La négative doit s'induire des expressions *poursuites commencées*, que le législateur a avec intention inscrites dans les articles 510 et 511.

Le droit de plainte qui appartient à chaque créancier serait une source d'abus, si on l'assimilait à l'action réalisée de la justice. Celle-ci suppose qu'il existe contre le failli des indices graves, des présomptions puissantes qu'il convient d'apprécier. L'autre, au contraire, peut n'avoir de fondement que le ressentiment de la perte que la faillite fait éprouver; n'être, entre les mains du créancier, qu'un moyen de retarder la liquidation, ou qu'une spéculation, pour effrayer le failli, et lui imposer des sacrifices particuliers (1).

On n'a donc pas voulu attacher à la plainte d'un créancier un effet réservé à l'instruction commencée, à la poursuite réalisée. Il est, par conséquent, malgré l'existence de cette plainte, loisible aux créanciers d'adopter le concordat, sauf au plaignant de s'opposer à l'homologation, si la plainte a déterminé des poursuites.

558. Le projet du Code de commerce présentait une disposition analogue à celle de l'article 511. Mais la discussion au conseil d'état ne fut pas favorable à la distinction entre la banqueroute simple et la banqueroute frauduleuse. L'article 521 les plaça sur la même ligne, et défendit tout traité dans l'une comme dans l'autre.

Cette disposition était d'autant plus rigoureuse, qu'indépendamment de ce qu'elle assimilait la faute au crime, elle ne punissait pas seulement le fait constaté, mais encore le simple soupçon. Si l'examen des actes, disait l'article 521, livres et papiers du failli, donne quelques présomptions de banqueroute, il ne pourra être fait aucun traité entre le failli et ses créanciers.

(1) Il serait dangereux de laisser aux créanciers le droit d'empêcher le concordat. Chacun d'eux pourrait, par ce moyen chercher à se procurer des avantages particuliers. (Exposé des motifs en 1838).

Mais il ne faut pas perdre de vue les circonstances au milieu desquelles se trouvait le législateur de 1808. On sortait à peine d'une crise qui avait favorisé tous les désordres, et le scandale des faillites avait été poussé si loin, qu'il semblait que la répression ne pouvait en être trop sévère. Il fallait, par des mesures énergiques, rassurer le crédit public, ramener la confiance, en faisant de la loyauté la condition essentielle de toutes relations commerciales.

Trente ans de ce régime ont permis au nouveau législateur de se départir d'une sévérité qui n'était plus dans nos mœurs. Il répugnait, en effet, au progrès de celles-ci de voir punir, comme banqueroutier frauduleux, le malheureux que le fait de n'avoir pas tenu de livres réguliers, quelquefois par impuissance de le faire, ou d'avoir omis de déposer son contrat de mariage au greffe du tribunal de commerce, faisait déclarer banqueroutier simple.

559. Déjà la magistrature s'était associée à cette répugnance. Plusieurs arrêts avaient, dans des circonstances de ce genre, refusé d'annuler les concordats intervenus, contrairement au texte formel de la loi et malgré la jurisprudence de la cour de cassation (1).

L'article 511 généralise le principe de ces arrêts, et l'étend à tous les cas de banqueroute simple. Le concordat n'est plus prohibé. C'est aux créanciers à décider si le fait qui la constitue permet ou exclut l'indulgence.

560. Le concordat, pouvant être consenti après la condamnation, peut à plus forte raison l'être tant que le failli n'est que poursuivi. Il semblerait dès lors que tout

(1) V. notamment Rouen, 21 novembre 1835. Aix, 9 janvier 1840, D. P. 37, 2, 132 ; 41, 2, 30.

sursis à la délibération ne pût constituer qu'un retard inutile. Cependant la loi en admet la possibilité, dans ce cas,
comme dans celui de banqueroute frauduleuse. Cette
prescription se légitime par l'intérêt que peuvent avoir
les créanciers à être fixés sur les véritables causes de la
faillite, sur la gravité de la faute reprochée au failli,
avant de traiter définitivement. On leur a permis, dans
cet objet, de suspendre leur décision jusqu'après l'issue
de la poursuite.

L'admission du sursis ne peut être prononcée qu'à la
majorité en nombre et en sommes fixée par l'article 507.
Dans l'hypothèse actuelle, cette exigence de la loi nous
paraît beaucoup plus naturelle. En effet, le concordat
pouvant être valablement adopté, quelle que soit l'issue
de l'information, il était inutile de suspendre la délibération, et de perdre un temps précieux, pour se retrouver
en définitive dans une position identique. Il convenait
donc de permettre qu'il en fût ainsi, seulement, dans le
cas où une utilité réelle et démontrée viendrait le prescrire. Ce cas se réalise, lorsque la grande majorité de
l'article 507 a elle même proclamé cette utilité.

561. L'exécution des prescriptions des articles 510
et 511 est confiée au juge-commissaire, et après lui,
au tribunal de commerce. C'est au premier à proclamer l'union dans le cas de banqueroute frauduleuse,
si elle est constatée, et dans le cas d'une poursuite de
cette nature, si le sursis a été rejeté. Si, par négligence,
ou inattention, il laisse former un concordat, le tribunal
doit en refuser l'homologation, alors même que tous les
créanciers la demanderaient. On ne peut pas transiger
sur une prohibition d'ordre public, et tel est le caractère de celle consacrée par l'article 510.

L'initiative déférée au juge–commissaire et au tribunal ne fait nul obstacle au droit d'opposition ouvert à
chaque créancier. Il y a même plus ; le concordat fait
au mépris de l'article 500 est frappé d'une nullité tellement radicale que l'homologation même ne serait pas
un obstacle à ce qu'on le fît ultérieurement annuler.

ARTICLE 512.

Tous les créanciers ayant eu droit de concourir au
concordat, ou dont les droits auront été reconnus depuis
pourront y former opposition.

L'opposition sera motivée, et devra être signifiée aux
syndics et au failli, à peine de nullité, dans les huit jours
qui suivront le concordat; elle contiendra assignation à
la première audience du tribunal de commerce.

S'il n'a été nommé qu'un seul syndic, et s'il se rend
opposant au concordat, il devra provoquer la nomination
d'un nouveau syndic, vis-à-vis duquel il sera tenu de
remplir les formes prescrites au présent article.

Si le jugement de l'opposition est subordonné à la
solution de questions étrangères, à raison de la compétence du tribunal de commerce, ce tribunal surseoira à
prononcer jusqu'après la décision de ces questions.

Il fixera un bref délai dans lequel le créancier opposant devra saisir les juges compétens et justifier de ses
diligences.

ARTICLE 513.

L'homologation du concordat sera poursuivie devant
le tribunal de commerce, à la requête de la partie la plus
diligente; le tribunal ne pourra statuer avant l'expiration
du délai de huitaine, fixé par l'article précédent.

Si, pendant ce délai, il a été formé des oppositions, le tribunal statuera sur ces oppositions et sur l'homologation par un seul et même jugement.

Si l'opposition est admise, l'annulation du concordat sera prononcée à l'égard de tous les intéressés.

ARTICLE. 514.

Dans tous les cas, avant qu'il soit statué sur l'homologation, le juge-commissaire fera au tribunal de commerce un rapport sur les caractères de la faillite et sur l'admissibilité du concordat.

ARTICLE 515.

En cas d'inobservation des règles ci-dessus prescrites, ou lorsque des motif tirés, soit de l'intérèt public, soit de l'intérèt des créanciers, paraîtront de nature à empêcher le concordat, le tribunal en refusera l'homologation.

SOMMAIRE.

570. Sont parties nécessaires dans l'instance le failli, les syndics. S'il n'en existe qu'un et qu'il soit opposant, il doit, avant tout, se faire remplacer.

571. La dénonciation de l'opposition doit contenir ajournement à la première audience utile. Quelle est cette audience?

572. La poursuite de l'opposition est personnelle à l'opposant. Les autres créanciers ne peuvent ni intervenir, ni suivre l'instance en cas de désistement.

573. Si les causes de l'opposition excèdent la compétence consulaire, il est sursis au jugement de celle-ci jusqu'après la décision des juges ordinaires. Modification au Code de commerce.

574. Le jugement qui prononce le sursis doit déterminer un délai dans lequel l'opposant sera tenu d'investir le juge compétent et de justifier de ses diligences.

575. Influence du jugement de l'opposition sur l'homologation. Le concordat annulé à la requête d'un seul créancier est nul pour tous les autres.

576. La nullité du concordat, pour tout autre cause que pour banqueroute frauduleuse, ne constitue pas les créanciers en état d'union.

577. Les jugemens sur l'opposition peuvent être attaqués par appel.

578. En l'absence de toute opposition, l'homologation est poursuivie par la partie la plus diligente, sur simple requête, sans ajournement et sans plaidoirie.

579. Le jugement doit, dans tous les cas, être précédé d'un rapport du juge-commissaire.

580. Le tribunal peut toujours accorder l'homologation, excepté 1° si le failli a été condamné pour banqueroute frauduleuse.

581. 2° Si les règles prescrites par les articles précédens ont été violées.

582. 3° Si des motifs tirés soit de l'intérêt public, soit de l'intérêt des créanciers, paraissent de nature à empêcher le concordat.

583. Le tribunal peut, en outre, refuser d'office l'homologation pour cause de fraude, alors même que, poursuivi pour banqueroute frauduleuse, le failli a été acquitté.

584. Il le peut aussi, si le failli a été condamné pour banqueroute simple.

585. Le jugement qui refuse ou accorde l'homologation est-il susceptible de recours de la part soit des syndics, soit du failli, soit des créanciers?

586. Est-ce par opposition ou par appel que l'on doit procéder.

587. Les prescriptions des articles 513 et 514 sont-elles ordonnées à peine de nullité?

588. L'annulation du jugement d'homologation remet les parties au même état qu'auparavant. La plus diligente doit donc demander derechef l'homologation que le tribunal peut refuser ou accorder de nouveau.

562. Le concordat voté par la majorité requise par les articles précédens n'est encore qu'un projet de transaction arrêté entre les créanciers et le failli. Il ne devient définitif et obligatoire que lorsque, soumis à l'examen du tribunal de commerce, il a été approuvé par la justice. Cette approbation résulte du jugement qui prononce l'homologation.

La nécessité de l'homologation se justifie par les conséquences que le concordat entraîne. En principe général, les conventions n'ont de force qu'entre les parties contractantes. Ici, au contraire, on a dû admettre que le vœu de la majorité liait la minorité ; d'où la conséquence que les créanciers connus ou inconnus doivent le subir. C'est pour consacrer cette dérogation au droit commun, que l'on appelle le concours de la justice.

Celle-ci veillera à ce que le traité ne soit pas le produit d'une majorité viciée. Elle protègera la minorité contre l'excès d'une générosité injustifiable. Elle s'assurera que les formes, protectrices des intérêts de tous, ont été religieusement observées. Son intervention a donc une haute portée, il importe que les magistrats en soient eux-mêmes convaincus, pour qu'ils ne soient jamais portés à ne la considérer que comme une pure formalité.

563. C'est au tribunal de commerce que l'on doit demander l'homologation. Ce soin est laissé à la partie la plus diligente. La loi n'a même fixé aucun délai à cette

action. Seulement, le tribunal ne peut jamais prononcer avant l'expiration de celui de huit jours à dater de la signature du concordat.

On l'a voulu ainsi, parce que les créanciers qui voudront réaliser le recours que la loi leur laisse, étant obligés de former leur opposition dans ces huit jours, il pourra être statué sur le tout par un seul et même jugement.

564. La voie d'opposition au concordat est ouverte à tous ceux qui y ont été parties, ou qui auraient eu le droit d'y concourir. Dans ces termes se trouvent compris ceux qui ont signé, mais par rapport à eux, il convient de remarquer qu'ils ne seraient recevables dans leur opposition que si leur consentement ayant été le résultat du dol ou de l'erreur, ils prouvaient qu'ils n'ont découvert l'un et l'autre, qu'après avoir signé; ou bien encore, que si les causes de leur opposition étaient postérieures au concordat (1).

565. Les créanciers qui, présens à la délibération, ont refusé de signer cet acte, ont incontestablement le droit de l'attaquer. On ne pouvait sans injustice les empêcher de déférer à la justice l'appréciation des moyens qu'ils ont fait valoir à l'assemblée. Ces moyens que la majorité a repoussés pourraient fort bien être admis par le tribunal, et faire annuler la transaction.

566. Pour les créanciers qui n'ont pas assisté à la délibération, il faut distinguer entre ceux dont les créances ont été vérifiées et admises, et ceux qui n'ont pas subi cette double opération. Les premiers sont considérés comme les non signataires et l'on doit leur appliquer les même règles.

(1) V. infrà art. 518.

Quant aux derniers, l'article 512 leur reconnaît le droit de former opposition au concordat, mais ils doivent, avant tout, faire vérifier et affirmer leurs créances. Tant qu'ils n'ont pas au moins dénoncé leur qualité au juge-commissaire et aux syndics, ils ne sont pas censés créanciers. Ils ne peuvent, par suite, exercer aucune des facultés attachées à cette qualité.

Mais il importe de remarquer que si les créanciers retardataires ont le droit de se faire reconnaître jusqu'à la distribution intégrale de l'actif, la faculté de s'opposer au concordat n'est, dans aucun cas, possible qu'avant l'expiration de la huitaine de la signature; et que, passé ce délai, elle ne peut plus être exercée. Cette déchéance tellement absolue, qu'elle s'applique à la femme mariée, aux mineurs, aux interdits, régit les créanciers qui ne se sont pas présentés. On ne pouvait, en effet, laisser éternellement l'état du failli en suspens. Les créanciers négligens sont assimilés aux créanciers vérifiés qui ont gardé le silence; ils seraient, comme eux, non recevables à former opposition.

Celui qui se présenterait dans la huitaine pourrait valablement former opposition, quoique sa créance fût contestée. Cette opposition est indépendante du jugement sur la contestation. Il suffit qu'elle ait été réalisée dans le délai légal pour qu'aucune éventualité puisse priver le créancier des effets qu'elle est susceptible de produire. Or, la contestation n'enlève pas la qualité de créancier; c'est le jugement qui peut seul produire cet effet. Conséquemment, tant que ce jugement n'est pas rendu la présomption qui résulte du titre rend le porteur capable de prendre toutes les mesures conservatrices des droits qu'il peut avoir. Seulement, le jugement

de l'opposition est forcément renvoyé jusqu'après la décision de la contestation sur la qualité de l'opposant.

Admettre le contraire serait rendre le créancier victime d'un fait qui lui est étranger, des lenteurs calcu-
lées que la vérification de sa créance peut rencontrer.

Ce serait de plus le livrer à la discrétion du failli, ou
de tout autre intéressé, qui saurait bien, pour se débarrasser d'un redoutable adversaire, lui susciter une contestation, dût cette contestation ne produire d'autre résultat que de rendre, par l'expiration du délai légal,
toute opposition au concordat impossible.

Le créancier qui requiert sa vérification, avant l'expiration du délai de l'article 512 , n'est donc pas tenu
d'attendre que son admission ait été prononcée. Il peut,
dès qu'il a denoncé sa qualité, former opposition au
concordat, s'il le croit utile à ses intérêts. Le tribunal
saisi doit surseoir à y statuer jusqu'après le réglement
des contestations que cette vérification fait naître.

Si ces contestations ne portaient que sur une partie
de la créance, tout sursis deviendrait inutile. Il serait
alors certain que le réclamant est créancier pour la partie
non contestée ; et, comme le droit de former opposition
n'est pas subordonné au chiffre de la créance, mais
seulement à la qualité de créancier, la certitude de celle-
ci rendrait l'appréciation de l'opposition indispensable.
Le tribunal pourrait donc y statuer immédiatement.

567. Les créanciers provisoirement admis aux termes des articles 499 et 500, peuvent former opposition,
alors même que la contestation sur leur qualité ne serait
pas encore jugée. Le tribunal peut surseoir ou passer
outre à la décision de cette opposition , selon que le
litige existerait sur la totalité ou sur une partie seulement de la créance.

Il est cependant une hypothèse où le sursis serait forcé, malgré que la contestation fût limitée à la quotité de la créance, à savoir si l'admission de la partie contestée était de nature à modifier la majorité qui a voté le concordat. Il y a, en effet, entre les retardataires et les créanciers provisoirement admis, cette différence que les premiers, n'ayant pu, par leur négligence, assister à la délibération, n'étant même pas à cette époque réputés créanciers, restent à tout jamais exclus des personnes et des sommes sur lesquelles se calcule la majorité. De là la conséquence que celle obtenue n'est, dans aucun cas, modifiée par leur admission ultérieure.

Les seconds, au contraire, se sont spontanément présentés en temps utile. Ils ont requis leur admission dans le délai légal. On ne pourrait donc raisonnablement les rendre victimes des contestations qui leur ont été suscitées. En conséquence, c'est sur la somme qui leur est réellement due, que se calcule la majorité. Le jugement qui rejette les contestations et admet l'intégralité de leur créance, a un effet rétroactif qui le reporte au moment où l'admission a été demandée par le créancier.

Il résulte de cette rétroactivité que si la majorité qui a admis le concordat ne représente plus les trois quarts des créances, le concordat est nul. On comprend, dès lors, que toutes les fois que la partie de la créance contestée doit, si elle est admise, entraîner de telles conséquences, le tribunal considère comme un devoir de surseoir à statuer sur l'opposition jusqu'après le jugement définitif sur la contestation.

Toutefois, ce retour sur la majorité n'est possible que lorsque le créancier dont l'admission intégrale le déterminerait, a formé opposition au concordat. D'où la conséquence, qu'en l'absence de toute opposition de ce genre, le concordat serait régulièrement obvenu, et que l'homologation devrait être prononcée par le tribunal, quel que fût le nombre des créances provisoirement admises et non définitivement réglées au moment où cette homologation est demandée.

568. Les créanciers privilégiés ou hypothécaires peuvent-ils former opposition au concordat ? Les termes de l'article 512 font cesser toute incertitude. Cette voie n'appartient qu'à ceux qui ont eu le droit de concourir au concordat, ou dont les droits ont été reconnus depuis. Or, les privilégiés ou hypothécaires, étant nommément exclus de ce concours, ne pourraient revendiquer une faculté incompatible avec leur qualité.

Cette conséquence du principe posé par l'article 508 nous paraît rationnelle. On comprend, en effet, que le concordat reste en dehors des atteintes de ceux qui ne doivent pas en supporter les effets. Il convenait donc de laisser, à ceux qui doivent en ressentir tout le poids, le soin exclusif de veiller à ce qu'il ne soit pas consenti contrairement à leurs intérêts et au mépris des prescriptions de la loi.

Cependant ce principe reçoit exception, et les créanciers hypothécaires ou privilégiés peuvent dans les délais de l'art. 512 former opposition au concordat.

1° Si en réalisant cette opposition ils déclarent renoncer aux effets de leur privilége ou hypothèque. Cette renonciation, loisible à toute époque, leur assurerait l'exercice de tous les droits attachés à la qualité de simple chirographaire à laquelle ils se réduiraient.

2° Si au moment de l'opposition le prix des objets affectés à leur privilége ou hypothèque ayant été distri-

bué, leur créance n'avait pas été colloquée en rang utile.
Cette hypothèse peut se réaliser lorsque l'expropriation
ayant été poursuivie avant la faillite, l'ordre a été définitivement clôturé avant l'expiration du délai de huit
jours depuis la signature du concordat. La validité de
l'opposition est, dans ce cas, subordonnée à la condition
que le créancier n'ait absolument rien touché dans l'ordre ; car, si une partie de sa créance, quelque minime
qu'elle fût, avait été payée, sa qualité d'hypothécaire
ayant produit ses effets, le soumettrait pour toujours aux
prescriptions de l'art. 508, et partant à l'exclusion qui
en résulte quant au droit de former opposition.

569. En la forme, l'opposition est réalisée par une
réquête contenant les motifs sur lesquels elle est fondée.
L'omission de cette formalité frappe de nullité la demande de l'opposant. On l'a ainsi admis pour empêcher
ces oppositions, qui ne sont souvent tentées que pour
effrayer le failli et l'amener à composition.

Ce but du législateur donne la mesure complète de
ce que l'on doit entendre par l'obligation de motiver
l'opposition. Une énonciation générale, que le concordat a été fait au mépris des prescriptions de la loi, ne
suffirait pas. La requête doit impérieusement renfermer
l'énonciation détaillée des vices sur lesquels l'opposition
est fondée. De plus, et pour se conformer au véritable
esprit de la loi, on devrait décider que l'opposant est
non recevable à invoquer d'autres moyens que ceux
qu'il aurait explicitement énumérés dans sa requête.

570. Sont parties nécessaires dans l'instance en opposition les créanciers et le failli. Les premiers continuent à être valablement représentés par les syndics.
D'où la conséquence que le créancier opposant ne doit

ajourner que ces derniers. S'il n'existe qu'un seul syndic et que celui-ci ait lui-même formé opposition, il
ne peut poursuivre cette opposition qu'après avoir fait
nommer un autre syndic. Cette nomination appartient
au tribunal de commerce.

Le failli est ordinairement représenté par les syndics.
Mais, dans cette circonstance, la loi fait une exception
au principe de l'incapacité du failli qui n'est anéantie
que par l'homologation définitive du concordat. L'importance réelle du débat soulevé par l'opposition a motivé et justifie cette exception.

571. L'opposant doit donc appeler dans l'instance
le failli et les syndics. L'ajournement doit être signifié
pour la première audience utile. Il faut entendre par là
celle qui suit l'expiration du délai de huitaine de la signature du concordat. Car tant que ce délai n'est pas
expiré, il peut se former de nouvelles oppositions ; et
il est dans l'intention de la loi qu'il soit statué sur chacune d'elles par un seul et même jugement. Si l'audience indiquée était antérieure à cette expiration, le
tribunal devrait surseoir et renvoyer à un jour postérieur.

572. La poursuite de l'opposition reste purement
personnelle à celui qui l'a réalisée. Ceux qui se sont abstenus ne pourraient, après l'expiration du délai de huitaine intervenir dans l'instance et profiter de la diligence
de l'opposant. M. Pardessus (1) pense, en outre, qu'ils
seraient non recevables à poursuivre la plainte en banqueroute qu'ils auraient précédemment formée, et dont
leur adhésion tacite au concordat ferait supposer l'a-
bandon.

(1) N° 1240.

Il suit encore de notre principe, que si l'opposant se désistait de son opposition, tout serait irrévocablement terminé en faveur du failli, aucun autre créancier ne pouvant se faire substituer dans la poursuite.

573. Malgré que l'homologation soit exclusivement déférée au tribunal de commerce, il peut arriver que ce tribunal soit incompétent pour l'appréciation de l'opposition. C'est ce qui se réalise lorsqu'elle repose sur des faits dont la connaissance appartient à la juridiction ordinaire, par exemple, lorsque l'opposant prétend que le failli est coupable de banqueroute frauduleuse, qu'il a dissimulé son actif au moyen de ventes dont il attaque la sincérité. Il est évident, dans ces cas, que le sort de l'opposition est subordonné à l'instruction criminelle sur la plainte en banqueroute, ou à l'annulation des actes simulés. Or, le tribunal de commerce ne peut ni réaliser la première, ni prononcer la seconde.

L'art. 635 du Code de commerce déférait, dans ces cas et autres analogues, la connaissance de l'opposition aux juges ordinaires, seuls compétens pour en apprécier les causes. Mais la loi nouvelle a abrogé cette disposition. La connaissance de l'opposition appartient désormais dans toutes les hypothèses au tribunal de commerce ; seulement il est sursis à y statuer jusqu'après la décision des juges ordinaires sur les causes de l'opposition (1).

574. Cette nécessité de deux jugemens, l'un préjudiciel, l'autre sur l'opposition, pourrait entraîner une perte de temps considérable, si le créancier opposant n'avait, pour intenter son action devant le juge compétent, d'autres règles que sa volonté. Il pourrait être

(1) Vid. nos observations sur le préambule de la loi.

d'autant moins pressé de le faire, que son opposition
elle-même peut n'être qu'un prétexte pour empêcher le
concordat de sortir à effet, et pour amener le failli à un
sacrifice. C'est pour remédier à cette éventualité, que la
loi exige que, par le jugement qui ordonne le sursis, le
tribunal de commerce détermine un délai, pendant lequel le créancier sera tenu de réaliser son action et de
justifier de ses diligences. Si l'opposant laisse écouler ce
délai, sans investir l'autorité compétente, le tribunal de
cemmerce doit, sur la demande de la partie intéressée,
le débouter incontinent de son opposition.

575. L'homologation du concordat est la conséquence
naturelle du rejet des oppositions. Mais si ces oppositions sont fondées, si elles sont admises, le concordat
est déclaré nul à l'égard de tous les créanciers sans
exception.

Cette disposition remplit une lacune qui avait donné
lieu, sous l'empire du Code, à bien des difficultés. On
s'était demandé si le concordat, annulé sur l'opposition
d'un créancier, restait obligatoire pour tous ceux qui
n'avaient pas formé opposition. Les auteurs, et notamment M. Pardessus (1), considérant le silence de ces
derniers comme un acquiescement au concordat, s'é-
taient prononcés pour l'affirmative, sauf à ces créanciers à demander la résolution, si par l'effet du jugement sur l'opposition, le failli ne pouvait plus exécuter
le concordat.

Cette solution avait ce singulier résultat qu'un acte
qui est de sa nature indivisible pouvait être nul pour
les uns et valable pour les autres. On arrivait ainsi à
cette conséquence étrange que même la fraude du failli
envers tous ses créanciers lui était profitable contre la

(1) N° 1242.

plupart d'entre eux ; et que là où la loi a exigé une
égalité absolue pour tous, certains créanciers recevaient
la totalité de leur créance, tandis que d'autres ne pouvaient jamais en recevoir qu'une partie. Il pouvait
donc résulter de cette doctrine que dès qu'une seule
opposition menaçait le concordat, chaque créancier
devait se rendre à son tour opposant pour profiter de
la chance d'annulation et se faire payer l'intégralité de
ce qui lui était dû.

Ce système et ses conséquences sont proscrits par la
loi actuelle. Le concordat, nul pour un seul des créanciers, est nul pour tous. Cela paraît, et est, en effet,
beaucoup plus rationnel ; car que l'opposition soit fondée sur la fraude, ou sur la violation de la loi, il suffit
que l'une ou l'autre ait réellement existé pour qu'il soit
impossible de la diviser dans l'application. Le vice qui
en résulte atteint le traité dans sa partie essentielle et
en anéantit tous les élémens.

D'ailleurs le concordat quoique signé n'est pas encore
obligatoire, même pour les signataires. Il ne le devient que par l'homologation. Cela est si vrai, que si le
tribunal de commerce, en l'absence de toute opposition,
refuse celle-ci, le concordat ne saurait recevoir d'exécution. Par quel motif plausible donnerait-on au refus
d'homologation, provoqué par les plaintes fondées d'un
créancier, un effet moins général qu'au refus prononcé
d'office par le tribunal de commerce ?

576. La nullité du concordat prononcée pour tout autre cause que pour banqueroute frauduleuse ne constitue pas les créanciers en état d'union. Les créanciers
doivent seulement être appelés à délibérer de nouveau.
Leur convocation doit être faite et l'avis donné dans les
formes prescrites par les articles 504 et suiv.

577. Les jugemens qui prononcent sur les oppositions sont susceptibles d'appel de la part de la partie
qui a succombé. Cet appel doit être émis dans la quinzaine de la signification. L'instance d'appel est poursuivie entre l'opposant, les syndics et le failli.

578. Nous venons de voir que les uns et les autres
sont parties nécessaires sur l'opposition. Il n'en est pas
de même pour l'homologation. Celle-ci est demandée
par une simple requête, sans assignation, par la partie
la plus diligente, dès l'expiration du délai de l'opposition.

Ces formes expéditives et sommaires ont fait craindre qu'on ne vît dans le jugement à rendre par le tribunal, qu'une simple formalité sans importance, plutôt
qu'un acte sérieux, et c'est pour obvier à la mécon-
naissance formelle de l'intention de loi qui naîtrait de
cette idée, que l'article 514 a tracé les obligations que
le juge a à remplir, en l'absence de toute discussion
contradictoire surtout.

En effet, le jugement d'homologation est une épreuve
solennelle imposée principalement au failli. Il doit être
aux yeux de la justice, digne de la faveur que ses créanciers lui ont témoignée, et qui ne sort à effet que si elle
est ratifiée par l'autorité judiciaire.

579. C'est au juge-commissaire que la loi confie l'exécution de cette haute pensée. Le jugement du tribunal
doit être précédé d'un rapport de ce magistrat. Ce rapport, nécessaire dans tous les cas, est indispensable en
l'absence de toute opposition ; il doit exposer les caractères de la faillite, la conduite du failli, l'état de ses affaires et les causes de sa catastrophe ; il doit énoncer si les
formalités voulues par la loi ont été remplies, et si le
concordat est ou non admissible. Mention de l'exécution

de cette importante formalité doit être faite dans le jugement qui admet ou rejette l'homologation.

580. La loi laisse à la prudence du tribunal à accorder ou refuser l'homologation ; elle se borne à indiquer quelques cas dans lequel le refus est forcé, à savoir :

1° Si le failli a été condamné pour banqueroute frauduleuse. Cette défense est la conséquence directe de la disposition de l'article 510. Si à l'époque où l'homologation est demandée, le failli n'est que poursuivi, le tribunal renvoie à y statuer, jusqu'après l'événement de la poursuite.

Les prescriptions du second paragraphe de l'article 510, rendent cette dernière hypothèse peu probable. Elle peut cependant se réaliser si, depuis le vote du concordat, et sur la plainte d'un créancier, une information en banqueroute frauduleuse a été prise.

581. 2° Lorsque les règles prescrites par les articles qui précèdent n'ont pas été observées. Ces règles ne concernent pas seulement l'intérêt privé, mais encore l'ordre public ; elles protègent celui-ci ; car elles ont pour but de rendre les faillites moins nombreuses, en enlevant aux faillis toute espérance d'un arrangement clandestin et précipité ; en les soumettant aux investigations intéressées des créanciers et de la justice. Il était donc rationnel d'attacher à leur violation une sanction pénale suffisante pour la prévenir et l'empêcher.

Le tribunal de commerce peut donc aujourd'hui refuser d'office l'homologation pour violation des formes. Cette possibilité avait fait, sous l'empire du Code, l'objet d'un doute grave en doctrine et en jurisprudence. L'opinion même la plus généralement adoptée, était que l'initiative du tribunal se restreignait au cas de fraude,

parce que, disait-on, les formes étant plus particulièrement en faveur des créanciers, ceux-ci pouvaient valablement y renoncer. Or, cette renonciation résultait
explicitement de l'absence de toute opposition.

On invoquait, en outre, la disposition de l'article 526
qui n'admettait pour causes de refus de l'homologation
que l'inconduite et la fraude. La preuve, disait-on, que
cet article était limitatif, c'est que le refus du tribunal
constituait le failli en prévention de banqueroute. Or,
cette prévention, naturelle dans la supposition d'une inconduite ou de fraude, aurait été exorbitante et injuste
dans le cas d'inobservation des formalités qui ne pouvait même être exclusivement imputable au failli (1).

Ce dernier motif avait seul une véritable et réelle importance ; et ce qui prouve qu'il devait faire admettre
l'opinion qui l'invoquait, c'est que la loi actuelle qui a
consacré l'opinion contraire a abrogé les conséquences
que le Code attachait au refus d'homologation. Quel
qu'en soit aujourd'hui le motif, et principalement en ce
qui concerne la violation des formes, ce refus n'établit
plus une présomption de banqueroute.

582. 3° Si des motifs tirés soit de l'intérêt public, soit
de l'intérêt des créanciers, paraissent de nature à empêcher le concordat. Le refus, dans ce cas, est subordonné à l'existence de ces motifs. Mais cette existence
reconnue et constatée dans le jugement, aucune considération ne saurait autoriser, ni légitimer l'adoption de
l'homologation.

Bien entendu que l'appréciation de ces motifs est
laissée tout entière à l'arbitrage du tribunal. Ainsi, si

(1) Pardessus, n. 1243 ; Boulay-Paty, tom. 1, pag. 270 ; Locré, sur
l'article 526.

II.   4

les magistrats étaient convaincus qu'il y a eu fraude, s'il est certain pour eux que le concordat est le fruit de complaisances illégales, ou d'une collusion trop souvent déterminée par des manœuvres et des transactions illicites, si même les conditions du concordat leur paraissent excéder les bornes de la raison (1), ils doivent refuser leur approbation et ne pas hésiter à repousser la demande en homologation.

583. Le tribunal de commerce pourrait – il refuser d'homologuer le concordat sous prétexte de fraude, alors que le failli, ayant été poursuivi pour banqueroute frauduleuse, aurait été acquitté ? En fait, la loi n'imposant pas aux juges l'obligation d'indiquer les élémens de leur conviction, il est certain que leur indépendance est absolue, et qu'il suffit qu'ils soient convaincus de l'existence des motifs dont parle l'article 515, pour qu'ils soient autorisés à refuser l'homologation dans toutes les hypothèses. En droit, notre question pourrait paraître douteuse, si la chose jugée au criminel pouvait avoir une influence forcée sur la décision des tribunaux ordinaires. Mais depuis longtemps les principes sont fixés sur ce point, et nous croyons incontestable que les faits mêmes qui ont motivé la poursuite, peuvent être pris en considération, après l'acquittement, pour faire rejeter la demande en homologation, soit que le tribunal pense que le jury s'est trompé, soit que des circonstances nouvelles viennent donner à la fraude une plus grande consistance.

584. La condamnation pour banqueroute simple,

(1) Il y a peu de temps, le tribunal de la Seine a refusé d'homologuer un concordat qui avait réduit les créances à cinq pour cent, et accordé au failli cinq ans pour le paiement de ce dividende.

bien qu'elle ne soit plus une prohibition de concorder , peut cependant motiver le rejet de l'homologation. Les causes de cette condamnation peuvent être de telle nature, qu'il y eût danger, pour l'intérêt public, à donner au failli un témoignage d'indulgence, que la loi réserve à la bonne foi, à la négligence, à l'imprudence même, mais jamais à la déloyauté.

585. Le jugement qui accorde ou refuse l'homologation est-il susceptible de recours? Nous avons déjà dit qu'aucun doute ne saurait s'élever, lorsqu'une opposition ayant été formée, le tribunal a statué contradictoirement entre toutes les parties sur cette opposition, et comme conséquence sur l'homologation. Il y a alors une instance ordinaire, soumise, comme tout autre, aux principes qui régissent les deux degrés de juridiction. Mais, lorsqu'en l'absence de toute opposition l'homologation est demandée, il n'y a d'autres parties en cause que le poursuivant. La question de recours peut donc éprouver une véritable difficulté, non seulement en ce qui concerne le failli et les syndics, en cas de refus d'homologation, mais principalement à l'égard des créanciers dans l'hypothèse contraire.

Si l'homologation est refusée, la raison de douter qu'il puisse exister un recours se puise dans les termes et dans l'esprit des articles 514 et 515. Pour ce qui concerne l'homologation, le tribunal exerce, avons – nous dit, un pouvoir dont la loi ne lui demande aucun compte. Son opinion se détermine sur le rapport du juge - commissaire et sur les faits puisés dans la conduite du failli et dans les circonstances de la faillite qui s'est déroulée sous ses yeux. Dans cette occurrence, il est difficile d'admettre un mal jugé, de nature à être réparé par l'auto-

rité supérieure ; d'autant plus que celle-ci devra se prononcer en l'absence de toute contradiction, et sur simple
requête, et sans que sa décision puisse être éclairée par
le rapport du juge-commissaire.

Cependant l'intérêt majeur que l'homologation a pour
le failli et pour les créanciers ; le silence de l'article
583 qui laisse cette décision sous l'empire du droit commun, doivent faire admettre pour les uns et pour les autres la faculté d'émettre appel, si, sur leur demande ,
l'homologation n'a pas été accordée.

Si le jugement accorde l'homologation, les créanciers
seuls pourraient avoir à s'en plaindre. Mais, par rapport
à eux, la faculté de l'attaquer paraîtrait condamnée par
de considérations bien plus puissantes encore.

D'abord, l'article 512 n'accorde que huit jours
pour former opposition au concordat. Or, concéder,
après ce délai, la faculté de recourir contre le jugement
qui l'homologue, ne serait-ce pas relever les créanciers
de la déchéance absolue dont cet article les frappe , et
éluder sa disposition ?

Ensuite l'absence de toute opposition n'est-elle pas
de la part des créanciers un acquiescement formel au
concordat? Or, qui veut la fin veut les moyens ; et puisqu'il ne saurait exister de concordat valable sans homologation, l'adhésion à celui-ci entraîne le consentement
à celle-là, ce qui rendrait inattaquable le jugement qui
la prononce.

Enfin, à ces causes de non recevabilité vient s'en joindre une autre non moins précise, le défaut d'intérêt des
créanciers à faire annuler le jugement. En effet, la loi
n'a pas prescrit à l'homologation un délai après lequel
elle ne puisse plus être prononcée. Or, le défaut d'op-

position ayant rendu le traité définitif, rien ne s'opposerait à ce que, après l'infirmation d'un premier jugement, on ne fît prononcer l'homologation par un autre
plus régulier.

Quelque concluants que puissent paraître ces motifs
contre l'admission d'un recours quelconque envers le
jugement qui a homologué le concordat, c'est l'opinion
contraire qui a prévalu en doctrine et en jurisprudence;
on s'en est référé au droit commun dans le silence de
la loi spéciale. Mais, il importe de remarquer que l'action des créanciers se borne à exciper des irrégularités
qui pourraient vicier le jugement, comme si, par exemple, il avait été rendu contrairement aux prescriptions
des articles 513 et 514, elle ne pourrait jamais aller jusqu'à contester le concordat lui-même, ni soutenir qu'il
doit être annulé. Sur ce point, tout est terminé par le
défaut d'opposition; et ainsi, se trouvent conciliés le
droit de recours, et la disposition de l'article 512.

586. Quelle est la voie que les créanciers doivent
prendre pour obtenir la réformation du jugement d'homologation? doivent-ils procéder par appel ou par opposition?

On a voulu distinguer trois hypothèses: ou l'homologation a été poursuivie par les syndics, ou par le failli
contre les syndics, ou par le failli seul.

Dans les deux premiers cas, les créanciers ont été parties dans l'instance. Car, jusqu'après l'homologation,
les syndics les représentent valablement; ils ne pourraient donc venir que par appel contre le jugement.

Dans le troisième cas, le jugement pourrait être assimilé à un défaut, et la voie de l'opposition semblerait

indiquée naturellement. C'est dans ce sens que se prononce M. Pardessus (1).

Plusieurs motifs, selon nous, condamnent cette opinion. D'abord, il nous paraît impossible d'assimiler à un
défaut le jugement rendu sur l'homologation du concordat. Il ne peut y avoir défaut que lorsque la partie ayant
été appelée, n'a pas comparu. Or, dans l'instance en
homologation, l'appel en cause des créanciers n'est pas
même ordonné, puisque la loi en confie la poursuite
à la partie la plus diligente sans ajournement et sans
débats.

La raison d'une telle prescription est facile à saisir.
L'homologation n'est qu'une conséquence de l'admission
du concordat. Consentir à celui-ci, c'est conférer au
failli le mandat de la requérir, de la faire prononcer.
Cette présomption existe tant que, par une opposition
en forme, les créanciers n'ont pas manifesté une opinion
contraire.

Il suit de là qu'en demandant l'homologation, le failli
agit au nom de tous les intéressés et que tous ceux que
le concordat atteint sont représentés dans l'instance,
s'ils n'ont pas formé opposition.

En deuxième lieu, le droit des créanciers, réduits à
quereller la régularité du jugement, ne s'ouvre qu'après
la prononciation de celui-ci. Or, comment le tribunal
pourrait-il connaître d'une action qui a son origine dans
la décision qu'il a rendue, qui n'existait pas avant, qui
ne s'est ouverte qu'après qu'il s'est lui-même désinvesti
en prononçant sur l'objet qui lui était déféré ? L'opposition dans ce cas n'aurait d'autre résultat que celui de
saisir le premier juge de la connaissance du bien ou

(1) N° 1245.

mal jugé de sa propre décision. Elle violerait donc le principe qui a présidé à la constitution des deux degrés de juridiction, à savoir qu'un tribunal ne peut jamais se réformer lui-même, et que l'examen du plus ou moins de validité légale d'un jugement définitif appartient au juge supérieur.

Ainsi l'opinion de M. Pardessus ne pourrait être admise que si les créanciers devant être appelés dans l'instance pouvaient soutenir que le jugement devait rejeter l'homologation. Mais puisque, d'après lui-même, ils ne peuvent jamais que critiquer les irrégularités du jugement, il est évident que tout se réduit à une question de nullité, pour la solution de laquelle le juge d'appel est seul compétent.

Le jugement d'homologation n'est donc jamais un jugement de défaut. Dans toutes les hypothèses, il ne peut être attaqué que par appel.

587. Les prescriptions des articles 513 et 514 sont-elles de droit rigoureux à tel point que leur violation frappe de nullité le jugement intervenu ? Cette question doit se résoudre par les motifs qui ont fait adopter chacune de ces prescriptions.

La défense que fait l'article 513 de prononcer le jugement avant l'expiration du délai de huitaine n'a évidemment pour but que d'éviter les frais qui résulteraient de la nécessité de prononcer par jugemens séparés sur les oppositions qui peuvent être formées dans ce délai. C'est donc une économie que la loi a voulu faire dans l'intérêt de tous. Il suit de là que la violation de cette défense n'enlève ni ne crée aucun droit. Ainsi les oppositions faites après le jugement, mais avant l'expiration des huit jours, seraient bien obvenues, et il devrait y être statué, malgré que l'homologation eût été une première fois accordée.

Mais si le délai expire sans qu'il ait été formé de nouvelles oppositions, le jugement rendu avant est valable et définitif. Les créanciers qui pouvant faire opposition ont gardé le silence, ne pourraient demander la nullité d'une décision qui ne leur a causé aucun préjudice.

Il n'en est pas de même pour le rapport prescrit par l'article 514. L'homologation dégénèrerait bientôt en une simple formalité sans importance, si elle pouvait être donnée sans que la faillite, son état, ses causes, la conduite du failli aient été exposés au tribunal. On doit donc considérer l'obligation imposée au juge-commissaire comme substantielle. Le seul moyen d'en assurer l'exécution, c'est de l'exiger à peine de nullité, avec d'autant plus de raison que cette exécution touche à l'intérêt général, à l'ordre public, comme tout ce qui tend à n'accorder le bénéfice du concordat qu'à la bonne foi, et non à la surprise, à la collusion ou à la fraude (1).

588. L'annulation du jugement d'homologation, comme irrégulièrement rendu, n'autorise pas la Cour à annuler le concordat. Elle doit renvoyer au tribunal de commerce à juger de nouveau sur la requête de la partie la plus diligente. Le tribunal n'est nullement lié par sa décision précédente. Il peut refuser l'homologation, malgré qu'il l'eût précédemment accordée, si, plus éclairé, il se trouve en présence de causes et motifs de la nature de ceux énoncés dans l'article 515.

(1) Douai, 23 décembre 1839. D. P. 41, 2, 43.

§ II.

Des effets du Concordat.

ARTICLE 516.

L'homologation du concordat le rendra obligatoire pour tous les créanciers portés ou non portés au bilan, verifiés ou non vérifiés et même pour les créanciers domiciliés hors du territoire continental de la France, ainsi que pour ceux qui, en vertu des articles 499 et 500, auraient été admis par provision à délibérer, quelle que soit la somme que le jugement définitif leur attribuerait ultérieurement

ARTICLE 517.

L'homologation conservera à chacun des créanciers, sur les immeubles du failli, l'hypothèque inscrite en vertu du troisième paragraphe de l'article 490. A cet effet, les syndics feront inscrire aux hypothèques le jugement d'homologation, à moins qu'il n'en ait été décidé autrement par le concordat.

SOMMAIRE.

589. L'homologation rend le concordat définitif. En conséquence, la remise consentie par les créanciers est acquise au failli.

590. Le concordat est obligatoire pour tous les créanciers sans exception. Dérogation à ce qui était admis sous le Code.

591. Les créanciers contestés ne pourront, après le réglement de leur créance, réclamer que le dividende proportionnel sur les sommes définitivement admises.

592. Par réciprocité, les créanciers antérieurs à la faillite auront le droit d'exiger le dividende convenu.

593. Arrêts qui décident que le failli qui a poursuivi l'homologation ne peut plus contester les créances.

594. Justification de l'opinion contraire.

595. Exceptions à la faculté de contester après l'homologation.

589. Le concordat légalement consenti et régulièrement homologué devient obligatoire et forcé. C'est exclusivement par ses dispositions, que se règlent la position du failli, et les droits des créanciers dans leurs rapports ultérieurs.

Ainsi le failli est définitivement libéré de toute la partie de la dette qui lui est remise. Il ne doit plus à chacun de ses créanciers que le dividende proposé et accepté. Le paiement de ce dividende le met à l'abri de toute action et de toutes recherches, de la part de ceux dont les titres remontent à une date antérieure à celle du jugement qui avait déclaré la faillite.

590. Cet effet se produit sans exception envers les créanciers, quels qu'ils soient, alors même qu'ils seraient demeurés inconnus, et qu'ils prétendraient avoir ignoré la faillite. Les termes généraux de l'article 516 ne laissent plus aucun doute à cet égard, et terminent ainsi une controverse que le vague de l'article 524 du Code de commerce avait fait naître.

Cet article, en effet, disposait que l'homologation du concordat le rendait obligatoire pour *tous* les créanciers. Cette expression comprenait-elle ceux qui n'ayant pas été inscrits au bilan, étaient restés en dehors, et n'avaient participé à aucune opération de la faillite? S'étendait-elle également à ceux dont les créances contestées dans la vérification n'avaient été réglées que postérieurement à l'admission du concordat?

Telles étaient les questions qui avaient divisé la doctrine et la jurisprudence. On peut cependant se convaincre que cette division allait en s'affaiblissant, et que la négative ralliait chaque jour de nouveaux suffrages (1).

Il résultait de cet état de choses que le concordat n'était bien souvent, pour le failli, qu'une ressource incertaine, impuissante; pour les créanciers, qu'une source d'injustices. Si le failli était de bonne foi, et qu'il eût promis tout ce qu'il pouvait réellement donner, les créances qu'il lui fallait payer, en dehors du concordat, intégralement, et sans même pouvoir exciper du bénéfice du terme, venaient jeter le désordre dans ses prévisions, détruire tous ses calculs, le livrer à des exécutions immédiates, ou lui enlever toutes ses ressources actuelles. Dans chacune de ces prévisions, devait néces-

(1) V. cour de cass. 24 août 1836. D. P. 37, 1, 241.

sairement se rencontrer la chance de ne pouvoir plus
tard remplir les obligations qu'il s'était imposées, et par
conséquent, la probabilité d'une nouvelle faillite.

Si le failli était de mauvaise foi, qu'il eût colludé avec
quelques créanciers pour les tenir éloignés de sa faillite,
les créanciers concordataires devenaient victimes de
cette collusion. Ils perdaient, eux, une partie de leur
créance, tandis que sous leurs yeux, et sans qu'ils pussent l'empêcher, d'autres créanciers recevaient l'intégralité de ce qui leur était dû.

Un pareil résultat pouvait-il se concilier avec la loyauté
qui doit être le principe du concordat, et l'égalité qui
doit présider au sort commun de tous les créanciers ?
Était-il d'ailleurs équitable de diviser, dans l'exécution,
un acte qui, pour être juste, doit être essentiellement
indivisible ? Or, le concordat doit inévitablement régir
tout ce qui s'est accompli avant lui. De sa date, commence pour le failli une ère nouvelle qui substitue les
obligations qu'elle crée à celles qui existaient auparavant. Et puisque la loi accorde à la majorité le droit
de l'imposer à la minorité, convenait-il de laisser à
quelques membres de celle-ci les moyens de se soustraire à ses effets ?

Il nous semble donc que le système admis sous le
Code était irrationnel, dangereux, injuste. Était-il
permis d'alléguer valablement qu'on avait ignoré la faillite, qu'on n'avait pas été mis en demeure de s'y présenter, lorsque la publicité donnée sous tant de formes,
et à tant de reprises différentes, n'a pour but précisément que d'obvier aux oublis que le failli ou les syndics pourraient commettre, en rédigeant l'état des créanciers ?

Nous ne pouvons en conséquence qu'approuver hautement le système de la loi actuelle. Sa disposition est claire, précise, absolue. Tout créancier quelconque, connu ou inconnu, présent ou absent, est définitivement lié par le concordat; il n'a pas d'autres droits que les signataires eux-mêmes. La date du titre réclamé règle donc seule le sort de la créance. Ce paiement est total ou partiel, selon que cette date est postérieure ou antérieure à l'homologation.

591. La loi met nominativement sur la ligne des créanciers soumis au concordat ceux dont les créances contestées n'auraient pas encore été réglées au moment de l'homologation. Cette application spéciale, malgré les termes généraux de notre article, indique avec quel soin le législateur a voulu prévenir toute difficulté et éviter de donner naissance à toute interprétation qui aurait été plus ou moins fondée. En l'état donc, quelle que soit la somme définitivement adjugée, le créancier contesté et admis provisoirement ne pourra réclamer qu'un dividende proportionnel sur le montant définitif de sa créance.

En résumé, le concordat a pour effet immédiat en faveur du failli, de réduire toutes ses dettes de la portion dont remise lui est accordée. Personne ne peut exiger plus que le dividende qui excède cette partie. Payé que soit celui-ci, ses obligations légales sont éteintes, sans qu'il puisse être recherché au delà ni sur ses biens présens, ni sur ceux qu'il pourra acquérir par la suite.

592. Pour les créanciers, le concordat homologué leur confère le droit d'exiger leur dividende aux époques convenues. Nous avons déjà dit que ceux qui ont été

admis après vérification, étaient présumés avoir réellement la qualité qu'ils réclament. Mais cette présomption
exclut-elle la preuve contraire, et le failli qui a signé le
concordat, qui en a demandé l'homologation, serait-il
recevable à refuser le dividende, sous prétexte que celui
qui le réclame n'est pas créancier ?

593. Divers arrêts, et notamment un de la cour de
Douai, du 25 avril 1813, et un de la cour de cassation
du 23 avril 1834 (1), ont décidé la négative. Ces arrêts
se fondent sur ce que le concordat devant réunir la majorité en nombre et en sommes, cette majorité se calcule sur l'état des créances vérifiées et affirmées ; que ,
dès lors, toutes les créances qui ont servi à établir cette
majorité, sont tellement fixées au concordat, qu'il ne
pourrait y être rien changé, sans détruire l'harmonie
des calculs arrêtés entre tous les délibérans ; que,
d'ailleurs, en demandant que ce concordat soit homologué, le failli l'exécute et se rend ainsi non recevable
à attaquer la réalité des créances qui ont concouru à le
former.

594. Malgré tout le respect que nous inspirent les
décisions de la magistrature, nous avouons ne pas pouvoir partager l'opinion de la cour de Douai et de la cour
de cassation. Il nous semble que cette opinion ne tend
à rien moins qu'à un véritable déni de justice au préjudice du failli.

En effet, tant que dure l'état de faillite , celui – ci est
incapable d'agir pour tout ce qui concerne ses biens. Il
ne nous paraît pas exact de dire, comme l'arrêt de la
cour de cassation, que le failli *est capable de contracter
avant le concordat, de faire de bonne foi tous actes,*

(1) D. A., tom. 8, pag. 165. P., 34, 1, 179.

donner tous acquiescemens qui sont de son intérêt. Cela pourrait être admissible pour tout ce qui n'a pas été réglé par la loi spéciale ; mais évidemment on ne saurait l'admettre dans tous les actes que cette loi a nominativement confiés aux syndics.

Ainsi, nous avons vu sous l'article 494, qu'en matière de vérification, le failli n'est pas partie nécessaire dans l'opération ; que s'il y assiste, il ne peut poursuivre par lui-même les contestations qu'il est dans le cas de soulever, et que sur le refus des syndics de les soutenir, il ne peut que protester pour faire valoir plus tard les droits qui peuvent être fondés.

Voilà bien une incapacité clairement établie par la loi. Or, tant qu'elle se continue, il est certain que le failli ne peut se rendre non recevable à user plus tard de la faculté de relever les protestations qu'il a pu faire insérer dans le procès-verbal.

Remarquons que c'est l'intérêt de la masse qui a fait consacrer cette incapacité. On n'a pas voulu permettre au failli de rendre la vérification interminable et de grever son actif des frais nombreux qui pourraient résulter de l'abus de la faculté de contester.

Cette incapacité n'a d'autre terme que celui de la faillite. Elle finit avec celle-ci, au moment où tout étant décidé, il va être procédé à la distribution des fonds. Ainsi, si les créanciers repoussent le concordat, s'ils se rangent sous le régime de l'union, le failli est admis à contester les créances qui prétendent à la répartition de l'actif (1). Cela n'est ni contestable, ni contesté. Pourquoi en serait-il autrement, lorsqu'il est intervenu un concordat ?

(1) Douai; 25 mai 1829. D. P., 39, 2, 259.

Parce que le failli en poursuivant l'homologation aurait reconnu les droits des créanciers ! Mais ce n'est que par le concordat lui-même que le failli reprend sa capacité absolue et l'administration de ses biens. D'autre part, il n'y a de concordat valable que celui qui est homologué. En poursuivant cette homologation, le failli ne fait donc qu'un acte indispensable pour rentrer dans ses droits, pour reprendre l'exercice de ses actions ; et c'est cet acte qu'on invoquerait pour le soutenir non recevable dans cet exercice ! Ainsi, c'est au moment où sa liberté, où son droit de contester lui est acquis, qu'on lui en interdirait l'usage ; et l'on ferait résulter cette interdiction du fait même qui doit lui acquérir ce droit. En d'autres termes, tant que le failli serait incapable d'agir, il pourrait contester ; il ne le pourrait plus, dès qu'il aurait conquis cette capacité ! On nous permettra de croire qu'une telle conséquence doit rendre le principe dont elle découle inadmissible.

Remarquons, d'ailleurs, qu'à cette période de la faillite, l'abus qui a fait refuser au failli la faculté de contester les créances n'est plus à craindre. La marche de la faillite ne peut plus être entravée, ni retardée. La masse ne sera plus tenue des frais qui pourront être exposés. Le concordat a définitivement réglé le sort des créances, l'époque et le mode de leur paiement. Une contestation ultérieure ne réagirait ni sur les unes, ni sur l'autre. Il n'y a plus qu'un procès ordinaire entre le failli et celui qui s'est injustement porté créancier, et l'intérêt du premier à ne pas gaspiller follement ses ressources, est un sûr garant qu'il n'ira pas les compromettre dans des difficultés hasardées et sans fondement.

Ainsi, jusqu'après l'homologation, on ne peut arguer de l'inaction et du silence du failli. Il n'a pas eu le pouvoir de poursuivre judiciairement. Ce pouvoir, l'homologation le lui confère. La demande qu'il en fait est donc pour lui un préliminaire indispensable. En conséquence, la raison et l'équité ne tolèrent pas qu'on lui oppose cette demande comme une fin de non recevoir contre son action.

Mais, dit-on (1), permettre au failli de contester après le concordat, ce serait perpétuer illégalement l'état de faillite. Cette objection manque de portée. Après l'homologation, il n'y a plus de faillite. Les créanciers sont payés ou le seront aux termes convenus. Une difficulté entre l'un d'eux et le failli concordataire ne peut exercer une influence quelconque sur le sort des autres ; à moins que par le rejet de la créance contestée, le concordat ne réunît plus la majorité requise. Ce serait là, sans doute, un motif pour en faire prononcer la nullité, et chaque créancier pourrait s'en prévaloir, puisqu'il se serait réalisé après le jugement d'homologation. Mais dans une éventualité semblable, on peut être sûr que le failli se gardera bien de réclamer. Il aimera beaucoup mieux payer ce qu'il ne devrait réellement pas, que de s'exposer à perdre le bénéfice de son traité.

Il est donc facile de prévoir que les contestations soulevées par le failli ne seront pas de nature à détruire l'harmonie des calculs arrêtés, au moins d'une manière sensible. La masse ne sera donc jamais intéressée à ce qu'on lui interdise le droit de les soutenir. Nous pourrions même ajouter que ce qui lui importe bien réellement, c'est que le failli ait la faculté de faire réduire les

(1) Vid. arrêt de la cour de Douai ci-dessus cité.

II   5

créances excessives, disparaître celles qui ne sont pas
dues. En effet, la masse ne saurait rester indifférente,
même après sa dissolution, au mode de répartition de
l'actif. Elle a un intérêt direct à ce qu'il n'arrive qu'à
ceux qui y ont un droit légitime. Moins le failli aura à
payer, plus facilement il pourra remplir les engagemens
qu'il a contractés dans le concordat.

Jusqu'ici nous avons parlé du cas où le failli présent à
la vérification aurait fait des protestations contre les
créances plus tard attaquées par lui. Mais nos observations s'appliquent *à fortiori* à l'hypothèse où, absent
de l'assemblée, il n'a pu faire ces protestations. Alors,
en effet, la vérification est pour lui *res inter alios acta* (1);
et si on ne lui accordait pas la faculté de contester après
le concordat, il s'en suivrait qu'il n'aura jamais le moyen
de le faire ; qu'ainsi, par cela seul qu'il a concordé, il
serait inévitablement tenu de payer même les dettes
qu'il ne devrait pas.

Objecterait-on qu'il ne dépendait que de lui d'assister
à la vérification pour signaler aux syndics et aux créanciers les exceptions qu'il pouvait avoir contre telle ou
telle créance, ou tout au moins pour protester contre
son admission? Mais cette absence du failli ne constituerait une faute, que si la loi lui faisait un devoir de se
rendre à la vérification. Mais on a compris que l'absence
du failli pouvait être le résultat de tout autre sentiment
que de la négligence, comme si, par exemple, il est dé-
tenu, s'il a été dans l'impossibilité d'obtenir un sauf-
conduit, s'il a craint, par sa présence, de paraître braver
ses créanciers, ou de jeter une plus vive irritation au
milieu de discussions toujours pénibles. En conséquence,

(1) Locré, tom. 6, pag. 23.

on l'a laissé le seul juge de l'opportunité de l'exercice de la faculté qu'on lui conférait.

Il suit de là que le failli ne peut commettre une faute en s'abstenant. Il suffirait, d'ailleurs, qu'aucune peine n'ait été attachée à cette abstention, pour qu'on ne dût lui en appliquer une, en lui enlevant le droit de discuter des exigences qui ont pu faire illusion aux syndics, quoiqu'elles ne fussent nullement fondées.

Ainsi, et dans toutes les hypothèses, le failli est recevable à contester, après avoir poursuivi l'homologation du concordat. Cet acte ne le lie qu'envers ceux qui sont réellement créanciers; et puisqu'il serait admis, même après paiement, à répéter ce qu'il aurait payé par erreur et pour dette non due, à plus forte raison, peut-il résister à la demande d'un paiement injuste. Que l'on soit sévère dans l'appréciation de son action, que l'on exige de lui des preuves certaines, évidentes, écrites, de son assertion, nous le comprenons; mais lui refuser même le moyen de produire ces preuves, serait une rigueur déplorable et injuste.

595. Toutefois, ce principe souffre quelques exceptions : ainsi, le failli serait non recevable à contester après le concordat, les créances qui auraient été vérifiées en sa présence, et sans réclamation aucune de sa part; celles qu'il aurait lui-même inscrites sur son bilan; dans le premier cas, il a pu, sinon contester, du moins mettre les syndics à même de le faire. En gardant le silence, en s'abstenant même de protester, il a reconnu la sincérité des droits prétendus. Dans le second, il a formellement avoué l'existence de la dette; car si les déclarations faites par le failli dans son bilan, ne lient jamais les créanciers, il est certain qu'elles font pleine

foi contre lui-même, à moins qu'il ne prouve qu'elles
sont le résultat d'une erreur de fait (1).

Il est une autre exception que l'on doit également
admettre. Les créances contestées par les syndics et admises par un jugement définitif ne peuvent plus être
attaquées. L'autorité de la chose jugée les couvre de sa
protection, et la maxime *res judicata pro veritate ha-
betur* les rend désormais inviolables. On ne pouvait, en
effet, permettre de revenir sans cesse sur les jugemens.
Le failli a pu se défendre. La loi, en lui en accordant le
droit lui faisait un devoir d'intervenir. S'il s'est abstenu,
il est à l'instar de celui qui, ayant été condamné par défaut, a laissé le jugement devenir définitif. Nous devons
faire remarquer que cette hypothèse se réalisait dans
l'espèce jugée par l'arrêt de la cour de cassation que
nous citions tout à l'heure. La créance attaquée par le
failli après l'homologation résultait d'un jugement définitif. Il est permis de croire que cette circonstance n'a
pas été sans influence sur la décision de la Cour.

596. Les créanciers hypothécaires ou privilégiés restent en dehors des stipulations du concordat. En conséquence ils ne supportent aucune réduction, si par l'importance des objets affectés à leur créance et par le
rang de leur hypothèque ou privilége, ils peuvent être
intégralement payés. Dans le cas contraire, ils restent
simples chirographaires pour toute la partie de la dette
non colloquée en rang utile, et la remise stipulée au
concordat affecte cette partie. Nous aurons à l'expliquer d'une manière plus complète en examinant la disposition de l'article 556.

597. Nous avons dit que le concordat dûment ho-

(1) D. A., tom. 8, pag. 114, n. 9; Locré. tom. 6, pag. 260.

mologué était obligatoire pour les créanciers inconnus
qui ne se sont pas présentés à la faillite. Il résulte de
là qu'ils peuvent en invoquer les stipulations et exiger
du failli le paiement du dividende convenu. Ce paiement
est exigible dès qu'ils ont dénoncé leur qualité , et le
failli ne pourrait s'y soustraire. Il ne le pourrait notamment sous le prétexte que ces créanciers n'ont pas fait
vérifier leurs créances. Cette obligation ne leur est imposée que lorsque le régime de l'union ayant été admis,
ils veulent faire partie de la masse ; ils doivent alors
prouver contradictoirement avec elle que le droit qu'ils
réclament leur appartient réellement ; et cette preuve
ne pouvant résulter que de la vérification et de l'affirmation , ils sont obligés de procéder à cette double
opération.

Il ne saurait en être de même après le concordat. Le
failli, remis à la tête de ses affaires, a repris l'exercice
de ses actions actives et passives. Il a donc qualité pour
faire rejeter la demande d'un créancier qui se prétendrait tel sans y être fondé. A cette époque d'ailleurs ,
il n'y a plus de masse, plus de syndics, et la vérification ne peut se faire qu'avec le failli concordataire. Elle
est acquise si celui-ci convient de la dette. Dans le cas
contraire, la justice est appelée à prononcer, sans que
le défaut de vérification antérieure puisse être un obstacle à l'admission des prétentions du créancier. Nous
avons vu, en effet, que les créanciers en retard de se
présenter n'encourent d'autre déchéance que celle édictée par l'art. 503, qui ne peut jamais se réaliser lorsqu'il y a eu concordat.

598. Un autre effet du concordat est de conférer aux
créanciers chirographaires un droit d'hypothèque jus-

qu'à concurrence de la somme que chacun d'eux doit recevoir. Cet effet se réalise par l'inscription du jugement d'homologation.

599. La loi fait remonter la date de cette hypothèque à l'inscription conservatoire que l'art. 490 impose aux syndics le devoir de requérir. Nous avons déjà dit (1) que les termes de l'art. 517 peuvent créer des doutes sur la question de savoir si cette inscription produit ou non des effets en faveur des créanciers. Nous avons fait remarquer , avec la doctrine de la Cour de cassation, qu'au moment où elle se réalise, il n'existe aucune des conditions auxquelles la loi a attaché le droit hypothécaire , ni conventions authentiques, ni jugement de condamnation, ni disposition législative.

Nous avons ajouté que dans l'exécution le bordereau n'était soumis à aucune des prescriptions de l'art. 2148 C. c. , qu'il était simplement au nom des syndics représentant la masse, et reçu sur un certificat attestant qu'il y a faillite. Enfin nous avons relevé la nécessité d'inscrire le jugement d'homologation comme indiquant qu'avant ce jugement il existait bien une inscription , mais que bien certainement il n'y avait pas encore hypothèque , et nous avons conclu que celle-ci ne pouvait résulter que du jugement d'homologation lui-même.

A cette époque, en effet, il y a une convention que le concours de la justice a rendue authentique. Il y a donc une base légale à l'hypothèque ; aussi voyons-nous que les bordereaux d'inscription doivent être pris par les syndics au nom des créanciers qui y sont nominativement désignés ; qu'il doit y être fait mention des sommes dues et de l'époque de leur exigibilité.

(1) V. art. 490.

Il est donc vrai de dire que l'homologation du concordat crée l'hypothèque et ne la conserve pas. Que signifie donc la disposition littérale de l'article 517, en indiquant le contraire ?

Il n'est pas difficile, derrière l'expression employée par le législateur, de découvrir sa véritable pensée. Il faut consulter la discussion de la loi , et de son examen attentif il résulte que les termes employés n'ont d'autre signification possible que celle d'une priorité absolue , que la loi a voulu, dans tous les cas, accorder aux créanciers, sur les droits acquis après le concordat.

En principe, cette priorité est légitime et équitable. Il est juste que les créanciers d'un failli qui, pouvant réaliser tous les biens de leur débiteur, pour s'en appliquer la valeur, les lui ont conditionnellement restitués, conservent sur ces mêmes biens un privilége qui garantit l'exécution du contrat. Le failli n'a été remis à la tête de ses affaires, qu'à la charge de payer le dividende convenu par le concordat. Assurer ce paiement par une préférence sur tous les créanciers ultérieurs, n'était donc que la conséquence légitime , qu'une déduction logique des engagemens respectivement contractés, et déjà exécutés par les créanciers.

Ce résultat était, il est vrai, naturellement atteint par l'inscription du jugement d'homologation. Car depuis l'ouverture de la faillite le débiteur a été dans l'incapacité la plus absolue de consentir des obligations, de conférer des droits d'hypothèques ; il ne peut exister au moment où ce jugement est rendu que les dettes atteintes par la faillite, et qui, si elles sont hypothécaires, continueront à être préférées après le concordat, comme elles avaient le droit de l'être avant. D'autre part , ce n'est qu'après que le jugement d'homologation a acquis l'autorité de la chose jugée que le failli reprend l'exercice de ses droits. Or, si dans l'intervalle de sa reddition, à l'expiration des délais pour l'attaquer, les syndics requièrent l'inscription, il est certain que, par sa date seule, l'hypothèque primera forcément toutes celles qui seraient plus tard consenties.

Il paraissait dès lors inutile de rattacher cette hypothèque à l'inscription prise conservatoirement; mais l'hypothèse que nous venons de prévoir peut ne pas toujours se réaliser, et le législateur a cru devoir le faire pour éviter tout ce qui pourrait contrarier sa volonté d'assurer envers les créanciers l'exécution littérale et privilégiée des obligations qui naissent du concordat. L'utilité de cette prévision se décèle notamment dans les deux circonstances suivantes :

1° Le jugement d'homologation a acquis l'autorité de la chose jugée. Le failli rentre dans l'exercice de ses droits, dans l'administration de ses biens, sans que les syndics aient requis inscription. Voulant plus tard réparer cette négligence, ceux-ci prennent hypothèque ; mais, à cette époque, des inscriptions pour droits nouvellement consentis, ont été réalisées par des tiers. Or, en vertu des règles qui régissent notre système hypothécaire, la date de ces inscriptions étant antérieure à celle des créanciers, en assurera l'effet de préférence à celle-ci.

2° Les syndics ont négligé de prendre inscription. Chaque créancier l'a requise en ce qui le concerne; c'est un droit qui lui appartient. Devra-t-on, dans l'ordre, colloquer chacun d'eux à la date de leur inscription individuelle? En principe ordinaire, l'affirmative ne saurait être douteuse, et il serait ainsi arrivé que les uns auraient été payés de leur dividende, tandis que les autres ne recevraient rien, quoiqu'ils aient tous le même titre, et qu'ils méritent tous la même faveur.

Remarquons que, dans le premier cas, les créanciers concordataires verraient s'évanouir les droits que leur assurait le concordat; vainement en effet recourraient-ils à la résolution. Les dettes hypothécaires contractées dans l'intervalle n'en souffriront aucune atteinte, et leur paiement n'en sera pas moins assuré de préférence. Ainsi la légitimité de leurs droits ne les eut pas garantis, et leur titre à une égalité absolue eut été violé dans le second.

Sans doute, ceux qui en auraient été victimes auraient pu être renvoyés à se pourvoir contre la négligence des syndics; mais ce recours pouvait être impuissant et illusoire. Un moyen plus simple, plus rationnel, s'est présenté, et le législateur l'a avec raison préféré; à savoir de rattacher l'inscription du jugement d'homologation à celle prise en vertu de l'article 490, et de faire rétroagir l'hypothèque conférée par la première jusqu'à la seconde.

Cette rétroactivité concilie tous les intérêts sans blesser aucuns droits. Les tiers qui ont traité avec le failli après le concordat ne sauraient prétendre raisonnablement être payés avant les signataires de celui-ci; ils ne peuvent se plaindre que le principe de la publicité a été violé à leur encontre; l'inscription prise conservatoirement les a prévenus de l'état de faillite antérieure de leur débiteur. Ils ont su, dès ce moment, que le concordat, qui lui a rendu la capacité, lui a imposé des obligations sacrées dont l'extinction sera privilégiée et opérée de préférence à celle qu'on leur propose d'accepter. Ils ont donc dû se faire représenter cet acte, calculer les ressources de leur débiteur, eu égard au chiffre de ses obligations. Ils ont dans tous les cas traité avec connaissance de cause, et on ne leur infère aucun grief en les soumettant à la chance qu'ils ont bien volontairement courue.

Ainsi encore les créanciers concordataires n'auront pas à se disputer une préférence qui n'appartient à aucun d'eux, et qu'il serait déplorable de rendre le prix de la course, lorsqu'il est certain que la moindre faveur pour l'un serait une injustice pour l'autre. A une identité parfaite de droits et de titres, la loi a ajouté une date unique et commune dans le point de départ de l'hypothèque. Elle a ainsi veillé au maintien de l'égalité acquise aux créanciers d'une faillite, en assurant à tous une participation proportionnelle aux biens qui n'ont jamais cessé d'être le gage de tous.

Voilà la véritable signification des termes de l'article 517. Égalité entre tous les créanciers, préférence légitime pour le montant de leur dividende, et pour atteindre ce double but, rétroactivité de l'hypothèque, jusqu'à l'inscription conservatoire. Il n'est donc pas exact de soutenir que celle-ci puisse, par elle-même, produire aucun effet. L'hypothèque ne naît que du jugement d'homologation. Ce jugement crée donc, et ne conserve rien. Jusque-là, nous le répétons, il y a une inscription, mais point d'hypothèque.

600. Ce qui le prouve d'une manière décisive, c'est que si le jugement d'homologation n'est pas inscrit, il n'y a réellement aucune affectation hypothécaire sur les biens du failli, en faveur des créanciers. Cependant, si

cette affectation résultait déjà de l'inscription conservatoire, elle ne pourrait être effacée que par le laps de dix
ans, et faute de renouvellement. En conséquence, en
faisant un devoir d'inscrire le jugement d'homologation,
la loi a, de nouveau, de plus fort établi qu'il n'y a réellement hypothèque, qu'en vertu des dispositions de ce
jugement.

601. Il suffit d'un seul bordereau pour tous les créanciers. Mais le nom de chacun d'eux doit être clairement désigné, ainsi que la somme due, et l'époque de
l'exigibilité. Ce bordereau doit de plus contenir élection
de domicile dans l'arrondissement.

Toutefois, cette prescription qui est toute dans l'intérêt du failli, et pour lui éviter les frais d'inscriptions
nombreuses, ne fait pas obstacle à ce que chaque créancier inscrive pour la conservation de ses droits, si les
syndics ont négligé de le faire. Dans le cas contraire,
toute diligence individuelle serait frustratoire et inutile.

602. Le bordereau des syndics doit comprendre non
seulement les créanciers signataires du concordat, mais
encore tous ceux dont les créances ont été vérifiées,
affirmées et admises. La minorité doit subir la loi de la
majorité; elle n'a donc point de droits plus étendus que
celle-ci, mais elle en a toujours autant. Il importe donc
qu'elle soit protégée comme elle; et que participant forcément à la remise votée, elle participe également aux
garanties qui assurent le paiement du dividende convenu.

603. L'inscription doit être prise en outre au nom
des créanciers domiciliés hors France, et qui sont encore
dans les délais de la vérification. Nous avons vu que,
même pour les répartitions que l'union pourrait ame-

ner avant l'expiration de ces délais, la loi assimile ces créanciers à ceux qui ont été régulièrement admis. Cela tient à ce que leur silence est dû à leur éloignement, et non à leur négligence. Or, la même considération les protége dans l'hypothèse du concordat. Il est donc juste de leur rendre communes les garanties accordées aux autres créanciers.

604. En serait-il de même pour les créanciers inconnus et qui n'ont pas même décélé leur existence au moment où l'inscription se réalise ? Nous ne le pensons pas. Nous venons de voir que pour être régulier le bordereau rédigé par les syndics doit énoncer le nom des créanciers et indiquer le chiffre de la créance. Or, comment accomplir cette double formalité, lorsqu'il n'est pas même certain qu'il y ait des créanciers ?

En cet état, soit que l'on prît une hypothèque de précaution, soit que l'on fît participer à celle prise par les syndics les créanciers qui produiraient plus tard leurs titres et justifieraient de leur qualité, on tomberait dans des inconvéniens graves, désastreux pour le failli ou pour les tiers.

Pour les tiers ! car lorsqu'après l'homologation ils ont traité avec le failli, ils ont consulté l'état des créanciers, le concordat et l'inscription requise en exécution de celui-ci ; ils ont mesuré sur ces pièces authentiques les obligations de l'ancien failli, et accordé leur confiance sur l'importance de celles-ci relativement aux ressources et à la valeur des immeubles. Serait-il juste que la production tardive de plusieurs créanciers, coupables de la plus insigne négligence, vînt, malgré leur prévoyance, bouleverser leurs calculs et leur enlever le gage sur lequel ils ont dû compter ?

Désastreux pour le failli ! car si l'hypothèse que nous indiquons pouvait se réaliser, si les créanciers inconnus se présentant devaient évincer les tiers, ou si les syndics en inscrivant étaient obligés de faire des réserves en leur faveur, quelle serait la position du failli ? Les capitalistes, effrayés d'une obligation dont ils ne pourraient apprécier ni l'étendue ni la portée, refuseraient de traiter avec lui. Aucun ne consentirait à courir la chance d'une perte plus ou moins importante. Le failli ne pourrait donc ni vendre ses immeubles, ni emprunter ; il verrait la confiance s'éloigner de lui, ses ressources immobilisées entre ses mains ; et cela précisément au moment où il a un besoin de crédit d'autant plus pressant qu'il a à satisfaire aux obligations que le concordat lui impose. Il serait donc condamné inévitablement à une nouvelle ruine et menacé d'une seconde faillite.

N'est-il pas plus rationnel et plus juste de faire supporter les conséquences d'une négligence inconcevable, à ceux qui ont à se la reprocher ? Les créanciers qui, malgré la publicité acquise à la faillite, n'ont pas utilisé les délais que la loi accorde depuis l'ouverture jusqu'au concordat, pour déceler au moins leur existence, ne méritent aucune faveur. La loi ne doit pas les supposer et ne les suppose pas créanciers jusqu'au moment où il leur plaira d'établir leurs droits ; et de même que s'ils se présentaient après la distribution entière ils auraient perdu tout titre à la répartition de l'actif, de même lorsqu'ils ne viennent qu'après l'homologation du concordat, ils ne peuvent prétendre aux garanties accordées aux créanciers qui plus diligens se sont conformés aux prescriptions de la loi. Leur qualité de créancier n'existe que lorsqu'ils l'ont fait reconnaître, et c'est à cet instant, et sans rétroactivité sur les faits accomplis, qu'ils peuvent exiger une garantie.

Or, de deux choses l'une ; ou ils se contenteront de la simple reconnaissance du failli, et ils n'auront qu'un titre chirographaire ; ou ils exigeront un titre hypothécaire, soit conventionnel, soit judiciaire, et cette hypothèque n'aura d'effets en leur faveur que du jour de leur inscription. Ainsi le voulaient la faveur due au concordat et le respect des droits acquis pendant qu'ils demeureront dans l'inaction et le silence.

605. Ce que nous disons de l'hypothèque s'applique au cautionnement. Les cautions données par le failli seraient tenues envers tous les créanciers vérifiés, admis ou contestés ; elles ne le seraient envers les retardataires inconnus, que jusqu'à concurrence de l'engagement spécial qu'elles seraient dans le cas de contracter en leur faveur.

606. Les créanciers contestés ont hypothèque pour l'intégralité du dividende acquis sur les sommes dont ils demeureront définitivement créanciers. En supposant donc que le bordereau des syndics ne leur attribuât qu'une somme moindre, ils sont autorisés à faire rectifier l'hypothèque après le jugement de la contestation. L'hypothèque ainsi rectifiée remonte, comme celle de tous les autres créanciers, à l'inscription conservatoire prescrite par l'article 490.

607. Le jugement d'homologation produit de plein droit hypothèque, lors même que le concordat ne s'en serait pas occupé. Les syndics devraient donc requérir l'inscription que les créanciers individuellement pourraient prendre, faute par eux de l'avoir fait ; mais cette hypothèque n'étant pas d'ordre public , la disposition

de l'art. 517 ne sort à effet que s'il n'y a pas été dérogé par le concordat.

Or, cette dérogation peut être, dans certains cas,
d'une grande importance pour le failli, si, par exemple,
il était dans la nécessité d'emprunter pour le paiement
du dividende. Cet emprunt sera d'autant plus facile,
que ses biens seront moins grevés. Il peut donc proposer aux créanciers de s'abstenir de toute inscription.

L'acceptation de cette proposition par la majorité en
nombre et en sommes, la rend obligatoire pour tous.
En conséquence, les opposants au concordat ne seraient
pas fondés à requérir l'inscription.

Le jugement d'homologation produit contre les cautions le même effet que contre le failli, c'est-à-dire
que le cautionnement est présumé immobilier, et qu'en
conséquence les créanciers sont autorisés à inscrire contre ceux qui l'ont donné, à moins de stipulations contraires. Il convient donc à ceux qui ne voudraient consentir qu'un cautionnement mobilier, ou immobilier
avec dispense d'hypothèque, de s'en expliquer dans le
concordat, pour ne pas se trouver engagés autrement
et au-delà de leurs intentions.

ARTICLE 518.

Aucune action en nullité du concordat ne sera recevable, après l'homologation, que pour cause de dol découvert depuis cette homologation, et résultant, soit de
la dissimulation de l'actif, soit de l'exagération du passif.

SOMMAIRE.

608. Cette disposition consacre une exception à l'art. 512, pour le
cas de dol ou de fraude. Débat qu'elle a soulevé. Motifs de
son adoption.

609. Pour que le concordat puisse être attaqué après l'homologation, il faut : 1° que la découverte du dol soit postérieure au
jugement.

610. 2° Qu'il consiste soit dans la dissimulation de l'actif, soit dans
l'exagération du passif.

611. Aucunes fins de non recevoir ne sauraient résulter de l'absence
de poursuites criminelles, ou de l'exécution du concordat.

612. Formes de la demande, poursuite, intervention des créanciers.

613. Moyens de constater la pertinence des faits côtés.

614. Toute poursuite pour banqueroute simple de la part des créanciers est impossible après l'homologation ; mais ils peuvent la
dénoncer s'ils viennent à la découvrir.

615. Durée de l'action autorisée par l'art. 518.

608. La seule voie laissée par la loi pour attaquer le
concordat, est celle de l'opposition dans la huitaine de
la signature. Nous avons déjà dit que l'échéance de ce
délai sans réclamations, rendait toutes demandes ultérieures non recevables.

Cela s'entendait cependant de celles qui auraient pour
bases des moyens nés et connus avant l'homologation.
Le silence, par rapport à ceux-ci, équivaut à la renonciation à s'en prévaloir. Les créanciers qui s'abstiennent
sciemment de contester le concordat à l'époque où la
loi leur permet de le faire, sont censés y acquiescer, et
rien de ce qui a précédé cet acquiescement ne peut les
en relever.

Mais le dol, la fraude, même lorsque l'un ou l'autre
a précédé le concordat, peut n'être découvert qu'après
le jugement d'homologation. Cette hypothèse se réalisant, les réclamations auxquelles elle aurait donné lieu
ne pouvaient être considérées comme éteintes par l'acceptation du concordat faite avant la découverte du
vice qui l'entachait. Convenait-il donc d'autoriser une
exception au principe absolu que nous rappelions tout-
à-l'heure ?

Le Code de commerce ne s'était pas occupé de cette hypothèse. On avait conclu de son silence qu'il fallait s'en référer au droit commun en matière de contrats. On décidait, en conséquence, que le consentement n'étant valable que s'il n'a été dégagé de toute erreur, et pur de dol et de fraude, la découverte postérieure de l'un de ces vices, permettait de poursuivre la rétractation du concordat, même après son homologation.

Dans la discussion de la loi actuelle, on faisait remarquer que cette faculté indéfinie n'était pas sans inconvéniens. Il importe, disait-on, au failli et aux tiers qui contracteront avec lui, que sa position soit stable et certaine. Or, la menace incessante d'une action en nullité peut compromettre les relations qu'il voudra établir. La chance qui résulterait de sa réalisation éloignera de lui la confiance, rendra son état précaire et incertain, jusqu'à ce que, par le bénéfice du temps, toute crainte ait disparu.

Ces considérations avaient déterminé la chambre des députés, dans la session de 1835, à proscrire toute attaque contre le concordat après son homologation, alors même qu'elle serait fondée sur la fraude ultérieurement découverte. Mais la chambre des pairs fut d'un avis contraire. « En droit, disait M. Tripier, son rapporteur, le dol, l'erreur ou la fraude vicient le contrat, lorsqu'il est évident que, sans les manœuvres employées par l'une des parties, l'autre n'aurait pas contracté. En fait, l'application de ce principe peut être faite sans danger au concordat. »

Mais, de l'avis de la chambre des pairs elle-même, cette application devait être restreinte à des cas graves et limités. Il était juste de donner un moyen de se défendre contre la fraude ; mais il fallait bien se garder

de fournir un prétexte à des persécutions qui, sans motifs sérieux, et dans un intérêt facilement appréciable,
mettraient sans cesse en question l'état du failli.

De là la disposition de l'article 518 qui crée le principe et en limite l'application.

609. Le concordat pourra être attaqué, même après
l'homologation, dans le cas de dol ou de fraude seulement, et aux conditions suivantes :

1° Si le dol et la fraude ont été découverts après le jugement d'homologation. Si cette découverte était antérieure à ce jugement, elle remonterait soit à l'époque
de la délibération, soit au temps qui s'est écoulé entre
celle-ci et le jugement d'homologation. Dans le premier
cas, elle pouvait motiver un refus d'acceptation; dans
le second, une opposition. On ne fait donc aucun grief
aux créanciers, en leur déniant la faculté d'attaquer par
une voie extraordinaire, un acte qu'ils ont ou sciemment
consenti, ou refusé d'attaquer par la voie ordinaire.

610. 2° Si le dol consiste, soit dans la dissimulation
de l'actif, soit dans l'exagération du passif.

Il est évident dans l'un et dans l'autre de ces cas, que
le concordat n'aurait pas été adopté sans les manœuvres employées. Si les créanciers eussent connu l'importance réelle de l'actif, ils ne se seraient pas contentés
d'un dividende qui n'était pas le juste équivalent de ce
que le failli pouvait leur payer. D'autre part, si des créanciers supposés ont concouru au vote, la majorité a été
faussée dans son principe; il n'en existe donc aucune,
et il est juste que ce qui a été ainsi arrêté ne puisse produire aucun effet.

D'ailleurs, chacun de ces deux faits est constitutif de
la banqueroute frauduleuse. Son existence peut donner

lieu à une poursuite criminelle que le ministère public pourrait intenter d'office, même après l'homologation du concordat (1). Or, comme le disait M. Tripier à la chambre des pairs, condamner les créanciers à la nécessité de poursuivre en banqueroute frauduleuse par la voie criminelle, ou de subir la perte que leur imposera le concordat, serait violer à leur égard les règles du droit et de l'équité, ainsi que l'intérêt du commerce.

Tout crime, en effet, donne nécessairement lieu à deux actions. L'une publique, dans l'intérêt social, l'autre privée en faveur de celui qui a éprouvé un préjudice. Or, en matière de banqueroute frauduleuse, comme après l'homologation du concordat, l'action civile a essentiellement pour objet la nullité de cet acte, et comme cette action, en thèse ordinaire, est indépendante de l'action publique, la partie lésée doit pouvoir demander directement aux tribunaux civils la réparation du tort qu'elle a éprouvé. La disposition de l'article 518 n'étant que la consécration de ce principe, est parfaitement conforme au droit commun.

Ainsi, dans les cas que cet article prévoit, les créanciers peuvent déférer la connaissance de la fraude au ministère public, attendre le résultat de la poursuite, y intervenir même, en se portant partie civile; ou bien se pourvoir contre le failli en nullité du concordat, et provoquer ainsi des tribunaux ordinaires un résultat identique à celui qu'aurait la poursuite criminelle.

611. Cette demande ne saurait être repoussée par aucunes fins de non recevoir tirées, soit de l'absence de poursuites criminelles, soit de ce que, antérieurement à l'action, le concordat aurait été exécuté en tout ou en

(1) Art. 520, 521.

partie. Il est évident que cette exécution n'a pu être, comme le concordat lui-même, que la conséquence de l'ignorance des créanciers, relativement à la fraude imputée au failli. De plus, dans l'espèce, la nullité étant d'ordre public, elle n'a pu faire tacitement, ni expressément, l'objet d'une transaction valable.

612. Par analogie avec la disposition de l'article 512 on doit décider que la demande en nullité formée après l'homologation du concordat, doit être motivée et énoncer les faits dont on veut faire résulter la fraude. Cette demande est uniquement dirigée contre le failli. A cette époque, en effet, il n'existe plus de syndics, plus de masse. Aussi, contrairement à ce qui a lieu pour l'opposition, chaque créancier a le droit d'intervenir dans l'instance et de la poursuivre en son nom, en cas de désistement du demandeur originaire.

613. La pertinence des faits est facile à vérifier, en se pénétrant bien de l'esprit de l'article 518. On doit, en les admettant comme prouvés, rechercher s'ils sont de nature à annuler forcément le concordat. Que si, quelque graves qu'ils puissent être, leur existence n'est pas inconciliable avec celle du traité, la réclamation doit être repoussée, sans même qu'il soit nécessaire d'ordonner la preuve des faits allégués.

Or, il n'y a qu'une seule hypothèse dans laquelle la loi proscrit absolument le concordat, c'est celle de la banqueroute frauduleuse, et nous avons vu que c'est à cette hypothèse seule que se réfère l'article 518.

614. Il suit de là que si les faits découverts après l'homologation, ne constituaient qu'une banqueroute simple, toute demande en nullité du concordat serait inadmissible. Il faut conséquemment admettre que les

créanciers ne peuvent, par défaut d'intérêt, poursuivre le failli en banqueroute simple. En effet, cette poursuite serait pour eux sans avantage possible. Elle ne ferait pas annuler le concordat dont l'existence est aujourd'hui possible, même après condamnation. Ils ne pourraient obtenir de dommages-intérêts ; car leurs rapports pécuniaires sont souverainement réglés par ses dispositions. Elle serait, dès lors, non recevable.

Mais cette fin de non recevoir ne va pas jusqu'à leur interdire le droit de porter plainte. Le ministère public peut toujours poursuivre ; son action n'est éteinte que par la prescription du délit. Elle peut être exercée d'office, même après l'homologation. Rien ne s'oppose à ce qu'elle soit provoquée par les créanciers.

615. L'article 518, ne limitant pas la durée de l'action en nullité qu'il autorise, c'est par l'article 1304 du Code civil, que l'on devra régler son exercice. La prescription ne sera donc acquise qu'après dix ans, à partir de la découverte du dol.

ARTICLE 519.

Aussitôt après que le jugement d'homologation sera passé en force de chose jugée, les fonctions des syndics cesseront.

Les syndics rendront au failli leur compte définitif, en présence du juge-commissaire ; ce compte sera débattu et arrêté. Ils remettront au failli l'universalité de ses biens, livres, papiers et effets. Le failli en donnera décharge.

Il sera dressé du tout procès-verbal par le juge-commissaire, dont les fonctions cesseront.

En cas de contestation, le tribunal de commerce prononcera.

SOMMAIRE.

616. L'homologation du concordat rétablit le failli dans la plénitude
de ses droits, sauf les restrictions admises par le concordat.

617. Les restrictions apportées à la capacité du failli sont obligatoires pour les tiers qui ont contracté avec lui.

618. Elles cessent de plein droit dès que le dividende promis est intégralement payé.

619. Par dérogation à l'article 525 du Code de commerce, le failli
n'est remis à la tête de ses affaires que lorsque le jugement
d'homologation a acquis l'autorité de la chose jugée. Quand
cette autorité est-elle acquise ?

620. A cette époque les fonctions des syndics expirent de plein droit.

621. La remise au failli de l'universalité de ses biens, livres, papiers
et effets doit être précédée de la reddition du compte.

622. Cette reddition a lieu en présence du juge-commissaire qui
dresse procès-verbal et cesse ses fonctions.

623. Si le compte est admis, décharge est donnée aux syndics dans le
procès-verbal, et la remise des écritures a lieu instantané-
ment.

624. En cas de contestation le juge doit renvoyer les parties à se
pourvoir, en la forme ordinaire, par devant le tribunal de
commerce.

625. Le juge-commissaire doit-il nécessairement concourir au jugement ?

626. Les syndics ne peuvent être contraints à se dessaisir des livres et
papiers de la faillite avant l'apurement de leur compte, mais
ils sont obligés de les laisser consulter au failli.

627. Les créanciers peuvent nommer un gérant chargé de recevoir
les comptes. La décharge de ce gérant libère définitivement
les syndics.

628. Les syndics sont tenus solidairement et par corps au paiement
du reliquat de leur compte.

629. Les syndics peuvent porter en dépense les honoraires qui leur
sont dus, sauf au tribunal à les déterminer, s'il y a contestation.

630. Par la cessation du dessaisissement, le failli rentre dans
l'exercice de ses actions actives et passives. Conséquences.

616. Un autre effet du concordat est de rétablir le
failli dans la plénitude de ses droits et actions. L'incapacité qui pesait sur lui par l'effet de la faillite disparaît et

s'efface. L'administration de ses biens lui est rendue , ainsi que la faculté d'en disposer.

Toutefois cet effet peut être modifié par le concordat. Les créanciers peuvent y stipuler telles précautions qu'ils croient utiles contre l'administration du failli. Ils peuvent désigner plusieurs d'entre eux pour surveiller cette administration, liquider les biens et assurer la répartition de leur prix conformément au concordat. Ils peuvent même convenir que le failli ne pourra agir et disposer de ses biens qu'avec l'assistance et le consentement des créanciers nommés à cet effet.

617. Ces restrictions sont obligatoires et valables. Leur effet doit être appliqué non seulement au failli , mais encore aux tiers, alors même qu'ils soutiendraient avoir agi de bonne foi. Aussi a-t-il été jugé dans le dernier cas qu'un créancier postérieur à la faillite ne peut se prévaloir, au préjudice de la masse, de la cession qui lui aurait été faite, par le failli concordataire, d'une créance appartenant à son actif, nonobstant que ce créancier allègue avoir contracté de bonne foi et dans l'ignorance de la faillite (1).

La doctrine consacrée par cet arrêt nous paraît rationnelle et légale. Elle repose sur la maxime que chacun doit vérifier la position de celui avec lequel il contracte, et dans le cas d'une faillite antérieure exiger la représentation de l'acte qui a rendu la capacité au failli (2).

618. Les restrictions stipulées dans le concordat ne sont exécutoires qu'autant que le dividende convenu n'est pas encore intégralement payé. Elles cessent de plein

(1) Bruxelles, 21 juin 1820.
(2) D. A. 8. 161.

droit et sans stipulations expresses, dès que ce paiement est effectué. Les créanciers étant désormais sans
droits légaux contre le failli n'ont plus à s'immiscer dans
l'administration de ses affaires, qui lui demeure exclusivement libre et personnelle.

619. Le point de départ de la restitution au failli de
ses droits et actions avait été fixé par le Code de commerce au moment de la signification aux syndics du
jugement d'homologation. Le législateur avait donc accordé à ce jugement une exécution provisoire qui pouvait amener des complications étranges, si, attaqué dans
les délais, ce jugement venait à être rétracté.

Cette disposition a été modifiée par notre article. On
a avec raison pensé que rien n'était terminé, tant que
tout pouvait être remis en question. En conséquence la
faillite n'est définitivement close que lorsque le jugement qui a homologué le concordat a acquis l'autorité
de la chose jugée. Cet effet est produit par l'expiration
de quinze jours de la signification aux syndics, sans
qu'aucun appel ait été formé (1).

620. Avec cette expiration cessent de plein droit les
fonctions des syndics. Le failli est remis à la tête de ses
affaires. L'universalité de ses biens, livres papiers et
effets lui est rendue. La faillite est effacée, sinon pour
le passé, au moins pour l'avenir, à la charge par le failli
d'exécuter le concordat.

621. La remise effective des biens, livres et papiers
doit être précédée du compte que les syndics doivent
rendre de leur gestion. Ce compte est rendu au failli, et
cet effet du concordat est remarquable. Les syndics
jusque-là mandataires des créanciers sont devenus ceux

(1) V. art. 582.

du failli. Ce changement de caractère produit par le concordat ne doit point être perdu de vue. Il enseigne aux syndics à ménager, dans l'exercice de leurs fonctions, l'intérêt du failli envers lequel ils peuvent, en définitive, voir leur responsabilité gravement compromise, dans le cas contraire.

622. Le compte est rendu et débattu en présence du juge-commissaire. Cette prescription a un double motif. Acteur dans toutes les opérations de la faillite, ce magistrat est à même d'apprécier la sincérité des articles accusés par les syndics. La nécessité de braver ce contrôle est seule capable d'empêcher la supposition de dépenses non réalisées et l'exagération dans celles qui ont été réellement faites. De plus, l'influence attachée à son caractère préviendra souvent des difficultés que le failli pourrait soulever sur les doutes qu'il s'est faits et que le témoignage impartial du juge sera de nature à dissiper complètement.

Mais, dans cette circonstance, le pouvoir du juge est tout moral. La faillite est finie, et avec elle, est expirée la mission que ce magistrat avait reçue de la loi. Il n'a donc plus d'autorité réelle sur les parties. Si ses fonctions ont survécu un instant à celles des syndics, c'est qu'il doit rédiger le procès-verbal de la reddition des comptes qui clôture définitivement la faillite et termine son mandat.

623. Le compte présenté par les syndics est admis ou rejeté. Dans la première hypothèse, tout est dit. La remise des biens, titres, papiers, effets, se réalise immédiatement. Le failli en donne décharge dans le procès-verbal du juge, et les syndics sont à tout jamais libérés des effets de leur administration.

624. Si le compte n'est pas admis, le procès-verbal mentionne les contestations, et délaisse les parties à se pourvoir, ainsi qu'elles aviseront. Le juge-commissaire qui ne peut plus prononcer lui-même n'a pas non plus la faculté de renvoyer les parties à l'audience. Il ne s'agit plus que d'un procès ordinaire qui doit être instruit et jugé dans les formes prescrites par le Code de procédure.

Mais la décision du litige appartient au tribunal de commerce. C'est donc à la partie la plus diligente à investir sa juridiction, et à porter la cause à son audience.

625. Le juge-commissaire doit-il concourir forcément au jugement? En fait, son concours peut être utile pour éclairer la religion du tribunal sur le plus ou moins d'exactitude de certains articles du compte. Mais en droit ce concours n'est pas indispensable. En effet, à l'époque de ce jugement, il n'y a plus de faillite, plus de juge-commissaire. Les fonctions qu'il exerçait n'ont pas survécu au procès-verbal qu'il a dû rédiger. Son absence, par conséquent, lors du jugement qui prononce sur ces contestations, ne nuirait en rien à sa validité.

626. Le failli qui contesterait le compte, pourrait-il exiger la remise immédiate des livres et papiers de la faillite? Nous ne le pensons pas, du moins en ce qui concerne ceux relatifs à la gestion des syndics. On ne peut contraindre ceux-ci à livrer les documens qui doivent justifier l'existence et l'exactitude de leurs opérations, avant l'apurement de leur compte. Quelque nécessaires qu'ils puissent être au failli, leur détention par les syndics se légitime par l'intérêt que ces derniers ont à leur possession. Cet intérêt se continue jusqu'à l'ac-

ceptation ou au réglement du compte. Dès cet instant,
la résistance des syndics serait injuste et mal fondée, et
le failli pourrait non seulement les contraindre à la restitution, mais encore obtenir contre eux de dommages-
intérêts.

Dans l'intervalle du jugement d'homologation à l'a-
purement du compte, quelque long qu'il soit, et malgré
que les syndics fussent restés nantis des livres et papiers
de la faillite, tout acte d'administration qu'ils se permettraient de faire serait frappé de nullité radicale. Leur
mandat cesse de plein droit, dès que l'homologation est
devenue définitive. Le failli seul est capable d'administrer. Il faut donc concilier le droit de celui-ci avec la faculté que nous venons de reconnaître aux syndics, de
retenir les livres et papiers jusqu'à l'apurement de leur
compte. En conséquence, les syndics seraient obligés
de faciliter la gestion du failli, et de lui permettre de consulter chez eux, et en leur présence, les documens dont
la communication serait nécessaire.

627. La disposition de l'article 519, en ce qui concerne la reddition du compte au failli, n'est pas absolue. Il peut y être dérogé par le concordat. La stipulation dans celui-ci que les comptes seront rendus à un
commissaire gérant, nommé par les créanciers, est valable. Dans cette hypothèse, la décharge donnée par ce commissaire met les syndics à l'abri de toutes réclamations
ultérieures, quant à leur administration, soit de la part
du gérant, soit de la part des créanciers (1), et à plus
forte raison de la part du failli qui, n'ayant jamais repris
l'administration, est demeuré étranger aux résultats de
celle des syndics.

(1) Rouen, 16 février 1829, D. P. 31, 2, 20.

628. Les syndics sont tenus solidairement et par corps au paiement du reliquat de leur compte, soit envers le failli, soit envers les créanciers dans le cas d'une gérance. En thèse ordinaire, il est difficile d'admettre l'existence d'un reliquat quelconque à la charge des syndics qui n'ont à payer que les frais de la faillite auxquels ils doivent satisfaire au moyen des rentrées. Mais plusieurs causes peuvent amener ce résultat. Les syndics peuvent être déclarés responsables des intérêts des sommes qu'ils n'auront pas déposées à la caisse des consignations dans les trois jours de leur réception ; des recouvremens qu'ils auront négligé de faire et qui ne pourront plus l'être ; enfin, ils peuvent avoir à rendre compte d'une exagération constatée dans les dépenses. Quelles qu'en soient d'ailleurs les causes, il suffit qu'ils soient débiteurs, pour que la restitution des sommes qui forment le reliquat soit solidairement prononcée avec contrainte par corps, sauf les peines prononcées par la loi contre les malversations dont ils se seraient rendus coupables.

629. Les syndics doivent porter dans le compte, à la charge de l'oyant, les honoraires que l'article 462 leur alloue. La disposition de cet article, qui charge le tribunal de commerce d'en déterminer le chiffre, ne fait pas obstacle à ce qu'en cas de concordat les parties s'entendent amiablement. Si le chiffre porté par les syndics est contesté, le tribunal prononce.

630. Enfin, la cessation du dessaisissement résultant de l'homologation du concordat, rend au failli l'exercice de ses actions actives et passives. C'est donc contre lui personnellement que doivent être intentées ou continuées les poursuites qu'il y aurait lieu de diriger, ou

qui auraient déjà été commencées contre les syndics.

Les actions intentées par les syndics ne peuvent plus être suivies que par le failli. Seul il profite des jugemens obtenus par les syndics, et subit les conséquences de ceux intervenus contre eux. Il résulte de là qu'il peut seul se pourvoir contre les uns et défendre sur l'appel des autres. La signification des premiers aux syndics ne ferait courir les délais de l'appel que si elle avait été réalisée avant le jugement d'homologation. Toute signification ultérieure ne serait valable qu'autant qu'elle serait faite à la personne ou au domicile de l'ancien failli.

§ III.

De l'annulation ou de la résolution du concordat.

—

ARTICLE 520.

L'annulation du concordat, soit pour dol, soit par suite de condamnation pour banqueroute frauduleuse intervenue après son homologation, libère de plein droit les cautions.

En cas d'inexécution, par le failli, des conditions de son concordat, la résolution de ce traité pourra être poursuivie contre lui devant le tribunal de commerce, en présence des cautions, s'il en existe, ou elles dûment appelées.

La résolution du concordat ne libèrera pas les cautions qui y seront intervenues pour en garantir l'exécution totale ou partielle.

ARTICLE 521.

Lorsque , après l'homologation du concordat, le failli sera poursuivi pour banqueroute frauduleuse et placé sous mandat de dépôt ou d'arrêt, le tribunal de commerce pourra prescrire telles mesures conservatoires qu'il appartiendra. Ces mesures cesseront de plein droit du jour de la déclaration qu'il n'y a lieu à suivre, de l'ordonnance d'acquittement ou de l'arrêt d'absolution.

SOMMAIRE.

631. Le concordat dûment homologué est susceptible d'être annulé aux termes de l'article 518, pour cause de dol découvert depuis l'homologation. La condamnation pour banqueroute fruduleuse ultérieurement prononcée produit un effet identique. C'est ce qui est réglé par l'article 522. Il y a entre ces deux causes de nullité cette différence que la première doit être constatée par le tribunal de commerce, tandis que la seconde résulte de plein droit de l'arrêt de condamnation.

Cependant il y a une telle similitude entre ces deux causes que les effets en sont identiques. Nous avons déjà remarqué que le dol, tel que le détermine l'article 518, n'est qu'une banqueroute frauduleuse poursuivie par la voie civile, puisque les faits qui le constituent sont également constitutifs de celle-ci.

632. Il résulte donc de l'un et de l'autre que l'annulation qui en est la conséquence anéantit le concordat, qui non seulement n'existe plus pour l'avenir, mais qui est censé n'avoir jamais pu valablement exister ; que tout en respectant certains faits accomplis (1), les

(1) V. art. 526.

parties sont remises au même état qu'avant le concordat. Toutes les stipulations du traité s'évanouissent. Ainsi les garanties hypothécaires conférées en vertu de l'article 517 se trouvent rétractées ; ainsi les cautions qui répondaient de l'exécution du concordat sont non seulement libérées pour l'avenir, mais elles peuvent encore se faire restituer ce qu'elles ont déjà payé par suite de leur engagement.

563. A ces causes de nullité qui peuvent anéantir le concordat, il faut joindre l'action en résolution qui peut en faire cesser les effets. Le concordat est, comme tous les autres actes, soumis à la condition résolutoire. Ce principe que le Code n'avait pas expressément consacré avait été admis par la jurisprudence. Mais les conséquences qu'on en faisait résulter étaient bien différentes de celles consacrées par la loi actuelle.

634. L'action en résolution diffère dans ses causes de l'action en nullité. Aussi, les effets de l'une et de l'autre, quoique identiques sur un point, celui de la reconstitution de l'état de la faillite, agissent d'une manière bien distincte sur la position des parties intéressées. C'est ce qui ressort bien formellement de la disposition de nos articles.

En principe, la consécration de l'action résolutoire est une pensée d'équité et de justice. La réduction consentie ou subie par les créanciers sur le total de leurs créances, n'est que la conséquence de l'engagement que prend le failli de payer à chacun d'eux et aux termes convenus le dividende déterminé. Si le failli manque à cet engagement, les créanciers doivent être relevés des obligations qu'ils se sont eux-mêmes imposées. Celles-ci deviendraient dès lors des effets sans cause. Or, quelque faveur que l'on dût professer pour le concordat, il était impossible de la porter au point d'admettre qu'il continuerait à lier les créanciers, alors même que le failli se refuserait à l'exécuter, ou serait dans l'impuissance de le faire.

635. Ces notions, qui ont présidé à l'admission du droit en principe, indiquent quels sont ceux qui peuvent en requérir l'exercice. Le failli est obligé à l'exécution du concordat envers chacun de ses créanciers personnellement. En conséquence, celui d'entre eux qui a à se plaindre d'une inexécution en ce qui le concerne, peut faire prononcer la résolution du traité.

Cependant le projet présenté d'abord par le gouvernement à la chambre des pairs et adopté par elle, disposait que la demande en résolution ne pourrait être intentée que par la double majorité dont le concours est requis pour l'adoption du concordat. On craignait, en autorisant les poursuites individuelles, de livrer le sort du failli et l'intérêt des créanciers, au caprice et à l'impatience d'un seul, qui pouvait gravement les compromettre l'un et l'autre par une démarche précipitée et irréfléchie.

Mais cette prescription consacrait une injustice, tout en voulant remédier à des inconvéniens qui étaient au fond plus spécieux que graves. En effet, le failli aura toujours le moyen d'empêcher la résolution, en exécutant religieusement ses obligations envers tous les créanciers. Quant à ceux-ci, chacun a un droit égal à ce que cette exécution se réalise à son égard. Il faut donc qu'il ait les moyens de l'assurer, dans le cas où le failli tenterait de s'y soustraire. Subordonner ces moyens à la volonté d'autres, plus heureux peut-être, envers

7

lesquels le failli s'est acquitté, c'était rendre l'exercice de ce droit impossible, et livrer le créancier en souffrance à la discrétion de son débiteur.

Or, de tous les moyens pour contraindre le failli à payer, le plus énergique est, sans contredit, la demande en résolution. La crainte seule de voir recommencer l'état de faillite doit inspirer au débiteur les plus grands efforts, dans l'intention de satisfaire à ses engagemens. En conséquence, refuser à chaque créancier individuellement la faculté de poursuivre cette même résolution, c'était leur ravir la garantie la plus efficace.

« De plus, ainsi que le disait le rapporteur de la commission à la chambre des députés, après le concordat, il n'y a plus de masse, plus de communauté, plus de majorité, plus de minorité. Il n'existe plus que des droits individuels dont l'exercice ne reconnaît d'autres limites que celles qui sont tracées par la loi. Reconstituer la majorité, serait impossible, surtout s'il s'était écoulé quelques années depuis le concordat. Soumettre l'action en résolution au concours de cette majorité, c'était écrire dans la loi un principe condamné d'avance à ne recevoir jamais aucune application. »

Telles furent les raisons opposées au projet du gouvernement et à l'avis de la chambre des pairs. L'un et l'autre les sanctionnèrent, en se rangeant à l'opinion de la chambre des députés qui les avait consacrées. L'action en résolution n'est donc, dans son exercice, soumise à aucune condition. Elle appartient à chaque créancier individuellement. Elle peut être exercée dès que se réalise, chez le failli, le refus d'exécuter les charges que le concordat lui impose.

636. De ce que cette action n'est qu'un mode pour

déterminer le paiement, il résulte que le droit de l'intenter existe, tant que celui de demander ce paiement n'est
pas éteint. Il ne peut donc être atteint de prescription
que par l'expiration de trente ans à partir de l'échéance
du terme.

637. Quels sont les effets de la résolution prononcée
par justice, sur la réclamation d'un créancier? Nous
avons à examiner cette question sous le point de vue de
la position du failli, des créanciers, des cautions.

Quant au failli, aucun doute ne saurait s'élever. Le
jugement qui admet la résolution le constitue en état de
faillite. Le concordat s'efface, et les opérations prescrites
par la loi sont reprises et continuées selon leurs derniers
erremens.

638. Mais cet état régit-il le failli envers tous ses créanciers? En d'autres termes, la résolution obtenue par
un seul ne produit-elle des effets qu'en faveur de celui-
ci, ou bien, profite-t-elle à tous les autres créanciers?

Le concordat, disait M. Teste, est, dans ses résultats,
un acte essentiellement divisible. Sa résolution ne doit
donc profiter qu'à celui qui l'a obtenue.

Cette opinion émise dans la discussion de la loi actuelle, ne souffrait aucune difficulté sous le Code. Elle
avait été enseignée et consacrée par la doctrine et la
jurisprudence. Mais c'était là un effet du silence gardé
par le législateur sur les conséquences de la résolution.
En l'absence de toute prescription contraire, on admettait dans son entier le principe qui régit les conventions
synallagmatiques. Le créancier qui se plaignait de l'inexécution du concordat était libéré des engagemens qu'il
avait lui-même contractés. La résolution le dégageait
de la promesse d'une remise sur la dette, et obligeait le

failli à le payer intégralement. On comprend dès lors
que les créanciers qui n'avaient pas été parties dans l'instance ne pouvaient en revendiquer le bénéfice, précisément en vertu du principe incontestable rappelé par
M. Teste.

Mais il ne saurait en être ainsi sous l'empire de la loi
nouvelle. L'article 522 exige que, par le jugement qui
prononce la résolution, le tribunal de commerce nomme
un juge-commissaire et un ou plusieurs syndics. La conséquence forcée de la résolution est donc aujourd'hui la
reconstitution de l'état de faillite. Or, cet état est essentiellement indivisible ; il ne peut pas exister pour les uns,
et ne pas exister pour les autres. D'où il résulte qu'il
reçoit forcément application, non seulement aux créanciers qui avaient concordé, mais encore aux créanciers nouveaux envers lesquels le débiteur s'est engagé dans l'intervalle écoulé depuis le jugement d'homologation jusqu'à la résolution (1).

Ainsi, relativement aux créanciers, les effets de la
résolution sont exactement les mêmes que ceux de l'annulation. Dès l'instant que la demande est accueillie,
ils sont tous autorisés à venir, dans la faillite, faire valoir
les droits qui peuvent leur compéter.

Toutefois, il est des créanciers qui ne pourront profiter de la résolution, et auxquels on ne saurait l'opposer. Ce sont ceux qui auraient été payés intégralement
du dividende convenu, avant cette résolution. Ceux-là
ne sont plus créanciers. Par rapport à eux, le concordat
ayant reçu sa pleine et entière exécution, ils n'ont plus
rien à exiger, et la transaction qu'il renferme reste irrévocable. Peu leur importe que cette transaction soit ou

(1) V. art. 523 et suiv.

non exécutée vis-à-vis d'autres créanciers. Il suffit qu'elle l'ait été à leur égard, pour que la remise de la dette, stipulée en échange de cette exécution, soit définitivement acquise au failli.

Il faut donc distinguer parmi les créanciers ceux qui ont reçu le dividende, de ceux qui n'en ont été payés qu'en partie. Les premiers restent étrangers à une résolution qu'ils n'auraient ni intérêt, ni droit à poursuivre. Les seconds, au contraire, étant recevables à la faire prononcer personnellement, doivent profiter du jugement provoqué par l'un d'eux. Toute demande ultérieure n'aurait pas un effet plus grand que celle qui a été jugée. L'opinion contraire entraînerait à cet inconvénient qu'il faudrait se livrer à une série de procès, et supporter des frais considérables.

En effet par cela seul que la résolution provoquée par un seul créancier fait, aux termes de l'article 522, revivre la faillite, il suit que l'exécution du concordat est désormais impossible. Le débiteur est de nouveau dessaisi de ses biens. Il ne peut donc plus faire de paiemens valables ; et les créanciers concordataires ne pourraient recevoir de lui aucune somme sans être tenus de la rapporter à la masse. Dès lors, si tous les créanciers ne profitaient pas de la résolution provoquée et obtenue par l'un d'eux, ils seraient personnellement tenus de la faire prononcer en ce qui les concerne. Ce serait autant de procès particuliers qu'il y aurait de créanciers; et c'est précisément cette multitude de demandes que la législation actuelle a voulu empêcher.

Ainsi contrairement à ce qui se pratiquait sous le Code, la résolution prononcée lie tous les créanciers. Tous sont forcés d'en subir les effets.

639. Quant aux cautions, l'effet de la résolution est bien différent de celui de la nullité. Nous avons vu que par l'admission de celle-ci les cautions se trouvaient libérées. La résolution, au contraire, les laisse sous le coup de leurs engagemens.

640. Cette prescription paraît peu en harmonie avec les principes ordinaires du cautionnement, avec les idées d'équité et de justice qui doivent toujours prévaloir. En effet l'engagement de la caution devient exigible par le refus que fait le débiteur principal d'exécuter ses obligations. Il est donc étrange, lorsque cette condition se réalise, de permettre au créancier de conserver la faculté d'exiger son paiement de celle - ci et de faire en même temps rétracter l'engagement en échange duquel elle s'était obligée. Or, il est certain, en matière de faillite, que ceux qui cautionnent le failli le font surtout dans l'intention de lui assurer le bénéfice du concordat. D'où la conséquence qu'ils devraient être libérés si par le fait des créanciers celui-ci vient à être résolu, avant même qu'une mise en demeure légale les ait mis à même de réaliser leur cautionnement.

641. C'est ce que demandait la commission de la chambre des pairs. « Comment pourrait-on vouloir, « disait son honorable rapporteur, M. Tripier, que lors- « qu'un débiteur est dépouillé de tous les avantages du « concordat, la caution restât obligée à payer pour lui? « Le premier effet de la résiliation, c'est d'annuler en- « tièrement le concordat. Dès ce moment la règle de « droit, sauf les conventions particulières, c'est que le « concordat est annulé surtout à l'égard des tiers, de la « caution, qui n'est intervenue que pour faire jouir le « débiteur du bénéfice du contrat. Quelle sera donc la

« position des créanciers ? Ils auront à choisir : ou de
« rester dans les termes du contrat, ou d'en provoquer
« l'annulation. S'ils trouvent que le débiteur ne présente
« pas de solvabilité suffisante , et que la caution soit
« bonne, c'est à eux de ne pas provoquer l'annulation ;
« et alors ils conserveront tous les droits que leur con-
« fère le concordat. S'ils trouvent au contraire qu'il y a
« bénéfice pour eux à demander la résiliation, la caution
« doit être libérée. »

642. On ne pouvait méconnaître tout ce qu'un pareil
système avait de concluant et de logique ; cependant
on l'a rejeté, sur le motif surtout que c'est en vue des
cautions que le concordat a été adopté et le failli remis
à la tête de ses affaires ; que dans cet intervalle il peut
avoir contracté de nouvelles dettes qui viennent diminuer les droits des créanciers à l'actif, ce qui ne serait
pas arrivé si les cautions n'étaient pas intervenues ; qu'il
était donc juste de garantir, par le maintien de leur engagement, les créanciers, du tort que cette intervention
a seule en définitive occasionné.

Ces argumens, qui ont triomphé, sont loin d'être sans
réplique. Les créanciers n'auraient à craindre un préjudice de l'administration du failli, que si les cautions
n'étaient pas à même de satisfaire à leur engagement.
Mais si le contraire se réalise, si au refus du failli elles
offrent de payer le dividende convenu, c'est aux créanciers à l'accepter. Que si la résolution leur paraît pré-
férable, de quel droit pourraient-ils se plaindre d'une
chance qu'ils ont volontairement courue ?

643. Quoi qu'il en soit, le principe de la non libération a été inscrit dans la loi, et ce qui n'a pas peu con-
tribué à amener ce résultat, c'est que l'engagement

des cautions peut n'être que partiel, et que dans cette hypothèse l'exécution que celles-ci donneraient au concordat ne désintéresserait pas complètement les créanciers. Il est même permis de croire que c'est dans cette circonstance surtout qu'il pourra s'agir de résolution, car si le cautionnement était égal à l'intégralité du dividende, l'intérêt des cautions à empêcher le retour de la faillite, est un sûr garant des soins qu'elles mettront à ce que le failli soit en mesure de s'acquitter à l'échéance.

En effet, la résiliation du concordat enlève aux cautions l'espérance de se faire rembourser ce qu'elles auront payé à la décharge du failli. Non – seulement les biens actuels de celui – ci passent de nouveau à ses créanciers, mais encore son industrie est arrêtée, ses ressources pour l'avenir perdues. Ainsi s'évanouit l'espérance de se récupérer plus tard, en cas d'insuffisance des biens présens. C'est sous ce rapport que la loi a déclaré les cautions parties nécessaires dans l'instance en résiliation, et qu'elle prescrit de les y appeler.

644. Résulte-t-il de cette obligation imposée au demandeur que si, devant le tribunal, les cautions offrent d'exécuter intégralement le concordat, en désintéressant le créancier, celui-ci doive être débouté de sa demande?

L'affirmative semblerait commandée par les principes que nous rappelions tout à l'heure. On pourrait, en effet, soutenir que l'obligation de la caution ne commence qu'après que le cautionné a refusé d'exécuter ses engagemens ; qu'il n'y a inexécution absolue que lorsque celle-ci, mise à son tour en demeure, a fait éprouver ce même refus ; que les créanciers, en acceptant le cautionnement, se sont soumis à opérer cette mise en demeure ; que si la caution veut payer, l'acte est réellement exécuté ; que peu importe, en effet, aux créanciers la main qui réalise le paiement, pourvu qu'il soit tel qu'il suffise pour les désintéresser de toutes les sommes portées au concordat.

Mais cette solution, quelque fondée en droit qu'elle puisse être, ne saurait être admise. Le principe consacré par l'article 520 s'y oppose.

En effet, l'inexécution par le failli donne lieu à la résolution et ne libère pas les cautions. Il suit de là que dès que cette inexécution se réalise, les créanciers sont investis d'une double faculté : 1° celle de se faire payer par les cautions ; 2° celle de retirer au failli le bénéfice du concordat. Ces deux facultés peuvent être simultanément exercées. Elles sont également utiles. Par la première, les créanciers sont assurés de retirer tout ce qui leur a été garanti par les cautions ; par la seconde, ils ont la chance de recevoir davantage si la liquidation de l'actif amène des résultats plus favorables que ceux entrevus au moment du concordat.

Il est donc impossible que la réalisation de l'une de ces facultés empêche les créanciers de jouir du bénéfice de l'autre. Le paiement qui serait offert par les cautions, elles le doivent, même après la résiliation : elles ne feraient donc, en offrant de le réaliser au commencement de l'instance, qu'anticiper sur l'obligation qu'elles seront tenues de remplir après le jugement. Leur offre n'aurait donc aucune influence sur le droit qu'ont les créanciers d'obtenir la résiliation, indépendamment du paiement qui leur est dû en tout état de cause.

645. Il semblerait, dès lors, que l'appel en cause des

cautions est inutile, puisqu'elles ne peuvent, dans aucun
cas, empêcher la demande des créanciers de sortir à
effet. Mais ce qui le justifie, c'est l'intérêt que nous signalions tout-à-l'heure. La résiliation est trop importante pour elles, par les conséquences qu'elle peut entraîner ; il faut qu'elles soient en mesure de surveiller
et de discuter la défense du failli et les prétentions du
poursuivant, d'examiner les actes dont celui–ci veut
faire résulter l'inexécution. Le fait matériel du refus de
paiement peut ne pas toujours constituer celle–ci. Ce
refus peut tenir à des difficultés justement soulevées ou
à des circonstances de force majeure dont le débiteur
peut être relevé. Or, les cautions peuvent, de leur chef,
faire valoir tous ces moyens et répousser la demande par
les exceptions que le débiteur principal pourrait opposer
lui-même.

646. Il nous reste à examiner quelle est l'étendue de
l'obligation des cautions dans l'hypothèse de la résolution. Il est évident que cette obligation est subordonnée
soit à la liquidation de l'actif, soit à l'admission d'un
nouveau concordat. Ainsi, la chance que les créanciers
ont de toucher un dividende plus fort que celui primi-
tivement obtenu, ne peut se réaliser aux dépens des
cautions; on ne peut les autoriser à prendre d'abord les
sommes cautionnées, et ensuite le dividende résultant
de la liquidation. Ce serait vouloir les enrichir au détriment de tiers qui ne leur devaient rien, qui ne sont devenus leur débiteur que d'une manière accessoire. En
conséquence, les à-comptes payés par le failli, avant la
résolution , ont libéré d'autant les cautions. De plus ,
tout ce qui sera produit par les répartitions que l'union
amènera, sera tout d'abord imputé sur les sommes dues

par les cautions ; de telle sorte, que celles-ci n'auront à payer que la différence qui existera entre ce que les créanciers auront reçu sur l'actif et le dividende cautionné. Si celui-ci n'est pas atteint par le résultat de la répartition, le solde doit en être supporté par les cautions ; si, au contraire, les sommes distribuées égalent ou dépassent le chiffre de celles cautionnées, les cautions sont complètement libérées ; elles ont, en outre, le droit de se faire restituer ce qu'elles auraient déjà payé.

Cela n'est, d'ailleurs, absolument vrai que si l'engagement des cautions comprenait l'intégralité du dividende promis dans le concordat. Ainsi, si cet engagement n'est que partiel, les créanciers auraient le droit d'imputer, soit les à-comptes reçus du débiteur, soit les produits de la liquidation, sur la partie de la dette due par le failli seul. Les cautions ne profiteraient des uns et des autres qu'après l'extinction complète de celle-ci.

647. L'annulation et la résiliation diffèrent encore en ce que la première est inévitablement suivie du régime de l'union. Après la seconde, au contraire, il est loisible aux créanciers de consentir un nouveau concordat.

Mais, si dans la délibération et l'adoption de celui-ci, ceux qui avaient cautionné le premier, ne sont ni admis, ni appelés ; si on n'exige pas qu'ils renouvellent leurs engagemens, on ne pourrait plus les rechercher, à raison de leur concours au concordat précédent. Il y a novation complète dans le titre, et partant libération entière pour ceux qui n'auraient pris aucune part à celui qui a remplacé le premier (1).

648. Les approches de l'annulation ou de la résolution

_____
(1) Art. 1281, Cod. civ.

du concordat étaient de nature à inspirer des craintes sur la conduite ultérieure du failli. En effet, celui-ci peut, pour se garantir des chances d'une solution affirmative, se hâter de mettre à couvert tout ou partie de son actif. On avait donc parlé de mesures conservatoires à prendre dès le début de la poursuite.

649. Le législateur a dû peser les inconvéniens auxquels ces mesures étaient destinées à remédier, et ceux qui pouvaient naître de ces mesures elles-mêmes. La poursuite dirigée contre le failli peut être l'effet de l'irritation, d'un désir de vengeance, d'un mouvement irréfléchi ; elle peut être, en définitive, rejetée par la justice ; elle est, dans tous les cas, particulière à celui qui l'a intentée. En cet état, des mesures conservatoires pouvaient être nuisibles au failli ; fallait-il s'exposer à causer un préjudice considérable avant que la justice se fût prononcée sur la réalité des torts imputés au débiteur ?

Le législateur, par respect pour le droit de propriété, n'a pas cru devoir autoriser la moindre atteinte aux pouvoirs que le concordat a conférés à l'ancien failli ; il a subordonné les mesures conservatoires à l'existence de présomptions assez graves pour que l'autorité publique ait jugé nécessaire d'intervenir.

Ainsi une demande en résolution, l'action en nullité pour dol poursuivie par la voie civile ne peuvent déterminer l'adoption d'aucune mesure touchant l'administration des biens du failli. Elle reste entre les mains de celui-ci, jusqu'après la décision du juge investi de la demande.

Mais, il n'en est pas de même pour la poursuite en banqueroute frauduleuse. L'intervention de l'autorité, une fois réalisée, la liberté du failli se trouve compromise, et avec la perte de celle-ci, naît la nécessité de s'assurer de l'administration des biens dans l'intérêt des créanciers.

Telle est la disposition de l'article 521. On pourrait la résumer dans ces quelques paroles, si la rédaction malheureusement maintenue contre le vote de la chambre, ne donnait naissance à des difficultés qu'il faut éclaircir.

650. L'article 521 semble n'autoriser les mesures conservatoires que lorsque le failli se trouve placé sous mandat de dépôt ou d'arrêt. C'est ce qui est textuellement écrit dans sa disposition. Cependant, on méconnaîtrait évidemment l'intention du législateur, si, par respect pour ce texte, les tribunaux lui subordonnaient aveuglément l'application de la faculté qui leur est laissée. Il est certain, en effet, que s'il peut y avoir danger pour les créanciers à laisser un mandataire du failli administrer, lorsque celui-ci est en prison, le danger est bien plus réel, lorsque sous le poids d'un simple mandat d'amener, le failli administre lui-même, et peut ainsi facilement, dans la prévision des suites de l'instruction, dilapider ou dénaturer sa fortune.

Or, c'est précisément dans la crainte d'une éventualité de ce genre, que la loi a prescrit de prendre des mesures conservatoires. Conséquemment, donner à ses paroles un sens limitatif et restrictif, ce serait proclamer qu'on ne pourrait utiliser la précaution qu'elle autorise précisément dans le cas où le besoin s'en fait plus particulièrement sentir.

651. L'article 521 doit donc être interprété par son esprit, plutôt que par son texte. La pensée réelle de la

loi est d'autoriser les mesures conservatoires, toutes les fois qu'il y aura poursuite sérieuse, certaine, et non dans le cas où il y aurait seulement plainte en banqueroute de la part des créanciers. Or, comme la banqueroute frauduleuse est un crime, il était difficile d'admettre une intervention de la justice, sans supposer l'existence d'un mandat de dépôt ou d'arrêt ; et voilà la série d'idées à l'aide de laquelle on est arrivé à rendre la pensée que nous venons d'indiquer d'une manière que l'on a crue plus énergique, et qui n'est au contraire que fort incomplète.

Au reste, ce défaut de précision dans les termes de l'article 521 a préoccupé le pouvoir législatif lui-même. On a craint que les tribunaux ne se crussent liés par le texte et n'ordonnassent des mesures conservatoires, que lorsqu'il existerait, soit un mandat de dépôt, soit un mandat d'arrêt. « Cependant, disait-on à la chambre des députés, un mandat d'amener peut avoir été décerné, et cet état peut se prolonger longtemps. Le failli peut avoir pris la fuite ; il peut aussi, sous des motifs plausibles, retarder son interrogatoire, et pendant ce temps que deviendra l'actif ? »

On proposa en conséquence de retrancher de l'article 521 les mots : *et placé sous mandat de dépôt ou d'arrêt.* Cette proposition fut adoptée. Mais le retranchement n'a pas été opéré dans le texte officiel et l'article 521 a conservé sa rédaction première.

Malheureusement cette omission laisse exister les difficultés que l'amendement voté par la chambre avait pour objet de prévenir. En l'état cependant de ce qui précède, le sens de l'article 521 nous paraît fixé. On peut ordonner les mesures conservatoires toutes les fois qu'une poursuite judiciaire étant réalisée, il peut y avoir

péril pour les créanciers. On ne doit donc pas hésiter ,
si ce péril se manifeste, encore que le failli ne se trouverait qu'en l'état d'un simple mandat d'amener.

652. L'initiative de ces mesures appartient au tribunal de commerce. A cet effet, le procureur du roi ou le
juge d'instruction doit officiellement dénoncer au président l'existence de la poursuite criminelle. A défaut de
cet avertissement, ou, si après avoir été avisé, le tribunal néglige de statuer, chaque créancier peut individuellement les provoquer. Le droit de ceux-ci est incontestable. On ne doit pas en effet perdre de vue qu'il
n'y a plus cette à époque personne qui puisse agir au
nom et dans l'intérêt de tous, les syndics ayant cessé
leurs fonctions après l'homologation du concordat.

653. L'étendue et l'importance des mesures conservatoires qu'il convient d'ordonner sont laissées à la prudence des juges. On ne doit cependant pas oublier que
tant qu'il n'y a pas eu condamnation, le failli concordataire jouit de la plénitude de ses droits ; qu'il peut déléguer l'administration de ses affaires à tel mandataire
qu'il lui plaira choisir ; qu'on ne saurait donc le priver
de cette faculté, sans violer à son égard le droit sacré de
la propriété.

Tout doit, en conséquence, se borner à une surveillance efficace dans l'intérêt des créanciers. Le tribunal
pourra donc adjoindre au mandataire du failli ou au failli
lui-même un ou plusieurs créanciers, sous le contrôle
desquels devra se réaliser l'administration. Il peut aussi,
sans aller jusque-là, ordonner telles mesures qu'il jugera
devoir concilier l'intérêt des créanciers, et ce qui est dû
à la présomption d'innocence qui protège encore le
failli.

654. La durée des mesures conservatoires est limitée par celle de l'information, au sort de laquelle elles sont forcément attachées; elles cessent de plein droit, si le failli est acquitté ou renvoyé de la poursuite par une ordonnance de non lieu, ou seulement convaincu de banqueroute simple. Dans l'un comme dans l'autre de ces cas, le failli reprend la plénitude de ses droits et actions.

S'il est condamné pour banqueroute frauduleuse, les mesures conservatoires cessent également pour faire place à un état définitif réglé par les articles suivans.

En effet, la condamnation, même par contumace, annulle de plein droit le concordat. Nous allons voir les formalités qui doivent être remplies dans ce cas comme dans ceux d'annulation pour dol ou de résolution pour inexécution.

ARTICLE 522.

Sur le vu de l'arrêt de condamnation pour banqueroute frauduleuse, ou par le jugement qui prononcera, soit l'annulation, soit la résolution du concordat, le tribunal de commerce nommera un juge-commissaire et un ou plusieurs syndics.

Ces syndics pourront faire apposer les scellés.

Ils procèderont, sans retard, avec l'assistance du juge de paix, sur l'ancien inventaire, au récolement des valeurs, actions et des papiers, et procéderont, s'il y a lieu, à un supplément d'inventaire.

Ils dresseront un bilan supplémentaire.

Ils feront immédiatement afficher et insérer dans les journaux à ce destinés, avec un extrait du jugement qui les nomme, invitation aux créanciers nouveaux, s'il en existe, de produire, dans le délai de vingt jours, leurs titres de créances à la vérification. Cette invitation sera faite aussi par lettres du greffier , conformément aux articles 492 et 493.

ARTICLE. 523.

Il sera procédé, sans retard, à la vérification des titres de créances produits en vertu de l'article précédent.

Il n'y aura pas lieu à nouvelle vérification des créances antérieurement admises et affirmées, sans préjudice néanmoins du rejet ou de la réduction de celles qui depuis auraient été payées en tout ou en partie.

ARTICLE 524.

Ces opérations mises à fin, s'il n'intervient pas de nouveau concordat, les créanciers seront convoqués à l'effet de donner leur avis sur le maintien ou le remplacement des syndics.

Il ne sera procédé aux répartitions qu'après l'expiration, à l'égard des créanciers nouveaux, des délais accordés aux personnes domiciliées en France , par les articles 492 et 497.

SOMMAIRE.

658. Le jugement est exécutoire nonobstant opposition ou appel.

659. L'existence possible de nouveaux créanciers empêche qu'il soit immédiatement passé outre aux opérations ultérieures de la faillite.

660. Caractère des mesures à prendre par les nouveaux syndics.

661. L'apposition des scellés, pour la conservation de l'actif, est facultative.

662. Récolement des effets sur l'ancien inventaire ; supplément d'inventaire s'il y a lieu.

663. Ces récolemens et supplément d'inventaire doivent être faits en présence et avec l'assistance du juge de paix.

664. Mesures requises dans l'intérêt particulier des créanciers nouveaux. 1° Bilan supplémentaire.

665. 2° Publicité que doit recevoir le nouveau jugement. Mode à suivre.

666. Objet de cette publicité. Convocation des créanciers connus ou inconnus avec invitation de faire vérifier leurs créances dans les vingt jours.

667. Ce délai, qui nécessite la suspension de la liquidation, est de rigueur, alors même qu'il n'existerait aucun nouveau créancier connu.

668. 3° Vérification des créances. A lieu au fur et à mesure de la production des titres nouveaux.

669. Le droit de contester appartient à tous les créanciers et au failli.

670. Les créanciers nouveaux ne peuvent contester les anciens. Développement de cette opinion.

671. Mais tous peuvent demander la radiation ou la réduction des créances payées en tout ou en partie.

672. Les discussions nées dans la vérification sont régies par les articles 494 et suivants.

673. Après ces opérations les créanciers doivent être appelés à délibérer sur le concordat.

674. Cette délibération est inutile après condamnation pour banqueroute frauduleuse.

675. Quid, lorsque le concordat a été annulé pour dol ?

676. On peut, après la résolution, consentir un nouveau concordat. A quelles conditions ?

677. Formalités à remplir lorsqu'il n'intervient pas de concordat.

678. Suspension de toute répartition jusqu'après l'échéance des délais accordés par les articles 492 et 497.

655. Deux faits étaient fortement controversés sous l'empire du Code de 1807, à savoir : Si le failli pouvait, après l'homologation du concordat, être poursuivi pour banqueroute frauduleuse ; si sa condamnation entraînait l'annulation du concordat.

La loi actuelle a dissipé tous les doutes. Non seule-lement le failli peut être poursuivi à quelque époque que la fraude se découvre, mais encore sa condamnation entraîne comme conséquence forcée la nullité du traité consenti par les créanciers et homologué par la justice. Le consentement des uns, l'assentiment de l'autre sont présumés les fruits de l'erreur et du dol. Ils ne peuvent être, dans aucun cas, une égide, derrière laquelle le failli puisse cacher sa mauvaise foi et profiter de sa fraude.

656. C'est ce qu'enseigne expressément l'article 522, en prescrivant aux tribunaux de commerce de proclamer sur le vu de l'arrêt de condamnation la reconstitution de la faillite, par la désignation de nouveaux syndics et le choix d'un juge-commissaire. Le législateur consi-dère donc, dans l'hypothèse d'une condamnation, le con-cordat comme anéanti de plein droit ; et cet anéantisse-ment remettant les parties dans l'état où elles étaient avant le vote du concordat, les opérations de la faillite doivent être reprises au point où elles ont été laissées.

657. L'annulation du concordat pour dol, sa résolu-tion pour inexécution produisent un effet identique. Le jugement qui prononce l'une ou l'autre doit donc, pour se conformer aux exigences qui naissent de l'état des choses qui en résulte, désigner le juge-commissaire et les syndics.

658. Il est vrai que dans l'un, comme dans l'autre

cas, ce jugement est susceptible d'être frappé d'appel.
Mais l'appel lui-même n'est point suspensif pour ce qui
concerne l'institution des syndics et les conséquences
qu'elle entraîne. Le jugement est quant à ce assimilé
au jugement déclaratif, et, comme celui-ci, il doit être
exécuté provisoirement. Le danger de laisser le failli administrer ses biens est le même dans les deux circonstances. Il y a donc lieu d'adopter, dans chacune d'elles,
une détermination identique.

659. Toutefois, s'il est vrai que, par rapport aux anciens créanciers, il ne s'agisse que de reprendre les opérations au point où elles ont été interrompues, l'existence possible de créanciers nouveaux fait un devoir de
revenir, en ce qui les concerne, sur les opérations précédemment accomplies. L'homologation du concordat
a remis le failli à la tête de ses affaires. Des relations
nouvelles ont pu accroître le nombre des intéressés à
l'actif. Il était impossible, dès lors, de prendre une mesure définitive quelconque, avant que ceux-ci aient été
mis à même d'y concourir dans la limite de leurs droits.

660. Ainsi, il est des précautions générales dont l'accomplissement est indispensable dans l'intérêt des créanciers tant anciens que nouveaux. Il en est d'autres
particulières à ces derniers. Nous allons les rappeler
toutes.

661. Les mandataires légaux de la masse doivent, en
première ligne, veiller à la conservation de l'actif existant au moment de la reconstitution de la faillite. Mais
leurs obligations, même sur ce point, se ressentent des
circonstances au milieu desquelles ils agissent.

Ainsi, l'apposition des scellés, ordonnée par l'article
455, n'est plus que facultative. Cette différence s'ex-

plique parfaitement par celle qui existe dans la position du failli dans chacune de ces hypothèses. On comprend que lorsque la faillite éclate, il devient urgent de placer sous la main de la justice toutes les facultés mobilières du failli. Leur consistance, leur valeur n'étant déterminées par aucun élément certain, des détournemens, des dilapidations, peuvent facilement se réaliser. L'apposition des scellés les rendant impossibles, ne saurait trop tôt être effectuée jusqu'à ce que, par un inventaire régulier, tout danger ait disparu.

Or, dans l'hypothèse de nos articles, l'inventaire existe. Il a été régulièrement dressé par les premiers syndics. Il est déposé au greffe du tribunal. D'autre part, le compte-rendu par les syndics, après l'homologation, fixe les biens qui ont été restitués en nature au failli, les valeurs qui lui ont été remises. Le failli ne pourrait donc essayer de soustraire les uns et les autres, sans qu'on fût en mesure de le convaincre et en état de lui en demander compte. On prouverait facilement par l'inventaire que les objets réclamés existaient dans la faillite, par le compte des syndics, qu'ils lui ont été remis.

Il n'y a donc aucun besoin réel de requérir une nouvelle apposition des scellés, surtout si l'intervalle qui sépare l'homologation de l'annulation ou de la résolution du concordat n'a pas été d'une bien grande durée.

Si cet intervalle a été considérable, si plusieurs années se sont écoulées, et que le failli, remis à la tête de ses affaires, ait continué à se livrer au commerce, on peut aisément présumer qu'il aura, en quelque sorte, renouvelé son actif; que, quant aux marchandises surtout, il en existera peu de celles qui ont déjà été inventoriées. Alors il peut devenir fort utile de faire procéder à l'apposition des scellés. C'est pour parer à toutes ces éventualités, que la loi s'en est rapportée à l'appréciation des syndics. C'est donc à eux à voir, selon les circonstances, ce qu'exige l'intérêt réel des créanciers qu'ils ont mission de protéger.

662. Les mêmes considérations ont fait prendre une décision identique pour ce qui concerne l'inventaire. Ce qui est rigoureusement prescrit aux nouveaux syndics, c'est de procéder immédiatement au récolement des valeurs effets et papiers énumérés sur l'ancien. Ils constateront ainsi s'ils existent encore en la possession du failli, et dans le cas contraire, la destination que celui-ci a donnée à ceux qui ne se retrouveront plus. Cette opération terminée, il arrivera ou que l'actif n'a pas été augmenté et l'ancien inventaire sera suffisant ; ou qu'il existe de valeurs nouvelles et les syndics procèderont sans retard à un supplément d'inventaire ; tous les objets y seront décrits et estimés. Les syndics se chargeront ensuite tant des anciens que des nouveaux, pour en disposer dès ce moment conformément aux pouvoirs que la loi leur confère et sous leur responsabilité.

663. Le récolement et le supplément d'inventaire doivent, que les scellés aient été ou non apposés, être faits en présence et avec l'assistance du juge de paix. Nous avons déjà dit que cette assistance est le gage le plus certain de la sincérité de ces opérations, le concours d'un magistrat éloignant toute idée de collusion entre le failli et les syndics.

664. L'actif ainsi fixé, et la faillite reconstituée, nous rencontrons la série des mesures ordonnées en faveur des créanciers dont les titres ont été souscrits depuis

l'homologation du concordat. Comme les anciens, ceux-ci ont droit au partage de l'actif. On ne pouvait donc procéder à sa répartition qu'après les avoir mis à même de se présenter utilement et de subir les épreuves qui sont imposées aux intéressés dans une faillite. C'est dans cet intérêt particulier que la loi a prescrit aux syndics :

1º La confection d'un bilan supplémentaire. Il est évident qu'on ne pouvait, dans l'hypothèse d'une demande en annulation ou résolution; d'une condamnation pour banqueroute frauduleuse, imposer au failli l'obligation de rédiger lui-même l'état des nouveaux créanciers. Celui qui résiste à une action ne peut être tenu d'exécuter volontairement l'acte auquel on veut le contraindre. Or, comme cependant il importe de connaître le nom de ceux qui sont devenus créanciers, on devait en imposer la recherche aux syndics qui par le dépouillement des écritures pourront se procurer tous les élémens nécessaires à cette recherche.

665. 2º De donner de la publicité au jugement qui fait revivre la faillite. Cette publicité a un double objet: d'abord d'appeler tous les ayants droit à la vérification de leurs titres, ensuite de suppléer à l'imperfection des écritures et à leur insuffisance relativement à la désignation des créanciers. C'est même plus particulièrement pour ceux dont les noms auraient été omis, dans les livres du failli, que cette publicité est ordonnée. Ceux, en effet, qui figureront dans le bilan supplémentaire seront convoqués par lettres du greffier, tandis que les premiers ne seront dans le cas de connaître le changement d'état de leur débiteur que par l'insertion faite dans les journaux.

Quoi qu'il en soit, le mode de publicité, dans notre

hypothèse, est le même que celui prescrit par l'article 442 pour le jugement déclaratif. Elle a le même but; elle doit donc recevoir la même étendue, les mêmes soins.

666. Les créanciers connus ou inconnus doivent être invités à se présenter dans les vingt jours pour faire procéder à la vérification de leurs titres de créance. Ce délai est absolu pour tous, indépendant des distances. Il commence à courir du jour de l'insertion et de l'affiche.

667. Tant que ce délai n'est pas expiré, les opérations ultérieures de la faillite sont forcément suspendues. Cette suspension est de rigueur, alors même que le dépouillement des écritures n'aurait signalé aucun créancier nouveau. Cette absence d'indication peut être le résultat de la négligence ou de l'incurie du failli. Or, comme c'est pour les créanciers inconnus que la publicité est surtout prescrite, on doit, dans la présomption qu'il en existe, attendre l'effet de la mise en demeure, la certitude du contraire n'étant acquise qu'après l'expiration des vingt jours, sans qu'il s'en soit présenté aucun.

Dès lors, il y a lieu de passer immédiatement outre aux opérations qui restent à accomplir, et qui sont indiquées par l'article suivant.

668. 3° De procéder à la vérification des créances qui seront produites. Remarquons que l'avis adressé aux créanciers n'est plus de déposer leurs titres entre les mains des syndics, mais bien de les faire vérifier; qu'en outre, le délai de vingt jours détermine le maximum du temps accordé, sans qu'il soit prohibé aux créanciers de se présenter avant son expiration.

Il résulte de ces deux circonstances que, contraire-

ᴛ ment à ce qui est prescrit par l'article 493, la vérifica-
ᴛ. tion n'a pas lieu en assemblée de créanciers ; qu'elle s'o-
père isolément à mesure de la production des titres,
et contradictoirement entre le créancier et les syndics.
Il n'est pas même nécessaire d'appeler le failli. Cet appel serait impossible, puisque les syndics ignorent eux-
mêmes le moment où les créanciers se présenteront,
et que dès que les titres sont produits, ils doivent les
vérifier. Mais rien n'empêche que le failli, s'il est sur les
lieux, n'assiste à la vérification, s'il le juge convenable.

La vérification est faite dans la forme ordinaire. Elle
doit être suivie, dans les huit jours, de l'affirmation de la
créance par le créancier en personne ou par un fondé
de pouvoirs.

669. Le droit de contester les créances appartient à
tous les créanciers vérifiés sans distinction des anciens
et des nouveaux; il peut être exercé par le failli lui-même, dans les proportions et de la manière que nous avons
plus haut déterminées (1).

670. Les créanciers nouvellement admis pourront-ils
contester les créances déjà vérifiées par les anciens ?
nous ne le pensons pas. En principe, l'admission d'une
créance forme pour le porteur un titre incontestable envers la masse, dès que le procès verbal de vérification
est devenu définitif. Or, celui qui a été rédigé dans les
premiers momens de la faillite a été régulièrement clôturé. La disposition de l'article 523 n'a pas pour objet
de revenir sur cette clôture. Si une nouvelle vérification est ordonnée, c'est par respect pour les faits accomplis, et dans le but unique de consacrer des droits régu-

(1) Vid. art. 494 et suiv.

lièrement acquis. En conséquence, le créancier admis
comme tel à prendre part à la délibération du concordat
annulé, dont les titres n'ont pas été contestés à l'époque de leur vérification, est à l'abri de toute discussion
ultérieure, surtout de la part de ceux qui ne sont devenus créanciers qu'après que cette qualité lui était définitivement acquise.

Telle nous paraît être la volonté du législateur, qui
s'induit d'abord, de ce que l'article 523 dispense les
créanciers anciens de toute vérification nouvelle, ce qui
indique que, par rapport à eux, la première est considérée comme efficace et suffisante; ensuite de ce que
cette même disposition garde le silence le plus complet
sur la faculté que pourraient revendiquer les créanciers
nouveaux de contester les créances anciennement admises. Dans l'hypothèse, ce silence équivaut à un refus
formel.

On reprocherait vainement à cette décision de violer
l'égalité, en accordant aux premiers créanciers contre
les nouveaux un droit que ceux-ci ne pourraient exercer à leur encontre. Mais cette prétendue inégalité est
plutôt apparente que réelle. Les premiers créanciers ont
subi l'épreuve imposée aux nouveaux. L'intérêt de la
masse à écarter de son sein tous ceux dont les droits
ne seraient pas certains est une garantie que cette épreuve
a été sérieuse. Et si, en résultat, l'admission a été prononcée, il n'est plus permis de douter de la sincérité de
leur qualité. Le respect pour les droits acquis contradictoirement ne peut donc constituer la violation du principe de l'égalité. Ce qui la constituerait, ce serait de
soumettre les créanciers anciens à une seconde épreuve,
tandis que les nouveaux n'en subiraient jamais qu'une
seule.

671. D'ailleurs la loi a suffisamment veillé aux intérêts de ces derniers, en les autorisant à demander le rejet ou la réduction des créances qui depuis le concordat auraient été payées en tout ou en partie. Or, par leur accession dans la faillite après l'annulation ou la résolution du concordat, il est à présumer que ces créanciers contesteront bien plutôt le chiffre, que la nature et l'origine des créances. L'article 523 leur offrant la faculté d'éloigner ou de faire réduire les créanciers qui mériteraient de l'être, une plus ample exigence de leur part serait évidemment sans intérêt et partant non recevable.

672. Les discussions nées à l'occasion des vérifications nouvelles seront jugées en la forme déterminée par les articles 498 et suivants. Ainsi le tribunal de commerce décidera d'abord s'il y a lieu de surseoir ou de passer outre. Le juge saisi règlera ensuite l'admission provisoire en déterminant le chiffre jusqu'à concurrence duquel elle aura lieu.

673. Ces opérations terminées et le délai de vingt jours expiré, les créanciers sont convoqués pour décider s'il y a lieu ou non à consentir un nouveau concordat.

674. Cependant cette délibération ne peut avoir lieu que lorsqu'il y a possibilité de concorder. Or, si l'annulation du premier traité n'est que la conséquence d'une condamnation pour banqueroute frauduleuse, il serait inutile de consulter les créanciers. L'union, dans ce cas, est forcée, tout concordat étant formellement prohibé par l'article 510.

675. Qu'en est-il, lorsque l'annulation a été prononcée pour cause de dol? Pourrait-il intervenir un nouveau concordat? nous ne le pensons pas. Il est vrai que l'article 510 ne prohibe celui-ci que dans le cas de conviction

du crime de banqueroute frauduleuse, mais il faut remarquer que le dol, pour être une cause d'annulation,
doit consister dans l'exagération du passif, ou dans la
dissimulation de l'actif, c'est-à-dire, dans une véritable fraude tentée contre les créanciers.

Or, c'est précisément dans la prévoyance d'une pareille éventualité que l'article 515 a fait un devoir au
tribunal de commerce de refuser l'homologation qui lui
serait demandée. Ainsi nous avons vu que ce refus peut
se réaliser même après l'arrêt d'acquittement du failli,
à plus forte raison, devrait-il l'être, si celui-ci avait été
civilement convaincu de fraude contre ses créanciers.
Alors en effet, l'intérêt public exigerait ce refus, puisque le concordat, destiné à récompenser le malheur et
la bonne foi, ne saurait être, sans danger pour l'ordre
social, accordé au dol et à la fraude, qu'une faveur de
cette nature encouragerait.

Ainsi, dans notre hypothèse, le concordat, quoique
échappant à la disposition de l'article 510, n'en serait
pas moins frappé dans son essence. Les tribunaux devraient le proscrire en vertu de la disposition de l'article 515.

676. Ce n'est donc réellement que pour le cas de résolution pour inexécution, qu'un second concordat peut
légitimement intervenir, et qu'il y a, par conséquent,
lieu à interroger les créanciers sur son opportunité.
Cette délibération doit être faite dans les termes et conditions des articles 504 et suivants. Le traité devra être
voté par la majorité en nombre et en sommes de tous
les créanciers tant anciens que nouveaux, sauf le renvoi
à huitaine si, dans la première séance, l'une de ces majorités seulement s'est prononcée en faveur du failli.

Le nouveau concordat, s'il réunit la majorité requise, doit subir toutes les épreuves qui avaient été imposées au premier. Chaque créancier peut, dans la huitaine, y former opposition. Il n'est obligatoire que par l'homologation qui doit être poursuivie par la partie la plus diligente (1).

677. Dans le cas de condamnation pour banqueroute et d'annulation pour dol ; dans celui de résolution s'il n'intervient pas de nouveau concordat, les créanciers sont de plein droit sous le régime de l'union. En conséquence, les créanciers sont consultés sur le maintien ou le remplacement des syndics et sur la nature des pouvoirs qui leur seront confiés pour l'administration de l'actif (2).

678. Les conséquences de l'union peuvent amener la distribution entre les créanciers de l'actif actuellement disponible. Cette distribution est suspendue par la loi en faveur des créanciers nouveaux.

Nous avons vu que, pour la vérification des créances, nos articles n'accordent qu'un délai uniforme de vingt jours, quelle que soit la distance des domiciles. Cette disposition n'est pas susceptible de causer un grave préjudice ; elle ne peut que priver le créancier de concourir au maintien ou au remplacement des syndics, et de plus à la délibération du concordat.

Il n'en est pas de même des distributions de l'actif. La partie de celui-ci, susceptible d'être actuellement répartie, peut former la presque totalité de ce que le failli possède. Le créancier exclu de la répartition pourrait donc être exposé à ne jamais recevoir autant que

(1) Vid. suprà N° 617.
(2) Vid. infrà, 529 et suiv.

les autres, si ce qui reste est de peu ou de nulle valeur.

Or, comme cette exclusion peut n'être que le résultat de l'éloignement, le créancier serait donc puni d'un fait qu'il n'a pas dépendu de lui d'empêcher. Ce serait là une évidente injustice que la loi prévient, en accordant les délais supplémentaires des distances.

Ainsi, pour ce qui concerne la délibération sur le concordat, l'admission de l'union, on doit passer outre dès l'expiration du délai de vingt jours. Pour ce qui concerne la distribution, au contraire, ce délai s'augmente, conformément aux dispositions des articles 492 et 497, d'un jour par cinq myriamètres de distance, entre le lieu où siège le tribunal et le domicile du failli, et de la huitaine accordée au dernier créancier vérifié pour l'affirmation de sa créance, bien entendu que cette augmentation ne concerne que les créanciers domiciliés en France.

Mais l'expiration de ces délais, sans que le créancier eût dénoncé son existence, ferait disparaître la suspension. Cette inaction prolongée constituerait une négligence dont la masse ne pourrait, dans aucun cas, supporter la responsabilité (1).

ARTICLE 525.

Les actes faits par le failli postérieurement au jugement d'homologation, et antérieurement à l'annulation ou à la résolution du concordat, ne seront annulés qu'en cas de fraude aux droits des créanciers.

ARTICLE 526.

Les créanciers antérieurs au concordat rentreront dans l'intégralité de leurs droits à l'égard du failli seule-

_____
(1) Vid. suprà, art. 503.

ment ; mais ils ne pourront figurer dans la masse que pour les proportions suivantes, savoir :

S'ils n'ont touché aucune part du dividende, pour l'intégralité de leurs créances ; s'ils ont reçu une partie du dividende, pour la portion de leurs créances primitives correspondante à la portion du dividende promis qu'ils n'auront pas touchée.

Les dispositions du présent article seront applicables au cas où une seconde faillite viendra à s'ouvrir sans qu'il y ait eu préalablement annulation ou résolution du concordat.

SOMMAIRE.

690. La faillite sur faillite, amenant la résolution du concordat, ne libère pas les cautions.

691. A quelles conditions, et par qui la nouvelle faillite peut être poursuivie ?

692. Ses effets, quant aux actes du failli, dans un temps voisin.

693. La validité de l'hypothèque inscrite en vertu de l'article 517 ne donne pas aux créanciers le droit d'en retirer le produit et de concourir aux répartitions de l'actif. On doit appliquer à cette hypothèse l'article 526.

694. La solution est la même, en cas d'annulation du concordat, ou de résolution simple pour inexécution.

679. Après avoir réglé les conséquences de l'annulation ou résolution du concordat, par rapport à l'état du failli, le législateur a dû s'occuper des conséquences de l'administration momentanée qui lui avait été confiée et fixer la position des créanciers entre eux. Tel est le double objet de nos deux articles.

680. L'annulation ou la résolution du concordat, avons-nous dit, fait revivre l'état de la faillite. On reprend les opérations de la liquidation au point où on les avait laissées, pour les continuer jusqu'à l'entier accomplissement des prescriptions de la loi. On pouvait, dès lors, contester la capacité du failli dans l'époque intermédiaire, et soutenir que tout ce qu'il avait fait dans cette période devait être frappé de nullité.

C'est sur cette considération que, sous l'empire du Code, la doctrine avait insisté pour se refuser à admettre la résolution du concordat. Les créanciers non payés, disait-on, pourront provoquer une nouvelle faillite, si le débiteur est encore négociant, sinon, ils le poursuivront par les voies ordinaires.

681. Le nouveau législateur ne pouvait donc, en autorisant l'annulation et la résolution, ne pas régler le sort

(1) Locré, Esprit du Code de commerce; tom. 6, pag. 444.

des actes faits par le failli depuis l'homologation du concordat jusqu'au rétablissement de la faillite ; il y avait
nécessité de le faire pour empêcher de sérieuses et graves difficultés.

Ces actes sont déclarés valables. Ils ne pourront être
annulés que s'ils ont été faits en fraude des droits des
créanciers.

Remarquons que la loi ne fait plus entre eux les distinctions qu'elle a tracées dans l'article 446. Elle les met
donc tous sur la même ligne. Ainsi, qu'il s'agisse d'une
aliénation ou d'une libéralité, d'un paiement en espèces
ou en marchandises, pour dettes échues ou non échues,
d'une hypothèque ou d'un nantissement, la nullité ne
sera prononcée que sur la preuve de la fraude.

682. Le demandeur en nullité aura donc à prouver
que la fraude existe. Pour être efficace, cette preuve
devra établir que la volonté du failli de tromper ses
créanciers a été connue et partagée par celui avec qui
il a traité. La fraude, en effet, n'est une cause de nullité
que si elle a été concertée entre les parties contractantes.
Si l'une de ces parties a été de bonne foi, la convention
doit être respectée, quels que soient les reproches fondés
que l'on peut adresser à l'autre.

Il n'en est donc plus ici comme pour les actes faits
aux approches de la faillite. Pour ceux-ci la fraude
consiste dans la connaissance que le tiers a eue de la
gêne du commerçant avec lequel il a traité. Dans notre
hypothèse, au contraire, la fraude n'est constituée que
par ses caractères ordinaires , c'est-à-dire *consilium et
eventus*. Son appréciation est donc subordonnée à l'existence de ces élémens indispensables.

683. Cette différence dans les exigences de la loi se

II   9

justifie par celle qui existe dans la position du failli à ces deux époques. Le commerçant gêné dans ses affaires doit s'arrêter. Il doit surtout ne pas consommer dans des tentatives ruineuses l'actif qui lui reste et qui doit appartenir à ses créanciers. Celui qui l'aide sciemment dans ces tentatives se rend complice de sa faute ; et puisque, contrairement à ce que veut la loi qu'il ne peut ignorer, il favorise la dissipation de l'actif, il ne peut se plaindre si, par application de cette même loi, les créanciers le font condamner à supporter les conséquences de son propre fait. C'est une chance qu'il a bien volontairement courue.

Après le concordat, au contraire, la faillite peut être considérée comme terminée. Le failli a repris sa capacité, l'administration et la régie de ses biens ; et s'il est vrai que ce soit à la condition de remplir les obligations que le concordat lui impose, il n'est pas moins certain qu'il ne pourra parvenir à leur exécution qu'à l'aide des traités qu'il contractera avec les tiers ; du crédit qu'il pourra en obtenir. La confiance lui est même plus nécessaire que jamais ; et ce serait en tarir la source que d'exposer les actes qu'il pourrait souscrire à une présomption de fraude, dans les cas d'annulation ou de résolution ultérieure.

Que pourrait-on d'ailleurs reprocher à ceux qui auraient traité avec le failli concordataire ? de n'avoir pas deviné qu'il existait des faits qui peuvent le faire déclarer banqueroutier frauduleux et annuler le concordat ? mais tout le monde l'a ignoré jusqu'au moment où la poursuite s'est ouverte. De n'avoir pas découvert le dol qui peut lui être imputé plus tard ? mais les créanciers eux-mêmes, beaucoup plus intéressés, n'ont pas été plus clairvoyants. Enfin de n'avoir pas prévu qu'il n'exécuterait pas ses engagemens ? mais cette idée devait d'autant moins les préoccuper que leurs relations avec le failli le mettaient précisément à même de trouver les ressources nécessaires à cette exécution.

Aucun reproche ne pourrait donc leur être adressé. Les tiers n'ont vu et n'ont pu voir dans le failli qu'un homme jouissant de la plénitude de ses droits, capable de contracter et dont ils n'avaient aucun motif de suspecter les intentions. Ils sont donc à l'abri de toute atteinte, s'ils ont agi de bonne foi. Dans le cas contraire, ils ne pourraient profiter de leur fraude. Mais pour eux, comme dans tous les cas ordinaires, la fraude n'est pas présumée ; elle doit être prouvée. Si cette preuve est faite, l'acte sera annulé. L'absence de toute justification, ou son insuffisance, ferait rejeter la demande des créanciers (1).

684. Après avoir ainsi réglé la position des créanciers vis-à-vis des tiers qui ont contracté avec le failli concordataire, la loi s'occupe des rapports que l'annulation, la résolution, ou la déclaration nouvelle de la faillite déterminent entre les créanciers et le failli; entre les créanciers individuellement et la masse.

En ce qui concerne le failli, la rétractation du concordat, quelle qu'en soit la cause, révoque de plein droit la remise qui lui avait été consentie. Chaque créancier rentre dans la plénitude de ses droits, et recouvre sa créance tout entière. Ces résultats sont indépendants des paiemens qui ont été faits en vertu du concordat, et qui sont dès lors imputés sur l'intégralité des capitaux, inté-

---

(1) Vid. infrà n. 692.

rêts et frais, sans autre extinction en faveur du failli que celle des sommes réellement reçues.

685. Mais entre créanciers il n'en est pas de même. Si le concordat a été exécuté en tout ou en partie, c'est par cette exécution que se règlent les droits qu'ils peuvent avoir à l'actif.

Ainsi, ceux qui auront touché l'intégralité du dividende convenu sont définitivement désintéressés ; ils ne sont plus censés créanciers par rapport à la masse, dont ils ne peuvent plus faire partie.

Ceux qui n'ont encore rien reçu sont de plein droit admis dans celle-ci pour le montant intégral de leurs créances vérifiées et affirmées.

Enfin, si le dividende a été payé en partie, les créanciers n'y figurent que pour la partie du capital correspondant à la portion du dividende restant due.

Par exemple, le concordat avait été consenti au moyen d'un dividende du 25 pour cent. Le créancier d'une somme de 80,000 f. devait donc toucher réellement 20,000 fr. Il en a reçu 10,000. et après ce paiement le concordat a été annulé ou résolu. Il résulte de la disposition de l'article 526, qu'il ne sera plus créancier dans la nouvelle masse que de la somme de 40,000 fr. ; car le restant dû de son dividende représente bien cette somme au 25 pour cent. Les 10,000 fr. reçus auront donc éteint la moitié de sa créance.

686. Il semblerait cependant beaucoup plus naturel que ce créancier n'ayant été payé que de 10,000 fr., figurât dans la faillite pour le reste de son capital, ou soit 70,000 fr. L'annulation du concordat est incompatible avec les effets que l'on fait produire au paiement partiel qui s'est réalisé en force de ses dispositions.

Mais une considération puissante, puisée dans l'existence des créanciers nouveaux appelés à la répartition de l'actif, a conduit le législateur à excepter la masse de la loi qu'il a faite au failli. On ne peut, en effet, douter que ce ne soit à l'occasion de ces nouveaux créanciers seulement, que les proportions de l'article 526 ont été fixées.

N'est-il pas certain que s'il n'en existe aucun, la disposition de cet article est complètement indifférente ? L'actif, dans cette hypothèse, sera réparti entre les créanciers primitifs sur les bases déterminées ; mais en supposant qu'il soit supérieur aux sommes dues, d'après cette détermination, l'excédant devrait appartenir au failli. Or, comme les créanciers conservent contre lui tous leurs droits jusqu'à concurrence de ce qui leur est réellement dû en capital, intérêts et frais, c'est entre eux, et au marc le franc du solde dont ils sont encore créanciers, que cet excédant sera réparti.

L'article 526 n'est donc d'une application effective que lorsque dans l'intervalle de l'homologation au rétablissement de la faillite, des tiers ont contracté avec le failli et sont devenus ses créanciers. Dans le règlement de leurs droits, vis à vis des précédens intéressés, le législateur devait observer une mesure exacte, et éviter de les grever, ou de les avantager, en faveur ou au détriment de ceux-ci.

Le premier eut été d'autant moins juste, que si une partie du dividende a déjà été payée, on peut présumer facilement que c'est à l'aide des ressources que le failli a trouvées dans les relations postérieures au concordat ; et qu'en définitive, ceux qui ont fourni ces ressources n'ont encore rien touché, tandis que les créanciers ont déjà été payés d'une partie de leurs créances.

Or, ce paiement est irrévocablement acquis ; il ne peut être rapporté à la masse. Les nouveaux venus sont donc définitivement privés de toute participation à cette partie de l'actif qui leur aurait été dévolue au marc le franc, si elle avait existé en caisse lors de la nouvelle faillite.

Les nouveaux créanciers éprouvent donc déjà un véritable préjudice de cet état des choses ; et ce serait l'aggraver outre mesure que d'admettre que ce paiement n'aurait pas, par rapport à eux, la conséquence d'éteindre la partie correspondante du capital. Vainement voudrait-on, pour répudier cette conséquence, exciper de ce que le concordat disparaissant, doit entraîner avec lui tous les effets qu'il était susceptible de produire ; on pourrait facilement rétorquer cet argument, et dire que si l'annulation du traité doit remettre les parties dans le même état qu'avant sa signature, les paiemens faits en vertu de ses stipulations doivent être rapportés comme irréguliers et nuls.

Si cependant ceux qui les ont reçus sont autorisés à les retenir, c'est que, par exception aux règles ordinaires, le concordat, quoique annulé, est susceptible d'exécution pour les faits accomplis de bonne foi sous son empire. Or, au moment même où ces paiemens ont été réalisés, l'extinction de la partie du capital s'est opérée. Cet effet est inséparable de la cause, et puisque l'annulation reste sans effets pour celle-ci, elle devait demeurer étrangère à celui-là, à moins qu'on ne prétendît imposer aux tiers toutes les charges dont le concordat était susceptible, sans leur conférer les avantages qu'il peut entraîner.

687. Nous avons déjà dit, cependant, qu'on ne sau-

rait leur adresser aucun reproche fondé. Ils ont traité avec le failli sur la foi d'un concordat qu'ils devaient croire définif, et dont l'annulation ou la résolution ne saurait leur être imputée. Ils méritent donc autant de faveur que les anciens créanciers qui, dans quelque position qu'on les place, d'ailleurs, recevront un dividende égal ou supérieur au leur, ou tout au moins plus fort que celui dont ils s'étaient contentés.

Supposons, en effet, deux créanciers de 20,000 fr. : l'un avait concordé moyennant une remise de soixante-quinze pour cent. Il lui revenait 5,000 fr. dont il a touché la moitié. Après l'annulation du concordat, il est admis à la masse pour 10,000 fr.; tandis que le second doit l'être pour la totalité des 20,000 fr.

Si la liquidation de l'actif présente une perte de soixante-quinze pour cent, ces deux créanciers auront reçu un dividende égal. Le premier aura touché 2,500 fr., en vertu du concordat, il aura à prendre le vingt-cinq pour cent sur la somme de 10,000 fr. dans la nouvelle faillite; total 5,000 fr. que le second touchera dans celle-ci seulement.

Si la perte est du quatre-vingt-cinq pour cent, le premier recevra plus que le second. Celui-ci n'aura, en effet, que le quinze pour cent, sur la totalité de ses 20,000 fr., tandis que le premier touchera le quinze pour cent, sur 10,000 fr., et le vingt-cinq pour cent, sur 10,000 fr.

Enfin, si cette perte n'est que du soixante-dix pour cent, le second créancier prenant le trente pour cent, sur ses 20,000 fr., recevra plus que le premier qui n'aura eu que le vingt-cinq pour cent, sur la moitié de sa créance. Mais dans ce cas encore, celui-ci réalise un bénéfice comparativement à ce qu'il avait à recevoir d'après le concordat, puisqu'au lieu de vingt-cinq pour cent sur la totalité de sa créance, il en recevra réellement trente sur la moitié restant due. Il aura donc plus que ce qu'il avait exigé lui-même.

688. Ajoutons que si la loi place ainsi les créanciers anciens sous le coup d'une inégalité éventuelle, par rapport aux nouveaux, cette éventualité est plus que compensée par l'application qu'elle fait de l'article 526, au cas d'une nouvelle faillite, avant la liquidation de celle que le concordat avait clôturée. C'est là un véritable avantage conféré aux créanciers primitifs. On admettait, en effet, sous le Code précédent, qu'en cas de faillite sur faillite, les créanciers qui avaient concordé sur la première, n'étaient admis dans le seconde que pour le montant du dividende qu'ils avaient accepté, déduction faite des à-comptes qui leur avaient été payés. Il résultait de là qu'un créancier de 40,000 fr., qui avait concordé moyennant le vingt-cinq pour cent, ne figurait dans la nouvelle faillite que pour 10,000 fr.; qu'en supposant que la perte que celle-ci faisait éprouver fût du soixante et quinze pour cent, il retirait une somme de 2,500 fr., ou soit le six et quart pour cent sur sa créance de 40,000 fr., tandis que, sur un capital pareil, le créancier nouveau touchait une somme totale de 10,000 fr.

Le rapporteur de la loi nouvelle avait donc raison, lorsque dans la session de 1835, il reprochait au Code de commerce d'avoir sacrifié les créanciers anciens aux nouveaux, et trouvait qu'il était urgent de concilier, d'une manière plus juste, ce qui était dû aux uns et aux autres. Nous avons prouvé que le terme moyen, adopté par l'article 526, était de nature à remplir cette exigence ; sa disposition est donc à l'abri de tout reproche.

Ainsi, les créanciers anciens, s'ils n'ont rien touché du dividende convenu dans le concordat, concourront dans la nouvelle faillite, pour la totalité de leurs créances, tant dans l'hypothèse de l'annulation ou de la résolution, que dans celle d'une seconde déclaration. Si ce dividende leur a été payé en partie, ils ne seront admis que pour la partie du capital correspondant à celle du dividende qui leur est encore due.

689. De la combinaison des articles 520 et 526, pourraient naître quelques difficultés, si la reprise de la faillite était la conséquence de la résolution du concordat. Cette résolution, avons-nous vu, ne libère pas les cautions ; qu'arrivera-t-il donc, lorsque les anciens créanciers se trouveront en présence des nouveaux? Ces derniers pourront-ils contraindre les autres à se faire payer par les cautions et les exclure de tout concours dans la répartition de l'actif, sous prétexte que, pouvant retirer l'intégralité du dividende, ils sont en réalité désintéressés? Pourront-ils, tout au moins, se faire subroger contre les cautions jusqu'à concurrence de ce que les premiers créanciers recevront dans la liquidation de l'actif ?

L'on doit résoudre négativement ces questions. Et d'abord, les principes que nous avons développés sous l'article 520 répondent à la première.

Par la résolution du concordat, les créanciers sont investis d'un double droit : celui de se faire payer par les cautions, celui de venir dans les répartitions de l'actif, et d'y recevoir au delà même de ce que le concordat leur promettait. Ce sont là deux facultés, dont l'exercice simultané est si peu inconciliable, qu'ainsi que nous l'avons déjà dit, l'offre par les cautions de payer le dividende auquel le failli était obligé, n'empêcherait pas la résolution demandée. Il suit de là que les créanciers nouveaux seraient mal fondés à prétendre soumettre à une option ceux que la loi en a formellement affranchis, et à les obliger de se livrer à une poursuite qui, réalisée qu'elle fût, ne saurait être un obstacle à ce qu'ils fussent compris dans les répartitions ultérieures.

Quant aux cautions, elles ne sont obligées que si les créanciers ne reçoivent pas du failli le montant de ce que celui-ci s'est engagé à leur payer. Le rétablissement de la faillite substitue l'actif au failli ; c'est donc cet actif qui devient le principal obligé. En conséquence, s'il est suffisant pour solder le dividende promis, les cautions sont libérées, comme elles l'auraient été si le failli avait payé lui-même. Il résulte de ces consi**l**érations que non seulement les créanciers nouveaux ne pourraient se faire subroger contre les cautions, mais encore que celles-ci ont le droit incontestable d'obtenir des créanciers qu'elles désintéresseraient la subrogation à leurs droits pour venir en leur lieu et place prendre part à la répartition de l'actif, jusqu'à concurrence de ce qu'elles auraient payé, si le dividende excédait les sommes cautionnées.

690. L'effet que la résolution produit contre les cautions se réalise-t-il dans le cas d'une nouvelle déclaration de faillite avant la liquidation de la première ? Les créanciers concordataires peuvent-ils prendre leur part proportionnelle dans l'actif du failli et conserver leurs droits contre les cautions ?

Il nous paraît que ces questions doivent être résolues par l'affirmative. Dans cette hypothèse il y a véritable-

ment résolution du concordat, son exécution étant désormais impossible, par suite du dessaisissement du failli
qui est la conséquence du jugement déclaratif. Il n'y a
pas d'autre différence entre ce cas et celui de la résolution ordinaire que celle qui s'effectue dans le mode de
sa réalisation: dans l'un la résolution est de plein droit ;
dans l'autre elle ne peut être que le résultat d'une décision spéciale de justice.

Il doit donc y avoir dans chacun d'eux des effets identiques. C'est ainsi d'ailleurs que paraît l'admettre le
second paragraphe de l'article 526 , en assimilant le cas
de faillite à ceux d'annulation ou de résolution, quant
aux droits des créanciers anciens vis-à-vis des nouveaux.
Or, on ne pourrait appliquer, dans aucun cas, à l'hypothèse de la faillite sur faillite, les effets de l'annulation.
Celle-ci, étant circonscrite dans ses causes, ne saurait
résulter de la première, qui ne peut jamais donner lieu
qu'à une inexécution, et par conséquent à la résolution.
C'est dès lors dans les effets de celle-ci qu'il faut exclusivement se renfermer pour régler les conséquences
que la déclaration de la faillite doit entraîner contre les
parties intéressées.

691. La déclaration de faillite ne peut être poursuivie qu'avant l'annulation ou la résolution du concordat. Il est évident qu'après la prononciation de l'une ou
de l'autre, cette poursuite serait complètement inutile,
l'état qu'elle tend à créer existant déjà. Mais pour qu'il
y ait lieu à l'admettre, il faut que le débiteur ait cessé ses
paiemens, et que cette cessation réunisse les caractères
que nous avons décrits sous l'article 437.

Dans ce cas encore, comme dans celui d'une première
déclaration, la faillite peut être spontanément requise

par le débiteur, provoquée par les créanciers, sans distinction entre les anciens et les nouveaux, ou prononcée
d'office par le tribunal. Dans la première hypothèse, le
failli devrait opérer le dépôt de son bilan, dont la rédaction est laissée, dans les deux autres, aux nouveaux
syndics, conformément à l'article 522.

692. Quant aux actes et paiemens faits par le débiteur aux approches de cette nouvelle faillite, les présomptions et distinctions créées par les articles 446, 447
et 448 reprendraient leur empire. A la différence de ce
qui a lieu dans le cas d'annulation ou de résolution du
concordat, la fraude qui devrait les faire annuler résulterait de la simple connaissance de la cessation de paiemens. Il est évident en effet que les motifs qui l'ont fait
décider autrement dans ces deux hypothèses seraient
sans application à celle-ci, et qu'il y a lieu par conséquent de s'en référer à ceux que nous avons développés
sous ces trois articles (1).

693. Mais l'hypothèque inscrite en vertu de l'article
517, au profit des créanciers concordataires, ne pourrait être valablement querellée ; elle pourrait donc sortir
à effet, et assurer ainsi à ces mêmes créanciers une préférence sur les immeubles du failli, à l'encontre de tous
autres.

Cette hypothèse se réalisant, comment règlera-t-on
la position de ces créanciers sous le point de vue de
l'article 526 ? Devra-t-on établir leur admission au
passif, en calculant leur capital sur le dividende qui
leur est dû ; imputer ensuite sur ce capital ce qu'ils toucheront en vertu de leur hypothèque et les faire con-

(1) V. art. 446, 447 et 448. et suprà n. 680, 681.

courir pour l'excédant aux répartitions de l'actif? Exemple : Paul était créancier de 20,000 fr. ; il a concordé pour un dividende de 25 pour cent ; il devait donc recevoir 5000 fr. pour lesquels il lui a été conféré une hypothèque. Avant tout paiement le débiteur a été de nouveau déclaré en état de faillite. En vertu de l'article 526, Paul doit être admis dans cette faillite pour sa créance entière de 20,000 fr. Plus tard les immeubles se vendent ; Paul est colloqué pour le montant de son hypothèque, soit pour 5000 fr. Devra-t-on le considérer comme créancier de 15,000 fr. dans la nouvelle faillite, et l'admettre à concourir comme tel aux distributions ?

Il résulterait de la solution affirmative que Paul retirerait l'intégralité du dividende qui lui a été promis, et qu'il ne subirait aucune extinction sur son capital. Or, ce résultat, mis en présence de la disposition de l'article 526, des motifs qui en ont déterminé l'adoption, nous paraît inadmissible.

Le texte de la loi attache au paiement du dividende une extinction proportionnelle du capital. Que ce paiement s'opère avant ou après l'anéantissement du concordat, il ne saurait régner aucune différence de nature à modifier cette prescription absolue. Le concordat, annulé ou résolu, ne doit produire aucun effet, sauf les actes accomplis sous son empire ; dès lors l'hypothèque qui n'a encore rien produit devrait être entraînée dans sa chute. Il est vrai que la loi n'admet pas cette déduction fort logique pourtant, et qu'elle autorise le créancier à en poursuivre le bénéfice, mais évidemment à la charge des conséquences qu'elle attache à celui-ci, ou tout au moins sans dérogation aucune au principe qu'elle consacre.

Si l'hypothèque avait produit tous ses effets avant la nouvelle faillite, le créancier aurait été payé de l'intégralité de son dividende et son capital eut été éteint. Il doit en être de même si ce paiement intégral se réalise après la déclaration. La loi, qui laisse au créancier l'option de retirer son dividende, ou de courir les chances de la nouvelle liquidation, prohibe le cumul de l'un et de l'autre. C'est donc au créancier à se prononcer.

L'esprit de la loi vient ici au secours du texte. Le cumul est proscrit dans l'intérêt des nouveaux créanciers que l'on n'a pas voulu sacrifier aux anciens. Cependant on arriverait infailliblement à ce résultat, si l'on permettait à ces derniers de toucher d'abord hypothécairement une partie de leur créance, de venir ensuite au marc le franc pour ce qui resterait dû.

Vainement argumenterait-on de ce que ces créanciers conservent le droit, tout en concourant aux répartitions de l'actif, de se faire payer par les cautions, dans le cas prévu par l'article 520. Il n'y a, entre le cautionnement et l'hypothèque sur les biens du failli, aucune assimilation possible. En effet, si les cautions sont obligées de payer, ce n'est pas par un prélèvement sur l'actif de la faillite qu'elles opèrent ce paiement, mais par leurs propres fonds sur lesquels les créanciers nouveaux n'ont jamais eu aucuns droits. Ils ne pourraient donc se plaindre d'un fait qui ne peut, dans aucun cas, diminuer ni altérer leur gage commun. On pourrait donc concevoir sans peine que le cumul pût se réaliser dans cette hypothèse, sans qu'il fallût l'admettre dans l'autre.

Mais, en réalité, même pour ce qui concerne les cautions, les créanciers ne cumulent pas, nous l'avons déjà dit ; tout ce qu'ils touchent dans les répartitions est, de plein droit, imputable sur les sommes dues par les cautions qui sont libérées d'autant. Leur admission à ces répartitions est donc plutôt une justice accordée à celles-ci, qu'un acte de faveur pour les créanciers. On a voulu alléger ainsi, autant que possible, le fardeau qu'on fait peser sur des tiers qui ne sont devenus débiteurs qu'à l'occasion du concordat, dont on enlève cependant le bénéfice, que leur engagement avait pour but d'acquérir au failli.

Tout ce que les créanciers peuvent donc espérer dans l'hypothèse de l'article 520, c'est de retirer un dividende jamais moindre, quelques fois plus élevé, que celui que le concordat leur assurait. Il est vrai que, dans le cas de l'hypothèque, cette chance est plus défavorable, puisque le dividende peut être plus faible ; mais c'est à eux à prononcer avec prudence sur ce qu'il leur convient de faire.

S'ils renoncent à leur qualité d'hypothécaire, ils concourent, comme tous les autres créanciers, à la répartition de l'actif ; mais, si tenant à cette qualité, ils se font payer par préférence du montant de leur hypothèque, ils ne peuvent prétendre au paiement intégral de leur dividende et à l'admission au partage de l'actif pour une quotité quelconque de leur ancienne créance. Si le prix des immeubles n'a pas suffi pour opérer le premier en totalité, leur droit à la seconde se règle par ce qui leur reste dû conformément au mode prescrit par l'article 526.

694. Le même effet se produit dans les cas d'annulation ou de résolution du concordat pour simple inexécution. La disposition de l'article 520 ne concerne pas le cautionnement hypothécaire fourni par le failli, et qui

est réglé, par rapport aux nouveaux créanciers, de la manière que nous venons d'établir.

—

De la clôture en cas d'insuffisance de l'actif.

ARTICLE 527.

Si, à quelque époque que ce soit, avant l'homologation du concordat, ou la formation de l'union, le cours des opérations de la faillite se trouve arrêté par insuffisance de l'actif, le tribunal de commerce pourra, sur le rapport du juge-commissaire, prononcer, même d'office, la clôture des opérations de la faillite.

Ce jugement fera rentrer chaque créancier dans l'exercice de ses actions individuelles, tant contre les biens, que contre la personne du failli.

Pendant un mois, à partir de sa date, l'exécution de ce jugement sera suspendue.

ARTICLE 528.

Le failli, ou tout autre intéressé, pourra, à toute époque, le faire rapporter par le tribunal, en justifiant qu'il existe des fonds pour faire face aux frais des opérations de la faillite, ou en faisant consigner entre les mains des syndics somme suffisante pour y pourvoir.

Dans tous les cas, les frais des poursuites exercées en vertu de l'article précédent, devront être préalablement acquittés.

SOMMAIRE.

695. Le Code de commerce ne contenait aucune disposition de la nature de celle de ces deux articles. Fâcheuses conséquences de cette omission.

696. Le failli trouvait dans la profondeur de sa ruine le moyen d'en éviter les conséquences.

697. Cependant cet excès pouvait provenir de la fraude ou constituer au moins une faute.

698. Le système adopté par le nouveau législateur contre cet abus, est renfermé dans les articles 461, 527, 528 et 541.

699. La faillite sera toujours déclarée au moyen de l'avance des frais faite par l'état.

700. Si l'actif est ensuite insuffisant, le tribunal de commerce clôture la faillite. Forme dans laquelle le jugement est rendu.

701. Ce jugement ne fait pas cesser l'état de faillite ni l'incapacité du failli ; mais il rend aux créanciers la faculté de le poursuivre individuellement.

702. Quel sera, par rapport à la masse, le sort du paiement obtenu par l'effet de ces poursuites ?

703. Par l'abolition de la cession des biens, le failli ne peut plus se libérer de la contrainte par corps que par le concordat ou l'excusabilité. Il a donc le plus haut intérêt à arriver à l'un ou à l'autre. Conséquences.

704. La clôture de la faillite peut être prononcée à toutes les époques.

705. Application des articles 527 et 528 aux faillites anciennes. Différence entre les anciens et les nouveaux faillis relativement à la cession des biens.

706. L'exécution du jugement qui clôture la faillite est suspendue pendant un mois à partir de sa date. Motifs.

707. Le jugement de clôture peut toujours être rétracté.

708. A quelles conditions ?

709. L'obligation d'indemniser les créanciers des frais de poursuite par eux exposés, indique tout l'intérêt qu'a le failli à utiliser le délai d'un mois pendant lequel l'exécution est suspendue.

710. La rétractation devrait être prononcée s'il existait dans l'actif des effets mobiliers ou de marchandises.

711. Le jugement de clôture n'est susceptible ni d'opposition ni d'appel. La rétractation doit en être demandée par action principale.

712. Mais on peut appeler du jugement qui statue sur celle-ci.

713. Les jugemens sur la rétractation, prononçant toujours sur un intérêt indéterminé, sont toujours appellables.

714. Les parens, la femme, les enfants du failli, ses créanciers peu-

vent, comme lui, poursuivre la rétractation du jugement
de clôture.

713. Effets du jugement qui admet cette rétractation.

695. Le Code de commerce n'avait pris aucun moyen
pour amener à une solution quelconque les faillites dans
lesquelles l'actif ne pouvait faire face aux frais de la liquidation. Il résultait de cet état des choses, que ces faillites étaient interminables ; que les créanciers découragés
finissaient par faire le sacrifice de ce qui leur était dû ;
et que le failli dégagé de toute crainte d'une poursuite
individuelle, parce qu'il était perpétuellement dans les
liens de la faillite, ne payait jamais rien. C'était là, il
faut en convenir, une conséquence que les faillis devaient naturellement rechercher avec ardeur.

696. D'autres fois, un négociant était dans une telle
déconfiture, que l'actif qui lui restait était évidemment
insuffisant pour fournir aux frais que la déclaration judiciaire de la faillite eut entraînés. Aucun des créanciers
n'osait en faire l'avance, dans la crainte fondée d'ajouter
une perte nouvelle à celle qu'ils éprouvaient déjà. En
l'absence de toute poursuite, le débiteur restait à la tête
de ses affaires, continuait de gérer son actif, finissait par
le dévorer en totalité. Il trouvait donc dans la profondeur de sa ruine, au moins apparente, le moyen de
braver impunément ses créanciers.

697. Cependant, pour arriver à ce point, le commerçant avait commis ou une faute grave, ou une fraude
coupable.

En effet, la raison et la loi exigent qu'un négociant
qui ne peut plus faire face à ses engagemens s'arrête,
et appelle ses créanciers à recueillir les ressources dont
il peut encore disposer. Celui-là donc qui, loin d'agir

ainsi, continue un commerce frappé de mort ; qui, sous le vain espoir d'une chance heureuse, dévore jusqu'à son dernier sou dans des tentatives ruineuses et désespérées, viole ouvertement toutes les obligations morales que sa qualité lui impose.

C'est cette rébellion à l'esprit de la loi, que le Code de commerce encourageait malheureusement. En effet, pourquoi le commerçant se serait-il arrêté au moment où la gêne se manifestait ? L'actif qui lui restait permettait, non seulement la déclaration, mais encore la liquidation de sa faillite. L'une et l'autre l'exposaient à subir la responsabilité des actes frauduleux ou imprudens qu'il avait pu commettre ; tandis qu'après avoir dévoré l'intégralité de ses ressources, il était assuré d'échapper aux conséquences de ses engagemens. Il se débarrassait de toute contrainte individuelle, en déclarant sa faillite ; il était affranchi de tous les effets de celle-ci, par l'insuffisance de l'actif qui la laissait impoursuivie.

Cette insuffisance pouvait, en d'autres circonstances, n'être que le résultat de la fraude. A l'approche du péril, le commerçant se hâtait de faire disparaître sa fortune après l'avoir dénaturée. Son dénûment apparent laissait les créanciers désarmés, et il lui était facile de jouir en paix du fruit de ses rapines, ou d'obtenir sa libération définitive au moyen d'une faible somme qu'il leur faisait facilement accepter.

698. De tels abus voulaient être réprimés. L'intérêt public, comme celui des créanciers, exigeait qu'on fît disparaître ce funeste encouragement à toutes les fraudes. Et c'est avec juste raison que le législateur nouveau s'est efforcé d'en rendre le retour impossible.

L'ensemble du système qu'il a adopté nous est divulgué d'abord par l'article 461 , ensuite par les articles 527 et 528, enfin par l'article 541. Il est facile de se convaincre que toutes ces dispositions convergent vers un but identique.

699. La faillite sera toujours déclarée. La perspective de perdre les frais avancés pour la déclaration, et les autres mesures qui s'y rattachent, n'arrêtera plus personne, puisque l'état est chargé de fournir à cette dépense, sans répétition contre les créanciers si l'actif ne suffit pas à leur remboursement. La publicité que cette déclaration recevra, l'apposition des scellés, l'examen des livres et écritures amèneront la découverte des fraudes qui auraient été commises et dont la répression sera facilitée par l'incarcération que le failli subira. Dans tous les cas, le dessaisissement sera réalisé, l'actif passera aux mains des créanciers pour faire face aux opérations ultérieures de la faillite.

700. Si l'actif est insuffisant pour remplir cette destination, le tribunal de commerce prononce la clôture de la faillite. Ce jugement est rendu sur le rapport du juge-commissaire ; il est provoqué par les créanciers ou les syndics, ou rendu d'office par le tribunal. La présence du failli n'est dans aucun cas nécessaire ; il ne doit donc pas être appelé dans l'instance. Ce jugement a pour effet :

701. De maintenir le débiteur dans les liens de l'incapacité résultant de la faillite. Ainsi le dessaisissement de ses biens, droits et actions se continue, et les biens qui lui obviendraient dans la suite seraient frappés de la disposition de l'article 443.

Quelques doutes pourraient naître, sur l'étendue de cet effet, des termes même de l'article 527. Le second paragraphe porte : *que par le jugement de clôture , les créanciers rentrent dans l'exercice de leurs actions individuelles tant contre la personne que contre les biens,* d'où l'on pourrait conclure que la possession de ceux-ci rentre dans les mains du failli, puisque c'est sur sa tète que devront être exercées les poursuites.

Mais ces expressions ne signifient en réalité qu'une seule chose, à savoir que l'administration unique imposée par la loi dans toute faillite , cesse ses effets. Le failli est donc rendu aux exécutions des créanciers qui peuvent faire valoir individuellement leurs droits. Mais cette faculté n'exclut nullement l'action qui est réservée aux syndics en faveur de la masse.

C'est ce qui résulte formellement de la discussion de la loi à la chambre des députés. Le projet présenté par le gouvernement terminait le second paragraphe par ces mots : *contre la personne et les biens du débiteur.* Mais on fit observer que cette expression semblerait indiquer que l'état de faillite cessait avec le jugement de clôture; or, le contraire étant admis par tous, on demanda qu'on substituât le mot de *failli* à celui de *débiteur* , ce qui fut en effet consenti pour fixer le véritable caractère de la disposition.

L'état de faillite continue donc à subsister après la clôture. Ce qu'on retire au failli, c'est le bénéfice que sa position lui assurait et qui consistait en ce qu'il ne pouvait être poursuivi sur sa personne et ses biens que par les syndics.

La clôture de la faillite est donc une véritable peine infligée au failli. L'immunité résultant pour lui du jugement déclaratif disparaît, chaque créancier peut le contraindre même par corps à lui payer ce qui lui est dû.

702. Quel sera, par rapport aux créanciers, l'effet des poursuites individuellement exercées par chacun d'eux? Le paiement qu'elles amèneraient devra-t-il être rapporté à la masse, ou profiter exclusivement au poursuivant ?

La continuation de l'état de faillite et du dessaisissement du failli devrait, ce semble, faire annuler les paiemens qu'il réaliserait. Cependant c'est l'opinion contraire qui nous paraît devoir être suivie. Il est évident, en effet, qu'en rendant aux créanciers l'exercice de tous leurs droits, la loi a naturellement entendu valider toutes les conséquences que cet exercice déterminerait; elle fait produire à la clôture de la faillite un effet identique à celui que l'article 539 attache à la déclaration de non excusabilité, après l'union. A cette époque chaque créancier a le droit de se faire payer individuellement, parce que tous ont la faculté de poursuivre. Cette faculté existant aussi après la clôture doit produire des effets analogues.

Il répugnerait à l'esprit et à la lettre de l'article 527 de n'y voir qu'un simple mandat donné aux créanciers d'agir individuellement dans l'intérêt de la masse. Il faut donc admettre que cette disposition introduit une exception aux règles ordinaires relativement à l'incapacité du failli, avec d'autant plus de raison que c'est cette exception qui assurera l'efficacité de la mesure ordonnée. Il est certain, en effet, que si chaque créancier ne pouvait, après le jugement de clôture, poursuivre que dans l'intérêt de la masse, le failli n'aurait guère à craindre l'exercice de cette faculté; il en est bien peu qui voulussent exposer des frais souvent considérables, pour un résultat qui ne leur profiterait pas

exclusivement. La certitude du contraire excitera la vigilance des intéressés, les encouragera à poursuivre
même par la voie de la contrainte par corps.

Or, c'est précisément cette crainte que le législateur
a voulu inspirer aux faillis pour les retenir dans la voie
de la loyauté et de la bonne foi. C'est pour la rendre
plus sérieuse et plus efficace qu'elle a admis la suppression de la cession des biens.

703. Le failli se trouve donc placé dans cette alter-
native de ne pouvoir s'exonérer de la contrainte par
corps que par le développement de la faillite. A son tour
celle-ci ne peut recevoir que l'une de ces deux issues :
le concordat ou le régime de l'union. Il entrera donc
forcément dans les prévisions du commerçant obéré,
d'atteindre à l'une d'elles. De là, la conséquence qu'il
s'arrêtera, lorsqu'il verra sa ruine imminente; car pour
y arriver, il faut que l'actif puisse fournir aux frais des
opérations qu'il faut accomplir. Il ménagera donc celui
qui lui reste au moment où il s'aperçoit que sa déconfiture est inévitable, dans la crainte de s'exposer, s'il
le dissipe dans des spéculations hasardeuses, à une ruine
complète pour le présent, à une situation extrêmement
précaire pour l'avenir.

D'autre part, en intéressant le failli aux opérations de
la faillite, en rendant leur accomplissement indispensable, on l'amènera à désirer, soit le concordat, soit la
déclaration d'excusabilité. On restreint donc d'autant les
chances laissées à la fraude, dont l'existence reconnue
appellerait une peine; dont la supposition suffirait pour
exclure non-seulement tout traité, mais encore une solution favorable sur la question d'excuse. L'une ou l'autre
en effet, sera le prix de l'opinion que les créanciers

et les juges se seront formée de la bonne foi du failli.

Il est donc permis de croire que le système de la loi nouvelle produira de bons résultats. C'est aux tribunaux à seconder l'intention du législateur par une application sévère, mais juste, de la faculté qui leur est déférée.

704. Cette application ne reconnaît aucune limite. Elle peut être réalisée à partir de la déclaration jusqu'après l'adoption de l'union, dès que l'insuffisance de l'actif se décèle. Peu importe que plusieurs opérations aient déjà été accomplies. N'en restât-il qu'une seule que, si les fonds manquent pour l'exécuter, il y a lieu à prononcer la clôture. C'est dans ce sens que notre article déclare celle-ci facultative à toutes les époques. Il est certain que si l'on avait posé des bornes quelconques au delà desquelles le remède autorisé par l'article 527 eut été inapplicable, les faillis de mauvaise foi n'auraient pas manqué de laisser tout juste de quoi arriver au point qui devait les en garantir. Le législateur a donc prudemment adopté la maxime qu'il n'y a rien de fait tant qu'il y a quelque chose à faire. Ce n'est que lorsque la faillite a reçu sa solution légale que l'article 527 ne peut plus être appliqué.

705. Le préambule de la loi rend la disposition de cet article commune aux faillites déclarées sous la loi ancienne. On a donc considéré cette disposition comme se rapportant à la forme seulement. Ce n'est, en effet, que comme loi de procédure qu'on a pu la faire rétroagir sur des faits accomplis sous l'empire d'une législation précédente.

On ne devra pas perdre cette observation de vue, lorsqu'il s'agira de régler à l'encontre des anciens faillis les effets de la clôture. Sans doute, ils seront identiques à ceux produits contre les nouveaux, quant aux droits des créanciers de les poursuivre individuellement. Mais les premiers pourront s'affranchir de la contrainte par corps, par la cession volontaire ou judiciaire de leurs biens. C'est là un droit qui leur a été acquis, dès que la loi, sous l'empire de laquelle ils ont failli, leur en permettait l'exercice. On ne saurait donc le leur enlever, sans violer à leur égard le principe de la non rétroactivité des lois (1).

706. Nous avons déjà dit que le failli n'était pas partie nécessaire dans l'instance en clôture de la faillite. Le jugement qui la prononcera sera donc par défaut. Mais l'exécution en est suspendue pendant un mois à partir de la date.

Cette dernière disposition enlève au jugement ce qu'il pourrait avoir de trop rigoureux dans la forme. On pourrait s'étonner, en effet, qu'on puisse laisser ainsi de côté le failli dans une instance qui peut avoir pour lui de si graves conséquences. Mais l'insuffisance de l'actif est un fait matériel qui résulte des écritures, du bilan, de l'inventaire. Quelle valeur pourraient avoir les explications personnelles du failli en présence de documens si positifs et si certains ?

Que si le failli a d'autres ressources, soit personnelles, soit qu'il les doive à des tiers, il doit s'empresser d'en justifier. C'est pour lui en fournir les moyens, sans préjudice possible, que la loi ordonne de laisser toutes choses en l'état, pendant un délai de trente jours à partir du jugement qui a prononcé la clôture.

707. Le jugement qui clôture la faillite peut toujours être rétracté. Le failli peut faire prononcer cette rétrac-

(1) Vide suprà n° 12.

tation à toutes les époques. Mais on comprend qu'il ne
pourrait atteindre à ce résultat, à l'aide d'allégations plus
ou moins fondées. La loi a eu le soin d'en préciser les
conditions, tant pour le principe que pour les conséquences.

708. Ainsi, pour que le jugement puisse être rétracté,
il faut : 1° la justification qu'il existe des fonds suffisants
pour faire face aux frais des opérations de la faillite, ou
la consignation entre les mains des syndics d'une somme
capable d'y subvenir.

2° Le paiement préalable des frais des poursuites individuellement exercées par les créanciers en vertu du
jugement qui avait prononcé la clôture.

709. La dernière de ces conditions manifeste clairement quel est le véritable esprit de la disposition qui
suspend pendant un mois l'exercice de la faculté rendue
aux créanciers. C'est là un délai de grâce accordé au failli,
un encouragement qu'on lui donne à utiliser le temps,
pour se procurer des ressources. Que si, par négligence
ou impuissance, ce délai s'écoule sans que la rétractation
ait été poursuivie et obtenue, il est dû aux créanciers
une réparation pour le dommage que leur ferait éprouver une rétractation ultérieure. Les poursuites qu'ils peuvent avoir dirigées n'ont été que l'exercice d'un droit
incontestable ; il est donc juste que les conséquences en
soient supportées par celui qui l'a occasionné par son
long silence.

Il est donc d'un haut intérêt pour le failli de faire rétracter le jugement le plus tôt possible. Chaque jour aggrave la charge qui lui est imposée à cet effet, puisque
les poursuites peuvent chaque jour aussi devenir plus
nombreuses. Or, quelque multipliées qu'elles aient été,

quel que soit le chiffre total des frais qu'elles ont déterminés, l'acquittement intégral et préalable de ces frais
est de rigueur. La rétractation, alors même que la première condition serait remplie, ne saurait être obtenue
que par l'accomplissement simultané de cette obligation.

710. Cette première condition serait-elle elle-même
suffisamment remplie si, au lieu de fonds, on prouvait
qu'il existe de marchandises ou effets mobiliers de nature à subvenir aux frais ? L'affirmative ne nous paraît
pas douteuse. Aux yeux de la loi, il n'y a réellement
insuffisance que lorsqu'il n'existe aucune ressource. Si
l'actif en présente, de quelque nature quelles soient,
les syndics doivent les réaliser, et fournir par ce moyen
aux frais des opérations prescrites par la loi. Ce n'est
qu'après l'épuisement total de l'actif qu'ils peuvent demander la clôture. En conséquence si elle avait été
poursuivie et prononcée sans qu'il eût été au préalable
procédé à la vente des effets mobiliers et marchandises
existant en nature, le failli pourrait la faire rétracter,
alors même que ces marchandises et effets seraient évidemment insuffisants pour faire face aux frais de toutes
les opérations, sauf à la voir prononcer de nouveau après
l'emploi du produit de la vente.

711. La rétractation du jugement de clôture doit être
poursuivie par action principale dirigée contre les syndics. Il nous paraît, en effet, que par sa nature ce jugement n'est susceptible ni d'opposition ni d'appel. La
loi lui imprime un caractère essentiellement transitoire
et précaire, qui le rend plutôt un acte d'administration qu'un véritable jugement.

Il est en effet de l'essence de ceux-ci de disposer

pour le présent comme pour l'avenir, et d'être iné-
branlables lorsqu'on leur a laissé acquérir l'autorité de
la chose jugée. Dès-lors, le bénéfice en résultant est
définitivement acquis. Ainsi les jugemens déclaratifs de
faillite, quoique ne constatant qu'un fait, lient à tout
jamais les créanciers et le failli s'ils n'ont été attaqués en
temps utile. Le jugement de clôture n'est obligatoire
que tant qu'il n'a pas été rétracté, et il peut l'être à
toute époque. Il n'est donc pas susceptible d'acquérir
l'autorité de la chose jugée.

D'ailleurs l'opposition, si elle est accueillie, a pour résultat de faire rétroagir la caducité du jugement au moment même où il a été rendu, de telle sorte qu'il n'a
pu en aucun temps produire des effets obligatoires. Or,
dans notre espèce, c'est le contraire qui se réalise,
puisque la loi n'accorde sa rétractation qu'au prix de
l'accomplissement préalable des conséquences que le
jugement à pu produire.

L'appel lui-même n'a été institué que pour obtenir
de la juridiction supérieure une réformation qu'il n'est
plus au pouvoir du juge du premier degré d'accorder.
Or, par une exception à la règle ordinaire, en matière
de clôture de la faillite, c'est le juge qui l'a prononcée
qui peut toujours la rétracter. Il serait donc inutile de
demander à un autre ce qu'il est dans tous les cas loisible
d'obtenir de celui-ci.

Ainsi, le jugement de clôture n'est susceptible ni
d'opposition ni d'appel. C'est donc par action principale
qu'on doit en poursuivre la rétractation.

712. Mais il n'en serait pas de même de celui qui
aurait prononcé sur la demande de celle-ci. En effet,
des difficultés peuvent s'être élevées sur l'accomplis-

sement des conditions exigées par l'article 528. La solution qu'elles ont reçue peut devenir la matière d'une appréciation par le juge supérieur ; comme si , par exemple , un créancier prétendant avoir dirigé des poursuites réclamait le remboursement de telles ou telles dépenses , que le failli soutiendrait ne devoir pas être remboursées.

Ce serait là un véritable procès ordinaire sur lequel la décision du juge serait susceptible d'acquérir l'autorité de la chose jugée. Il n'est donc pas douteux que si le tribunal, adoptant le système du créancier, avait refusé la rétractation, le demandeur pourrait se pourvoir par appel contre le jugement et en obtenir la réformation de l'autorité de la cour. En l'absence de toute disposition prohibitive, il y a lieu de recourir au droit commun.

713. La faculté d'émettre appel, dans ce cas, ne devrait pas être réglée sur le chiffre de la somme réclamée, mais par les conséquences du refus de rétractation. Or, celui-ci constitue un intérêt indéterminé, qui rendrait le litige appellable, quelle que fût la quotité des frais réclamée.

714. La rétractation du jugement de clôture peut être poursuivie, non seulement par le failli, mais encore par tous ceux qui pourraient y avoir intérêt. Nous croyons qu'on ne devrait pas distinguer entre l'intérêt matériel et celui purement moral. Il est dans l'intention de la loi de favoriser la liquidation des faillites ; on ne doit donc pas se montrer difficile sur le mobile de celui qui en fournit les moyens. Ainsi, les parens, la femme, les enfans du failli, l'un de ses créanciers, seraient recevables, après avoir rempli les conditions de l'article 528 , à faire rétracter le jugement qui a clôturé la faillite.

715. L'effet de cette rétractation, à quelque époque qu'elle se réalise, est de remettre toutes les parties au même état où elles étaient avant la clôture. On reprend donc les opérations de la faillite au point où elles avaient été interrompues. La faculté aux créanciers de poursuivre individuellement est, de plein droit, retirée ; tout rentre, en un mot, sous l'empire des règles que nous avons ci-dessus retracées.

SECTION IV.

De l'union des créanciers.

—

ARTICLE 529.

S'il n'intervient point de concordat, les créanciers seront, de plein droit, en état d'union.

Le juge-commissaire les consultera immédiatement, tant sur les faits de la gestion, que sur l'utilité du maintien ou du remplacement des syndics. Les créanciers privilégiés, hypothécaires ou nantis d'un gage, seront admis à cette délibération.

Il sera dressé procès-verbal des dires et observations des créanciers, et, sur le vu de cette pièce, le tribunal de commerce statuera comme il est dit à l'article 462.

Les syndics qui ne seraient pas maintenus devront rendre leur compte aux nouveaux syndics, en présence du juge-commissaire, le failli dûment appelé.

SOMMAIRE.

718. Système adopté en 1838. L'union résulte de plein droit soit du rejet, soit de l'annulation du concordat pour dol ou banqueroute frauduleuse.

719. La déclaration du juge-commissaire que les créanciers sont en état d'union, doit être consignée au procès-verbal.

720. Devoirs que l'union impose au juge-commissaire et aux créanciers.

721. A la différence de ce qui était admis sous le Code, l'union ne révoque plus les syndics.

722. Les créanciers n'ont sur la nomination de ceux de l'union que voix consultative. Motifs de cette dérogation.

723. Le juge commissaire doit donc les interroger tant sur les actes de la gestion que sur le maintien ou le remplacement de ceux qui existent.

724. Le tribunal prononce sur le vu du procès-verbal contenant les dires et observations des créanciers.

725. Les créanciers hypothécaires, privilégiés ou gagistes sont assimilés aux chirographaires, quant à cette délibération.

726. Si les syndics sont maintenus, ils ne rendent leur compte définitifs qu'à l'expiration de leur nouveau mandat.

727. S'ils sont remplacés, ils rendent immédiatement compte aux syndics nouveaux.

728. Le compte peut être débattu : 1° par les syndics.

729. 2° Par le failli.

730. Il suit de là que ce dernier doit être appelé à la reddition.

731. L'approbation donnée par les syndics lie le failli qui n'a pas comparu, quoique dûment appelé, ou qui n'a rien contesté, quoique présent.

732. Mais cette forclusion ne s'étend pas aux erreurs ou omissions, ni au cas de dol ou de fraude.

733. L'application de l'article 489, aux syndics de l'union, a rendu inutile la nomination d'un caissier, prescrite par l'art. 527 Cod. comm.

716. La loi nouvelle a introduit une grave innovation en ce qui concerne l'union non seulement quant à ses effets, mais encore quant à la forme. C'est dans cette dernière surtout que ses dispositions peuvent être considérées comme de véritables améliorations.

717. En effet, le Code ancien soumettait l'union à

l'assentiment des créanciers Elle n'existait régulièrement, même après le rejet du concordat, que si elle
avait été souscrite par la majorité, c'est ce qui lui avait
fait donner le nom de contrat d'union.

Cette prescription soulevait des difficultés sérieuses
qui avaient partagé la doctrine et la jurisprudence. Il
pouvait en résulter des complications étranges et une
impossibilité de toute solution pour la faillite. Ainsi, par
exemple, le concordat n'ayant pas réuni la double majorité exigée pour sa validité, si le contrat d'union n'é-
tait pas souscrit par le nombre requis, que devenait la
liquidation ?

Au milieu des différens systèmes que cette supposition avait fait naître, la jurisprudence avait signalé dès
long-temps le vice illogique qui en résultait. Aussi s'é-
tait-elle efforcée de le corriger dans l'application. C'est
ainsi qu'un arrêt de la cour de cassation du 6 août 1840
avait, entre autres, décidé qu'un contrat d'union signé
par six créanciers seulement, sur trente-huit présens à
la délibération, était obligatoire et valable (1) ; mais cet
arrêt consacrait bien plutôt l'induction qui se tire, pour
la nécessité de l'union, du refus du concordat, que l'expression littérale de l'article 527 du Code de commerce
sous l'empire duquel il était rendu.

L'embarras n'était pas moindre lorsque le contrat
d'union avait été consenti par la majorité des créanciers.
Fallait-il qu'il fût homologué par le tribunal de commerce pour le rendre obligatoire contre les créanciers
qui avaient refusé leur adhésion ? Malgré le silence absolu du Code, l'affirmative n'en avait pas moins été
soutenue : « Malgré que le Code n'en ait rien dit, en-

(1) D. P. 40, 1. 529.

seigne **M.** Émile Vincens, le principe subsiste et doit
être appliqué toutes les fois qu'une délibération non
unanime peut obliger tous les créanciers d'une faillite (1). »

718. La loi de 1838 a banni toute controverse tant
sur la constitution de l'union, que sur ses effets contre
les créanciers; elle dispose que s'il n'intervient pas de
concordat soit par défaut de consentement de la majorité, soit par suite du refus d'homologation; ou si celui
qui avait été consenti est annulé pour cause de dol ou
de banqueroute frauduleuse, les créanciers sont en état
d'union.

Cet état se réalise donc aujourd'hui de plein droit,
par la seule force de la loi et sans le concours des créanciers. Il est obligatoire pour tous dès que le juge-commissaire en a proclamé l'existence qui est la conséquence
immédiate et directe du rejet du concordat.

De plus, dès qu'il a été régulièrement déclaré, cet
état est définitivement acquis pour et contre tous, de
telle sorte qu'aucun traité ne pourrait être ultérieurement proposé ni admis. Celui qui interviendrait au mépris de cette prescription, serait frappé d'une nullité
radicale.

719. Le procès-verbal doit donc énoncer l'accomplissement du devoir imposé au juge-commissaire. Ainsi
après avoir énoncé que les formalités prescrites par la
loi ont été remplies, mentionné le résultat du vote sur
le concordat et le rejet de celui-ci, il doit indiquer que
le commissaire a déclaré que les créanciers étaient en
état d'union. Le rappel de toutes ces formalités est indispensable pour la validité des opérations ultérieures.

(1) Tom. 1, pag. 443. Conform. Boulay-Paty, tom. 1, pag. 311.

Le silence du procès-verbal rendrait celles-ci contesta-
bles et permettrait même soit aux faillis, soit aux créanciers de poursuivre la nullité de l'union.

720. Les conséquences du rejet du concordat et de
la proclamation de l'union qui le suit, sont d'imposer des
obligations nouvelles aux créanciers et au juge-commissaire. En première ligne figure le choix des syndics qui
doivent administrer.

721. Sur ce point encore la loi actuelle s'éloigne de
la pratique consacrée par le Code précédent. Sous l'empire de celui-ci, le contrat d'union mettait fin de plein
droit à la mission des syndics provisoires que le tribunal
avait choisis sur la liste triple qui lui avait été soumise;
et comme les nouveaux étaient censés être plus spécialement les mandataires des créanciers, c'était à eux que
la faculté de les choisir avait été exclusivement dévolue.
Le tribunal n'avait plus à intervenir, ni dans l'institution,
ni dans le remplacement des syndics qui étaient dès lors
définitifs.

Aujourd'hui l'union ne révoque plus les syndics précédemment élus. La gestion leur est, au contraire, continuée, sauf le droit réservé au tribunal de les remplacer sur l'avis des créanciers.

722. Ceux-ci n'ont donc, pour le choix des syndics
de l'union, que voix consultative. Il en est de ces derniers, comme des syndics provisoires. Nous avons déjà
exposé les motifs qui ont fait consacrer le système adopté
par l'article 462, mais son application à l'hypothèse actuelle pourrait néanmoins paraître exorbitante. Il ne
s'agit plus, en effet, au moment de l'union, de créanciers
présumés. Tous ceux qui concourent à la délibération,
ont subi l'épreuve de la vérification qui a constaté leurs

droits. Il semble donc que lorsqu'il s'agit de la disposition d'un actif qui est bien réellement leur gage, on aurait dû leur rendre la faculté d'élire les mandataires qui doivent l'administrer en leur nom.

Mais le désir de maintenir l'unité dans l'administration, la nécessité de tenir les syndics directement dépendants du tribunal de commerce, et conséquemment du juge-commissaire, l'intérêt des créanciers éloignés qui sont encore dans les délais, pour faire vérifier, et qui ne peuvent voter, quoiqu'ils en aient le droit, ont déterminé le législateur à rendre commune aux syndics de l'union la forme adoptée pour les syndics définitifs.

723. Le juge-commissaire doit donc immédiatement après avoir déclaré que les créanciers sont en état d'union, les consulter sur le maintien ou le remplacement des syndics, et sur les faits de la gestion. L'opinion des créanciers sur le premier objet se ressentira nécessairement de celle qu'ils se seront formée sur le second ; et si l'on réfléchit, qu'aux termes de l'article 506, la délibération qui se termine par l'union s'ouvre par le compte que les syndics doivent fournir de leur administration, on demeure convaincu qu'il ne sera pas difficile aux créanciers de trouver les élémens nécessaires pour se prononcer sur l'un et sur l'autre.

. 724. Les dires et observations, tant sur la gestion, que sur le maintien ou le remplacement des syndics, doivent être insérés dans le procès-verbal de la séance. C'est en les consultant, que le tribunal apprécie leur nature et leur gravité ; qu'il continue les syndics, ou les remplace par d'autres.

725. Les créanciers hypothécaires, privilégiés ou nantis d'un gage ont voix délibérative, comme les chirogra-

phaires. Il ne s'agit plus, en effet, d'imposer à ces derniers un sacrifice qu'ils ne supporteraient point eux-mêmes, mais de voter sur le mode d'administration de l'actif. Il convient donc que tous les intéressés, et les créanciers hypothécaires, privilégiés ou gagistes ont au moins un intérêt éventuel, participent à une décision qui doit les obliger tous.

On voit dans cette circonstance, dans quelle intention la loi a ordonné que les créanciers privilégiés fussent appelés à l'assemblée formée en vertu de l'article 504. S'ils n'ont pas le droit de voter sur le concordat, ils ont incontestablement celui de prendre part aux opérations que la constitution de l'union nécessite. Or, comment exerceraient-ils ce dernier, s'ils n'étaient pas convoqués à la réunion unique qui doit voir s'accomplir l'un ou l'autre ?

726. Si les syndics sont continués dans l'administration, ils ne cessent de gérer, conformément au mode prescrit par les créanciers, quant aux objets réglés par les articles suivants. Ils ne rendent leur compte définitif qu'à l'expiration de leur nouveau mandat, qui se termine soit par la liquidation entière de la faillite, soit dans le cas prévu par l'article 536.

727. Si le remplacement des syndics définitifs, proposé par les créanciers, est admis par le tribunal, les nouveaux élus reçoivent le compte de leurs prédécesseurs. Ce compte est rendu en présence du juge-commissaire qui dresse procès-verbal des difficultés qui pourraient naître.

728. Le compte est débattu 1° par les syndics en exercice. Il est vrai que la responsabilité des actes antérieurs à leur entrée en fonctions s'attache exclusivement aux

anciens syndics, mais celle de la reddition du compte lui-même est encourue par les nouveaux. Si, par négligence, par connivence ou par faiblesse, ceux-ci ont négligé la défense des intérêts qui leur sont confiés, et qu'il en soit résulté un préjudice pour les créanciers, ce préjudice leur est imputable , et ils seraient tenus de le réparer. Ils doivent donc, pour se soustraire à toutes réclamations de ce genre, se montrer sévères dans le réglement de la gestion qu'ils sont chargés d'apurer.

729. 2° Par le failli. Nous avons déjà dit que l'administration de l'actif doit concilier le double intérêt des créanciers et du failli. S'il importe aux uns de retirer le plus possible, il convient à l'autre qu'il en soit ainsi. Car, sa libération se réalisera sur des bases plus larges. Cette identité d'intérêt dans le résultat donne à chacun d'eux le droit d'exiger que les actes des syndics aient été sans cesse de nature à le déterminer; de poursuivre et d'exiger la réparation de tout ce qui se serait éloigné de ces bases.

Mais l'action des uns est indépendante de celle de l'autre. Elle peut et doit être exercée séparément. Ainsi, le failli n'est nullement lié par l'assentiment donné par les nouveaux syndics à la gestion des syndics précédens. Le compte qu'ils déclareraient accepter au nom des créanciers ne serait nullement obligatoire contre lui. Et les redressemens qu'il prouverait justes devraient être consacrés par la justice.

730. Il suit de ce qui précède que le failli doit être appelé à la reddition du compte. Vainement on lui reconnaîtrait le droit de le contester, si l'on pouvait se dispenser de le mettre à même de le faire. L'omission de cette formalité vicierait l'opération et permettrait au failli de l'attaquer à toutes les époques.

731. Si le failli, régulièrement appelé, n'a pas comparu, quoique dans le cas de se présenter, ou si ayant assisté à la reddition, il avait négligé de débattre le compte, il ne pourrait plus le faire après l'approbation qu'en auraient faite les nouveaux syndics. La décharge accordée par ceux-ci serait définitive en faveur des rendans. Tout ce que le failli pouvait exiger, c'est d'être partie nécessaire dans cette reddition ; mais la loi qui l'a ainsi décidé pour obéir à une pensée de justice n'a pu livrer le sort de cette opération à ses caprices. Elle a dû, en conséquence, lui retirer le pouvoir de contester, dès l'instant, où mis en demeure de l'exercer, il y a renoncé lui-même.

732. Toutefois, la forclusion contre le failli n'est pas telle qu'il ne pût obtenir raison des omissions ou erreurs dont il justifierait l'existence. Il en serait, en outre, relevé, s'il prouvait que l'approbation du compte n'est que le résultat du dol ou de la fraude.

733. La disposition de l'article 489 s'applique aux syndics de l'union comme aux syndics provisoires et définitifs. En conséquence, comme ceux-ci, les premiers sont obligés de verser dans la caisse des dépôts et consignations, toutes les sommes qu'ils seront dans le cas de recouvrer; dès lors, la nomination d'un caissier prescrite par l'article 527 du Code de commerce était complètement inutile. Aussi notre article 529 n'en fait-il plus un devoir aux créanciers.

ARTICLE 530.

Les créanciers seront consultés sur la question de savoir si un secours pourra être accordé au failli sur l'actif de la faillite.

Lorsque la majorité des créanciers présens y aura consenti, une somme pourra être accordée au failli à titre de secours sur l'actif de la faillite. Les syndics en proposeront la quotité, qui sera fixée par le juge–commissaire, sauf recours au tribunal de commerce, de la part des syndics seulement.

SOMMAIRE.

734. Nous avons vu sous l'article 474 que, dans les débuts de la faillite, des secours alimentaires peuvent être accordés au failli sur la masse ; que leur quotité doit être réglée d'abord par le juge–commissaire, et en dernier ressort, par le tribunal ; ce qui implique que les créanciers peuvent être contraints à les fournir.

L'union, dépossédant complètement et d'une manière définitive le failli, fait de plein droit cesser les effets de cette disposition ; elle peut cependant créer par cela même un besoin plus urgent de ces secours. C'est cette prévision qui a fait introduire dans la loi l'article que nous examinons.

735. Il y a entre l'article 530 et l'article 474 cette différence que, dans l'hypothèse de celui-ci, c'est le tribunal qui décide s'il y a lieu à accorder une somme quelconque à titre d'aliment. Dans celle du premier, au contraire, la solution de cette question est laissée exclusivement aux créanciers, sans que la justice puisse juger le refus qu'ils feraient d'accorder le secours réclamé par le failli.

736. Cette disposition est une innovation à la législation précédente. L'article 530 du Code accordait au failli, contre lequel il n'existait aucune présomption de banqueroute, le droit de demander et d'obtenir un secours dont la quotité était fixée par le tribunal sur le rapport du juge-commissaire. Si cette prescription paraît plus humaine, celle qui l'a remplacée est au fond beaucoup plus juste.

Remarquons d'abord que l'humanité a une bonne part dans la loi nouvelle ; l'article 474 qui proclame les secours forcés dans la première période de la faillite, est dicté par un sentiment qui honore le législateur ; et la différence que nous signalions tout-à-l'heure entre cette disposition et celle de l'article 530, est une appréciation judicieuse et juste de la position du failli à ces deux époques.

Le moment qui voit la faillite éclater est naturellement pour le commerçant un instant critique. Plus l'événement aura été imprévu et plus la perturbation qu'il jette dans la vie du failli sera considérable. Il fallait donc lui ménager le temps de s'habituer aux soins nouveaux qui viennent l'assaillir, de chercher dans le travail la pos-

sibilité de subvenir à ses propres besoins, à ceux de sa famille. D'ailleurs, le jugement déclaratif ordonnant le dépôt de sa personne dans la maison d'arrêt, est lui-même
un obstacle à ce que le failli trouve ailleurs que dans l'actif
des ressources pour vivre. Il était donc juste de prélever
sur celui-ci une somme suffisante pour remplir ce
but.

Après l'union, au contraire, le failli ne sera que très-
rarement en butte à des mesures contre sa personne. Il
pourra donc trouver dans son industrie et dans son travail les moyens qui lui manquent. Sa famille elle-même
aura eu le temps de se résigner à la position que lui fait
la catastrophe de son chef et de prendre un parti convenable pour se procurer par elle-même les secours
dont elle a besoin.

En cet état, forcer les créanciers à en fournir encore,
c'était pousser jusqu'à l'injustice la faveur pour le failli.
En effet, la liquidation de la faillite peut avoir eu des
résultats tels, qu'on pourra présumer la fraude, sans
avoir cependant la moindre possibilité de la prouver.
Fallait-il à la perte matérielle déjà éprouvée par les créanciers, ajouter le sacrifice d'une partie quelconque de
l'actif ?

Et si, sans supposer la fraude, il est certain que le
failli a commis une faute grave ! S'il a anéanti une notable portion de sa fortune, en continuant son commerce, lorsque déjà sa ruine était inévitable ! Si dans
la folle espérance de se relever, il a compromis outre
mesure le gage de ses créanciers, l'humanité s'accor-
derait-elle bien du résultat que nous indiquions tout-à-
l'heure ? Pourrait-elle jamais autoriser qu'on contraignît
encore les créanciers à permettre, qu'avant même toute

répartition, le plus clair de l'actif fût abandonné au
failli ?

737. Tout se réunissait donc pour conseiller la consécration du système adopté par notre article. Il est
d'ailleurs d'une plus haute moralité, et peut produire
des effets plus désirables que celui de la législation précédente. Par cela seul que le failli est placé dans une
dépendance plus absolue vis-à-vis des créanciers, il est
à présumer qu'il s'efforcera de les persuader de sa bonne
foi, et de mériter, par la loyauté de sa conduite, la faveur qu'il sera dans le cas de solliciter.

738. Les créanciers jugeront donc à l'avenir, et d'une
manière souveraine, s'il convient ou non d'accorder un
secours au failli. Cette délibération doit être provoquée
d'office par le juge-commissaire alors même que le failli
serait absent, ou que, présent à l'assemblée, il ne la
réclamerait pas. La loi a compris la susceptibilité qui
pourrait l'empêcher de prendre lui-même l'initiative.
Plus un homme est honorable et plus il lui répugne, le
malheur venu, de paraître tendre la main ; et cependant
celui-là peut être bien plus digne d'obtenir un secours
que tel autre qui ne craindra pas de le solliciter hautement. Le mandat donné au juge-commissaire est donc
un véritable témoignage de commisération en faveur de
la bonne foi honteuse.

739. La délibération est prise en la forme ordinaire,
c'est-à-dire l'admission ou le rejet du secours est voté
par la majorité des membres présens. Il résulte de ces
termes de l'article 530 que la majorité numérique suffit.
Ce n'est en effet que dans les cas expressément prévus
que la majorité en sommes doit accompagner celle-ci.

740. Les créanciers ne sont jamais consultés que sur

la question de savoir si un secours sera accordé au failli ;
s'ils se prononcent pour la négative tout est dit. Si le
principe est admis, les conséquences en sont laissées à
l'appréciation du juge-commissaire.

En conséquence les syndics proposent à ce magistrat
la quotité du chiffre qu'ils pensent devoir être allouée.
L'opinion des syndics ne lie nullement la conscience du
juge qui peut diminuer ou augmenter le chiffre proposé.

741. Le failli n'a aucun recours à exercer contre la
délibération négative des créanciers, ni contre la décision du juge-commissaire, quelle qu'elle soit. Mais cette
dernière peut être attaquée par les syndics. La raison
de cette différence réside dans la nature de la disposition de l'article 530. Le secours dont il y est parlé est
une pure libéralité de la part des créanciers ; en conséquence le failli ne saurait ni les contraindre à la réaliser,
ni se plaindre de la quotité de celle qui lui a été accordée.

Les syndics, au contraire, doivent veiller à ce que le
principe admis par les créanciers ne reçoive pas une
extension qu'il ne comporterait pas. En conséquence ,
s'ils pensent que le chiffre admis par le juge-commissaire
a dépassé les prévisions de leurs mandants, ils peuvent
en demander la réduction.

742. Le recours des syndics se réalise par une simple
requête sans citation ni ajournement du failli. Il est déféré au tribunal de commerce, qui juge par appel et souverainement quelle est la quotité du secours qui sera
allouée.

ARTICLE 531.

Lorsqu'une société de commerce sera en faillite, les

créanciers pourront ne consentir de concordat qu'en faveur d'un ou de plusieurs des associés.

En ce cas, tout l'actif social demeurera sous le régime de l'union. Les biens personnels de ceux avec lesquels le concordat aura été consenti en seront exclus, et le traité particulier passé avec eux ne pourra contenir l'engagement de payer un dividende que sur des valeurs étrangères à l'actif social.

L'associé qui aura obtenu un concordat particulier sera déchargé de toute solidarité.

SOMMAIRE.

743. Le principe de la solidarité qui régit les sociétés en nom collectif rend, en cas de faillite, le sort de tous les associés commun et identique.

744. Ce principe avait été rigoureusement consacré par le Code de commerce.

745. Exception admise par la loi actuelle. Ses motifs.

746. Le concordat particulier opère la décharge de la solidarité en ce qui concerne les créanciers.

747. Il déroge vis-à vis les associés à l'art. 1214 du Code civ.

748. La libération de l'associé concordataire n'a qu'un effet actuel. A quelles conditions pourra-t-il se faire réhabiliter ?

749. La partie de la dette afférente à cet associé est éteinte même au profit des autres.

750. Différence entre cette hypothèse et celle prévue par les articles 542 et 545.

751. Le fonds social reste affecté à la dette de la société. C'est sur ses biens personnels que l'associé doit payer le dividende auquel il s'est obligé.

752. Si au moment de la faillite l'associé qui a obtenu un concordat n'avait pas versé sa mise de fonds, il serait obligé de le faire nonobstant celui-ci.

743. Dans les sociétés en nom collectif, la solidarité qui lie les associés rend leur sort indivisible. La faillite de l'être moral est commune à tous ses membres. Chacun d'eux subit dans sa personne et ses biens les mesures qui résultent du jugement déclaratif, et cela, non seulement quant aux biens sociaux, mais encore pour ceux qui leur sont propres et particuliers.

Si la faillite se termine par un concordat, les conventions qui y sont stipulées profitent à tous les associés, sauf le droit de celui qui paierait le dividende convenu sur ses biens, de répéter contre les autres leur part et portion. En attendant, chacun d'eux reprend l'administration tant du capital que de sa fortune particulière, à la charge pourtant de la solidarité dans le paiement du dividende convenu.

Si le refus d'un concordat amenait l'adoption du régime de l'union, les effets de celui-ci régissaient tous les associés qui demeuraient dès lors indéfiniment tenus sur leurs biens présens et à venir vis-à-vis des créanciers.

744. Ces principes admis par le Code de commerce ne comportaient aucune exception. Ils avaient leur point de départ dans les maximes de la législation civile et commerciale : l'indivisibilité de l'union sociale d'abord, la solidarité des associés ensuite. On était arrivé à cette conséquence que le sort de tous les membres d'une société devait être commun ; et cela, dans un double intérêt : celui des créanciers qui avaient ainsi plus de garanties pour le remboursement de ce qui leur était dû ; celui des associés eux-mêmes qui trouvaient dans la répartition des biens de tous, le moyen de se libérer sur une échelle plus vaste, peut-être même de s'exonérer des incapacités que l'état de faillite entraîne, si les masses réunies étaient suffisantes pour désintéresser les créanciers.

Il fallait donc, sous l'empire de cette législation concorder avec les associés, ou les envelopper tous dans le régime de l'union. Quelque favorable que fût d'ailleurs la position particulière de l'un d'eux, la rigueur du principe était un obstacle invincible à toute distinction dans le réglement des rapports ultérieurs avec les créanciers.

745. Le législateur nouveau appelé à s'expliquer à son tour n'a pas cru devoir adopter les bases consacrées par ses prédécesseurs. L'application rigoureuse des principes absolus et de l'unité fictive de la personne sociale aurait quelquefois pour résultat de blesser l'équité, de nuire aux créanciers eux-mêmes, et de rendre impossibles les égards dus à celui des associés qui est évidemment malheureux, et de la plus entière bonne foi (1). Sous ces inspirations, la faculté pour les créanciers de consentir des concordats particuliers, a été inscrite dans la loi.

Il convient, en conséquence, d'établir les effets dont les traités particuliers seront susceptibles, ainsi que leur mode d'exécution. Nous verrons, en recherchant celui-ci, sur quels biens doit être payé le dividende qui y sera convenu.

746. Par rapport à l'associé concordataire, le traité le libère pour l'avenir de toute solidarité. Il n'est donc plus tenu des engagemens sociaux que jusqu'à concurrence des sommes qu'il doit payer en vertu de ce traité. Cet effet se produit vis-à-vis les créanciers en force des principes ordinaires, Ainsi, chacun est libre de renoncer à un droit créé en sa faveur. Or, la novation dans le titre, opérée par l'acceptation du concordat, implique nécessairement l'abandon de la solidarité résultant pour les créanciers des titres souscrits par la raison sociale.

(1) Rapport de M. Raynouard, session de 1833.

Aussi, la dernière disposition de l'article 531 était - elle sans objet en ce qui les concerne.

747. Mais ce qui l'a fait inscrire dans la loi, c'est qu'à côté des créanciers existaient les co – associés. Pour ces derniers, il convenait de régler toutes choses pour éviter les difficultés, que leurs rapports avec celui d'entre eux qui a concordé, pouvaient faire surgir. Or, l'un des associés soumis à l'union ayant payé beaucoup plus que la portion de la dette le concernant aurait pu, en vertu de l'article 1214 du Code civil, redemander au concordataire la partie de la dette qu'il aurait dû payer lui-même. La dernière disposition de notre article condamne cette prétention. L'associé qui a obtenu un concordat particulier ne peut jamais être tenu à payer plus que le dividende mis à sa charge, soit envers les créanciers, soit envers ses co-associés.

Tel est donc l'effet de l'abandon de la solidarité consenti par les créanciers, que le débiteur en faveur duquel il a lieu est libéré des effets de celle-ci, même envers ses co-débiteurs. L'article 531 déroge formellement à la disposition de l'article 1214, C. c. Au reste c'était là une conséquence forcée de l'admission des concordats particuliers. On ne pouvait relever l'associé de la solidarité envers les créanciers sans l'en affranchir en même temps à l'égard de ses co-associés.

748. La remise consentie par les créanciers profite donc au concordataire envers et contre tous. Le paiement du dividende convenu le libère de toute participation quelconque aux dettes sociales. Mais cette libération n'a qu'un effet actuel et ne lie nullement l'avenir.

Ainsi si cet associé voulait plus tard se faire réhabiliter, il devrait payer non seulement la portion intégrale de la dette en capital, intérêts et frais, mais encore toutes les dettes sociales (1).

749 Par rapport aux co-associés, le concordat obtenu par l'un d'eux produit cet effet que la partie de la dette à la charge de celui-ci est définitivement éteinte en ce qui les concerne. Peu importe que les créanciers ne reçoivent qu'un faible dividende de celle-ci. La remise du surplus qu'ils consentent profite à tous les co-débiteurs. Anéantie pour l'un en totalité, la dette est également anéantie pour les autres co-débiteurs.

750. Au reste, cet effet se réalise dans les cas ordinaires, en vertu de la disposition de l'article 1285 du Code civil ; mais il était d'autant plus nécessaire de le rappeler dans cette circonstance, qu'on aurait pu être tenté de chercher un résultat contraire dans les articles 542 et suivans, relatif aux co-obligés du failli ; mais, ce qui doit enlever tout doute, c'est la différence qui existe entre notre hypothèse et celle réglée par l'article 545. Dans celle-ci, la remise consentie par le créancier n'est jamais censée être volontaire, tandis que dans la faillite d'une raison sociale, les biens de tous les associés solidaires étant également dévolus aux créanciers, et le concordat particulier n'étant que facultatif, sa souscription émane d'une volonté libre et spontanée. Dès lors, la remise est une véritable libéralité de la part des créanciers ; et comme elle a pour effet de soustraire l'associé à l'action de la solidarité à l'égard de ses co-débiteurs, il est juste que ceux-ci reçoivent en échange la faveur d'une libération partielle.

D'ailleurs, le concordat particulier divise la dette qui était jusque-là commune à tous les associés. Or, cette

(1) Vid. art. 604.

division, aux termes de l'article 1210 du Code civil,
suffit pour que le créancier doive déduire de la dette
solidaire à la charge des débiteurs, la part et portion du
débiteur déchargé de la solidarité. Dans le cas de l'article 545, la signature du concordat n'opère ni décharge
de la solidarité, ni division de la dette.

Enfin, par le paiement du dividende convenu, l'associé concordataire est censé avoir payé intégralement
sa part de la dette. Les droits des créanciers sont donc
complètement éteints quant à ce, et ils ne peuvent, alors
même qu'ils prétendraient se les réserver, exercer contre
les autres associés aucune répétition. La dette n'existe
plus pour personne.

751. Les concordats particuliers n'altèrent en rien les
droits des associés sur le fonds social. C'est à l'être moral
que ce fonds appartient ; c'est exclusivement à sa décharge qu'il doit être consacré. Il faut entendre par
fonds social les mises que chaque associé a versées ou dû
verser ; les marchandises, effets mobiliers, meubles, ustensiles qui font l'objet, ou qui servent à l'exploitation
du commerce, les immeubles, les créances et valeurs
appartenant à la raison sociale ; enfin, tout ce qui n'est
pas la propriété particulière de l'un des associés.

Cet actif, disons-nous, est destiné à éteindre la dette
commune, et dans aucun cas, celle de l'un des associés
seulement. Cette affectation particulière ne peut céder
à aucune considération. Or, la dette résultant du
concordat consenti en faveur de l'un des associés lui
est toute personnelle ; dès lors, il ne saurait, pour y
faire face, prétendre l'imputer sur la part de l'actif qui
pourrait lui revenir. Le consentement des créanciers

ne pourrait lier les co-associés qui s'opposeraient à ce qu'il en fût ainsi.

C'est sur ses biens personnels dont l'administration lui est rendue, par l'effet du concordat, que l'associé doit prendre pour payer les obligations qu'il a contractées.

752. Il suit de là que si cet associé n'avait pas encore, au moment de la faillite, versé sa mise de fonds, il devrait le faire, même après avoir obtenu un concordat. La perte de tous droits à l'actif social est la condition imposée par la loi à la décharge de la solidarité qu'elle lui confère. Étranger désormais à la société, il ne saurait participer en rien aux ressources que celle-ci peut posséder, et qui sont exclusivement acquises à ses membres. Or, le contraire se réaliserait s'il pouvait retenir par devant lui la portion de ces ressources qu'il détient, et la consacrer à ses besoins personnels. Il acquerrait ainsi sa libération aux dépens de ses co-associés. Cela serait d'autant plus injuste que ceux-ci déjà frustrés des avantages qu'ils auraient trouvés dans l'application à la dette commune de ses biens personnels, verraient encore leur position grevée jusqu'à concurrence du montant de la mise qui leur serait ainsi soustraite.

Les syndics de l'union devraient donc, dans l'intérêt des autres faillis, exiger ce versement. Les créanciers ne pourraient en dispenser l'associé concordataire, qu'en en appliquant l'intégralité à la décharge des autres associés.

ARTICLE 552.

Les syndics représentent la masse des créanciers et sont chargés de procéder à la liquidation.

Néanmoins les créanciers pourront leur donner mandat pour continuer l'exploitation de l'actif.

La délibération qui leur conférera ce mandat en déterminera la durée et l'étendue, et fixera les sommes qu'ils pourront garder entre leurs mains, à l'effet de pourvoir aux frais et dépenses. Elle ne pourra être prise qu'en présence du juge-commissaire, et à la majorité des trois quarts des créanciers en nombre et en somme.

La voie de l'opposition sera ouverte contre cette délibération au failli et aux créanciers dissidens.

Cette opposition ne sera pas suspensive de l'exécution.

ARTICLE 533.

Lorsque les operations des syndics entraîneront des engagemens qui excéderaient l'actif de l'union, les créanciers qui auront autorisé ces opérations seront seuls tenus personnellement au delà de leur part dans l'actif, mais seulement dans les limites du mandat qu'ils auront donné ; ils contribueront au prorata de leurs créances.

SOMMAIRE.

733. L'union confère aux créanciers le droit de faire régir l'actif par leurs mandataires, dont les actes les obligent tous.

734. Exceptions pour les droits hypothécaires qui ne peuvent être défendus et protégés que par les créanciers personnellement.

735. Les hypothécaires ne sont donc pas légalement représentés par les syndics, dans les instances relatives aux immeubles du failli.

736. Ils doivent y être appelés, et s'ils ne l'ont pas été, ils peuvent attaquer le jugement par tierce-opposition.

737. Ils peuvent aussi en émettre directement appel.

738. Il en est autrement pour les jugemens et actions qui ont pour objet l'actif mobilier.

739. L'union étant une communauté accidentelle d'intérêts, la mission des syndics est de la faire cesser le plus tôt possible.

753. L'union établit, entre tous les créanciers d'une faillite, une communauté d'intérêts qui doit être régie en leur nom par des mandataires. Ces mandataires sont les syndics nommés en vertu de l'article 529.

L'actif de cette communauté se compose de tous les meubles et immeubles du failli. Les syndics de l'union l'administrent au même titre que les syndics provisoires ou définitifs ; ils continuent d'exercer toutes les actions

actives et passives ; leurs actes lient la masse, et obligent tous les créanciers, sauf le cas prévu par l'art. 533.

754. Il convient cependant de rappeler que les créanciers hypothécaires ne sont représentés légalement
par les syndics de l'union que lorsqu'ils ont un intérêt
commun avec les chirographaires. Dans le cas contraire,
et lorsqu'il s'agit, par exemple, de la disposition des
droits inhérens à leur qualité, la faculté de les protéger
et de les défendre leur appartient exclusivement. Ainsi,
la rédaction d'un cahier des charges pour l'adjudication
des immeubles du failli, faite par les syndics, ne saurait
leur être opposée ; et ceux d'entre eux qui pourraient
prétendre à exciper du pacte commissoire, ne seraient
nullement liés par la renonciation au droit de l'exercer
contenue dans ce cahier des charges (1). Une clause
semblable, susceptible de rendre la vente plus facile et
ses résultats plus avantageux, servirait les intérêts de la
masse, mais au détriment du créancier de ce droit. Il
est donc impossible que les syndics aient pu, en même
temps, représenter ce double et contradictoire intérêt.

Vainement exciperait-on de ce que les créanciers hypothécaires ont concouru à la délibération sur le maintien ou le remplacement des syndics ; et qu'ainsi ils ont
donné à ceux-ci le mandat de les représenter. Cela est
vrai pour les droits purement mobiliers et même pour
l'administration des immeubles ; car les syndics seuls
peuvent faire valoir les uns et être chargés de l'autre.
Mais il n'en est pas ainsi des droits hypothécaires. Ces
droits restent constamment en dehors de la faillite ;
leur exercice se concentre dans la personne et sur la tête
de leurs propriétaires qui ont exclusivement la capacité

(1) Rouen, 27 janvier 1815 ; Sirey, 15, 2, 140.

de s'y livrer dans la distribution du prix des immeubles,
et de prendre, en attendant, toutes mesures conservatoires. Les syndics n'ont donc pas à s'en occuper; et s'ils
ne sont pas préposés à leur administration, ils n'ont, à
plus forte raison, aucune qualité pour consentir les actes
qui en intéressent la disposition, et conséquemment
pour défendre aux attaques qui seraient dirigées contre
leur existence.

On doit surtout le décider ainsi, dans les cas où l'intérêt des hypothécaires est en contradiction avec celui
de la masse. Supposez, en effet, que le vendeur d'un
immeuble non payé poursuive la résolution de la vente
par lui consentie au failli. Les chirographaires peuvent
trouver quelque avantage dans la réussite de cette action. Elle aura, en effet, pour résultat de faire disparaître plusieurs créanciers privilégiés, et d'augmenter
l'actif mobilier de toutes les sommes que le demandeur
en résolution aura touchées, et qu'il sera tenu de restituer. De plus, c'est dans cet actif que tombera le prix
des améliorations faites par le failli, et qui, sans cette circonstance, aurait été dévolu aux créanciers hypothécaires. Comment, dans cette circonstance, les syndics
concilieront-ils ce qu'exige la position de ces derniers,
et l'intérêt contraire de la masse? Comment pourront – ils défendre le droit des uns et des autres? Ne
devront – ils pas nécessairement sacrifier l'un d'eux?
Or, on évite ce résultat, qui serait déplorable, en reconnaissant aux hypothécaires le pouvoir exclusif de se défendre eux–mêmes, toutes les fois que les actions intentées sont de nature à influer sur les garanties inhéren-
tes à leurs créances.

755. C'est dans ce sens que s'est, dans tous les temps,

prononcée la jurisprudence. Ainsi, il a été jugé : que les créanciers hypothécaires ne sont pas légalement représentés par les syndics dans une instance relative à la propriété de l'immeuble hypothéqué, et dont l'issue pourrait diminuer et anéantir les droits hypothécaires (1) ; ou lorsque l'instance a pour objet et pourrait avoir pour résultat de diminuer la valeur de l'immeuble hypothéqué (2).

756. Il résulte de là que dans les instances de cette nature, le poursuivant doit non seulement intenter l'action contre les syndics, mais encore appeler en cause les créanciers hypothécaires. Que s'il s'est contenté d'ajourner le syndics, ces derniers pourront intervenir dans le procès, et prendre en main la défense de leurs intérêts.

Il en résulte encore que si cette intervention n'a pas été réalisée, le jugement n'aura contre eux aucun effet valable ; et qu'ils pourront le frapper de tierce opposition, lorsqu'on prétendra le leur opposer.

757. Mais pourront-ils, sans recourir à cette opposition, l'attaquer directement par appel ? La négative semblerait s'induire de ce que n'ayant pas été légalement représentés, il n'y a pas à leur égard de véritable jugement. Mais, remarquons d'abord que le créancier hypothécaire est seul apte à exciper du défaut de représentation, et que si, au lieu de le faire valoir, il acceptait l'autorité de la décision intervenue en son absence, il serait étrange que celui qui profite de cette acceptation, pût en faire résulter une fin de non recevoir contre l'appel.

En second lieu, la tierce opposition est toute dans l'intérêt de l'opposant, et pour lui assurer le bénéfice des

(1) Paris, 10 juillet 1833. D. P. 34, 2, 24.
(2) Cass. 22 janvier 1833. D. P. 33, 1, 151.

deux degrés de juridiction. Il peut donc renoncer à un
droit créé à son profit exclusif, s'il le juge convenable.
Son adversaire ne pourrait avoir la prétention de l'en
empêcher, avec d'autant plus de raison, qu'il serait sans
intérêt à le faire, puisque, par rapport à lui, la demande
aurait réellement subi les deux degrés. En conséquence,
la fin de non recevoir qu'il élèverait contre l'appel devrait être repoussée comme mal fondée. C'est dans ce
sens que divers arrêts ont prononcé (1).

758. Ainsi pour tout ce qui, de près ou de loin, peut
intéresser les droits hypothécaires, ou les immeubles
hypothéqués, les syndics sont sans pouvoirs pour engager ceux qu'ils concernent et auxquels la faillite du débiteur n'en enlève jamais la libre et exclusive disposition. Mais pour les actions personnelles et mobilières il
n'y a aucune distinction à faire entre les créanciers.
Tous sont irrévocablement liés par les actes des syndics qui les représentent légalement. Aucun d'eux ne
serait dès lors admis à intervenir dans une instance
pendante, ou former tierce-opposition au jugement et à
en émettre appel.

759. Quelle est la nature des pouvoirs conférés aux
syndics ? Pour les déterminer avec précision il convient
de bien se fixer sur le caractère de l'administration qui
leur est confiée. L'union n'est pas une société entre
les créanciers. Elle constitue seulement une communauté d'intérêts résultant de l'indivision des biens,
créée par la loi, et qui n'existe que le temps nécessaire
pour arriver au partage de ces mêmes biens entre tous
les ayants droit.

(1) Bordeaux, 7 décembre 1829. Lyon, 21 décembre 1831. D. P. 29,
2, 117 et 32, 2, 105.

La principale mission, l'unique, devrions-nous dire, que les syndics soient censés avoir reçue, est donc celle de hâter ce partage à l'effet de faire cesser, le plus promptement possible, cette indivision accidentelle qui unit forcément les créanciers. Les syndics devraient donc se borner à liquider le commerce, et non le continuer, à moins cependant que les communistes en aient autrement décidé. Mais, dans ce cas, les syndics agissent non plus en force de la disposition de la loi, mais en vertu du mandat formel qu'ils reçoivent des intéressés, mandat que le législateur autorise et réglemente, quoiqu'il ne le crée point.

760. Au reste, cette autorisation est déjà assez remarquable. Elle serait naturelle, si elle ne s'appliquait qu'au vœu unanime des créanciers. Il doit, en effet, leur être loisible, comme à tous les autres citoyens, d'investir leurs mandataires de pouvoirs aussi étendus qu'ils le jugent convenable. Mais cette unanimité n'est pas même requise. C'est la majorité qui décide de l'étendue du mandat, et qui peut ainsi imposer à la minorité une concession allant jusqu'à la disposition entière de la propriété commune. Cette dérogation aux principes qui régissent le mandat déjà atteints par la nomination des mandataires, qui est confiée au tribunal, rend beaucoup plus grave l'innovation créée par l'article 522.

Le Code de commerce gardait, en effet, le silence sur l'exploitation de l'actif par les créanciers. En l'absence de toute disposition à ce sujet, on ne s'était nullement préoccupé de la question de savoir si on pouvait ou non autoriser les syndics à la continuer. On laissait donc à leur mission son véritable caractère qui était et qui est encore, nous venons de le dire, de liquider pour mettre un terme à l'indivision.

Il est vrai qu'à cette époque, l'union était un contrat auquel il n'était pas rare de voir plusieurs créanciers refuser de prendre part. Assez de difficultés s'étaient élevées sur la portée de cette faculté; on était assez embarrassé de déterminer la position de ceux qui en avaient usé, pour qu'on pût songer à compliquer encore cet état de choses par la prétention de faire exploiter pour leur compte l'actif de la faillite. Cette prétention n'avait donc jamais été émise ; dans tous les cas, elle eut été inévitablement condamnée, car elle n'aurait eu aucun point d'appui dans la législation.

La faculté de continuer l'exploitation du commerce est donc un droit créé par la loi de 1838. Or, il ne s'agit plus à l'époque actuelle, comme au début de la faillite, d'une exploitation provisoire et bornée. L'autorisation que la majorité peut consentir ne reconnaît d'autres bornes que sa propre volonté. C'est elle seule qui détermine la durée et l'étendue du mandat. Elle peut donc décider qu'il sera exercé pendant tel nombre d'années qu'elle jugera convenable, et donner aux syndics la mission d'acheter, de vendre, de fabriquer ; en un mot de faire le commerce comme le faisait le failli lui-même.

761. Ce droit nous paraît exorbitant. Il répugne à ce principe incontestable, que le mandat ne peut exister s'il n'est volontairement consenti par celui qui le confère. Or, dans l'espèce, la minorité est obligée de subir la loi qu'il plaira à la majorité de lui imposer ; elle sera liée par un mandat qu'elle refuse et obligée de supporter les conséquences d'une administration qu'elle ne veut pas autoriser. Que deviennent les droits sacrés de propriété, si l'on condamne ainsi à braver les chances du commerce , celui qui ne veut pas y consentir, soit

qu'effrayé de la catastrophe de son débiteur, il craigne de voir disparaître dans le même abîme les débris échapés au naufrage; soit qu'ayant besoin du dividende qu'il percevrait dans le partage, quelque modique qu'il fût, il ne puisse, sans péril pour ses propres affaires, attendre plusieurs années encore ; soit enfin qu'étranger au commerce, il préfère donner à ce qui lui reste une autre direction.

Déjà la loi avait, pour la nomination des syndics, dérogé aux principes ordinaires en n'accordant aux créanciers que voix consultative. Fallait-il après avoir imposé les mandataires, imposer encore le mandat ? Nous le pensons d'autant moins qu'en laissant le sort de l'actif au vote de la majorité, on s'expose à porter un grave préjudice à cette classe de créanciers que l'orateur du Tribunat nous signalait tout à l'heure comme la plus intéressante (1) ; à ces petits capitalistes, employés, journaliers, domestiques qui, ayant placé leurs économies sur le failli, n'ont pas d'autres ressources que le dividende qui leur revient, sans qu'ils puissent espérer se refaire de leurs pertes par les opérations que d'autres pourront plus tard réaliser avec les syndics autorisés à continuer le commerce.

Vainement voudrait-on exciper de ce que dans les réunions d'intéressés la majorité doit toujours faire la loi. Cela peut être vrai dans les associations ordinaires, parce qu'en y accédant, chaque membre s'est volontairement soumis à l'application de cette règle. Mais l'union qui naît de la faillite est pour tous les créanciers accidentelle et forcée. Il y a autant d'intérêts particuliers qu'il y a de membres, et leur volonté est restée étran-

(1) V. suprà n. 528.

gère aux circonstances qui l'ont déterminée. Par conséquent les principes qui régissent les sociétés volontaires sont ici sans application possible.

Que dans les débuts de la faillite le juge-commissaire autorise l'exploitation provisoire du commerce, on
le comprend lorsqu'on s'arrête aux motifs de cette prescription (1) ; lorsqu'on sait qu'elle ne doit recevoir son
exécution que dans le cas où cette exploitation *ne pourrait être interrompue sans préjudice pour les créanciers.*
Mais après l'union, cette crainte n'est plus à concevoir.
Les syndics ont eu le temps de parer à ces craintes, et
l'exploitation ne répond plus à aucune nécessité.

On devait donc revenir aux principes ordinaires, et
ne l'autoriser qu'en tant que l'unanimité des créanciers
se serait prononcée pour sa continuation.

Quoi qu'il en soit, la loi ayant consacré l'opinion contraire, il nous reste à examiner les conditions qu'elle
exige pour que les syndics puissent valablement exploiter le commerce, et les effets que leur exploitation produit pour les créanciers.

762. Nous venons de voir que les syndics ne sont
plus quant à ce des mandataires légaux ; qu'ils n'agissent et ne peuvent agir qu'en vertu du pouvoir que leur
confèrent les créanciers. Il résulte de là que vis-à-vis
de ceux-ci, comme vis-à-vis des tiers avec lesquels ils
contractent, ils sont soumis aux obligations et aux règles ordinaires du mandat. Or, il est certain que le
mandant n'est régulièrement obligé que par les actes qui
ne dépassent pas les limites du pouvoir qu'il a consenti.
On doit donc, dans la délibération qui autorise l'exploitation de l'actif, soigneusement déterminer, fixer sans

_____

(1) V. suprà art. 469. 470.

ambiguité et sans équivoque l'étendue et la durée de la mission des syndics. Cela importe aux créanciers quant à leur responsabilité ; aux tiers pour la sécurité des transactions qu'ils seront appelés à faire avec les syndics.

763. La délibération ne peut être prise qu'à la majorité des trois quarts des créanciers en nombre et en sommes. Cette majorité est plus forte que celle exigée pour le concordat lui-même. Mais on remarquera que la décision peut avoir pour les créanciers des conséquences plus graves, plus fâcheuses que celle sur le concordat. Celui-ci, en effet, n'impose jamais qu'une remise plus ou moins forte, tandis que l'autre peut avoir pour résultat la perte de la créance entière, selon que la gestion des syndics aura été malheureuse.

D'ailleurs en exigeant une majorité aussi considérable, le législateur a, en quelque sorte, subi l'influence des principes que nous rappelions tout-à-l'heure ; il s'est ainsi efforcé d'atténuer la dérogation qu'il y apportait en se rapprochant le plus possible de l'unanimité à laquelle il renonçait.

764. Nous avons dit que l'article 489 oblige les syndics de l'union, comme les syndics provisoires et définitifs, à verser le montant des recouvremens à la caisse des dépôts et consignations. Les uns et les autres ne peuvent retenir par devers eux , que les sommes que le juge-commissaire arbitrera être nécessaires pour faciliter leur gestion. Mais ce principe reçoit forcément une exception dans l'hypothèse qui nous occupe. Il est certain, en effet , que son application littérale serait incompatible avec l'exercice du commerce permis aux syndics. La fixation des sommes qu'ils devront garder en mains ne

peut, dans ce cas, avoir d'autres bases que l'étendue de leur mission et les besoins présumés de l'exploitation. C'était donc à ceux qui déterminent cette étendue à apprécier ces derniers. Aussi, et par dérogation à la règle ordinaire, la loi a-t-elle chargé les créanciers de fixer la somme, jusqu'à concurrence de laquelle les syndics seront dispensés de l'obligation de verser à la caisse des consignations.

Cette partie de la délibération importe à la régularité de la gestion des syndics. L'omission d'y statuer les laisserait sous le coup de la disposition de l'article 489. Ils doivent donc ne rien omettre pour attirer sur ce point l'attention des créanciers.

765. Enfin, la délibération doit être prise sous la présidence et en la présence du juge-commissaire. Il résulte de la combinaison des articles 532 et 533 que le vote doit être ostensiblement donné par chaque créancier, et le procès verbal signé par tous ceux qui ont été d'avis d'autoriser. Sans cette double formalité, l'exécution de l'article 533 serait difficile, pour ne pas dire impossible.

766. Les créanciers hypothécaires, privilégiés ou nantis de gage doivent-ils concourir à former la majorité en nombre et en sommes voulues par la loi? La réponse devrait être affirmative, si l'on ne consulte que l'article 529. En effet, le texte les admet nommément à la délibération et aucun des articles suivants ne leur fait un devoir de s'abstenir dans telle ou telle circonstance.

Mais la solution doit être différente en se rapportant à l'esprit de la loi. L'on trouve entre les conséquences de la continuation du commerce et celles du concordat une telle identité d'effets, qu'il serait illogique de ne pas exiger dans le vote de l'une les règles que la loi a tra-

cées pour celui de l'autre. Si les créanciers hypothécaires ou privilégiés sont exclus de la délibération sur le
concordat, c'est qu'ils demeurent, dans tous les cas,
affranchis de la remise qui y est stipulée. Or, si la continuation du commerce a pour résultat une perte quelconque, cette perte leur restera également étrangère,
l'intégralité de leur créance leur étant assurée par l'effet
de leur hypothèque ou privilége.

Conséquemment leur concours à celle-ci serait dans
le cas d'imposer aux autres créanciers un sacrifice auquel ils ne prendraient aucune part, et cette éventualité
suffit pour leur faire refuser toute coopération au concordat, elle doit suffire pour les écarter d'un acte qui, ainsi
que nous le disions, peut être plus désastreux encore
que le concordat lui-même.

Nous pensons donc que la majorité des trois quarts
en nombre et en sommes doit être uniquement calculée
sur la masse chirographaire, et que si ce chiffre n'était
atteint qu'à l'aide des créanciers hypothécaires ou privilégiés, la délibération serait dans le cas d'être annulée
sur la demande des parties intéressées.

767. En effet, la loi déclare la délibération susceptible d'opposition. La connaissance de celle-ci est déférée au tribunal de commerce en premier ressort. Elle
constitue donc une instance ordinaire qui doit être introduite par ajournement contre les syndics. Le jugement à intervenir pourra toujours être attaqué par
appel.

Devant l'un et l'autre degré, l'opportunité de la mesure pourra être examinée et contestée, indépendamment des vices de forme qui pourraient être relevés.

Le législateur ne dit rien du délai dans lequel l'op-

position devra être formée. Il faut conclure de ce silence qu'elle peut l'être à toutes les époques, et malgré
que la délibération ait déjà été exécutée. On peut, en
effet, conjecturer qu'il est dans l'intention de la loi de
permettre de révoquer une mesure qui mériterait d'autant plus de l'être, que l'expérience acquise en aurait
constaté les dangers pour les créanciers.

768. Le droit de former opposition appartient : 1°
à chaque créancier opposant. L'intérêt qu'ils ont à empêcher l'exécution du projet consacré par la majorité est
évident. Cet intérêt motive suffisamment l'action qui leur
est ouverte.

2° Au failli. La réserve que la loi fait en sa faveur
est remarquable. Elle tranche une difficulté qui aurait
pu s'élever sur les conséquences de l'exploitation du
commerce.

On aurait pu, en effet, soutenir en son nom que, quel
que soit le résultat, il doit être libéré jusqu'à concurrence de l'actif par lui délaissé au moment de la faillite,
et dont la valeur a été fixée par l'inventaire. La continuation de l'exploitation, aurait-on pu ajouter, étant le
fait personnel des créanciers, doit s'accomplir à leurs risques et périls, sans que le débiteur puisse jamais voir
sa position s'aggraver par un acte qui lui est resté étranger.

Quelque rationnel que pût paraître ce système, ce n'est
pas celui que la loi a adopté. Toutes les fois que le commerce sera continué, les bénéfices de l'exploitation
profiteront au failli qui sera libéré d'autant, et les pertes
resteront à sa charge en ce sens qu'il ne sera censé avoir
payé que ce que les créanciers auront réellement touché.
La preuve de cette intention de la loi nous est fournie,

par le droit d'opposition que l'article 532 lui confère expressément.

Il est évident, en effet, que si le failli était déchargé jusqu'à concurrence de l'actif, il ne pourrait, dans aucun cas, exiger davantage ; peu lui importerait la destination ultérieure que celui-ci recevrait. Maîtres d'en disposer à leur volonté, les créanciers n'auraient nullement à s'enquérir de ses intentions. Il n'aurait lui-même aucun intérêt à s'immiscer dans la manière dont il leur plairait d'en régler l'administration.

Cette absence d'intérêt excluait toute action. Mais la réserve de celle-ci indique bien que le législateur n'admet point l'existence de la première. Or, quel peut être l'intérêt du failli, dans cette circonstance, à empêcher que l'actif soit de nouveau exposé aux chances du commerce, si ce n'est celui de diminuer sa dette, en obtenant que l'intégralité de ses ressources soient distribuées à ses créanciers ? C'est donc uniquement parce que ce résultat ne sera pas atteint, si l'exploitation ne réussit point, que le droit de s'opposer à ce qu'elle soit continuée lui a été accordé.

Ainsi donc l'avenir du failli restera grevé des pertes que l'administration des syndics présentera. Sa réhabilitation ne pourra se réaliser qu'après en avoir tenu compte aux créanciers en capital, intérêts et frais, tout comme il profitera des bénéfices qui en seront résultés.

Le failli est donc nécessairement partie dans la délibération qui permet l'exploitation. Si sa voix n'est point comptée pour en établir l'opportunité, il a la faculté de faire rétracter le vote affirmatif des créanciers. S'il s'abstient d'en faire usage, il adhère à leur opinion; il est censé avoir autorisé lui-même la continuation du com-

merce. Conséquemment il n'y a rien d'injuste à lui faire
subir, à son tour, les chances qu'elle aura déterminées.

769. De quelque part qu'elle vienne, à quelque
époque qu'elle se réalise, l'opposition ne suspend pas
l'exécution de la délibération. Cette prescription n'est
qu'une conséquence forcée de sa recevabilité absolue,
et du défaut de détermination d'un délai quelconque à
la déchéance du droit. Il pourrait en effet arriver, qu'au
moment où elle sera formée, l'exploitation fût en pleine
activité, et qu'une suspension de quelques jours seulement amenât pour les créanciers un préjudice irréparable.

770. Si l'exploitation réussit et produit des bénéfices,
chaque créancier concourt au *prorata* de sa créance
dans les répartitions qui en seront ordonnancées. Il n'y
a nulle différence entre ceux qui ont autorisé l'exploitation et ceux qui ont refusé d'y consentir. Tous ont des
droits égaux, même ceux qui ayant formé opposition à
la délibération en ont été déboutés par la justice. Si ces
bénéfices étaient plus que satisfaisants pour que tous les
créanciers pussent être payés, l'excédant après le solde
de ce qui leur est dû, en capital, intérêts et frais, serait
acquis au failli.

771. Si la gestion des syndics a été malheureuse, les
effets en sont supportés par les créanciers dans des proportions différentes, selon que les engagemens n'excèdent pas ou excèdent l'actif de l'union.

Dans le premier cas, les dettes étant éteintes, au
moyen de l'actif lui-même, chaque créancier contribue
réellement pour sa part et portion. La privation du
dividende afférent à chaque créance les soumet toutes
à une contribution égale.

Dans le second cas, les obligations changent. Les

créanciers qui ont voté contre la continuation du commerce ne sont jamais tenus au delà de leur part dans
l'actif. Ils ne retirent rien, mais ils n'ont jamais rien à
payer.

772. Ceux au contraire qui ont autorisé cette continuation sont obligés de solder tout ce qui sera dû indépendamment de l'actif. Ainsi non seulement ils ne retirent rien, mais ils sont en outre tenus de parfaire de
leurs propres fonds aux charges contractées par les syndics.

Toutefois cette obligation n'est pas solidaire entr'eux.
Chacun ne doit que sa part et portion. On calcule celle-
ci sur le chiffre de leur créance, et c'est au prorata que
la contribution s'opère.

On voit par là combien il est indispensable que la
délibération soit signée par ceux qui l'ont autorisée.
Bientôt personne ne voudrait l'avoir approuvée; ce qui
ferait surgir de graves difficultés pour les tiers qui
auraient une somme quelconque à répéter.

773. Nous avons dit plus haut que les créanciers hypothécaires, privilégiés ou nantis de gages restent en
dehors de la délibération à laquelle ils ne peuvent concourir. Si quelqu'un ou plusieurs d'entre eux l'avaient
cependant signée, la disposition de l'article 533 leur deviendrait commune. Ils seraient en conséquence soumis
à contribuer au paiement des engagemens excédant l'actif en proportion du montant de leur créance. Les tiers
qui ont traité avec les syndics, n'ignorant pas les prescriptions de l'article 533, ont nécessairement consulté
la délibération et mesuré leur confiance sur le nombre
et l'importance des signatures. Ce serait les tromper
que d'en affranchir quelques-unes de l'obligation com-

mune à toutes, alors même que ceux qui les auraient
données eussent pu légalement se dispenser de le faire.

774. Le droit des tiers est donc ouvert par le fait
seul de la souscription. Il est cependant une condition
sans laquelle ce droit ne saurait sortir à effet ; c'est que
les engagemens des syndics aient été pris dans les limites de leur mandat. Ceux qui excéderaient resteraient à la charge exclusive des syndics ou des tiers,
selon les règles tracées par l'article 1997 du Code civil.

On ne pourrait taxer cette prescription d'injustice : les
tiers, les syndics sont en faute, les uns pour avoir outre-
passé leur mission, les autres pour avoir accepté de
pareils engagemens, s'ils en ont connu la nature; et dans
le cas contraire, pour ne pas avoir exigé la représentation
de l'acte de procuration, à l'effet des'assurer de l'apti-
tude de ceux avec lesquels ils ont traité. Négligence,
imprudence ou légèreté, peu importe. Les créanciers
ne peuvent répondre que des actes qu'ils ont autorisés.
On ne leur fait donc pas une faveur en les plaçant, dans
cette circonstance, sous l'égide des principes ordinaires
en matière de mandats (1).

ARTICLE 534.

Les syndics sont chargés de poursuivre la vente des
immeubles, marchandises et effets mobiliers du failli,
et la liquidation de ses dettes actives et passives ; le tout
sous la surveillance du juge–commissaire, et sans qu'il
soit besoin d'appeler le failli.

ARTICLE 535.

Les syndics pourront, en se conformant aux règles

(1) V. art, 1998. Cod. civ.

prescrites par l'article 487, transiger sur toute espèce
de droits appartenant au failli, nonobstant toute opposition de sa part.

SOMMAIRE.

775. L'union ne fait point cesser l'état de faillite tant
à l'égard du failli qu'à l'égard des créanciers et des syndics. La mission de surveillance conférée au juge-commissaire s'exerce donc sur l'administration des représentants de l'union, de la même manière, et avec des
effets identiques, que pour celle des syndics provisoires
et définitifs.

776. Par le fait seul de l'union, le failli est définitivement dessaisi de ses biens. Toutefois, leur propriété
n'est pas transférée sur la tête des créanciers. Ils n'ont
que la faculté de les vendre avec ou sans le concours
du failli.

Cette faculté d'aliéner s'applique aux meubles, comme aux immeubles. Le chapitre 9, que nous aurons
à analyser plus tard, règle ce qui concerne ces derniers.

Quant aux meubles, marchandises et effets mobiliers,
il est évident qu'après le refus d'un concordat, les
motifs qui en ont fait jusque-là suspendre la vente
n'existent plus. Il n'y a plus ni espoir ni possibilité que
le failli en reprenne l'administration et la jouissance. Il
serait donc inutile d'en retarder plus longtemps la vente,
et d'éloigner ainsi l'époque qui doit en voir le prix distribué aux créanciers.

777. Il est procédé à cette vente dans les formes prescrites par l'article 486. L'unique dérogation que la loi
fait à sa disposition est relative à la nécessité de faire
autoriser la vente par le juge-commissaire, le failli entendu ou dûment appelé. Cette autorisation, indispensable pour les syndics provisoires ou définitifs, n'est
pas même exigée pour ceux de l'union. La raison de
cette différence est fort simple. Les premiers ne sont
institués que pour administrer et conserver, en atten-

dant que, par la vérification des créances, on puisse délibérer s'il y aura ou non concordat. Les derniers, au
contraire, ne viennent qu'après que, par un vote négatif sur celui-ci, tout arrangement amiable est démontré impossible. La mission qu'ils reçoivent est donc celle
de liquider et de réaliser l'actif pour opérer les répartitions. La vente, qui n'est qu'une exception pour les
uns, est donc obligatoire et forcée pour les autres. On
comprend dès-lors qu'ils soient dispensés de requérir
l'assentiment du failli et l'autorisation du juge-commissaire.

778. Si les syndics ont été autorisés à continuer l'exploitation du commerce, la vente ne comprend plus que
les effets mobiliers proprement dits, ou soit les meubles
meublants, l'argenterie, bijoux, linges et hardes personnels au faillis. Les droits de celui-ci par rapport à ces
derniers se bornent à retenir ceux qui lui ont été délivrés
en conformité de l'article 469.

779. Ainsi il ne serait pas recevable à exiger qu'on
lui abandonnât les objets énoncés dans les numéros 3, 4,
6, 7 et 8 de l'article 592 du Code de procédure civile.
Cet article est spécial aux cas de déconfiture ordinaire
et reste sans application aux faillites, qui sont exclusivement réglées par la loi particulière (1). Or, tout ce que
celle-ci accorde au failli, c'est la délivrance des objets
dont s'occupe l'article 469, l'article 530 laissant les
créanciers arbitres souverains de la question de savoir
s'il y a lieu ou non d'accorder un secours pécuniaire.

780. On remarquera que dans la section que nous
examinons, il ne se trouve aucune disposition analogue à

(1) Rouen, 4 février 1828. D. P. 3o, 2, 140.

celle de l'article 469 ; mais on ne doit pas interpréter cette absence dans ce sens que si le failli n'avait ni demandé ni obtenu la délivrance des objets dont parle celui-ci, dès le début de la faillite, il ne puisse plus les recevoir après l'union. Le silence de la loi repose uniquement sur la présomption que le failli est déjà en possession de ces objets. En conséquence si cette présomption n'était pas fondée et si, dans un but quelconque, le failli n'avait pas usé de la faculté que lui donne l'article 469, rien ne s'opposerait à ce que, par application de ce même article, le juge-commissaire n'ordonnât la remise qu'il peut autoriser. L'exercice de ce pouvoir, même après l'union, serait parfaitement légal. Il pourrait être provoqué par les syndics ou par le failli lui-même.

781. A la différence de celle des syndics provisoires ou définitifs, la mission des syndics de l'union consiste à liquider non seulement l'actif, mais encore le passif. Ainsi ils ont qualité pour contraindre tous débiteurs, opérer la rentrée des créances actives, recevoir tous capitaux et en concéder quittance. Les inscriptions prises sur les biens des débiteurs, soit par le failli, soit par les syndics, leurs prédécesseurs, doivent être radiées sur le vu de la quittance qu'ils auraient signée, ou du consentement qu'ils en auraient accordé, sans la participation du failli.

782. La liquidation des créances passives est en général, quant au mode à employer, réglée par la loi. Elle s'opère par des répartitions ordonnancées par le juge-commissaire. Mais il est des dettes susceptibles d'être payées avant ces répartitions : telles seraient les sommes dues pour loyers, pour salaires de commis, pour les reprises et dot de la femme ; celles dues au créancier

gagiste. Ce paiement importe d'autant plus à la masse , qu'il arrête, pour la plupart de ces sommes , le cours des intérêts qu'elle supporte au cinq ou six pour cent, tandis que les fonds de la faillite, placés à la caisse des dépôts et consignations , n'en produisent que trois. C'est donc un acte de bonne administration que de faire cesser un pareil état de choses. D'autre part, le gage affecté à la créance peut être d'une valeur supérieure. En retirant les objets qui le constituent et en les vendant, les syndics opèrent donc d'une manière doublement avantageuse à la masse. Ils l'exonèrent du paiement des intérêts, et la font profiter de ceux que produira l'excédant de valeur.

783. La faculté de transiger , que l'article 487 reconnaît aux syndics provisoires ou définitifs, devait, à plus forte raison, appartenir aux syndics de l'union. Pour éviter toute équivoque, l'article 535 l'énonce formellement, en rendant obligatoires pour ceux – ci les formes tracées aux premiers par l'article 487.

Ainsi, pour transiger après l'union, il faut l'autorisation du juge – commissaire, la mise en demeure du failli. La raison en est simple. La mesure n'a pas changé de caractère avec l'époque qui la voit se réaliser. L'intérêt du failli est le même, quels que soient les pouvoirs dont sont revêtus ceux qui l'ont projetée: c'est toujours un sacrifice, une réduction ou même un abandon complet des droits qui lui appartiennent qui en sera le résultat.

784. On a donc maintenu la solennité des formes ordonnées pour les premiers temps de la faillite, avec cette différence cependant qu'après l'union on ne distingue plus entre les droits mobiliers ou immobiliers. Les syn-

dics peuvent, malgré l'opposition du failli, transiger sur les uns comme sur les autres. On n'a pas voulu lui accorder le droit de contraindre les créanciers à plaider, en s'opposant à la transaction la plus raisonnable, ce qu'il pourrait faire, ne fût-ce que pour se venger de ce qu'on n'a pas voulu lui accorder un concordat.

785. Au reste, cette précaution prise contre le failli n'aura jamais pour lui des conséquences bien graves. En effet, ou l'objet de la transaction n'excède pas trois cents francs, et alors même qu'il s'agirait de sacrifier cette somme tout entière, le préjudice serait minime, indépendamment de ce que la nécessité de l'autorisation du juge-commissaire est une garantie contre tout abandon injuste de la part des syndics.

Ou la transaction porte sur des droits excédant cette somme, ou sur des objets indéterminés, et la nécessité d'obtenir l'homologation de la justice est une protection efficace pour l'intérêt du failli. Celui-ci, en effet, doit être appelé à l'homologation ; il peut en contester l'opportunité, prouver que la transaction est lésive. Évidemment si son opposition est fondée sur des motifs justes et raisonnables, le tribunal de commerce, s'il s'agit de droits mobiliers, le tribunal civil, s'il s'agit de droits immobiliers, ne manquera pas d'accueillir ses prétentions et de refuser son adhésion au projet des syndics (1).

786. Si le failli n'est pas appelé à la transaction et à l'homologation, il peut demander la nullité de tout ce

(1) Pour la détermination de la nature du droit et de sa quotité, vid. nos observations sous l'art. 487.

qui a été fait. Cette nullité devrait être prononcée.
Il est évident, en effet, que l'acte et le jugement seraient
entachés d'un vice radical. Mais la nullité n'est pas absolue. Elle est toute dans l'intérêt du failli; d'où la conséquence qu'il pourrait seul la faire valoir. Les créanciers
seraient donc non recevables à en exciper (1).

M. Dalloz jeune fait suivre cet arrêt d'une annotation
qu'il termine par ces mots : « Cette décision peut paraître prêter à une critique au moins spécieuse. » Tel n'est
pas notre avis. Il nous semble, au contraire, que la cour
de cassation a sainement appliqué les vrais principes.
Au reste, en supposant que l'opinion de M. Dalloz fût
vraie sous l'empire du Code, il serait difficile de l'admettre depuis la loi nouvelle. C'est ce que nous établi-
rons, en examinant l'article 570 relatif à l'aliénation à
forfait des créances de la faillite.

787. Le failli peut donc seul faire prononcer la nullité de la transaction à laquelle il n'a pas été appelé. Mais
si les syndics le mettent en cause lors de la demande en
homologation, c'est devant le tribunal investi qu'il doit
requérir cette nullité. S'il ne comparaît pas, quoique dûment cité, et si condamné par défaut, il laisse le jugement devenir définitif ; ou si, présent dans l'instance, il
se borne à contester au fond la transaction, sans la quereller pour l'omission, en ce qui le concerne, il est censé
avoir renoncé à la nullité dont il ne pourrait plus exciper ultérieurement.

788. Les syndics de l'union peuvent-ils transiger avec
le banqueroutier frauduleux ? non, évidemment. Cette
transaction ne serait qu'un concordat déguisé, et, indépendamment de ce que tout traité de ce genre est

(1) Cass. 17 septembre 1833. D. P. 34, 1, 5.

impossible après condamnation pour banqueroute frauduleuse, les syndics n'ont aucune qualité pour consentir au nom des créanciers une remise quelconque au failli, même ordinaire. C'est là un acte de pure libéralité que les créanciers sont seuls individuellement capables de faire.

789. Il résulte de là que les créanciers pourraient personnellement transiger même avec le banqueroutier frauduleux. Mais il faut remarquer que dans ce cas, la transaction ne serait obligatoire que pour les signataires, et qu'alors même qu'il y en aurait en nombre plus que suffisant pour former la majorité, leur adhésion ne pourrait lier la minorité dissidente. Il n'y a d'actes opposables à tous les créanciers que ceux qui ont le caractère légal d'actes de l'union, comme ceux qui interviennent entre les syndics et les tiers. Ceux faits entre l'union et le banqueroutier frauduleux ou le failli ordinaire ne constituent que des traités particuliers sans aucune force contre les personnes qui n'y ont pas concouru (1).

ARTICLE 536.

Les créanciers en état d'union seront convoqués au moins une fois dans la première année, et, s'il y a lieu, dans les années suivantes, par le juge-commissaire.

Dans ces assemblées, les syndics devront rendre compte de leur gestion.

Ils seront continués ou remplacés dans l'exercice de leurs fonctions, suivant les formes prescrites par les articles 462 et 529.

SOMMAIRE.

790. Silence que le Code de commerce avait gardé sur la convocation des créanciers après le contrat d'union. Conséquences.

(1) Paris, 2 juillet, 1840, D. P. 41, 2, 25.

790. Sous l'empire du Code de commerce, le contrat d'union ayant été souscrit, et les syndics élus, les créanciers n'étaient plus convoqués, jusqu'à ce que la liquidation entière déterminât leur réunion, pour recevoir les comptes, et donner aux syndics décharge de leur mission. Cet état de choses laissait les syndics trop indépendants des créanciers, et n'était pas un faible encouragement à cette interminable lenteur qui rendait les faillites perpétuelles.

791. Le nouveau législateur a voulu corriger cet abus. Le remède apporté par l'article 536 atteindra-t-il ce résultat ? Ce serait peut-être se faire illusion que de répondre affirmativement d'une manière absolue. Ce qui paraît moins contestable, c'est que l'obligation imposée au juge-commissaire de réunir les créanciers au moins une fois dans le courant de la première année de la gestion des syndics est un véritable progrès. Elle peut avoir sur cette gestion la plus heureuse influence.

792. Il est certain en effet que la nécessité de se trouver en présence des créanciers, de leur rendre compte

de leur administration, sera pour les syndics un puissant levier pour les engager à leur présenter des résultats favorables, et à justifier ainsi qu'ils ont honorablement répondu à l'attente qui leur avait fait conférer les
fonctions qu'ils ont à remplir. Ils craindront d'avoir à
se convaincre eux-mêmes de négligence, avec d'autant
plus de raison que la preuve de celle-ci pourrait entraîner leur remplacement.

793. Le soin de procéder à cette convocation a été
avec raison confié au juge-commissaire. On comprend
en effet qu'en l'imposant aux syndics eux-mêmes on
leur accordait la faculté d'éluder cette assemblée. Plus
ils auraient mis de la négligence dans leur gestion, et
plus ils auraient reculé devant une mesure qui avait
pour but d'apprendre aux créanciers qu'ils ne s'étaient
pas montrés dignes de les représenter, tandis que la
certitude de ne pouvoir échapper à ce compte rendu
leur inspirera une conduite vigilante et active dans l'administration qui leur est confiée.

Il importe donc que le juge-commissaire se pénètre
bien de la gravité du devoir qui lui est imposé. Il importe surtout qu'il ne le néglige point. Il ne pourrait le
faire sans manquer à la mission que la loi lui confie, et
sans se rendre complice du dommage qui pourrait résulter pour les créanciers de l'omission de l'épreuve que
la gestion des syndics doit subir.

794. Après avoir entendu le compte rendu des opérations, les créanciers délibèrent sur le maintien ou le
remplacement des syndics. Le tribunal statue ensuite
sur le vu du procès-verbal contenant les dires et observations des créanciers et sur le rapport du juge-commissaire. Cette disposition de l'article 536 est la sanc-

tion de celle qui précède. Il est en effet de toute évidence que si les syndics sont dans l'impossibilité de témoigner de leur diligence, si le compte de leur gestion les constitue en négligence, le tribunal ne doit plus leur confier une mission qu'ils ont mal à propos délaissée. Les magistrats, nous l'avons déjà dit, doivent se montrer d'autant plus sévères qu'ils ont eux-mêmes imposé et choisi les syndics, et qu'ils ont ainsi une plus haute responsabilité morale à ce que les créanciers ne puissent dans aucun cas se plaindre avec justice de leurs actes.

795. En rendant obligatoire l'assemblée des créanciers dans la première année de l'union, la loi n'a pas entendu prohiber de les réunir les années subséquentes. Elle a seulement pensé que, sous son empire, le plus grand nombre de faillites seraient complètement liquidées au bout de ce laps de temps. En conséquence toutes les fois que le contraire se réalisera, le juge-commissaire pourra au moins une fois l'an réunir les créanciers. La fréquence de cette formalité rentre parfaitement dans les intentions de la loi, comme tout ce qui est de nature à stimuler le zèle des syndics.

Au reste, la nécessité de la convocation dans les années subséquentes est laissée à l'appréciation du juge-commissaire. Ce magistrat a alors, pour se former une opinion, l'expérience déjà acquise. L'administration des syndics peut être jugée par les résultats qu'elle a produits. Ainsi, si depuis leur entrée en fonctions des répartitions se sont succédées à des intervalles plus ou moins longs ; si le juge-commissaire est à même de connaître les progrès de la liquidation, de savoir que les obstacles qui s'opposent à ce qu'elle soit complète proviennent de

causes indépendantes des syndics, la réunion des créanciers peut paraître inutile. Le zèle des syndics est à la
hauteur de leur mission, il n'a pas besoin d'être excité.
Que si au contraire plus d'une année s'est écoulée sans
que la liquidation ait fait un pas ; si malgré une première
assemblée l'inaction des syndics se prolonge, il est urgent
d'en convoquer une seconde à l'effet de mettre les parties intéressées à même d'aviser.

796. A quelque époque que le juge-commissaire réunisse les créanciers, et alors même que la distance qui
sépare une assemblée de l'autre serait moindre d'une
année, l'article 536 doit toujours recevoir son entière
application. Ainsi les syndics sont obligés de rendre
compte de leur gestion, les créanciers doivent être
consultés sur leur maintien ou leur remplacement, qui
est ensuite décidé par le tribunal de commerce.

797. Indépendamment du droit que chaque créancier
a d'exposer en assemblée générale les plaintes qu'il peut
avoir à diriger contre l'administration et les actes des
syndics, la loi réserve à chacun d'eux l'action créée par
les articles 466 et 467. Ces dispositions relatives aux
syndics provisoires et définitifs régissent aujourd'hui
ceux de l'union. Nous avons déjà dit (1) que, par rapport
à ces derniers, les créanciers n'ont plus qu'un simple
droit de plainte, tandis que, sous l'empire du Code, ils
pouvaient les remplacer. C'est là la conséquence, avons-
nous dit, de l'innovation introduite par la loi actuelle
dans le mode de nomination. Sous l'empire du Code,
les syndics définitifs étaient choisis par les créanciers,
ils pouvaient donc être révoqués par eux. Aujourd'hui
c'est le tribunal qui désigne les syndics de l'union, lui

_____

(1) V. suprà art. 462 et 529.

seul peut en conséquence les exclure. Les créanciers doivent dès-lors lui demander cette exclusion s'ils ont intérêt à la faire prononcer. Cette demande est réglée par l'article 467 qui devient par conséquent parfaitement applicable.

ARTICLE 537.

Lorsque la liquidation de la faillite sera terminée, les créanciers seront convoqués par le juge-commissaire.

Dans cette dernière assemblée, les syndics rendront leur compte. Le failli sera présent ou dûment appelé.

Les créanciers donneront leur avis sur l'excusabilité du failli. Il sera dressé, à cet effet, un procès-verbal dans lequel chacun des créanciers pourra consigner ses dires et observations.

Après la clôture de cette assemblée, l'union sera dissoute de plein droit.

ARTICLE 538.

Le juge-commissaire présentera au tribunal la délibé-ration des créanciers relative à l'excusabilité du failli, et un rapport sur les caractères et les circonstances de la faillite.

Le tribunal prononcera si le failli est ou non excu-sable.

SOMMAIRE.

de cette dissolution et que le failli est libre de traiter avec tel ou tel de ses créanciers.

823. Les fonctions du juge-commissaire cessent avec l'union. Il n'a plus qu'à soumettre au tribunal l'avis des créanciers sur l'excusabilité.

824. Motifs qui lui ont fait imposer le devoir de faire un rapport sur les caractère et circonstances de la faillite.

798. La dissolution de l'union est la conséquence forcée de la liquidation de la faillite. Partant, dès que celle-ci est complète, que l'actif réalisé a été distribué, la communion d'intérêt qui réunissait les créanciers a rempli son objet. L'administration des syndics n'a plus aucun but. Il ne reste donc plus qu'à les en décharger.

799. Cette décharge doit être précédée de la reddition du compte d'administration à laquelle les syndics sont tenus. A cet effet, le juge-commissaire doit convoquer les créanciers à se réunir sous sa présidence aux jour, lieu et heure indiqués. Cette convocation est faite dans les formes ordinaires.

800. La présence du failli n'est pas indispensable en ce sens que son absence n'est jamais un obstacle à ce qu'il soit passé outre à la reddition des comptes et à leur règlement. Mais il est du devoir des syndics de l'appeler à la réunion. La loi leur en impose l'obligation, non seulement dans son intérêt, mais encore et essentiellement dans celui des créanciers.

801. Il importe, en effet, à ceux-ci, que le failli assiste à la reddition des comptes. Personne ne connaît mieux que lui la consistance réelle de l'actif qui lui restait au moment de sa faillite, personne n'est donc plus en état d'en exiger un compte exact et fidèle, d'apprécier d'une manière plus juste l'administration des syndics. Les erreurs qu'il relèvera, les omissions qu'il fera ré-

parer tourneront nécessairement au bénéfice de la
masse.

802. Quant à lui personnellement, son droit à être
partie dans cette opération est incontestable. Nous avons
plusieurs fois répété que la gestion des syndics est autant dans l'intérêt du failli que dans celui des créanciers.
Plus ces derniers recevront et plus il sera lui — même
libéré de ses dettes. Les syndics ne peuvent donc être
comptables envers les créanciers sans le devenir au même
titre du failli.

803. Nous ajoutons que son appel en cause n'est pas
moins avantageux aux syndics eux-mêmes. Son concours
est indispensable pour donner à leur décharge un caractère définitif et irrévocable. On ne pourrait décider
autrement sans arriver à consacrer que, malgré son droit
évident, le failli pourrait être à son insu dépouillé de
l'exercice du contrôle qui lui appartient sur la gestion
des syndics, du pouvoir qu'on ne saurait lui méconnaître
d'exiger et d'obtenir la réparation des erreurs, omissions
ou détournemens dont il pourra justifier.

804. Or, ce concours, le failli est maître de l'accorder
ou de le refuser ; mais les syndics n'ont plus à se préoccuper de sa conduite dès qu'ils l'ont mis en demeure de
se présenter. Si sur l'ajournement le failli s'abstient,
l'approbation donnée au compte par les créanciers est
obligatoire pour lui. Il ne pourrait, sous quelques pré-
textes que ce fût, obtenir une nouvelle reddition de
compte. La seule action qu'il aurait à exercer serait celle
en réparation des omissions, erreurs, faux ou doubles
emplois dont il prouverait l'existence matérielle.

C'est ce que la Cour de cassation a consacré le 15 mars
1828. *Après l'approbation du compte par les créanciers,*

dit son arrêt, *le failli ne peut remettre en question l'ad-*
ministration des syndics, pour parvenir par là à reviser
et à renverser même le compte qui l'a liquidée et fixée (1).

Ce principe est absolu et ne fléchit devant aucune
considération. Ainsi, le jugement qui, sous prétexte
d'erreurs, ordonne, sur la demande du failli, que les
syndics, qui ont déjà rendu compte aux créanciers, en
rendront un nouveau, doit être interprété en ce sens: que
les syndics sont soumis, non à une reddition de compte
proprement dite, mais seulement à la réparation des erreurs signalées dans le compte précédemment rendu (2).

Mais l'absence du failli ne produirait aucun de ces
effets, si elle était imputable aux syndics. Or, cette imputabilité résulterait de plein droit de l'omission qu'ils
auraient faite de l'appeler à la reddition de compte. Dans
ce cas, la décharge donnée par les créanciers ne serait
pas même opposable au failli, et les syndics devraient,
à sa première réquisition, procéder à une nouvelle reddition.

805. Si, dans l'assemblée régulièrement constituée,
des difficultés s'élèvent, le juge doit, ou ajourner la délibération à tel jour convenable, si les difficultés sont de
nature à être amiablement terminées sur plus amples
explications, et sur la production de nouvelles pièces;
ou renvoyer, dans le cas contraire, les parties à se pourvoir par devant le tribunal de commerce.

806. Dans le premier cas, l'ajournement peut être
sollicité tant par les syndics que par les créanciers et le
failli. Cette mesure peut leur être à tous d'une grande
utilité. Elle peut, dans un sens, comme dans l'autre,

(1) D. P. 26, 1, 208.
(2) Bordeaux, 17 juin 1830, P. D. 31, 2, 240.

prévenir un procès, les recherches faites dans l'intervalle pouvant convaincre les contestants de l'exactitude du compte, ou les syndics, de la justice de la réclamation. Ce résultat permettra, le jour indiqué étant venu, de s'entendre définitivement, d'apurer le compte, et de passer outre immédiatement aux autres opérations ordonnées par l'article 537.

807. Dans le second cas, les contestations sont, selon leur importance, appréciées en premier ou en dernier ressort par le tribunal de commerce. Mais l'existence du litige engagé n'est point un obstacle à ce que les formalités voulues par l'article 537 reçoivent leur exécution. Ce litige n'est plus qu'un procès qui s'agite entre les parties, et dont le sort reste complètement sans influence sur la faillite et sur l'union elle-même. En conséquence, l'une et l'autre n'en sont pas moins clôturées et dissoutes.

808. La décision de l'autorité judiciaire est poursuivie en la forme ordinaire entre les anciens syndics et les parties contestantes. Celles-ci sont les créanciers ou le failli. Le droit que chacun d'eux a à réclamer peut être exercé séparément ou conjointement.

Ainsi, si le failli assiste à l'assemblée, et s'il conteste lui-même les comptes, les créanciers peuvent s'unir directement à lui, s'associer à la contestation, pour la soutenir devant la justice ; ou bien lui laisser le soin exclusif de la poursuivre en son nom. Faute par les créanciers d'avoir pris qualité dans l'instance, ils seraient recevables à y intervenir, pour surveiller leurs intérêts, dès l'instant qu'ils auraient à craindre que, par le résultat d'un accord entre les syndics et le failli, celui-ci ne soutînt que faiblement ses prétentions et ne désertât en quelque sorte le procès. Une transaction sous la forme

d'un jugement léserait leurs droits, puisque si les syndics ont des restitutions à opérer, c'est à eux à en profiter exclusivement.

Si le failli est absent de la réunion, ou si étant présent,
il n'a pas contesté, les créanciers peuvent contester les
comptes, et en poursuivre judiciairement le redresse-
ment. Ou la contestation est particulière à l'un d'eux, et
c'est à lui que l'obligation de la soutenir est imposée ; ou
elle est faite par tous, et c'est à la masse elle – même
qu'incombe le devoir de la poursuivre.

809. Mais il est évident dans ce dernier cas que chaque créancier se trouve directement et personnellement
partie ; qu'en conséquence, il devrait être mis en cause,
ce qui entraînerait des frais considérables. L'intérêt général exige donc que dans la même séance, les créanciers
délèguent un ou plusieurs d'entre eux, à l'effet de plaider
en leur nom et de les représenter. Cette délégation peut
être faite dans le procès-verbal rédigé par le juge-commissaire, et signée par tous les créanciers.

Mais, comme à cette époque, il n'y a plus de masse, que
les créanciers n'agissent et ne peuvent plus agir qu'en
leur nom, la délibération et la procuration ne seraient
obligatoires qu'à l'encontre des signataires, et nullement
pour ceux qui n'y auraient pris aucune part.

810. Dans tous les cas, le failli, alors même qu'il
n'aurait pas contesté en principe, pourrait intervenir
dans l'instance existant entre les syndics et les créanciers. Il est certain que le failli, en ce qui concerne les
comptes, n'est et ne peut pas être représenté par les
syndics. D'abord, parce que ceux-ci n'agissent plus en
cette qualité ; la mission qui leur était confiée a expiré
avec la dissolution de l'union. Ensuite, parce qu'il exis-

terait une division d'intérêts qui commandait de replacer le failli dans la position de se défendre personnellement. Aussi est-il réintégré dans la jouissance de ses actions actives et passives, et par conséquent seul apte à les exercer, depuis l'accomplissement des formalités prescrites par l'article 537.

811. Si les comptes ne sont contestés par personne, ils sont immédiatement apurés, et rien ne s'oppose à ce que les syndics reçoivent la décharge de leur gestion. Cette décharge est consignée dans le procès-verbal. Elle est définitive, si les comptes sont exactement balancés. Elle le devient par le paiement du reliquat, s'il en existe un contre les syndics ; et s'ils sont, au contraire, créanciers, sauf les droits qui leur compètent contre la masse.

812. Si les syndics sont reliquataires, les sommes qu'ils ont à payer forment la dernière répartition, qui est immédiatement ordonnancée par le juge-commissaire. Chaque créancier peut, en vertu de cette ordonnance, réclamer la part et portion lui revenant, contraindre les syndics, même par corps ; enfin, les poursuivre solidairement.

813. Cette solidarité, que nous avons dit exister pour l'administration (1), avait été contestée sous le Code, surtout pour les syndics définitifs. Ceux-ci, disait-on, sont directement nommés par les créanciers. Leur choix n'a pas même besoin d'être approuvé par la justice. Le mandat est donc purement conventionnel. En conséquence, il ne peut y avoir solidarité, qu'autant qu'elle est exprimée. L'art. 1995 C. civ. l'exige expressément

(1) Vid. art. 465.

ainsi. Or, si cet article est inapplicable aux agens et aux
syndics provisoires, ce qui est douteux, rien ne saurait
en empêcher l'application aux syndics définitifs (1).

Mais cette doctrine de M. Dalloz avait été plusieurs
fois proscrite par la cour de cassation (2), et l'opinion
de celle – ci avait été adoptée et enseignée par MM.
Pardessus et Boulay-Paty.

Nous l'eussions nous-même, sans hésitation, embrassée
sous l'empire du Code de commerce ; car il nous paraît
évident que M. Dalloz, se préoccupant beaucoup trop des
personnes, néglige ce qui se rapporte au caractère et à la
nature du mandat lui-même. Dans tous les temps, c'est
la loi qui en a déterminé l'importance et réglé l'étendue ;
c'était donc dans ses dispositions, plutôt que dans la délibération des créanciers, que les syndics puisaient les
pouvoirs dont ils étaient revêtus. Le mandat était donc
légal, même dans la disposition qui conférait aux créanciers le choix des personnes qui devaient en être inves-
ties. En effet, la minorité était liée par la majorité. Or,
existe-t-il dans le mandat conventionnel quelque chose
qui se rapproche de ce résultat ?

814. Mais toute discussion devient superflue en l'état
de la loi actuelle. Le choix des syndics de l'union a été
enlevé aux créanciers qui n'ont plus que voix consultative. Il est donc vrai, surtout aujourd'hui, que les syndics sont des mandataires légaux ; car c'est la loi qui
non seulement trace l'étendue de leur mandat, mais encore leur nomination, qu'elle a confiée à la justice. Ils ne
pourraient donc, sous aucun prétexte, exciper de l'ar-

(1) Dalloz A., tom. 8, chap. 1, sect. 7, n. 11.
(2) Vid. arrêts des 18 janvier 1814 et 26 juillet 1836, D. A., tom. 8,
p. 107, et P. 36, 1, 307.

ticle 1995, ni se soustraire à la solidarité qui résulte de l'indivisibilité de leurs fonctions.

Remarquons de plus que cette indivisibilité qui n'était qu'une induction sous le Code, est, sous la loi nouvelle, un précepte formel. Nous en avons vu les conséquences, en examinant l'article 465. Or, cette disposition affecte les syndics de l'union, comme les syndics provisoires et définitifs. Les premiers sont donc solidaires pour tous les actes de leur administration, pour la réparation du dommage qui proviendrait de leur négligence, imprudence ou malversation. Or, n'est-ce pas une véritable malversation que d'être reliquataire et de ne pouvoir immédiatement s'acquitter?

815. Si les syndics sont créanciers, ils ont incontestablement le droit de se faire rembourser. Ils sont, jusqu'à concurrence de leurs avances, privilégiés sur l'actif de la faillite. Après la distribution de celui-ci, ils sont recevables à forcer les créanciers à opérer ce remboursement.

L'action qu'ils auront à cet effet peut-elle être solidairement poursuivie contre les créanciers de la faillite? Cette question avait été résolue négativement sous l'empire du Code, alors que la nomination des syndics définitifs était laissée au choix des créanciers; on avait admis que pour que ceux qui constituent conjointement un mandataire, soient tenus solidairement des effets du mandat, il faut que ce mandat ait été de la part de tous libre et volontaire (1), et non pas que, comme dans le cas de désignation d'un syndic définitif par les créanciers d'une faillite, le choix de la minorité ait pu être écarté

_____

(1) Art. 2002, C. c.

par le vœu de la majorité (1). On pouvait dire, en effet, que les syndics n'avaient pas été nommés par chaque créancier individuellement ; qu'ils étaient institués par la masse. Ils ne pouvaient donc avoir recours que contre celle-ci, c'est-à-dire, contre les intérêts distincts qui la constituent , et dans les proportions que chacun d'eux comporte.

La doctrine de la Cour régulatrice avait été appliquée par un arrêt de la cour de Bordeaux du 24 avril 1838 (2), qui avait jugé que : le syndic d'une faillite qui a chargé un avoué d'occuper dans une instance intéressant celle-ci, est tenu personnellement des frais dus à cet avoué, sauf son recours contre la masse ; qu'il n'a pas d'action solidaire contre les créanciers pour la répétition de ces frais, chacun de ceux-ci n'étant obligé que pour sa part et portion.

816. Autant cette seconde partie de l'arrêt nous paraît irréprochable , autant la première s'écarte des véritables principes de la matière. Le syndic d'une faillite qui a agi en cette qualité ne peut être personnellement tenu que dans le cas où il aurait dépassé les limites de son mandat , ou commis une faute (3). Mais toutes les fois qu'il s'est renfermé dans ces limites, qu'il a fait connaître sa qualité et la nature de ses pouvoirs, il ne saurait être obligé personnellement envers qui que ce soit, pas plus que ne le serait un mandataire ordinaire, alors surtout qu'on ne pourrait lui reprocher une faute quelconque.

817. Ainsi, sous l'empire du Code, les créanciers

(1) Cass., 23 mai 1837. D. P. 37, 1, 265,

(2) Sirey, 38, 2, 269.

(3) Art. 1992, C. c.

n'étaient pas tenus solidairement des avances faites par les syndics ; à plus forte raison doit-on l'admettre ainsi depuis que la loi nouvelle a enlevé à leur mandat tout caractère conventionnel en attribuant leur nomination au tribunal de commerce. La volonté libre, qui seule rend les constituans solidaires, existe si peu, que le droit du tribunal va jusqu'à maintenir les syndics dont la majorité aurait demandé le remplacement. On peut, en outre, et contre la solidarité, tirer un argument décisif de la disposition de l'article 533. Là, en effet, il y a délibération volontaire, et cependant ceux qui l'ont prise ne sont tenus des engagemens qu'au prorata de leur créance, et chacun pour sa part et portion.

818. La reddition des comptes terminée, soit que les syndics aient été déchargés, soit que sur des prétentions contradictoires, le règlement en ait été déféré à l'autorité judiciaire, les créanciers sont appelés à donner leur avis sur l'excusabilité du failli.

Cette disposition crée un droit nouveau aussi logique que rationnel. Elle soumet l'avenir du failli à l'appréciation de son passé, par les effets qu'elle attache à la déclaration d'excusabilité. Sans doute, l'avis des créanciers n'est pas obligatoire pour le tribunal ; mais il est permis de croire que si, à l'unanimité ou à une très grande majorité, ceux-ci avaient voté contre l'excusabilité, le tribunal de commerce se conformerait à ce vote, à moins de circonstances extraordinaires qu'il n'est pas facile de prévoir.

Dans cette conviction, le failli a le plus puissant intérêt à se concilier l'indulgence de ses créanciers, pour en obtenir un avis favorable ; et cet intérêt influera nécessairement sur sa conduite à leur égard, avant et pendant sa faillite.

819. L'importance qui s'attache à la déclaration d'excusabilité est démontrée par le soin que la loi prend pour la constatation de l'avis des créanciers. Si cet avis est affirmatif et unanime, il est consigné dans le procès-verbal de la séance, et n'a pas besoin d'être motivé. S'il est négatif, ou si une minorité plus ou moins forte se déclare, il est rédigé un procès - verbal spécial, dans lequel les créanciers, ou chacun d'eux doit inscrire les dires et observations sur lesquels son vote s'est fondé.

820. Après l'accomplissement de cette formalité, le juge-commissaire doit clôre la séance, et dès ce moment l'union est de plein droit dissoute.

821. La conséquence la plus immédiate et la plus directe de cette dissolution est de faire cesser l'état de faillite et de rendre au failli la capacité de contracter tant avec ses anciens créanciers qu'avec tout autre personne. Or, le silence gardé par le Code de commerce sur l'époque de la dissolution, avait fait naître des doutes sur son existence et ses effets. On avait soutenu que même après la décharge des syndics, l'état de faillite continuait, en ce sens que le failli demeurait incapable de payer les créanciers, s'il acquérait plus tard de nouveaux biens; que le seul mode de libération praticable était d'obtenir la désignation d'un juge-commissaire, et la nomination de syndics, chargés de répartir ces biens entre tous les créanciers.

Mais ce système avait rencontré de nombreux et puissants adversaires. MM. Pardessus, Dalloz, Boulay-Paty, l'avaient tour à tour combattu, et la jurisprudence l'avait enfin rejeté complètement.

822. Ce rejet est aujourd'hui consacré par le texte de l'article 537. Il résulte de plein droit de la déclaration

que l'union est dissoute. Or, dès l'instant de cette dissolution, le failli est, quant à ses biens nouveaux, sous
l'empire du droit commun; il peut, par conséquent, traiter librement avec tel ou tel de ses créanciers, lui payer
le solde de sa créance, sans que dans aucun cas celui-ci
soit dans l'obligation de rapporter à la masse les sommes qu'il aurait reçues ; l'état de faillite ne peut plus revivre; seulement si les créanciers, qui ont tous un droit
égal aux biens nouvellement acquis , craignent les frais
énormes qu'amèneraient des poursuites individuelles, ils
peuvent se réunir et charger l'un d'eux de poursuivre
dans l'intérêt commun (1).

La dissolution de l'union a donc pour effet de faire cesser l'état de faillite, de relever le failli de son incapacité,
quant à l'exercice de ses actions actives et passives, de le
replacer, quant aux transactions à venir, dans la plus entière indépendance , sauf l'obligation de payer aux créanciers tout ce qui leur reste dû en principal, intérêts et
frais.

823. Les fonctions du juge-commissaire cessent avec
l'union. Le dernier acte qui lui est imposé est le devoir
de présenter au tribunal le procès-verbal relatif à l'excusabilité du failli.

824. Le tribunal délibère sur cette excusabilité. Son
opinion est indépendante de l'avis des créanciers. C'est
pour le mettre à même d'apprécier celui-ci, que la loi
charge le juge commissaire de faire un rapport sur les caractère et circonstances de la faillite.

L'avis des créanciers peut n'être dicté que par la complaisance, ou produit par la colère et la rancune. Le rap-

(1) Cass., 4 août 1841. D. P. 41, 1, 324.

port du juge-commissaire doit être impartial et vrai. Il doit démasquer la fraude, établir la bonne foi et le malheur. Il s'agit d'un avantage immense à conférer, ou d'un refus, grave dans ses conséquences, à faire subir. Il importe donc que la décision du tribunal repose sur des élémens purs de toute exagération, de tout mensonge.

ARTICLE 539.

Si le failli n'est pas déclaré excusable, les créanciers rentreront dans l'exercice de leurs actions individuelles, tant contre sa personne que sur ses biens.

S'il est déclaré excusable, il demeurera affranchi de la contrainte par corps à l'égard des créanciers de sa faillite, et ne pourra plus être poursuivi par eux que sur ses biens, sauf les exceptions prononcées par les lois spéciales.

ARTICLE 540.

Ne pourront être déclarés excusables : les banqueroutiers frauduleux, les stellionataires, les personnes condamnées pour vol, escroquerie ou abus de confiance, les comptables de deniers publics.

SOMMAIRE.

825. Objet de ces deux dispositions.
826. Effets de l'union par rapport aux engagemens du failli.
827. Sa dissolution rend aux créanciers toutes leurs actions pour le paiement du solde de leurs créances.
828. Importance que la déclaration d'excusabilité a acquise sous la loi actuelle. Ce qu'elle était sous le Code.
829. Les conséquences qu'elle entraîne aujourd'hui sont beaucoup plus rationnelles. En quoi elles consistent; quels effets on peut s'en promettre.

830. La contrainte par corps dont le failli est libéré par l'excusabi-
      lité, est celle qui résulte des engagemens ordinaires, et non
      celle à laquelle il serait soumis par des lois spéciales.

831. Les créanciers pourront - ils exécuter le failli immédiatement
      après la dissolution de l'union et sans justifier qu'il a acquis
      de nouvelles ressources ?

832. Exceptions au principe que tous les faillis peuvent être déclarés
      excusables.

833. Sont exceptés : les banqueroutiers frauduleux et les stelliona-
      taires.

834. Ceux qui ont été précédemment condamnés pour vol, escro-
      querie ou abus de confiance.

835. Les comptables des deniers publics.

836. Modification à l'article 575 Cod. com., en ce qui concerne les
      tuteurs, administrateurs, étrangers et dépositaires.

837. L'article 540 est limitatif. Conséquences.

838. Le jugement sur l'excusabilité est susceptible de recours.

839. Par la voie d'appel seulement.

840. De quel moment courent les délais de l'appel?

841. Quelle en est la durée ?

842. Procédure à suivre par les créanciers ou le failli.

825. Ces deux articles règlent les effets de l'union par
rapport au failli vis-à-vis de ses créanciers. Ces effets
diffèrent essentiellement dans leur mode d'exécution selon que le failli a été ou non déclaré excusable. Cette double hypothèse est régie par l'article 539. Il est des cas
dans lesquels les créanciers n'ont pas même à donner
leur avis sur l'excusabilité du failli; ce sont ces exceptions
que l'article 540 établit.

826. Il n'en est pas de l'union comme du concordat.
Nous avons vu que par l'admission de celui-ci et moyennant le paiement du dividende stipulé, le failli est libéré
envers ses créanciers ; qu'il ne peut plus être recherché
tant sur ses biens présens que sur ceux à venir ; qu'il
n'y a pour la partie de la dette restante qu'un lien purement moral, et que le débiteur n'est réellement obligé

à la solder intégralement, que s'il veut plus tard obtenir sa réhabilitation.

L'union, au contraire, ne libère le failli qu'à concurrence de ce que les créanciers ont touché dans la répartition de l'actif. L'excédant est dû par le failli qui peut être contraint à en opérer le paiement. Seulement tant que l'union n'est pas liquidée, le débiteur est en état de faillite, il jouit des immunités que cet état crée, et notamment des effets de l'interdiction faite aux créanciers de poursuivre individuellement la rentrée de ce qui leur est dû.

827. La dissolution de l'union fait cesser l'état de faillite, et avec lui, toutes les prescriptions qui s'y rattachent. La communauté d'intérêt qui liait les créanciers n'existe plus ; il n'y a plus de masse, plus de mandataires légaux. Chaque créancier se trouve dans le même état qu'avant la faillite. Il reprend donc dès cet instant la liberté d'action que la loi avait un instant suspendue. L'appréciation des moyens à l'aide desquels il doit être payé est désormais laissée à son seul arbitre, ainsi que le droit de les exercer.

Cet exercice n'est limité par rien. Toutes les voies d'exécution résultant du titre peuvent être employées. En effet, le principe général est que la faillite ne modifie aucuns des droits attachés à la qualité de créancier. Conséquemment après, comme avant, il est loisible au porteur d'un titre commercial de contraindre, même par corps, son débiteur.

828. Cependant, ce que la faillite ne fait pas, est aujourd'hui produit par l'excusabilité. La déclaration de celle-ci en faveur du failli l'affranchit de la contrainte par corps, pour tous les engagemens antérieurs à la faillite.

II   15

Cet effet attaché à l'excusabilité fait subir à cette formalité, telle qu'elle avait été exigée par le Code de commerce, une complète transformation, et la rend d'un
bien plus puissant intérêt. L'article 531 de l'ancienne
loi des faillites chargeait le tribunal de commerce de
déclarer si le failli était ou non excusable. La réponse
négative constituait contre lui une prévention de banqueroute simple. Mais, quelle qu'elle fût, cette réponse restait sans influence sur les droits des créanciers.

Ainsi, les conséquences pour le failli du refus d'excusabilité étaient, au fond, d'une bien minime importance.
Malgré les termes de l'article 531, ce refus restait sans
application sur la réhabilitation. L'article 612 ne plaçait
pas le failli non excusé dans la catégorie de ceux qui ne
pouvaient se faire réhabiliter. Restait donc la prévention
de banqueroute simple qui, n'ayant d'autre fondement
que l'opinion du tribunal de commerce sur l'excusabilité, était nécessairement vouée à l'impuissance. Le refus du tribunal n'entraînait donc aucune peine. Le failli
non excusé se libérait de la contrainte par corps de la
même manière que celui qui l'avait été. La loi les admettait indifféremment à la cession.

D'autre part, la déclaration affirmative ne conférait
aucun privilége au failli. En conséquence, peine plutôt
apparente que réelle, absence de tout bénéfice, voilà le
résultat que, sous l'empire du Code, avait l'avis affirmatif ou négatif sur l'excusabilité. On comprend dès lors
que les faillis ne s'en préoccupassent pas trop dans leurs
prévisions.

829. L'article 539 a donné à cette formalité un caractère plus analogue à sa nature, et des conséquences plus
rationnelles. Désormais, les faillis s'efforceront d'obte-

nir une déclaration affirmative. Celle-ci constitue un véritable témoignage de bonne conduite et de loyauté. Elle ne reste pas sans fruit, puisqu'elle affranchit de la contrainte par corps, et c'est là un véritable, un puissant encouragement à la mériter.

Il est vrai que, sous le Code, ce résultat eut pu paraître exorbitant, car les créanciers n'étaient pas même consultés sur l'excusabilité. C'eut été leur arracher un droit, après les avoir placés dans l'impuissance de se défendre. Aujourd'hui, au contraire, c'est à eux que la loi a déféré l'initiative de la délibération à prendre sur la conduite du failli ; et s'ils la déclarent eux-mêmes loyale et pure de toute fraude, ils provoquent directement la faveur qui lui est décernée, et dont ils ne sauraient en aucune façon se plaindre.

En regard de la récompense attachée à l'excusabilité, plaçons la peine que son refus fait encourir. Le failli qui l'a méritée est pour toujours soumis à l'exercice de la contrainte par corps. Il a donc le plus haut intérêt à échapper à une solution qui grève sa liberté d'une manière absolue et indéfinie, l'abolition de la cession de biens ne lui laissant aucun moyen de la rédimer.

La déclaration d'excusabilité n'est donc plus une formalité sans portée. La loi a su lui rendre toute son importance. Les conséquences que sa solution entraîne placent le failli dans la nécessité de l'obtenir favorable. Elles doivent donc avoir sur sa conduite une influence puissante.

830. La déclaration que le failli est excusable ne le libère de la contrainte par corps qu'en tant que celle-ci est attachée aux actes ordinaires que sa qualité de négociant lui a fait souscrire. C'est ce qui s'induit des ter-

mes de l'article 539 : *sauf les exceptions prononcées par les lois spéciales.* L'article 575 du Code de commerce nous fournit un exemple de ces exceptions dans les catégories qu'il crée pour ce qui concerne la cession de biens. Ainsi les étrangers non domiciliés en France, les tuteurs, administrateurs ou dépositaires, qui ne pouvaient être admis à la cession, peuvent aujourd'hui être déclarés excusables. Mais leur excusabilité les laisserait contraignables par corps pour les engagemens ressortissant uniquement de leur qualité en conformité des lois qui les régissent.

831. Quelle qu'ait été la décision du tribunal, les créanciers pourront-ils se livrer à des exécutions contre le failli immédiatement après la dissolution de l'union qui leur en aura rendu le pouvoir ?

La jurisprudence a varié et varie encore dans la solution de cette question. Plusieurs arrêts ont proscrit les exécutions immédiates et exigé que le poursuivant justifiât que le failli avait acquis de nouveaux biens (1). D'autres, au contraire, ont admis la recevabilité des poursuites dès que, par la reddition des comptes, l'union avait été dissoute (2).

Dans ce conflit de doctrines, il faut chercher dans l'esprit de la loi la solution de la difficulté que son texte n'a pas résolue. De cette recherche est née pour nous la conviction que le système adopté par la cour de Paris doit être préféré.

Que les créanciers puissent se faire payer du solde de leurs créances, c'est ce qui ne saurait faire l'objet d'un

---

(1) Vid. notamment, Paris, 17 juillet 1824 et 23 février 1833. D. P. 25, 2, 4, 34, 2, 43.

(2) Colmar, 31 décembre 1830. Sirey, 31, 2, 230.

doute ; mais le législateur, en leur en conférant le droit,
n'a pas entendu autoriser des poursuites qui ne seraient
qu'une persécution évidemment inutile et frustratoire.
Or, telles seraient incontestablement celles qui suivraient
immédiatement la dissolution de l'union. Le failli vient
d'être dépouillé de tous ses biens mobiliers et immobiliers, toutes ses ressources ont été discutées et distribuées, son état de faillite l'a forcément empêché jusque-
là d'en acquérir de nouvelles, il ne peut donc payer, car
il n'a plus rien. Des poursuites quelconques ne pourraient
avoir aucun intérêt réel pour le créancier. Les autoriser
serait un encouragement pour des sentimens passionnés
que la loi n'a pu ni dû vouloir sanctionner.

En l'absence de biens, exercera-t-on la contrainte par
corps si le failli n'a pas été déclaré excusable ? Quel fruit
pourra-t-on en retirer en l'état de dénûment complet
dans lequel se trouve le failli ? Par quels moyens le failli
pourra-t-il racheter sa liberté, lui qui vient d'être exproprié de toutes ses ressources ? Nous n'hésitons pas à
penser, avec M. Dalloz (1), que l'exercice de la contrainte
ne pourrait à cette époque que constituer un droit odieux
et vexatoire. On ne devrait donc pas le consacrer.

Ajoutons que les créanciers eux-mêmes sont intéressés
à ce qu'il en soit ainsi. Il leur importe à tous que le failli
trouve dans son industrie le moyen de se créer des ressources dont l'acquisition se réalise à leur profit, puisqu'elles deviennent immédiatement affectées au paiement du solde de leurs créances. Or, des poursuites sur
le champ exécutées rendraient ce résultat impossible et
leur causeraient par conséquent un grave préjudice.

(1) Tom. 8, v. faillite, chap. 1, sect. 7, 20 et 21.

On ne doit donc permettre des poursuites contre le failli que si leur auteur justifie que celui-ci a, depuis l'union, acquis de nouvelles ressources. Il en est ainsi surtout pour ce qui concerne la contrainte par corps, et la solution admise sous l'empire du Code, doit, par supériorité de raison, être consacrée depuis la loi nouvelle. En effet, avant elle, le débiteur poursuivi par la contrainte, pouvait, à quelque époque que ce fût, s'en exonérer par la cession, tandis qu'aujourd'hui cette voie rigoureuse est éternelle contre le failli non excusé. On doit donc se montrer beaucoup plus sévère dans l'emploi qui en serait fait. Qu'on l'autorise lorsque le failli aura acquis le moyen de s'en libérer en payant la dette, rien de plus naturel; mais lorsque le failli ne possède rien, lorsqu'il sort à peine de l'état de faillite, c'est se conformer à l'équité et à la justice que de le proscrire.

La loi actuelle sanctionne donc le système admis par la Cour royale de Paris. Il est certes à regretter qu'elle ait imité le silence gardé par le Code et qu'elle n'ait pas réglé d'une manière expresse les droits des créanciers en pareille occurrence. Mais ce que le texte ne dit pas, résulte suffisamment de l'esprit de la loi. Nous venons d'en développer la portée.

832. Tous les faillis peuvent être déclarés excusables. Tel est le principe général; mais la nature même de la mesure entraînait nécessairement des exceptions. Ainsi déclarer l'excusabilité d'un failli, c'est décider que sa déconfiture est le résultat du malheur, que sa moralité est pure, que sa conduite est sans reproche. Il est dès lors évident que lorsque la preuve du contraire est acquise, on ne saurait lui accorder ce témoignage honorable.

833. Or, cette preuve contraire est invinciblement faite :

1° Contre le banqueroutier frauduleux , par l'arrêt qui le condamne ;

2° Contre les stellionataires, par le jugement qui les déclare tels.

La banqueroute frauduleuse est un crime dont la gravité est indépendante de la peine appliquée. Celui qui s'en est rendu coupable a violé les lois de la probité et de l'honneur. Ce serait porter atteinte à l'effet moral des arrêts, que de déclarer excusable celui qu'ils ont justement flétri.

Le stellionnat est une fraude déloyale et évidente; c'est à bon droit que la loi la punit de la perte de la liberté. L'excusabilité devait rester impuissante devant cette peine ; nous venons, d'ailleurs, de le dire, cette excusabilité repose sur la présomption de bonne foi. Le stellionataire a évidemment foulé aux pieds les prescriptions de celle-ci ; il est donc aux yeux de la loi indigne de cette faveur.

834. La même indignité est encourue par ceux qui auraient été précédemment condamnés pour vol, escroquerie ou abus de confiance, ou qui auraient été convaincus de ces délits par des faits nés de leur faillite elle-même. De pareilles condamnations ne permettent pas d'assimiler ceux qui les ont encourues aux faillis malheureux et de bonne foi. Elles ont justement motivé l'exception conservée par l'article 540.

835. Il est une dernière classe que la loi a frappée de la même indignité : ce sont les comptables des deniers publics. L'intérêt général a motivé cette disposition pour empêcher ces fonctionnaires de sortir des limites que

leurs fonctions leur imposent. Or, celles-ci sont le plus
souvent ce qui leur a attiré la confiance et le crédit; ils
abusent donc de leur qualité si, violant leur devoir, ils
dissipent les sommes qui leur sont remises, soit par de
simples particuliers, soit par le trésor. Devant un pareil
résultat, la loi ne pouvait se montrer trop sévère. Il
fallait bien se garder d'affaiblir aucune des dispositions
qui garantissent leur exactitude et leur probité (1). On
les a, en conséquence, laissés sous le poids de la contrainte par corps.

836. Remarquons que les catégories créées par l'article 540, sont empruntées à l'article 575 du Code ancien. La raison en est simple : la déclaration d'excusabilité remplace aujourd'hui la cession, elle en produit
les effets. Les débiteurs indignes de celle-ci devaient
donc être exclus de celle-là ; mais le premier a fait
disparaître ce que le second avait de trop sévère dans
l'exclusion qu'il prononçait contre les tuteurs, les administrateurs ou dépositaires, les étrangers. Ce qui avait
motivé cette exception rigoureuse, était la qualité des
uns et des autres ; mais il est certain que toutes les dettes
ne tiraient pas leur origine de cette qualité, et que pour
protéger les intérêts que la loi ou la volonté des parties
leur avaient confiés, on méconnaissait les malheurs réels
qu'un tuteur ou administrateur avait éprouvés dans son
commerce.

La loi actuelle fait une part plus équitable. Les tuteurs,
administrateurs , dépositaires et étrangers peuvent être
déclarés excusables. Ils sont donc affranchis de la contrainte par corps pour toutes les dettes contractées en

____

(1) Locré sur l'article 575.

dehors des lois spéciales qui les régissent ; mais ils restent soumis à cette voie rigoureuse pour tous les engagemens qui n'ont pas d'autres causes que leur qualité
même.

837. La disposition de l'article 540 est limitative.
Ainsi, il n'y a d'exclues de l'excusabilité que les personnes nommément comprises dans les catégories qu'elle
crée. Au reste, elle ne fait nul obstacle au pouvoir accordé aux créanciers, et aux tribunaux de commerce,
de refuser cette faveur à tout failli quel qu'il soit. Par
exemple, le banqueroutier simple n'est compris dans
aucune de ces catégories. Cependant rien n'empêche
que les causes qui l'ont fait condamner ne deviennent
un motif pour le tribunal de ne pas le déclarer excusable.
Mais s'il a obtenu une solution favorable, les créanciers
ne pourraient la faire annuler en se fondant sur sa condamnation. Il suffit que l'article 540 ne l'ait rappelé dans
aucune de ses dispositions pour que le tribunal ait pu
l'excuser légalement.

838. La décision du tribunal sur l'excusabilité est-elle
susceptible de recours ? La négative avait été admise sous
le Code, mais à cette époque elle était plutôt la constatation d'un fait qu'un véritable jugement; elle n'entraînait
d'ailleurs, ni contre le failli ni contre les créanciers, aucunes conséquences graves, aucun préjudice réel.

Mais sous la loi actuelle, la déclaration ou le refus
d'excusabilité compromet les intérêts des créanciers,
ceux du failli. La première arrache aux uns la garantie
de la contrainte personnelle, et par là, peut-être, toute
espérance d'être payés du solde de leurs créances. Le
second laisse le failli incessamment menacé dans sa liberté et grève par conséquent son avenir entier de la plus

rigoureuse servitude. N'y a-t-il pas dans chacune de ces hypothèses des motifs puissants de laisser le tribunal arbitre souverain, lorsque surtout son jugement doit être prononcé sans que de part ni d'autre on ait été appelé à se présenter et à se défendre.

Il y a plus, si la décision était en dernier ressort, si elle n'était susceptible d'aucun recours, le tribunal pourrait même juger contrairement à la disposition de l'article 540; et les créanciers perdraient la contrainte par corps au mépris de la volonté expresse du législateur ! Ainsi ils ne pourraient, même en cas d'erreur reconnue, obtenir la rétractation qui leur serait due ! Évidemment ce serait là méconnaître toutes les notions de la justice et de la saine raison.

Dès que la loi nouvelle a fait de la déclaration d'excusabilité une véritable cession de biens, il faut tenir pour elle ce qui était admis pour celle-ci sous l'empire du Code. Or, le jugement qui intervenait sur la cession pouvait être attaqué, donc celui qui est rendu sur l'excusabilité pourra l'être par la partie qui y aura intérêt.

Ce qui prouve que c'est de cette manière que l'a compris le législateur, c'est le silence qu'il a gardé dans l'article 583. On sait que celui-ci a soigneusement énuméré les jugemens contre lesquels il n'y a aucun recours possible; le jugement sur l'excusabilité n'est inscrit dans aucune de ses catégories. Or, lorsque la loi spéciale se tait, il faut recourir au droit commun, qui autorise la partie lésée à attaquer les jugemens qui lui préjudicient, si, par la quotité de l'intérêt engagé, le tribunal n'a pas prononcé en dernier ressort. L'excusabilité est toujours d'un intérêt indéterminé; donc la décision qui y statue est susceptible de recours.

839. Ce recours ne peut être que l'appel. Nous avons déjà dit que la loi n'a pas fait un devoir aux créanciers, ni au failli, d'être partie dans le jugement. Celui-ci ne saurait donc être par défaut. On ne saurait prendre ou prononcer le défaut que contre la partie qui devait comparaître et qui n'a pas comparu. Celle-là seule pourrait former opposition. Or, dans l'hypothèse de notre article, aucun des intéressés n'ayant à comparaître, n'aurait le droit de se pourvoir par opposition.

840. Les créanciers ou le failli pourront donc appeler du jugement qui a prononcé sur l'excusabilité. Les délais de cet appel courront du jour de la prononciation du jugement. Rien, en effet, n'impose au failli le devoir de faire signifier ce jugement, dont le bénéfice lui est immédiatement acquis. A cette époque, d'ailleurs, il n'y a plus de syndics; la masse est dissoute, et l'on comprend que cette signification serait d'autant plus injuste, qu'elle imposerait au failli, dépouillé de toutes ressources, des frais considérables. Les délais dans lesquels l'appel devra être émis partent donc, tant contre les créanciers que contre le failli, du jour du jugement.

841. Quelle sera leur durée, faut-il appliquer l'article 443 du code de procédure civile, ou l'article 582 de la loi actuelle? Le véritable caractère de celui-ci ne nous permet pas de le rendre l'arbitre de la question. Les motifs qui ont fait limiter les délais ordinaires de l'appel n'existent plus pour le jugement d'excusabilité. Il n'y a plus faillite lorsqu'il est rendu, car l'union est alors dissoute. Il n'est donc pas intervenu en matière de faillite, mais bien après faillite. Or, les premiers seuls sont régis par l'article 582 (1). Le délai d'appel sera donc

(1) Vid. infrà nos observ. sur cet art.

celui qui est accordé par le Code de procédure , c'est-
à-dire, de trois mois.

842. L'instance sur l'appel s'agitera contradictoirement
entre les parties qui y figureront nommément. Chaque
créancier pouvant émettre appel, doit dénoncer celui-ci
au failli, ou intervenir sur celui émis par un autre. Mais
le failli devra appeler contre tous les créanciers ; car
à cette époque, il n'y a plus de masse , et partant plus
de syndics pour les représenter tous. La procédure qui
lui est imposée est, en réalité , celle qu'il aurait suivie
sous l'empire du Code pour la cession de biens.

ARTICLE 541.

Aucun débiteur commerçant ne sera recevable à demander son admission au bénéfice de cession de biens.

SOMMAIRE.

843. Dans la définition que le législateur nous a lui-
même donnée de la cession , celle-ci est qualifiée l'a-
bandon qu'un débiteur fait de tous ses biens à ses créan-

ciers, lorsqu'il se trouve hors d'état de payer ses dettes (1).

Il résulte évidemment de ces termes, que le commerçant, dont la faillite avait été déclarée, ne pouvait recourir à ce mode de libération tant que la liquidation n'était pas terminée. Il était, en effet, dans l'impossibilité de consentir l'abandon de ses biens, le jugement déclaratif les ayant transportés de plein droit à ses créanciers.

D'autre part, à cette époque, la cession était inutile ; elle n'avait pas pour effet de libérer complètement le failli ; elle l'exonérait seulement de la contrainte par corps (2). Or, vis-à-vis des créanciers individuellement, cet effet était produit par l'état de faillite.

Ce n'était donc qu'après la dissolution de l'union, ou avant la déclaration de la faillite, qu'un commerçant pouvait utilement invoquer le bénéfice de cession.

La cesion de biens était volontaire ou judiciaire : dans le premier cas, son effet était réglé par la transaction ; dans le second, par la loi (3).

La cession judiciaire était consacrée contre le vœu et malgré l'opposition des créanciers. La loi avait voulu ainsi arracher à toute contrainte personnelle, les débiteurs malheureux et de bonne foi.

844. Les conséquences de l'excusabilité, telles qu'elles sont déterminées par les articles précédens, rendaient la cession de biens superflue. L'article 541 n'est donc que la déduction logique de l'article 539.

845. Toutefois, il faut remarquer que l'abolition de la cession n'a pas été restreinte au cas de faillite. Notre

(1) Art. 1265 du Code civil.
(2) Art. 1270 du Code civil.
(3) Art. 1269, 1270 du Code civil.

article l'étend à tous les débiteurs commerciaux. Il n'y a donc plus pour les commerçans qu'une seule voie pour sortir d'une déconfiture : celle de la faillite, qui doit amener la déclaration d'excusabilité.

846. Les motifs qui ont déterminé le législateur à adopter ce système, méritent une entière approbation. Ils ne sont, d'ailleurs, que l'exécution littérale d'un principe qui n'a jamais soulevé la moindre opposition.

Le débiteur qui réunit ses créanciers à l'effet de leur abandonner ses biens, se déclare lui-même insolvable, et prouve qu'il est dans l'impossibilité de faire face à ses engagemens. Il est, dès lors, évident que s'il a continué ses paiemens, il ne pourra plus le faire à l'avenir. Il est donc en état de faillite, d'autant plus que nous avons déjà vu que la cessation des paiemens peut résulter de la circulaire dans laquelle le débiteur demande un attermoyement. A plus forte raison, le déciderait – on ainsi, lorsqu'au lieu d'un simple retard, c'est l'acceptation d'une cession de biens qui est sollicitée.

En cet état, la position du débiteur est nettement tranchée par l'article 437. Elle appartient à la loi spéciale, dont l'application est commandée par l'intérêt public et privé. Or, la cession, avant la déclaration de la faillite, ne pouvait avoir d'autre objet que de se soustraire à cette application. De là des inconvéniens graves. L'état des affaires du débiteur ne pouvait, à cette époque, être sainement apprécié. Les créanciers n'avaient pu ni l'explorer, ni le faire vérifier par des mandataires ; ils se trouvaient donc dans l'impossibilité de découvrir et de signaler les fraudes que le débiteur avait pu commettre, et de contester utilement les malheurs qu'il prétendait avoir essuyés.

En rendant désormais la déclaration judiciaire de la faillite inévitable et forcée, la loi actuelle s'est précautionnée contre ces inconvéniens. Il est difficile que la mission confiée au juge–commissaire et aux syndics ne produise pas, enfin, quelques lumières sur les actes du failli. La fraude qui échappe au premier coup d'œil finit par se trahir devant les investigations profondes des parties intéressées. Cette crainte, qui doit préoccuper le débiteur, la certitude de la réparation que la justice ne manquerait pas d'exiger, sont de nature à le retenir dans les bornes de la loyauté, à arrêter ceux qui pourraient vouloir devenir ses complices, à garantir, enfin, l'intérêt des créanciers, celui de la société tout entière, en empêchant les faillites par spéculation.

847. Après la dissolution de l'union, la cession de biens telle que l'organisait le Code ne répondait à aucune exigence véritablement utile, n'avait aucune réalité dans l'objet qu'elle se proposait. Le débiteur sortait à peine de l'état de faillite, entièrement dépouillé de tous ses biens, quels étaient donc ceux qu'il pouvait abandonner ? Dès lors, si les créanciers, quoique ne recevant rien, étaient contraints de consentir la cession, il était beaucoup plus rationnel d'arriver à ce résultat, en évitant une instance longue et coûteuse. La disposition de l'article 539 est donc encore sous ce rapport d'une utilité incontestable.

848. Enfin, et sous le rapport de l'autorité appelée à prononcer, l'abolition de la cession répond à un vœu dès longtemps exprimé. La connaissance de la cession, même après faillite, était déférée au tribunal civil. Ainsi la conduite du failli, la moralité de la faillite, ses circonstances étaient soumises à l'appréciation de magistrats qui

n'avaient jamais eu à s'en occuper, et qui ne pouvaient profiter de la connaissance qu'en avait acquise le juge-commissaire. Un pareil état de choses, justement relevé par les hommes spéciaux, rendait les surprises beaucoup plus faciles. On pouvait, par des allégations plus ou moins exactes, égarer la religion du tribunal, et en obtenir une décision erronnée, soit pour, soit contre le failli.

Le remplacement de la cession par la déclaration d'ex-cusabilité ; l'examen de celle-ci laissé d'abord aux cré-anciers, et ensuite au tribunal de commerce ; la faculté pour celui-ci de ne pas se conformer à l'avis des premiers rendent à la mesure qu'il s'agit de sanctionner son véri-table caractère. Le juge devant lequel la faillite s'est dé-roulée est essentiellement le plus capable de prononcer sur l'avenir du failli. Le concours du juge-commissaire à ce jugement suprême lui assure, d'ailleurs, les élémen de certitude, que la part active que ce magistrat a prise à toutes les opérations de la faillite, l'a mis à même d'ac-quérir.

849. La disposition prohibitive de l'article 541 ne concerne que la cession judiciaire. Il est, en effet, cer-tain qu'avant la faillite, comme après la dissolution de l'union, le débiteur capable de tous les actes de la vie civile peut transiger avec ses créanciers ; que, de leur côté, ceux-ci sont libres de consentir tels sacrifices qu'ils jugent convenables, et notamment de renoncer à l'exer-cice de la contrainte par corps. Mais la validité de la cession, d'une part, de ses conditions, de l'autre, ne pourrait être opposée qu'à ceux qui auraient été réelle-ment parties. Elle ne saurait nuire aux créanciers qui n'auraient pas voulu y souscrire, et qui pourraient tou-jours exécuter la personne et les biens cédés au mépris de leurs droits.

CHAPITRE VII.

Des différentes espèces de créanciers et de leurs droits en cas de faillite.

—

SECTION PREMIÈRE.

Des co-obligés et des cautions.

ARTICLE 542.

Le créancier porteur d'engagemens souscrits, endossés ou garantis solidairement par le failli et d'autres co-obligés qui sont en faillite, participera aux distributions dans toutes les masses, et y figurera pour la valeur nominale de son titre, jusqu'à parfait paiement.

ARTICLE 543.

Aucun recours, pour raison des dividendes payés, n'est ouvert aux faillites des co-obligés les unes contre les autres, si ce n'est lorsque la réunion des dividendes que donneraient ces faillites excéderait le montant total de la créance, en principal et accessoires, auquel cas cet excédant sera dévolu, suivant l'ordre des engagemens, à ceux des co-obligés qui auraient les autres pour garans.

SOMMAIRE.

II.   16

850. Il existe dans les faillites diverses classes de créanciers : elles se distinguent par les facultés attachées aux titres en vertu desquels elles agissent. Tels sont les créanciers hypothécaires, privilégiés sur les meubles ou les immeubles, nantis de gages ou porteurs d'engage-mens souscrits par plusieurs débiteurs solidaires ou non. C'est de ces derniers que la loi s'occupe d'abord.

851. Tous les débiteurs solidaires sont tenus de l'in-tégralité de la dette. Le créancier peut à son gré les con-traindre individuellement, s'adresser à celui qu'il lui plaît de choisir. Mais, en thèse ordinaire, les sommes payées par l'un d'eux font disparaître au profit de tous une partie équivalente de la dette, de telle sorte que le créancier ne peut jamais demander aux autres que le solde encore dû.

De plus chaque débiteur solidaire n'est tenu envers ses co-débiteurs qu'au paiement de sa part et portion ; et s'il a réellement payé une plus forte somme, il a action contre ces derniers pour les contraindre à lui res-tituer la part qui les concerne (1).

852. Une double exception a été consacrée à ces deux derniers principes, lorsque les débiteurs ont été déclarés en faillite. C'est ce que règlent nos deux dis-positions actuelles.

Ainsi le porteur d'un titre souscrit par plusieurs dé-biteurs faillis a le droit de se présenter à la faillite de chacun d'eux, de se faire admettre au passif pour la totalité de sa créance, et de retirer dans chacune d'elles le dividende sur l'intégralité de la dette. On ne saurait l'obliger à précompter le montant des répartitions aux-

(1) V. art. 1200 et suiv. Cod. civ.

quelles il a concouru, alors même qu'au moment où il demande son admission, une ou plusieurs des faillites se trouvassent liquidées.

Exemple : Paul est créancier d'une somme de **10,000** francs de Jacques, de Pierre et de Joseph. Au moment où la faillite de ce dernier s'ouvre, celle de Jacques et de Pierre a déjà produit un dividende de cinquante pour cent, qui a été touché par Paul. Celui-ci n'est donc plus créancier en réalité que de 5000 francs. Cependant il doit être admis au passif de Joseph pour 10,000 francs, montant intégral de la créance originaire. Or, il est cependant certain que si aucun des débiteurs n'était tombé en faillite, les 5000 francs payés par l'un d'eux auraient réduit d'autant les droits de Paul, qui ne pourrait plus exiger que les 5000 francs restants.

853. L'article 542 contient donc une dérogation au droit commun. Mais il est facile de s'en rendre compte en recherchant les modifications que la faillite des débiteurs impose dans les relations ultérieures entre eux et leurs créanciers.

Le porteur d'une créance solidairement due a le droit de se faire intégralement payer par ses débiteurs. Or, tant que ceux-ci sont solvables, il y a certitude que ce paiement se réalisera. En conséquence, lorsque le créancier s'adresse à l'un d'eux pour l'exiger, tout ce qu'il doit obtenir, c'est ce qui lui reste dû, prélèvement fait des à-comptes déjà reçus. L'autoriser à se faire payer l'intégralité de la dette sans égard pour ce que les autres débiteurs lui ont compté, ce serait l'autoriser à recevoir plus qu'il ne peut demander.

Lorsque tous les débiteurs sont en faillite, le droit du créancier d'exiger un paiement intégral n'en existe pas moins ; mais la faculté de l'obtenir est singulièrement altérée. Il ne recevra, dans chaque faillite, qu'un dividende plus ou moins considérable. Or, si ce dividende était déduit dans les diverses faillites, s'il n'était admis dans chacune que pour le solde résultant de cette déduction, il est certain d'avance qu'il n'obtiendrait jamais le paiement total de ce qui lui est dû, au mépris du droit que sa qualité lui assure.

C'est donc par respect de ce droit, que la loi lui laisse la faculté de se faire admettre dans la faillite de chacun de ses débiteurs pour la totalité de ce qui lui est dû, et de retirer un dividende proportionnel jusqu'à parfait paiement. Cette faculté n'est que la conséquence de la solidarité qui lie les débiteurs. S'il est vrai que chacun d'eux est tenu de toute la dette, il n'y a rien d'exorbitant à exiger qu'à eux tous ils la payent en entier.

854. L'exercice de cette faculté est entièrement laissé à l'arbitrage du créancier. Il peut, sans s'astreindre ni à la nature, ni à l'ordre des engagemens, s'adresser à telle ou telle faillite ; produire dans l'une, s'abstenir dans l'autre, sans qu'on pût l'obliger à rechercher d'abord le débiteur principal, ensuite la caution. Dès qu'il y a faillite, les droits, même simplement éventuels, s'ouvrent en faveur du créancier, qui peut immédiatement les faire utilement valoir, sauf l'action récursoire des co-obligés ou cautions, telle qu'elle va être établie plus bas.

855. Si parmi les co-obligés ou cautions, il en est qui ne soient pas en état de faillite, ils continuent à être tenus intégralement de la dette. Le créancier peut indifféremment leur demander paiement, ou produire d'abord dans la faillite des autres. Dans le premier cas ;

celui ou ceux qui auraient opéré ce paiement, seraient subrogés aux droits du créancier qu'ils pourraient faire valoir dans les faillites de leurs co-débiteurs (1).

956. Si avant de recourir contre les obligés solvables, le porteur de la créance avait produit dans les faillites des autres co-débiteurs solidaires, les dividendes qu'il aurait touchés devraient être prélevés sur le montant de la dette dont il ne pourrait demander que le solde. La raison en est simple. Si la loi permet au créancier de produire dans chaque faillite, pour l'intégralité de ce qui lui est dû, c'est pour lui fournir le moyen d'en être payé par la réunion des dividendes. Or, si ce paiement complet est assuré, il faut revenir au principe ordinaire dont le législateur ne s'est écarté que dans l'hypothèse de la faillite de tous les obligés solidaires. Ce résultat se réalise lorsque quelques-uns d'entr'eux sont encore solvables. Tenus à tout payer lorsque le créancier n'a rien reçu, ces derniers sont obligés de le rendre indemne dans tous les cas, mais non de lui faire avoir au-delà de ce qu'il a droit d'exiger ; c'est cependant ce qui arriverait si les dividendes touchés dans les faillites n'avaient pas éteint à leur égard une partie correspondante de la dette.

La loi n'a pu autoriser de près ni de loin un pareil résultat. Tout ce qu'elle devait faire pour le créancier, c'était de rendre plus probable et plus facile la rentrée des fonds qu'il avait prêtés. Or, lorsqu'il existe des débiteurs solvables, cette rentrée est certaine. Le paiement du solde restant dû, prélèvement fait des a-comptes payés par les co-débiteurs, le désintéresse complètement et assure ce *parfait paiement*, qu'il a été dans l'intention de la loi de lui garantir.

(1) Vid. infrà, n. 862.

857. Que faut-il entendre par ces mots de l'article 542? Comprennent-ils non-seulement le principal de la créance, mais encore ses accessoires naturels, tels que les intérêts et frais? C'est dans ce sens que la discussion au conseil d'état avait fixé l'étendue de l'article 534 du Code de commerce (1). Telle est aussi l'intention de la loi actuelle. Les intérêts et les frais s'unissent à la créance, en déterminent le chiffre. Il n'y a paiement parfait que lorsque les uns et les autres ont été soldés.

Mais par rapport aux intérêts, il convient de distinguer: ou tous les obligés sont en état de faillite, ou il en existe qui sont encore debout. Dans le premier cas, le cours des intérêts est réglé dans chaque masse au jour du jugement déclaratif de la faillite (1). Dans le second, les débiteurs solvables doivent les intérêts jusqu'au jour du paiement effectif.

858. La faculté laissée au créancier par l'article 542 est une conséquence de la solidarité supposée entre les débiteurs. Si donc cette solidarité n'existait pas, si la dette commune avait été divisée, et si chacun des co-obligés n'était tenu que de sa part et portion, le créancier n'aurait dans les faillites particulières d'autres droits que ceux qu'il aurait pu exercer contre le débiteur personnellement. Il ne serait admis au passif de chacune de ceux-ci que pour la part et portion le concernant.

Mais si la dette est solidaire, soit par la convention des parties, soit par la nature du titre, le droit du créancier d'être admis au passif des diverses faillites pour l'intégralité de ce qui lui est dû, est absolu et ne souffre

_____

(1) Locré, tom. 7, pag. 33 et suiv.
(2) Vid. art. 445.

aucune exception. Ainsi, alors même qu'une des cautions
viendrait à faillir avant l'échéance de la dette, et que le
principal obligé et plusieurs autres cautions étant évidemment solvables, il y aurait certitude de paiement,
l'admission du créancier dans la faillite de la caution ne
pourrait être contestée. On consignerait seulement dans
le procès-verbal, et au dos du titre, que l'admission n'est
qu'éventuelle. Ses effets tomberaient de plein droit si à
l'échéance le créancier était désintéressé par les débiteurs
solvables.

859. Si avant cette échéance des répartitions étaient ordonnancées, le créancier éventuellement admis pourrait-
il y prendre part? L'affirmative ne nous paraît pas douteuse. L'admission n'a pas d'autre objet que la faculté
de concourir à la distribution de l'actif. Celui qui a fait
procéder à la première a donc irrévocablement acquis le
droit de participer à la seconde. D'ailleurs la caution solidaire est réellement débitrice, et sa faillite rendant son
engagement exigible, le créancier peut à sa volonté réclamer son paiement. Seulement, comme en l'état de la
solvabilité des autres co-débiteurs, il y a probabilité de
paiement à l'échéance, la masse serait fondée à exiger
que la part afférent au créancier dans les répartitions,
restàt, jusqu'à cette échéance, déposée dans la caisse des
consignations, ou que le créancier donnàt caution pour
la restitution, si le débiteur principalement obligé exé-
cutait son obligation.

860. Dans tous les cas, la masse de la caution qui
aurait payé serait, jusqu'à concurrence, subrogée aux
droits du créancier contre le débiteur principal et les
autres co-obligés solidaires; mais elle ne pourrait les
exercer que dans les limites des engagemens de chacun

d'eux et de la même manière que le failli aurait pu le
faire. Ainsi si la dette était commune entre celui-ci et
les autres débiteurs, elle ne pourrait exiger que la part
proportionnelle de chacun d'eux dans ce qui dépasserait
celle que le failli devait payer. Si celui-ci n'était que
caution, comme, par exemple, s'il avait garanti le paiement, ou endossé le titre, le débiteur principal, les
souscripteurs de l'effet, l'accepteur et les endosseurs
précédens seraient tenus de rembourser à la faillite tout
ce qu'elle aurait payé.

Ce que nous disons de l'action récursoire se réalise
lorsqu'à côté des débiteurs faillis, il en existe qui ne le
sont pas. Il en serait autrement si tous les co-obligés
étaient également en état de faillite. Ici s'applique la
disposition de l'article 543.

861. Or, cet article prohibe tout recours, à raison
des dividendes payés, aux faillites des co-obligés les
unes contre les autres, à la condition toutefois que le
porteur du titre ayant produit dans chacune d'elles, y
a concouru à la répartition de l'actif. C'est là une dérogation formelle aux principes ordinaires, en matière de
solidarité et de cautionnement. D'une part, en effet,
en vertu de l'article 1213 du Code civil, la masse qui
aurait payé 50 pour cent pourrait recourir contre
celle qui n'en a payé que 10. De l'autre, la caution qui
a soldé une partie quelconque de l'engagement, serait
fondée à s'en faire rembourser par le débiteur principal,
aux termes des articles 2028, 2029 et suivans du
Code civil.

Mais, à côté des rapports entre les co-débiteurs, entr'eux, la faillite fait surgir un intérêt non moins sacré :
celui des tiers qu'elle compromet. Pour eux il ne saurait

jamais exister qu'une seule créance ayant droit à la répartition de l'actif. Or, lorsque par le résultat de son
admission au passif, cette créance a reçu le dividende
proportionnel, il ne lui est plus rien dû, et ce serait
blesser l'égalité que de l'admettre à exiger sous un autre
nom un nouveau dividende. C'est cependant ce qui se
réaliserait si on avait admis l'action récursoire des faillites entr'elles. La même créance figurerait deux fois
dans le passif; une première fois, pour la totalité en
faveur du créancier, une seconde fois, pour une partie
quelconque en faveur du co-débiteur qui aurait payé
une somme plus forte.

Ainsi la masse de la faillite aurait à payer deux et
quelquefois trois dividendes, selon le nombre des co-
débiteurs solidaires, tandis que chacun de ses membres
individuellement n'en recevrait qu'un seul. Il n'était pas
possible de consacrer un tel état de choses, et c'est
dans l'intention de le proscrire que l'article 543 a été
sanctionné.

862. C'est par le même principe qu'il faudrait régler
les droits des co-débiteurs solvables qui auraient payé
la dette en tout ou en partie. Nous avons déjà dit que
lorsque parmi les co-obligés quelques-uns seulement
sont en état de faillite, le créancier peut : ou se faire
payer intégralement par les autres, ou produire dans
les faillites et après avoir retiré les dividendes lui revenant, exiger d'eux la restitution du solde.

Dans la première hypothèse, les co-obligés sont subrogés aux droits du créancier. Ils sont recevables à les
exercer dans les faillites de leurs co-débiteurs et prennent dans chacune d'elles le dividende sur la totalité, si
la dette était exclusive au failli, sur la portion le concernant, si elle est commune.

Dans la seconde, la faillite est complètement libérée par le paiement qu'elle a fait au créancier du dividende qui est résulté de l'actif. Celui-ci a épuisé son droit. Les co-obligés solvables qui paient le solde restant dû n'ont plus rien à exiger, quelque minime qu'ait été ce dividende, eu égard à ce qu'ils remboursent eux-mêmes. Ils ne peuvent être subrogés à une action qui est éteinte parce qu'elle a produit tous ses effets.

Remarquons que dans l'une, comme dans l'autre, il n'existe aucune différence réelle dans le sort des co-obligés. En effet, dans la première ils auraient payé l'intégralité de la dette, et en vertu de la subrogation, ils seraient venus, dans les faillites des co-débiteurs, prendre le dividende qui en serait résulté. Or, ils jouiraient dans la seconde de ce même dividende, puisque le créancier est obligé de leur en tenir compte. Ils ne perdent donc rien dans celle-ci à ne pas être subrogés au créancier; cette absence de subrogation ne mettant à leur charge que ce qu'ils auraient réellement eu à supporter dans le cas contraire.

863. La suppression de l'action récursoire est donc fondée sur le principe de l'égalité qui doit régner entre tous les créanciers d'une même faillite. La masse ne doit jamais qu'un dividende proportionnel au chiffre des créances. En conséquence, elle ne doit plus rien, lorsque ce dividende a été délivré. Par rapport à elle, la créance est éteinte, et cette extinction la met forcément à l'abri de toute action récursoire de la part des débiteurs solidaires qui ont payé dans des proportions plus fortes, qu'ils soient ou non en état de faillite (1).

Mais le failli n'est personnellement dégagé envers eux

(1) Pardessus, n° 1255. Locré sous l'art. 534. D, A. tom. 8, pag. 196.

que de la même manière qu'il l'est envers tous les autres créanciers. Ainsi, il est tenu, après la dissolution de
l'union, de parfaire à ses engagemens, tels que la loi civile les a déterminés, et s'il acquiert de nouveaux biens,
ses co-obligés pourront le contraindre dans les proportions fixées par les articles 1213 et 2028 cod. civ. Dans
tous les cas, il ne pourrait obtenir sa réhabilitation qu'a-
près avoir intégralement désintéressé ses co-débiteurs de
tout ce qu'ils auraient payé pour lui.

864. On comprend au reste que son obligation à cet
égard varie, suivant qu'il était débiteur principal ou seulement caution. Dans le premier cas, si la dette lui a
exclusivement profité, il doit en rembourser l'intégralité
aux co-débiteurs qui l'ont éteinte. Si elle était commune
avec d'autres, il lui suffirait de restituer la partie qui le
concernait personnellement.

Dans le second, il ne doit désintéresser que ceux envers lesquels il était garant de la dette. Ainsi, l'endosseur
d'une lettre de change en devient débiteur solidaire envers le porteur et les endosseurs qui l'ont acceptée après
lui. Il ne pourrait donc se faire réhabiliter qu'en remboursant à chacun d'eux, soit les sommes qui peuvent
encore être dues, soit celles qu'ils auraient payées à cause
de sa faillite. Quant aux endosseurs précédens, ils n'ont
rien à lui réclamer; ils sont les garants du failli lui-même;
tout ce qu'ils auraient payé viendrait donc à la décharge
de celui-ci.

865. Les principes que nous venons d'exposer sur
l'action récursoire des co-obligés n'avaient pas été expressément réglés par le Code de commerce; mais ils
étaient universellement enseignés par les auteurs et consacrés par la jurisprudence. Nous venons d'invoquer les

noms de **MM**. Pardessus, Locré, Dalloz. Nous pourrions
à ces autorités joindre celle de nombreux arrêts ; mais
nous n'en citerons qu'un seul dans lequel nous aurons
à signaler une bien singulière contradiction.

866. Cet arrêt rendu par la cour royale de Paris, le
11 juin 1825 (1), avait à résoudre les deux questions
suivantes :

1° Si, lorsque le tireur de lettres de change tombe en
faillite , et que par suite d'un concordat passé avec les
créanciers, il paie un dividende au porteur, l'accepteur
(ou ses syndics, s'il est lui-même en faillite) peut avoir
action à raison de ces traites contre le tireur, encore que
les porteurs aient le droit de recourir contre lui accepteur, ou de se faire admettre au passif de sa propre faillite, jusqu'à leur parfait paiement ?

2° Si lorsque l'accepteur des traites tombe en faillite
après avoir reçu provision, et sans avoir acquitté ses acceptations, le tireur, failli lui-même, mais qui, par suite
d'un concordat a payé un dividende au porteur de ses
traites, peut être admis au passif de la faillite de l'accepteur, pour le montant de la provision qu'il lui avait
envoyée, et cela encore que les tiers porteurs exercent
eux-mêmes un recours contre l'accepteur, pour leur entier paiement ?

A notre avis, ces deux questions n'en font qu'une
seule. Il s'agit uniquement du recours par la faillite d'un
co-débiteur contre celle de son co-débiteur. Dans la
première, c'est l'accepteur qui prétend l'exercer contre
le tireur ; dans la seconde, c'est ce dernier qui la reven-
dique contre le premier. Les mêmes principes devaient

_____

(1) D. P. 26, 2, 52.

donc les régler toutes deux. Aucune difficulté ne saurait aujourd'hui empêcher qu'il en fût ainsi.

Cependant l'arrêt que nous rapportons ne le jugea pas de cette manière. Il décide négativement la première et affirmativement la seconde, et sur chaque point, il a reçu la sanction de la cour régulatrice qui a rejeté le pourvoi qu'on avait formé contre lui (1).

867. Il est facile cependant de se convaincre de la contradiction flagrante dans laquelle est tombée la cour royale de Paris. Les motifs de sa décision sur la première question condamnent inévitablement celle qu'elle a rendue sur la seconde.

Ainsi elle refuse tout recours à la faillite de l'accepteur contre celle du tireur, attendu : « que le concordat qu'obtient un débiteur failli et qui est homologué par la justice devient obligatoire pour et envers tous les créanciers ; que le dividende que paye le débiteur en vertu de ce concordat, équivaut au paiement intégral de sa dette; qu'en principe la dette du tireur est unique, qu'il ne la doit qu'une seule fois, et que portée une seule fois dans le bilan, elle ne peut participer aux dividendes qu'une seule fois, quelles que soient les personnes intéressées à son acquittement ; que si les accepteurs ou tous autres, dont la signature garantit le paiement de la traite, sont obligés d'admettre le porteur à leur faillite, le dividende qu'ils lui payent ne vient pas à la décharge du tireur, qui est déjà libéré par celui qu'il a payé, mais n'a d'autre objet que de les dégager de leur cautionnement personnel. »

Ces motifs sont irréprochables en droit et justifient bien le rejet de l'action récursoire exercée par l'accep-

(1) Cass. 8 février 1827. D. P. 27, 1. 136.

teur contre la faillite du tireur. Mais ils dictaient impérieusement une solution identique contre celle – ci,
poursuivant un recours contre celle de l'accepteur. En
effet, pour ce qui concerne celui-ci, il est certain que
la dette est unique, qu'elle n'est due qu'une seule fois,
qu'elle ne peut être portée qu'une seule fois au bilan,
et ne doit participer qu'une seule fois aux dividendes ;
que le paiement de celui-ci équivaut au paiement intégral, et qu'enfin si le tireur ou d'autres garants de la
dette sont obligés d'admettre le porteur à leur faillite,
le dividende qu'ils lui payent n'a d'autre objet que de
les dégager de leur cautionnement personnel.

En conséquence, l'arrêt que nous examinons, en admettant le tireur à se présenter à la faillite de l'accepteur, a méconnu les veritables principes et violé ceux
qu'il venait de proclamer lui-même, à savoir : l'existence d'une seule et même dette, et l'impossibilité de
lui accorder un double paiement.

Vainement dirait-on qu'en faisant provision le tireur
a payé tout ce qu'il devait, et que si par le fait de l'accepteur il est obligé de payer une seconde fois, il est
juste de le reconnaître créancier pour le montant de la
provision. Cela est exact contre l'accepteur personnellement, mais non contre la masse de sa faillite. L'égalité
entre tous les créanciers n'existe plus dès que la même
dette produit deux dividendes, et nous avons vu que
c'est surtout pour éviter un pareil résultat que l'action
récursoire entre les faillites a été proscrite.

D'ailleurs l'accepteur n'est réellement obligé au paiement de la traite que parce qu'il y a ou qu'il est censé
avoir provision. Si en fait celle-ci n'a pas été fournie et
qu'il paye, il a, en thèse ordinaire, un recours incon-

testable contre le tireur. Or, ce recours on le lui refuse
cependant contre la faillite de celui-ci. Quelle différence y a-t-il entre sa position dans ce cas et celle du
tireur lorsque la provision a été faite ? Si dans le premier l'accepteur a fait confiance au tireur, dans le second c'est le tireur qui l'a faite à l'accepteur ; il n'y a
donc aucun motif pour créer entre eux une distinction
quelconque et pour accorder à celui-ci ce qu'on refuse
à celui-là.

Enfin, si par cela seul que le tireur, ayant fait provision, ne doit plus rien, on doit l'admettre à recourir
contre la faillite de l'accepteur, on devrait accorder le
même recours aux endosseurs, aux simples cautions,
car les uns et les autres ne sont obligés que parce qu'ils
ont signé le titre, sans qu'ils aient été jamais réellement
et véritablement débiteurs. Or, comme pour eux il n'y
a pas d'action récursoire, lorsqu'avant de les attaquer le
porteur a produit dans la faillite de l'obligé principal,
on doit évidemment prendre une décision identique
contre le tireur qui a fait provision. Ce n'est pas agir
avec une trop grande rigueur que de l'assimiler à une
simple caution.

Ce qu'il faut surtout remarquer dans les arrêts dont
nous nous occupons, c'est l'absence complète de motifs
sur la seconde question. La Cour royale se contente de
la trancher en disant que le tireur, étant créancier de
l'accepteur, doit être admis dans sa faillite, et la Cour
de cassation garde à cet égard le plus complet silence.
Mais ce qui prouve la justesse de notre critique, c'est
que devant la première, le tireur, reconnaissant que le
système qu'il soutenait contre l'accepteur se rétorquait
contre lui-même, prétendait que créancier par compte

courant, il n'agissait pas en vertu des lettres de change; qu'il ne demandait donc pas le même dividende que les porteurs de celles-ci.

La cour a-t-elle admis ce point de vue? C'est ce que son arrêt laisse préjuger. Cependant, c'est là une considération qui, sauf des circonstances particulières, ne peut avoir une portée réelle. Il serait extrêmement facile d'éluder la loi, si on pouvait la consacrer. En effet, tous les endosseurs, toutes les cautions pourraient tenir le même langage, présenter un compte courant dans lequel ils passeraient ce qu'ils ont payé pour le failli, et, laissant de côté les lettres de change, se prétendre créanciers de la balance du compte. Dans l'espèce jugée par la cour de Paris, la demande était fixée par son objet. C'est comme accepteur des traites qu'on recherchait celui qui, ayant reçu provision, n'avait pas fait honneur à ses acceptations. Mais c'est précisément parce qu'il avait reçu cette provision que celui-ci était devenu débiteur réel des traites. Dès-lors, sa faillite, ayant payé au porteur le dividende commun à tous les autres créanciers, s'était complètement libérée pour ce qui concernait cette provision. Elle ne pouvait donc plus être recherchée à raison de ce.

868. En admettant le contraire, l'arrêt a méconnu les vrais principes. Il est de plus tombé dans une contradiction manifeste. Que si la Cour de cassation n'a pas vu dans sa seconde disposition une violation de la loi, c'est que le Code de commerce n'avait nullement réglé la position des co-obligés entr'eux. Depuis la promulgation de l'article 543, une décision de la même nature est impossible. Elle ne manquerait pas dans tous les cas d'être réformée par la Cour régulatrice.

869. Nous avons déjà dit que le porteur ne peut jamais

II.   17

recevoir plus que ce qui lui est légitimement dû. Cependant les dividendes produits par les diverses faillites peuvent dépasser ces limites. A qui appartiendra l'excédant?

La loi l'attribue à ceux des co-obligés qui auraient les autres pour garants, suivant l'ordre des engagemens. Pour la saine application de cette doctrine, il convient de distinguer entre les titres civils et les titres commerciaux.

870. Dans les premiers, il y a un ou plusieurs débiteurs principaux. Dans ce dernier cas, la communauté dans l'obligation crée pour tous un droit égal à l'excédant, qui est dès-lors distribué au marc le franc.

S'il n'y a qu'un seul obligé principal et plusieurs cautions, celles-ci se partagent l'excédant dans la proportion de ce que chacune d'elles a payé.

871. Dans les titres commerciaux, s'il existe plusieurs tireurs et que l'un d'eux ait exclusivement profité de la créance, les autres sont considérés comme des cautions. Il est alors procédé comme pour celles-ci.

Les accepteurs qui ont été obligés de payer sans avoir reçu provision, sont naturellement préférés aux souscripteurs. L'acceptation suppose la provision à l'égard du porteur et des endosseurs; mais les tireurs restent garants de sa réalisation. Si elle n'a pas été fournie, l'accepteur après avoir payé a le droit de les contraindre à le rembourser. L'excédant produit par les diverses faillites doit donc lui être attribué.

Enfin, si la lettre de change ou le billet à ordre a été négocié, cet excédant appartient aux endosseurs plutôt qu'à l'accepteur. Vainement celui-ci se prévaudrait-il, si la date de son acceptation était postérieure aux endossemens, de ce que la loi ordonne la dévolution de l'excédant dans l'ordre des engagemens. Cet ordre n'est obligatoire qu'après la détermination de la nature de l'obligation. Il ne doit être suivi qu'entre les parties qui se doivent respectivement garantie, de manière à ce que celle-ci soit exercée conformément aux droits de chacun. Or, l'accepteur est toujours garant envers les endosseurs. C'est donc à ces derniers à profiter d'abord de l'excédant.

872. Par rapport à eux, la dévolution s'opère en faveur du dernier, qui a pour débiteurs solidaires tous les autres. On remonte ainsi jusqu'au premier, en supposant que l'excédant soit de nature à permettre d'aller jusque-là. Ainsi, en admettant que deux endossemens fussent datés du même jour, c'est le second qui est préféré au premier, puisque dans l'ordre de la négociation la garantie lui est due par celui-ci.

873. La détermination à appliquer donnerait lieu à plus de difficultés s'il s'agissait d'une lettre de change tirée pour compte et acceptée par le tiré. A qui du tireur ou de l'accepteur devrait-on attribuer l'excédant ? Ils sont l'un et l'autre les mandataires du donneur d'ordre et une préférence entr'eux pourrait paraître difficile à établir, si le principe de la garantie n'arrivait à faire résoudre naturellement la question. Il convient donc de rechercher en faveur de qui ce principe existe réellement.

La rédaction de l'article 115 du Code de commerce avait laissé exister des doutes. On avait voulu induire de ses dernières expressions que le tireur pour compte restait personnellement tenu, même vis-à-vis de l'accepteur, à la garantie du paiement de la traite. Mais cette interprétation avait trouvé de nombreux adversaires ; elle était combattue par la discussion que cet article avait subie dans le conseil d'état, qui depuis l'avait, au fond, condamnée par son avis du 22 novembre 1811, tout en reconnaissant qu'en la forme, c'était aux tribunaux qu'appartenait le soin de le faire.

De nouvelles difficultés s'étant présentées, et la jurisprudence se divisant sur le sens de cette disposition, l'interprétation en fut soumise au pouvoir législatif. L'article 1er de la loi du 19 mars 1817, a définitivement tranché la question contre l'accepteur, en restreignant la responsabilité du tireur pour compte à ce qui concerne les porteurs et les endosseurs.

Le tireur pour compte n'est donc jamais obligé envers l'accepteur ; il ne lui doit conséquemment aucune garantie. Qu'en est-il de celui-ci à son égard ?

L'acceptation suppose provision. Dès qu'elle se réalise, celui dont elle émane devient débiteur direct envers tous les intéressés. Or, le tireur pour compte n'a jamais rien dû. Ce n'est que par une exception aux principes ordinaires du mandat, qu'il devient obligé personnellement, en exécutant celui qui lui a été donné. Mais son obligation n'est et ne peut être qu'un cautionnement. Dès lors, il peut, comme les autres cautions de la traite, contraindre le débiteur direct à lui rembourser ce qu'il a payé par suite de son cautionnement.

Il suit de là que si le porteur a été désintéressé, même partiellement par le tireur pour compte, celui-ci peut se faire restituer soit par le donneur d'ordre, soit par l'accepteur. Il pourrait donc se faire admettre dans leur faillite, à moins que le porteur n'eût lui-même été admis et n'eût retiré le dividende. Ce droit, il le puiserait soit dans l'article 542, soit dans la subrogation légale qui se serait opérée en sa faveur par le paiement qu'il aurait fait au porteur. De telle sorte, qu'alors même que l'accepteur étant encore solvable, aurait payé une partie de la traite, non seulement il ne pourrait empêcher le tireur pour compte de venir dans la faillite du donneur d'ordre, de préférence à lui-même, mais encore d'être admis pour la totalité de la créance jusqu'à parfait paiement de ce qu'il a déboursé en principal et accessoires (1).

De plus, si le dividende n'était pas suffisant pour atteindre ce résultat, l'accepteur serait tenu de payer le solde restant dû. Dès lors, il est certain qu'il doit garantie au tireur pour compte, et que, par cela seul, celui-ci prendrait avant lui l'excédant qui existerait.

874. Les paiemens que le porteur reçoit dans les faillites des co-obligés, doivent tous être portés sur le titre original. Son inspection suffirait donc pour établir s'il y a ou non un excédant. Ce fait, d'ailleurs, serait facile à constater, en consultant les états de répartitions conservés par les syndics. Du moment que les divers dividendes ont atteint l'intégralité de la dette, le porteur n'a plus le droit de participer aux répartitions ultérieures. Ce droit appartient à l'obligé, premier appelé dans l'ordre qui précède. Celui-ci doit donc exiger la remise du titre; il peut saisir-arrêter entre les mains des syndics le montant des dividendes qui suivront, et exiger la restitution de ceux qui auraient été emboursés par le porteur.

ARTICLE 544.

Si le créancier porteur d'engagemens solidaires entre

(1) Pardessus, n. 1255; D. A., 8, p. 197, n. 9.

le failli et d'autres co-obligés a reçu, avant la faillite ,
un à-compte sur sa créance, il ne sera compris dans la
masse que sous la déduction de cet à-compte, et conservera, pour ce qui lui restera dû, ses droits contre le
co-obligé ou la caution.

Le co-obligé ou la caution qui aura fait le paiement
partiel sera compris dans la même masse pour tout ce
qu'il aura payé à la décharge du failli.

SOMMAIRE.

875. En principe, avons-nous dit, le paiement partiel fait par un débiteur solidaire éteint la dette, jusqu'à concurrence, au profit de tous les débiteurs. En recherchant quel était le motif de l'exception que l'article
542 faisait subir à ce principe, nous l'avons indiqué
dans l'état de faillite, et dans les modifications qu'il fait
subir à la position du créancier. L'article 544 est une
preuve que notre système repose sur une interprétation exacte de l'esprit de la loi.

En effet, nous voyons que, pour les paiemens opérés et reçus, pendant que les débiteurs étaient *integri statûs*, le législateur revient au principe ordinaire. Ce paiement a tous les effets qu'un acte de cette nature est susceptible de produire, c'est-à-dire, qu'il entraîne l'extinction de la dette pour les créanciers, et la subrogation en faveur de celui qui l'a réalisé. De là, le réglement des droits de l'un et de l'autre contre la faillite du co-obligé, tel qu'il est établi par l'article 544.

876. Cependant divers reproches ont été adressés à cette disposition. Imposer au créancier, a-t-on dit d'abord, la déduction de l'à-compte par lui reçu, c'est lui retirer le bénéfice que lui confère l'article 542, c'est déroger au droit qu'on lui reconnaît d'être payé intégralement. En effet, ne devant retirer qu'un dividende dans chaque faillite, il y a presque certitude d'une perte pour lui, et cette perte sera d'autant plus forte qu'il ne sera pas admis au passif pour le chiffre total de sa créance.

877. Mais ce reproche était injuste. La faillite prend, au moment où elle se réalise, le créancier dans l'état qu'il s'est fait lui-même, avec les droits qu'il a à prétendre. Or, si à cette époque, la dette originaire a été réduite, on ne saurait annuler les actes qui ont amené cette réduction, sans violer les droits définitivement acquis.

En admettant donc le créancier à concourir dans les faillites de chacun de ses débiteurs, pour l'intégralité de ce qui lui reste dû, on lui accorde tout ce qu'il était permis de lui accorder.

On ne pouvait, en effet, assimiler les à-comptes reçus avant la faillite à ceux que le créancier recevra plus tard dans la répartition de l'actif. Les uns ont été volontairement acceptés par le créancier, et n'ont produit qu'une

libération proportionnelle. Les autres, au contraire,
libèrent complètement la masse, et interdisent tout
recours ultérieur contre elle, malgré la solidarité du
débiteur. Le créancier contraint de recevoir ne peut être
censé vouloir libérer les autres débiteurs, jusqu'à ce qu'il
soit lui-même intégralement payé, et c'est surtout cette
présomption qui a fait admettre le principe consacré par
l'article 542.

Or, il serait impossible de la supposer pour les paiemens opérés avant la faillite, et alors que les débiteurs
étaient tous *integri statûs*. Dans cette hypothèse, les
paiemens n'ont été faits et reçus que dans l'intention
d'une libération partielle. En l'admettant ainsi, la loi ne
consacre qu'un fait qui résulte clairement et explicitement de cette intention commune.

Dès qu'il y a eu libération proportionnelle, la dette a
été éteinte jusqu'à concurrence. Cette extinction acquise,
la faillite postérieure n'a rien pu changer à un pareil état
des choses. En effet, sa déclaration ne crée aucuns droits
nouveaux en faveur de qui que ce soit. Elle se borne à
mettre en mouvement ceux qui existent. Conséquemment
elle n'a pu faire revivre en faveur du créancier la partie
de la dette régulièrement éteinte, ni annuler les effets
d'un paiement valablement opéré et volontairement reçu.

On devait d'autant moins l'admettre, que la reconstitution de la dette était de nature à porter préjudice aux
créanciers des autres co-obligés. En effet, celui qui a
payé, ou sa faillite, est subrogé aux droits du créancier, et doit être admis au passif des autres co-débiteurs. Or, s'il s'y présente lui-même, il n'aura à répéter
sur ce qu'il a payé que la part afférente à chacun d'eux,
tandis que le créancier prendrait dans chacune un dividende sur la totalité de la dette. Dans ce dernier cas,

les simples cautions paieront, et n'auront aucune action récursoire contre les obligés principaux (1). Dans le premier, au contraire, la faillite des cautions sera ou totalement, ou partiellement libérée, selon que le co-obligé qui a payé l'à-compte était ou caution lui-même ou obligé principal.

L'intérêt des tiers s'unissait dès lors au respect des droits acquis pour dicter au législateur la disposition qu'il a consacrée. Il est donc sous ce rapport à l'abri de tout reproche.

878. La disposition de l'article 544 a été attaquée sous un second point de vue. Elle ne devait pas, a-t-on dit, admettre dans la faillite des co-débiteurs, concurremment avec le créancier, le co-obligé qui a opéré le paiement partiel. C'est là une violation manifeste de l'article 1252, Cod. civ., qui veut que le créancier soit payé de préférence au co-débiteur, dont il n'a reçu qu'un à-compte sur la dette.

879. Il était impossible de se soumettre, en matière de faillites, à la rigueur des principes ordinaires. La substitution d'une masse à la personne d'un débiteur, faisait un devoir de concilier ce qui était dû à l'intérêt du créancier individuellement, avec les droits des tiers nombreux dont celle-ci se compose. Que cette exigence ait motivé dans quelques cas l'affaiblissement des liens que le droit civil impose, c'est ce qu'on doit parfaitement comprendre, c'est ce qu'il est impossible de blâmer.

Mais dans notre hypothèse, le blâme serait de plus immérité, car la loi a fait pour le créancier tout ce qu'elle pouvait raisonnablement faire. Elle lui accorde le droit de poursuivre son paiement intégral, et conséquemment

(1) V. suprà n° 861.

la faculté d'être admis dans la faillite de ses débiteurs pour la totalité de ce qui lui est dû. Pouvait-elle l'affranchir du sort commun à tous les autres créanciers, de voir cette faculté se résumer dans la réception du dividende produit par chacune d'elles? Évidemment non sans sacrifier les autres créanciers, déjà assez malheureux de n'avoir que le failli pour unique débiteur.

Le paiement du dividende effectué, le créancier n'a plus rien à prétendre. Peu lui importait donc que le co-obligé fût ou non admis à en recevoir un proportionnel sur ce qu'il a payé à la décharge du failli. C'était là d'ailleurs un droit qu'on ne pouvait méconnaître. Celui qui a payé pour le compte d'un autre, devient réellement son créancier, et il n'y a aucune faveur à le traiter comme tel.

Dans cette hypothèse donc, son admission à la faillite est indifférente; le créancier n'aurait aucun motif de s'en plaindre. Que sera-ce si, au fond, il est certain que cette admission lui est au contraire favorable? Or, le paiement partiel, avant la faillite, a éteint la dette, et nous venons de voir que le créancier n'est jamais admis que déduction faite de ce qu'il a reçu, et qui ne peut plus produire un dividende quelconque en sa faveur. Cependant ce dividende, il le trouve dans l'admission du co-obligé, ordonnée par l'article 544. En effet, de deux choses l'une : ou le co-obligé est encore solvable, ou il est tombé en faillite. Dans l'un, comme dans l'autre cas, il reste tenu, en vertu de la solidarité, de tout ce qui est encore dû au créancier. Celui-ci pourra donc, dans le premier, saisir-arrêter entre les mains des syndics le dividende auquel le co-obligé a droit (1) ; dans le second,

____

(1) Pardessus, n. 1216.

l'actif de la faillite se trouvera augmenté de ce même dividende dont le créancier profitera proportionnellement.

Loin donc que la disposition de l'article 544 lèse le créancier, il faut reconnaître qu'elle est toute à son avantage. Il ne pourrait, sans elle, recevoir ce que son application est de nature à lui procurer.

La détermination du législateur est donc parfaitement justifiée. Il nous reste à en déduire les conséquences.

880. Les droits du co-obligé dans la faillite de ses co-débiteurs sont régis par les articles 1213 et 1214 du Code civil. C'est ce qui résulte du texte et de l'esprit de notre disposition. Il est évident, en effet, qu'en ne l'admettant dans chaque faillite que pour les sommes payées à la décharge du failli, le législateur n'entend parler que de la part et portion de la dette dont celui-ci était tenu.

881. Ainsi, si la dette était commune, le co-obligé qui a payé ne pourrait réclamer de ses co-débiteurs que la partie qui les concernait personnellement. Il ne pourrait donc être admis dans aucune des faillites pour la totalité des sommes qu'il aurait payées. Ce pouvoir n'est accordé aux créanciers qu'en vertu de la solidarité des débiteurs à son égard. Or, de débiteur à débiteur, il n'existe jamais de solidarité.

Si le co-obligé n'était que caution, le paiement qu'il aurait réalisé l'aurait subrogé contre les débiteurs principaux, au droit de demander à chacun d'eux la totalité de la somme (1). Il devrait donc être admis dans leur faillite individuelle pour l'intégralité des sommes qu'il aurait payées. Il serait, pour eux, à l'instar du créancier.

882. Enfin, les obligations qui naissent de l'endosse-

(1) Art. 2030, C. civ.

ment, étant réglées par des dispositions spéciales, c'est à celles-ci qu'il faudrait recourir pour fixer la position de l'endosseur qui aurait en tout ou en partie désintéressé le porteur. Il est certain qu'il pourrait recourir, soit contre les tireurs et accepteurs, soit contre les endosseurs précédens qui sont tous ses débiteurs solidaires. Il devrait donc être admis dans la faillite de chacun d'eux pour l'intégralité de ce qu'il aurait payé.

ARTICLE 545.

Nonobstant le concordat, les créanciers conservent leur action pour la totalité de leur créance contre les co-obligés du failli.

SOMMAIRE.

883. Les principes consacrés par l'article 1285 du Code civil, pour les conséquences de la remise de la dette, pouvaient faire naître des difficultés entre les débiteurs solidaires et le créancier qui aurait concordé avec l'un d'eux. Pour les prévenir, le législateur n'a pas hésité à se prononcer expressément, quoique son intention fût implicitement démontrée par l'article 542.

884. Le concordat ne constitue donc pas la décharge conventionnelle, et n'a, par conséquent, jamais les effets que l'article 1285 attache à celle-ci. Les motifs de cette disposition sont on ne peut pas plus justes. Dès que le concordat est homologué par la justice, il devient obligatoire pour tous les créanciers. La remise qui y est stipulée manque donc du premier caractère exigé par la loi civile, c'est-à-dire qu'elle n'est ni spontanée, ni volontaire, et que partant elle ne peut et ne doit profiter qu'à celui qui l'obtient.

885. Il est vrai que cette considération ne pourrait pas être utilement invoquée par ceux qui ont voté pour le concordat, et c'est par ce motif, que le projet présenté par le gouvernement avait distingué entre eux et ceux qui s'étaient abstenus, en restreignant à ces derniers le bénéfice de l'article 545.

886. Mais cette proposition n'était pas autre chose qu'une exclusion de la délibération sur le concordat, de tous les porteurs d'engagemens souscrits par plusieurs débiteurs solidaires, et l'abandon de l'admission de celui-ci à la discrétion de quelques créanciers. Sans cela, ainsi que le disait le rapporteur de la chambre des députés, dans la session de 1835, c'était rendre, dans plusieurs cas, le concordat impossible. En effet, les créanciers, porteurs d'engagemens de ce genre, peuvent être fort nombreux, surtout dans la faillite d'un banquier. Or, leur faire un devoir de s'abstenir de voter, sous peine de perdre tout recours contre les autres souscripteurs, et maintenir les sommes qui leur sont dues au nombre de celles qui doivent servir à calculer la majo-

rité, c'était renoncer à atteindre à celle exigée par l'article 507.

887. Arriver fatalement à l'union, eut été d'autant plus regrettable dans cette circonstance, qu'en droit la disposition de l'article 545 se justifie par les principes du droit civil lui-même, notamment par l'article 1208 du Code civil.

On sait, en effet, qu'aux termes de sa disposition, le co-débiteur solidaire ne peut exciper des exceptions purement personnelles à son co-obligé. Or, s'il en est une qui soit dans cette catégorie, c'est, sans contredit, celle tirée de l'état de faillite et des conséquences qu'il entraîne.

Le concordat est, en quelque sorte, forcé par la position malheureuse du débiteur. La remise qu'il impose n'a été consentie que pour éviter une perte plus considérable qui pouvait résulter de la liquidation faite en état d'union. Les effets de cette remise restent donc exclusivement concentrés sur la tête du failli. « C'est là, dit le judicieux Pothier, une exception *in personam*, qui n'est accordée au débiteur qu'en considération de son état de pauvreté qui lui est personnel. Les remises accordées par le contrat d'atermoyement n'ayant pas été faites *animo donandi*, mais par nécessité, l'exception qui résulte de ce contrat ne donne atteinte qu'à l'obligation civile. L'obligation naturelle, pour ce qui reste à payer, subsiste dans toute son intégrité, et sert d'un fondement suffisant à l'obligation des fidé-jusseurs (1).»

L'article 545 n'est donc qu'une saine application du principe consacré par l'article 1208 du Code civil. L'exception tirée du concordat étant purement personnelle

_____
(1) Des obligations, n. 380.

ne peut être invoquée par les co-débiteurs du failli ; et c'est surtout à cause de ce caractère, que sous l'empire du Code de commerce, la doctrine et la jurisprudence l'avaient ainsi admis, malgré l'absence de toute disposition de la nature de celle que nous examinons.

888. D'ailleurs, ceux-là mêmes qui ont voté au concordat n'ont pas consenti une remise de la dette, dans l'acception ordinaire de ce mot. En effet, l'avenir du failli reste grevé de l'obligation de payer le surplus, à tel point, que le défaut de libération le maintient dans les incapacités qui résultent de l'état de faillite, et qui ne disparaissent que par la réhabilitation. Or, il n'est admis à celle-ci qu'après avoir intégralement payé ses dettes en principal, intérêts et frais, tandis que pour les co-obligés la remise eut été définitive, par cela seul que le créancier eut voté au concordat.

Le rejet du projet du gouvernement était donc dicté, non seulement par les principes que nous venons d'exposer, mais encore par cette puissante considération que le concordat eut produit un effet beaucoup plus étendu pour les co-débiteurs que pour le failli lui-même. La décision contraire eut, d'ailleurs, rendu le concordat difficile, impossible même, dans plusieurs cas, tandis qu'il a été dans l'intention du législateur d'en favoriser l'adoption.

889. Les droits du créancier restent donc, après le concordat, ce qu'ils étaient avant la faillite, ce qu'ils sont dans l'hypothèse d'une union. Il peut, qu'il ait ou non voté pour l'adoption du traité, après avoir reçu le dividende stipulé, s'adresser aux co-débiteurs solidaires, réclamer de chacun d'eux le solde de sa créance, s'ils sont solvables, et, s'ils sont en faillite, se

faire admettre à leur passif pour la totalité de ce qui lui est dû jusqu'à parfait paiement (1).

Les droits du créancier sont transmis au co-débiteur solidaire qui l'a désintéressé, sauf à celui-ci à les exercer dans les limites tracées par les articles précédens.

890. Il est cependant une hypothèse, dans laquelle la part prise par le créancier, à la délibération du concordat, peut influer sur ses droits contre les cautions. Nous avons vu que le créancier hypothécaire perd les effets de son hypothèque, s'il vote à cette délibération. Il n'est pas douteux que ce cas se réalisant, la caution ne fût libérée. Il y a dans ce fait un abandon volontaire, de la part du créancier, des garanties affectées à sa créance, et qui devaient profiter à la caution. Or, la faculté qu'a tout créancier de consentir tel sacrifice qu'il juge convenable, ne peut jamais aller jusqu'à dénaturer l'engagement au préjudice des tiers. Dans l'espèce cependant c'est la caution qui serait victime de l'abandon volontairement souscrit par le créancier. Un tel résultat serait injuste ; on ne pourrait donc le consacrer. On devrait voir dans le fait du créancier une véritable novation dans le titre, qui, aux termes de l'article 1281 du Code civil, aurait complètement libéré la caution et les autres débiteurs solidaires.

SECTION II.

Des créanciers nantis de gages, et des créanciers privilégiés sur les biens meubles.

─────⊸◦⊷─────

ARTICLE 546.

Les créanciers du failli qui seront valablement nantis

(1) Cass., 8 août 1842. D. P., 42, 1, 356.

de gages ne seront inscrits dans la masse que pour mémoire.

ARTICLE 547.

Les syndics pourront, à toute époque, avec l'autorisation du juge-commissaire, retirer les gages au profit de la faillite, en remboursant la dette.

ARTICLE. 548.

Dans le cas où le gage ne sera pas retiré par les syndics, s'il est vendu par le créancier moyennant un prix qui excède la créance, le surplus sera recouvré par les syndics ; si le prix est moindre que la créance, le créancier nanti viendra à contribution pour le surplus dans la masse, comme créancier ordinaire.

SOMMAIRE.

902. Pour celle-ci, il n'y a de gages valables que ceux constitués conformément à l'article 2074, Cod. civ.

903. Nécessité de l'exiger ainsi pour juger si le failli avait ou non capacité d'engager.

904. L'enregistrement de l'acte sous seing-privé peut être suppléé par d'autres actes qui rendraient sa date certaine.

903. La règle de la constitution du gage ne reçoit exception que lorsque sa certitude résulte ou d'une disposition de la loi, ou de la nature même de l'opération.

906. L'article 93 du Cod. comm. donne un exemple des premiers.

907. Exemple des seconds dans un arrêt de la Cour roy. de Toulouse.

908. Dans ces deux hypothèses le gage serait valable alors même qu'il eût été constitué dans les dix jours de la faillite.

909. La notification voulue par l'article 2075 C. c. n'est exigée que pour les titres non transmissibles par endossement.

910. Mais l'endossement énonçant la nature de la transmission ne pourrait établir le gage que s'il avait acquis date certaine.

911. A plus forte raison la simple remise d'un billet au porteur ne suffirait pas pour prouver le gage.

912. Le gage ne donne privilége que tant que les objets qui le constituent sont dans les mains du créancier.

913. Obligations de celui-ci pour la conservation du gage.

914. Il ne peut être obligé à restituer qu'après avoir été remboursé en principal, intérêts et frais.

915. Ce remboursement, qui ne pouvait être fait sous le Code que par les syndics définitifs, peut aujourd'hui être réalisé même par les syndics provisoires avec l'autorisation du juge-commissaire.

916. Si le gage n'est pas retiré, le créancier a l'option ou de retenir les objets en rendant le surplus de leur valeur, ou de faire vendre.

917. A quelle époque la vente est poursuivie.

918. Obligations et droits du créancier dans ces deux cas.

919. On ne doit pas confondre le privilége avec le droit de rétention. A qui la loi a-t-elle conféré celui-ci ?

920. Exception à la règle ordinaire pour les créances résultant d'abus ou de prévarications des fonctionnaires, sur leur cautionnement.

921. Droit du commissionnaire qui a acheté ou vendu des marchandises pour compte d'autrui sur ces marchandises ou leur prix.

922. Privilége résultant d'une saisie-arrêt pratiquée et validée avant la faillite, par jugement passé en force de chose jugée.

891. Les priviléges sur les meubles sont généraux ou particuliers. Les premiers frappent l'universalité des biens meubles; les seconds ne s'exercent que sur certains objets spéciaux. C'est de ces derniers que la loi s'occupe d'abord. Nous devons donc les rappeler, et examiner leurs effets par rapport à la faillite.

892. Au premier rang de ces priviléges se trouve placé celui du locateur d'une maison ou d'une ferme, sur tout ce qui garnit les lieux loués et sur tout ce qui sert à l'exploitation de la ferme. Ainsi meubles, ustensiles, chevaux de labourage appartenant au fermier, récoltes pendantes par racine ou détachées du sol, celles même des années précédentes, rien ne peut être distrait ni enlevé avant que le bailleur ne soit complètement désintéressé dans les proportions établies par l'article 2102, Code civil, savoir :

893. Si le bail est authentique, ou si étant sous seing-privé il a acquis date certaine avant la faillite, le bailleur a privilége pour tout ce qui lui est dû pour termes échus et pour ceux à écheoir jusqu'à la fin du bail. En conséquence, la masse est obligée de payer tout ce qui peut être réclamé à ce double titre. Mais au moyen de ce paiement, il lui est loisible de relouer la maison ou la ferme pour le restant du bail et d'en retirer les fermages.

Si le bail est sous seing-privé et qu'il n'ait pas acquis date certaine, le privilége n'existe en faveur du bailleur que pour ce qui lui est dû pour l'année courante et pour l'année d'après. Les créanciers sont donc libérés par le paiement de ces deux années, bien entendu que dans ce cas, comme dans le précédent, ils feront leur profit des sous-locations qu'ils pourraient consentir.

Remarquons bien que le paiement, dans ce cas, n'est dû que si le bail avait encore, au moment de la faillite, plusieurs années à courir. Ainsi, si à l'époque de la faillite la convention était à jour, rien n'empêcherait les créanciers de déguerpir au terme convenu en payant ce qui serait dû pour l'année. Ainsi encore, si le bail était verbal et que l'époque à laquelle il est d'usage de donner ou de prendre congé ne fût pas expirée, les syndics pourraient et devraient signifier au bailleur leur volonté de quitter les lieux.

894. Le privilége du bailleur s'exerce non seulement pour le prix des loyers et fermages, mais encore pour tout ce qui a été déboursé pour réparations locatives et pour les dépenses faites pour l'exécution du bail. Il prime tous les autres priviléges tant particuliers que généraux, à l'exception cependant de celui pour fournitures de semences, frais de récolte et vente d'ustensiles. Mais ces priviléges particuliers se restreignent, les deux premiers, sur la valeur des récoltes de l'année et le dernier sur le prix des ustensiles.

895. Indépendamment de ce privilége le bailleur a un droit de suite sur les meubles garnissant la maison ou la ferme. En conséquence, il peut faire saisir dans les mains des tiers tous ceux qui ont été distraits ou enlevés. Cette saisie doit être réalisée dans le délai de quinze jours,

pour les meubles garnissant une maison ; dans celui de
quarante jours, pour ceux garnissant une ferme. Cette
différence dans le délai tient à ce qu'il est plus probable
que le bailleur ignorera, pendant un certain temps,
l'enlèvement, opéré dans une propriété sur laquelle il
peut ne pas se rendre souvent, et pour lequel l'absence
de voisinage donne la plus grande facilité.

896. De ce que la loi n'affecte au bailleur que les meubles *garnissant* les lieux loués, il résulte que tous ceux
qui n'ont pas cette destination spéciale échappent à cette
affectation. Ainsi l'argent comptant, les pierreries, les
bijoux, les titres de créance, sont exceptés du privilége
et de la revendication. En est-il de même pour les marchandises ?

897. La raison de douter c'est que les marchandises
ne sont que transitoirement dans la maison, qu'elles n'y
sont apportées au vu et su du bailleur, que pour en sortir.
Mais il est certain que celui qui a donné un magasin à
loyer a évidemment compté sur les marchandises qui y
seraient déposées, pour la sûreté du prix de la location;
que l'apport de ces marchandises n'est que la conséquence de la destination des lieux, qui peuvent n'être
garnis, en de hors de ces marchandises, que de meubles de
peu de valeurs et bien souvent insuffisants pour répondre des engagemens du preneur. Il serait donc injuste
de soustraire ces marchandises au privilége du bailleur.

Cependant il y a entre ces marchandises et les meubles
ordinaires cette différence : que le bailleur peut en tout
temps empêcher la sortie de ceux-ci ou les revendiquer
si le locataire en a disposé, tandis qu'il ne pourrait empêcher la vente journalière des premières ni les réclamer
des personnes qui les auraient légalement achetées. Ce

serait là mettre obstacle à l'industrie du locataire, à laquelle le bailleur ne peut préjudicier. D'ailleurs, si des marchandises sortent, d'autres les remplacent, qui sont à leur tour affectées à son privilége. Ainsi, en cas de termes échus, toutes les marchandises existant en magasin peuvent être saisies. Il en est de même de celles qui s'y trouvent au moment de la déclaration de faillite (1).

898. Au deuxième rang des priviléges particuliers vient celui des créanciers nantis de gages *valablement* constitués. Ces créanciers étant censés couverts de ce qui leur est dû, par le gage sur lequel ils doivent être payés de préférence aux autres créanciers, ne sont inscrits dans la faillite que pour mémoire.

Mais pour que cette préférence soit acquise, il ne faut pas seulement être nanti d'un gage, il faut encore l'être valablement. Que signifient ces expressions de l'article 546 ? Quelle en est la portée? C'est ce qu'il faut rechercher. Nous examinerons après quels sont les devoirs et les droits du créancier.

Les principes qui régissent la constitution du gage sont enseignés par l'article 2074 du Code civil. Il faut, aux termes de sa disposition, que le gage, s'il excède 150 fr., résulte d'une convention authentique, ou d'un acte sous seing-privé dûment enregistré, contenant la déclaration de la somme due, ainsi que l'espèce et la nature des choses remises en gage, ou un état annexé de leurs qualité, poids et mesure.

Ces formes sont exclusives. Ainsi la Cour de cassation a jugé, le 5 juillet 1820, que peu importerait que le nan-

(1) Vid. article 450. Sur les priviléges, v. Troplong, art. 2102. Pardessus, n° 1199 et suiv. Dalloz, A. v. priviléges.

tissement pût résulter des registres, de la correspondance ou de tous autres renseignemens non suspects ; rien ne pouvant remplacer la convention exigée par l'article 2074 (1).

899. En droit civil, il n'y a donc de gage valablement constitué, que celui qui l'est conformément à cet article 2074. En est-il de même pour les matières commerciales? En d'autres termes, l'article 548 exige-t-il l'accomplissement des formalités qui y sont prescrites ?

L'application de l'article 2074 aux gages commerciaux est faite sans difficultés par l'arrêt de la cour de cassation que nous venons de citer. Cette application paraîtrait cependant repoussée par l'article 2084, qui dispose: que les articles qui le précèdent, y compris ce même article 2074, ne sont point applicables aux matières commerciales, à l'égard desquelles on suit les lois qui les concernent. Mais sur ce point, il est à remarquer que la législation commerciale a de tout temps exigé que le gage fût prouvé par écrit. L'article 8, titre 6, de l'ordonnance de 1673, voulait même qu'il en fût passé acte pardevant notaire, avec minute. Ce qui a fait dire à plusieurs auteurs que l'article 2084 ne s'appliquait pas à la convention de nantissement proprement dite, mais à divers droits de gages particuliers au commerce, tels, par exemple, que ceux des commissionnaires dont parle l'article 93 du code de commerce (2).

900. Cependant, les expressions de cet article ont suffi pour amener une divergence dans les décisions judiciaires.

(1) Dalloz, P. 20, 1, 577.
(2) Favard de Langlade, V. nantissement. Pardessus, n. 585. Duranton, tom. 18, n. 523. Dalloz, A. tom. 10, p. 397, n. 5.

Ainsi les cours de Colmar, de Rouen et de Toulouse (1), ont jugé que l'article 2074 reçoit des modifications en matières commerciales et que le gage peut être opposé aux tiers, quoique non prouvé par acte authentique, ou sous seing-privé dûment enregistré.

Les cours de Montpellier et de Metz, et tout récemment encore celles de Douai et de Paris, ont jugé le contraire. Ces deux derniers arrêts des 18 avril 1837 et 15 juin 1811 (2), n'ont point été attaqués. Mais ceux des cours de Montpellier et de Metz l'ayant été, le pourvoi a été rejeté par la cour de cassation, le premier, par l'arrêt du 5 juillet 1820, que nous avons déjà cité; et le second, par arrêt du 17 mars 1829 (3).

Ainsi, la cour de cassation n'a pas varié dans sa jurisprudence : deux fois appelée à prononcer sur l'applicabilité de l'article 2074 aux matières commerciales, elle a deux fois décidé l'affirmative.

Cependant, la même cour a, le 31 mai 1836, rejeté un pourvoi contre un arrêt de la cour de Dijon, en décidant : que lorsqu'il y a contestation sur la nature des engagemens entre commerçans, on peut valablement décider que cet engagement est un nantissement, en le faisant résulter des faits, actes et circonstances de la cause qui l'ont précédé, accompagné et suivi (4).

Cet arrêt ferait supposer que la cour de cassation est revenue sur sa jurisprudence; mais il faut remarquer que, dans l'espèce de cet arrêt, la contestation s'agitait entre

(1) 7 mars 1812, 9 juin 1826 et 8 mai 1835. Dalloz, A, tom. 9, p. 46 et P. 27, 2, 4. 35, 2, 130.

(2) D. P. 38, 2, 209. 41, 2, 218.

(3) Ib. 29, 1, 185.

(4) Ib. 36, 1, 378.

le créancier et le débiteur ; qu'il s'agissait, en conséquence, de la constitution elle-même et non des effets qu'elle doit entraîner contre les tiers. Or, pour ce qui concerne ceux-ci, la cour de cassation persiste dans son opinion, ce même arrêt déclarant que l'article 2074 n'est applicable qu'au cas où il y a plusieurs créanciers en cause, et qu'il s'agit de déterminer les conditions auxquelles le gage confère, à celui qui en est nanti, le droit de se faire payer par privilége et préférence à tous les autres.

901. Nous croyons que la distinction consacrée par cet arrêt est de nature à concilier les diverses opinions qui se sont formées dans la jurisprudence. Elle nous paraît, en effet, renfermer l'interprétation la plus juste, la plus concluante de l'esprit de la loi. Il y a une distance immense entre la discussion qui s'agite entre le débiteur et le créancier, et celle dans laquelle des tiers sont directement intéressés. Dans la première, le débiteur étant solvable, il ne s'agit que de qualifier l'acte ou le fait en litige, abstraction faite de tout mode de paiement. Celui-ci est assuré dans un cas, comme dans l'autre, sans qu'il puisse nuire à personne. On comprend que dans de telles hypothèses le juge puisse s'aider, dans ses recherches, des registres et des circonstances qui ont accompagné, précédé ou suivi l'engagement qu'il faut apprécier.

Telle est aussi l'opinion d'un auteur grave en droit commercial : « Les formalités d'écriture, dit M. Pardessus, dont l'objet est d'empêcher que des tiers ne soient trompés, ne sont pas indispensables entre le débiteur et le créancier. Ainsi, un créancier pourrait offrir et faire la preuve par livres, correspondance et même par témoins, si le tribunal jugeait à propos de l'admettre, qu'un gage lui a été promis par le débiteur. Ainsi, le

débiteur pourrait, par les mêmes élémens, prouver que
l'objet dont le créancier se dit propriétaire ne lui a été
livré qu'à titre de gage (1). »

Mais lorsque, le débiteur tombé en pleine déconfiture,
il s'agit d'établir un droit de préférence en faveur d'un
créancier, ceux contre lesquels cette préférence est réclamée, peuvent refuser une preuve que la loi n'a pas
autorisée. Or, en matière de gages, la loi commerciale
est au moins muette, et ce silence du Code, indépendamment de ce que nous avons dit de la législation antérieure, laisse la matière sous l'empire du droit commun.
C'est donc à celui qui allègue le gage, à en justifier
l'existence, conformément à l'article 2074.

Au reste, une preuve que cet article régit les matières
commerciales, nous est fournie par l'article 95 du Code
de commerce. Tous prêts, avances ou paiemens qui pourraient être faits sur des marchandises déposées ou consignées par un individu résidant dans le lieu ou domicile
du commissionnaire, ne donnent privilége à ce commissionnaire ou dépositaire, qu'autant qu'il s'est conformé
aux dispositions prescrites par le Code civil pour les prêts
sur gage ou nantissemens. Dans ce cas, sans doute, il
serait possible de prouver, par les registres, la réalité
du gage, et cependant cette preuve est proscrite. Pourquoi n'en serait-il pas de même lorsque le nantissement
est fait, non par un consignataire, mais par tout commerçant à la suite d'un emprunt ?

902. Il n'y a donc de gage valable que celui qui est
constaté par une convention authentique ou sous seing-
privé, dûment enregistrée. On doit surtout le décider

_____

(1) N°. 485.

ainsi lorsqu'il s'agit d'une faillite, aux approches de laquelle des fraudes nombreuses sont trop souvent tentées contre les créanciers. Or, il serait facile au créancier et au débiteur de déguiser la nature de l'acte qu'ils ont réciproquement consenti et accepté. Une vente pourrait devenir un gage et un gage une vente, et dans l'un et l'autre cas, la masse perdrait, non seulement le prix, mais encore les objets, puisque ce prétendu acquéreur ou gagiste aurait compensé celui-ci avec ce qui pouvait lui être dû, ou le retiendrait pour être payé par privilége.

903. Un autre motif, pour exiger une preuve écrite, existe dans la position du débiteur qui a failli. Il pourrait avoir consenti le gage à une époque où il n'avait plus capacité pour le faire. Il faut donc que la date du contrat soit fixée par l'authenticité de sa forme ou par son enregistrement, s'il est sous seing-privé. On sait que la date de celui-ci serait la seule qui pût être opposée aux tiers. En conséquence, si cet enregistrement avait eu lieu dans les dix jours qui précèdent la faillite, la convention ne saurait sortir à effet.

904. Toutefois l'enregistrement n'étant utile que pour fixer la date, on pourrait le suppléer par d'autres actes qui rempliraient le même objet ; l'accomplissement, par exemple, de l'une des conditions prévues par l'article 1328 du Code civil.

905. Telle est la règle générale que l'on doit appliquer en matière de gages. Elle ne reçoit d'exceptions que celles qui résultent d'une disposition expresse de la loi, ou de la nature même de l'opération. L'article 93 du Code de commerce nous fournit un exemple des premières.

906. Mais le privilége que cet article consacre en faveur

du commissionnaire, pour le remboursement de ses avances, intérêts et frais, exige, pour sortir à effet, l'accomplissement de toutes les conditions qui y sont stipulées. Ainsi 1° les marchandises sur lesquelles le commissionnaire a fait des avances doivent lui être expédiées d'une place autre que celle dans laquelle il réside. Nous avons déjà rappelé, qu'aux termes de l'article 95, si le commissionnaire habite la même ville que l'emprunteur, le gage doit être établi conformément au droit commun. Il faut, en outre :

2° Que les marchandises aient été envoyées pour être vendues pour le compte de l'expéditeur ;

3° Que ces marchandises soient à la disposition du commissionnaire, dans ses magasins, ou dans un dépôt public ;

4° Et dans le cas où elles seraient en cours de voyage, qu'il soit porteur d'un connaissement, ou d'une lettre de voiture justifiant l'expédition qui lui en a été faite. Dans ce dernier cas, le connaissement doit être au nom du commissionnaire ; car s'il était simplement à ordre, il ne prouverait pas que les marchandises sont réellement pour lui, un pareil connaissement n'étant qu'une autorisation pour décharger valablement le capitaine.

907. L'exception qui résulte de la nature même de l'opération est celle dans laquelle des marchandises, de l'argent, des valeurs quelconques ont été livrés avec la clause expresse ou tacite qu'ils demeureraient affectés à une destination spéciale. Nous en trouvons un exemple dans une espèce jugée par la cour de Toulouse le 16 juin 1831 (1). Il s'agissait de diverses sommes déposées par

(1) D. P., 32, 2, 106.

de jeunes conscrits et sur lesquelles ceux – ci demandaient privilége après la faillite de la maison chargée de
faire les remplaçans.

La cour a jugé que le privilége existait, attendu que
les annonces et les prospectus que la compagnie avait ré-
pandus promettaient le dépôt, entre les mains d'un tiers,
des sommes payées par les conscrits jusqu'à l'accomplissement des engagemens de la compagnie ; que ce
privilége, à défaut par la compagnie d'avoir procuré
des remplaçans aux conscrits, pouvait être revendiqué
par chacun de ceux-ci sur la totalité des sommes déposées, encore bien que leurs versemens aient été partiels,
s'ils ont eu lieu dans le même but.

On comprend que dans cette hypothèse, la destination des sommes à percevoir des souscripteurs avait été
réglée par les annonces et prospectus ; que le traité intervenu à la suite de cette promesse l'avait rendue irrévocable ; que c'était l'acceptation du dépôt, à titre de
garantie pour chacun des jeunes gens sur la totalité des
sommes déposées, qui résultait tacitement du contrat.
L'arrêt de la cour de Toulouse ne faisait donc qu'une
interprétation rationnelle et légale de l'engagement qui
liait les parties.

908. Dans cette hypothèse, comme dans la précédente, peu importerait que le dépôt ou l'expédition des
marchandises se fussent réalisés dans les dix jours. Dans
le premier cas, le dépôt n'est que l'exécution littérale
du titre ; dans le second, le commissionnaire de bonne
foi ne saurait être privé du gage, sans être restitué de
ses avances, ou des acceptations qu'il aurait consenties
en vue de cette expédition. Or, sa bonne foi est présumée jusqu'à preuve contraire. Ce serait donc aux créanciers qui allégueraient la fraude à la prouver.

909. L'art. 2075 du Code civil exige, lorsque le gage consiste en titres de créance, ou droits incorporels, que l'acte qui le constate soit notifié aux débiteurs. Mais cette formalité n'est requise que pour les créances non transmissibles par la voie d'endossement. Il est évident, en effet, que celles dont la propriété peut être légalement transférée sans notification, peuvent, à plus forte raison, être momentanément engagées, sans qu'il soit besoin de la réaliser.

910. Mais l'endossement, énonçant la nature de la transmission, suffirait-il pour que le porteur pût réclamer le privilége? Non, s'il faut s'en référer aux principes généraux, à moins qu'un enregistrement régulier ne donnât à la transmission une date certaine L'endossement peut bien suppléer à la convention sous seing-privé, mais aux mêmes conditions que celle-ci. S'il suffisait d'antidater un endossement pour nantir valablement un créancier, le failli pourrait aliéner ainsi une grande partie de son portefeuille au détriment de ceux envers lesquels il ne serait animé d'aucuns sentimens de bienveillance. Ce serait, dans tous les cas, une arme dont la fraude pourrait bien souvent abuser.

911. La simple remise d'un billet au porteur ne suffirait pas pour établir le gage d'une manière valable. Ainsi le porteur d'un effet de ce genre, qui avouerait, ou contre lequel on prouverait qu'il ne l'a reçu qu'à titre de gage, serait tenu de le rapporter à la masse, sans prétendre à aucune préférence.

912. Le gage constitué légalement ne confère privilége qu'autant qu'il est en la possession du créancier ou du dépositaire désigné par les parties. Si, par un motif quelconque, il avait été retiré par le déposant, ou qu'il

fût rentré dans ses mains, les droits du créancier seraient inévitablement perdus. En d'autres termes, le dépositaire n'a aucun droit de suite sur les objets mis en
gage. Leur détention réelle détermine seule la préférence qu'il peut réclamer sur leur valeur.

913. Tant que le gage est dans ses mains, les devoirs
du créancier sont de veiller à sa conservation, et de l'en-
tretenir en bon père de famille. Il répond de la détérioration et de la perte survenues par sa négligence ou par
sa faute. Il devrait indemniser le déposant, si les mesures conservatoires, nécessitées par l'échéance des créances qui lui ont été remises, n'avaient pas été prises, ou
si les hypothèques qui peuvent y être attachées n'avaient
pas été renouvelées (1).

914. Les droits du créancier gagiste sont de retenir
le gage jusqu'à parfait paiement de tout ce qui lui est
dû en principal et légitimes accessoires. Dans ceux-ci,
se trouvent compris les frais faits pour l'entretien et la
conservation du gage. Le débiteur, ou soit la masse, s'il
est en état de faillite, ne peut donc réclamer les objets
engagés qu'en réalisant ce paiement.

915. Le Code de commerce n'accordait la faculté de
retirer le gage qu'aux syndics définitifs qui seuls avaient
le droit de payer un créancier. Mais on a senti que l'exercice de cette faculté pouvait être dans l'intérêt de la
masse avant l'union, soit pour arrêter le cours des intérêts, soit qu'une occasion favorable de se défaire avan-
tageusement des objets détenus par le créancier se
présente, soit enfin que la valeur du dépôt fût hors de
toutes proportions avec le taux de la créance. La loi

(1) Art. 2080, C. c.

nouvelle a donc permis aux syndics d'user de cette faculté à toutes les époques de la faillite.

Mais, en aggrandissant ce pouvoir, le législateur a voulu
en entourer l'exercice d'une garantie suffisante, pour que
la faveur et la complaisance ne devinssent jamais les mo-
biles d'un acte, qui ne doit avoir d'autres causes que l'intérêt des créanciers. Il a donc exigé l'autorisation du
juge-commissaire, à quelque époque que les syndics
veuillent user de cette faculté.

916. Si le gage n'est pas retiré, le créancier peut en
poursuivre la vente, ou se faire autoriser à le retenir, en
restituant la valeur excédant celle des sommes qui lui
sont dues. Il est nécessaire, dans ce cas, de faire procéder par des experts à l'évaluation des objets qui le constituent.

Cette option, que laisse l'article 2078 du Code civil,
appartient exclusivement au créancier. Elle ne peut être
déférée au débiteur, ou à la masse qui le représente.
Celui-ci peut, dans tous les cas, contester l'estimation,
et faire ordonner la vente. Mais il ne pourrait jamais contraindre le créancier qui voudrait vendre, à retenir le
gage, jusqu'à due concurrence.

917. La faculté de vendre ne peut être exercée qu'à
l'échéance fixée par la convention, et dans le cas de
faillite avant que le terme soit échu, que lorsqu'il y a
certitude que le failli ne rentrera pas dans l'administration de ses biens, c'est-à-dire après l'union. Alors
seulement, les syndics seuls pourraient retirer le gage ;
et s'ils n'usent point de cette faculté, ils ne sauraient en
empêcher la vente. Le créancier a un double motif pour
la réaliser : d'abord, la certitude que le failli est dans
l'impossibilité de remplir ses engagemens, ensuite, le
désir bien naturel de pourvoir à ses intérêts.

En effet, tant qu'il est nanti du gage, le créancier ne peut, sous aucun prétexte, pas même sous celui d'insuffisance certaine, se présenter et concourir aux distributions. Si on le réduisait à ne vendre qu'après que ces distributions ont été réalisées, ce serait donc le condamner à perdre tout ce qui pourra lui être dû, déduction faite de la valeur que le gage a produit. L'intérêt qu'il a à empêcher un pareil résultat ne saurait être ni contesté ni méconnu ; et cet intérêt suffit pour rendre sa demande recevable et fondée.

Cette demande doit être dirigée contre les syndics. Elle peut être portée devant le tribunal dans l'arrondissement duquel le gage est déposé.

918. Si le créancier conserve le gage, il doit rembourser aux syndics soit en nature, soit en argent, l'excédant de valeur fixé par les experts. Si la vente est ordonnée, elle a lieu aux enchères. Le prix en provenant est attribué au créancier, jusqu'à concurrence de ce qui lui est dû en principal, intérêts et frais. Le reste appartient à la masse, et doit être retiré par les syndics.

Si le prix fixé par les experts, ou produit par la vente, est insuffisant pour couvrir le créancier, les droits de celui-ci ne sont éteints que proportionnellement. Ce qui lui reste dû tombe à la charge de l'actif, et concourt, au marc le franc avec les autres créances, à sa distribution.

919. Il ne faut pas confondre le gage avec le droit de rétention que la loi permet à certains créanciers d'exercer jusqu'après paiement de ce qui leur est dû. Ce privilége particulier, établi par l'article 2102, appartient, savoir :

Au possesseur ou détenteur, pour frais faits pour la conservation de la chose, sur cette même chose,

Aux aubergistes, sur les effets transportés dans leur auberge,

Aux voituriers pour les frais de voiture et les dépenses accessoires sur la chose voiturée,

Aux créances résultant d'abus ou de prévarications commis par des fonctionnaires publics dans l'exercice de leurs fonctions, sur les fonds de leur cautionnement et sur les intérêts qui peuvent en être dus.

920. Ce dernier privilége diffère des précédens en ce que la chose affectée n'est pas entre les mains du créancier. Mais une opposition signifiée par celui-ci équivaut à la prise de possession et donne ouverture au privilége. Sans doute aussi son application ne sera pas fréquente en matière de faillite. Mais nous avons vu que les fonctionnaires qui font habituellement des actes de commerce peuvent être déclarés faillis. Nous en avons cité des exemples (1), et ces exemples suffisent pour nous autoriser à inscrire ici ce privilége.

921. Nous pouvons ajouter à cette nomenclature le privilége de celui qui a acheté des marchandises pour compte, sur ces marchandises qu'il est autorisé à retenir jusqu'à l'acquittement de ses avances.

Celui du commissionnaire qui a vendu et livré des marchandises pour le compte de son commettant, sur le prix de la vente, pour le remboursement de ses avances et frais.

922. Le créancier qui, avant la faillite, a saisi-arrêté, entre les mains d'un tiers, des sommes appartenant au débiteur, a, par le jugement qui prononce la validité et ordonne le dessaisissement du tiers saisi, un privilége sur les sommes saisies à l'encontre de tous les créanciers,

(1) V. ci-dessus art. 437.

même de ceux qui auraient fait des saisies-arrêts après ce jugement. Ce jugement a pour effet de faire perdre au débiteur la propriété des deniers saisis-arrêtés, et de rendre le tiers saisi débiteur direct du saisissant (1). Il forme en faveur de celui-ci une espèce de cession ou subrogation judiciaire qui le rend propriétaire de la somme qu'il est autorisé à toucher.

923. Cette question avait été, dans le principe, l'objet d'une divergence qui tend chaque jour à disparaître. On contestait le privilége du créancier saisissant, comme ne résultant ni de la loi, ni de la nature de la créance. Celui qui saisit, disait-on, est comme celui qui fait vendre. Il agit dans l'intérêt de tous les créanciers dont l'universalité des biens du débiteur est le gage commun. Il est facile, d'ailleurs, en rapprochant les articles qui régissent les saisies-arrêts de se convaincre, que les nouvelles saisies dont parle l'article 575 sont précisément celles qui se réalisent après le jugement qui a prononcé sur la première, avec laquelle cet article les admet à concourir. Quant au transport de la propriété que le jugement opèrerait, une seule considération en démontre l'inanité. On connaît la maxime: *res perit domino*. Or, si, après le jugement qui valide la saisie et ordonne au tiers de se libérer entre les mains du saisissant, la chose saisie venait à périr, pourrait-on soutenir qu'elle a péri pour le compte de celui-ci?

Ces moyens développés en 1822 avec un grand talent par l'éminent M. Nicod, n'ont pas prévalu auprès de la cour de cassation. La chambre des requêtes rejeta le pourvoi, par le motif surtout que l'effet du jugement de

(1) Cass. 28 février 1822. D. P. 22, 1, 130.

validité avait été de rendre le tiers saisi directement obligé
envers le saisissant.

On ne peut se dissimuler cependant que quelques-uns
de ces moyens n'eussent une certaine gravité. Quant à
celui tiré de l'article 575, il est évident qu'il ne pouvait
produire aucune impression. Car , ainsi que l'observe
M. Carré (1), les nouvelles saisies dont parle cet article
sont si peu celles réalisées après l'instance, qu'elles doivent au contraire être notifiées à l'avoué du premier saisissant, ce qui implique nécessairement la condition que
l'instance introduite par celle-ci soit encore existante.

924. Au reste, la chambre civile de la cour de cassation vient de consacrer la jurisprudence de la chambre
des requêtes, en cassant, le 30 janvier 1842 (2), un arrêt
de la cour royale de Bourges, qui, sans s'arrêter au jugement de validité de la saisie-arrêt, avait admis les saisis-
sants postérieurs à la distribution qu'elle avait ordonnée.

L'opinion de la cour de cassation est donc bien arrêtée.
Nous croyons que l'on doit d'autant plus s'y conformer,
qu'elle n'est qu'une interprétation exacte des principes
de la matière et du pouvoir confié aux tribunaux. Il serait étrange, en effet, qu'un débiteur pût céder à l'un de
ses créanciers une partie de son actif, que cette cession
notifiée aux tiers cédés, donnât à ce créancier un privilége exclusif sur les objets cédés, et que lorsque la cession
est ordonnée par justice, le jugement qui la consacre n'em-
portât pas les mêmes effets. La saisie-arrêt a-t-elle un
autre objet que de forcer le débiteur à transporter à son
créancier la créance qu'il a lui-même à exiger d'un tiers?
Le jugement qui la valide et ordonne le transport doit donc

(1) Lois de la procédure, tom. 8, pag. 402, art. 575.
(2) Dalloz, P, 1, 65.

être considéré comme le serait le transport volontaire. La partie saisie pourrait-elle, après ce jugement, disposer de la chose saisie-arrêtée ? Le saisissant n'en est-il pas désormais le seul dispensateur ? Qu'arriverait-il de plus si la cession avait été réalisée par le débiteur ? Quoi! l'ordonnance de référé qui prescrit, du consentement respectif des parties, le dépôt à la caisse des consignations d'une somme saisie-arrêtée avec affectation spéciale à l'extinction de la créance du saisissant, équivaut au profit de celui-ci à une délégation avec privilége, et s'oppose à ce que les créanciers du saisi, depuis tombé en faillite, puissent obtenir la réintégration à la masse des sommes déposées (1), et le jugement qui attribue ces sommes à ce même saisissant, ne produirait pas un effet analogue? Serait-ce parce que le débiteur n'aurait pas consenti ? Mais n'est-ce pas pour vaincre sa résistance qu'on s'est adressé à la justice? Et le jugement lui-même n'est-il pas le consentement émané de l'autorité chargée par les lois de suppléer au refus du débiteur ?

Il se réalise donc, dans notre hypothèse, l'effet qui a lieu lorsqu'il y a cession. Le privilége est acquis dès que le jugement a lui-même obtenu l'autorité de la chose jugée. Et, soit qu'il y ait ou non faillite, les autres créanciers ne peuvent empêcher le saisissant de retenir par préférence tout ce qui lui a été adjugé.

925. A quelle époque le jugement a-t-il l'autorité de la chose jugée ? Faut-il, s'il est en premier ressort, qu'il y ait acquiescement régulier, ou que les délais d'appel soient expirés ?

« Les sentences ou jugemens qui doivent passer en

(1) Paris, 23 juin 1841, D, P. 42, 2, 101.

force de chose jugée sont ceux rendus en dernier ressort et ceux dont il n'y a appel, ou donc l'appel n'est pas recevable, soit que les parties y eussent formellement acquiescé, ou qu'elles n'en eussent interjeté appel dans le temps, ou que l'appel ait été déclaré péri (1). »

Cette règle n'a pas varié. C'est donc par son application que doivent être répondues les questions qui précèdent. Il en résulte : que le jugement non attaqué, quoique susceptible de l'être, a, aux yeux de la loi, l'autorité de la chose jugée. Le silence gardé par la partie condamnée fait présumer qu'elle acquiesce à la décision. La réalisation de l'appel détruit seule cette présomption.

Cette décision blesse d'autant moins les intérêts des autres créanciers, que si le silence du débiteur était le résultat d'une collusion concertée pour leur préjudicier, ils pourraient eux-mêmes, en vertu de l'article 1166 du Code civil, attaquer le jugement et émettre appel, tout comme ils pourraient quereller en leur nom l'acquiescement donné par leur débiteur en fraude de leurs droits.

926. Mais pour que la présomption dont nous venons de parler, et résultant du défaut de recours de la partie condamnée, puisse être acquise, il faut que celle-ci ait été mise en demeure de réaliser ses droits. Cette mise en demeure ne peut résulter que d'une signification du jugement qui fait courir les délais de l'opposition et de l'appel. Le jugement non signifié est censé ne pas exister. *Idem non esse, aut non significari*; il n'a donc encore aucune autorité. Les saisies-arrêts, faites entre la prononciation et la signification, viendraient donc en concours avec le premier saisissant. La faillite du débiteur déclarée

(1) Ord. de 1667, tit. 27, art. 5.

dans le même intervalle autoriserait les syndics à faire rentrer à la masse les sommes saisies-arrêtées.

927. Il en serait de même si la faillite était déclarée après l'appel émis par le débiteur, ou si, après cette faillite, les syndics étant encore dans les délais relevaient eux-mêmes appel. Dans tous ces cas, le créancier saisissant ne pourrait venir sur ces sommes qu'en concours avec les autres créanciers.

ARTICLE 549.

Le salaire acquis aux ouvriers employés directement par le failli, pendant le mois qui aura précédé la déclaration de faillite, sera admis au nombre des créances privilégiées , au même rang que le privilége établi par l'article 2101 du Code civil pour le salaire des gens de service.

Les salaires dus aux commis pour les six mois qui auront précédé la déclaration de faillite, seront admis au même rang.

SOMMAIRE.

935. La loi actuelle a fait cesser l'assimilation que l'on faisait sous le Code, des commis aux gens de service, en réduisant le privilége aux appointements des six derniers mois.

736. Mais elle n'entend parler que des commis à appointemens fixes, et non des agens de change ou courtiers attachés à une maison.

937. Dans la dénomination de gens de service, l'article 2101 ne comprenait pas les ouvriers à la journée. Leurs droits en cas de faillite.

938. La loi de 1838 a obéi à un sentiment d'équité en leur accordant un privilége pour les salaires du dernier mois.

939. Ce privilége s'étend à tous les ouvriers employés par un industriel, mais à condition qu'ils l'ont été directement par lui, et non par un entrepreneur quelconque.

940. Au cinquième rang, les créances pour fournitures de subsistances. On doit, en cas de faillite, les restreindre à ce qui était nécessaire au failli et à sa famille.

941. Différence dans l'étendue de ces priviléges et celle des priviléges particuliers.

942. Indépendamment de ceux qui précèdent, d'autres priviléges de même nature résultent de la faillite.

943. 1° Pour frais de défense. Dans quel ordre il s'exerce.

944. 2° Pour frais d'administration de la faillite, qui sont assimilés aux frais de justice.

928. Les créances privilégiées sur la généralité des meubles sont celles énoncées en l'article 2101 du Code civil; dans le cas de faillite, comme dans tous les autres cas, elles se classent dans l'ordre que cet article établit lui-même.

929. En conséquence, le premier rang appartient aux frais de justice. Mais on ne doit comprendre sous cette dénomination, que les frais occasionnés par les diverses formalités prescrites par la loi, dans les articles qui précèdent. Quant à ceux auxquels donnerait lieu la poursuite criminelle ou correctionnelle intentée contre le failli, leur recouvrement, lorsqu'ils sont à la charge de la masse, s'opère dans l'ordre établi par le décret du 5 septembre 1807.

930. Le second rang des priviléges généraux est attribué aux frais funéraires.

Le troisième, aux frais de dernière maladie. La faillite pouvant être déclarée après le décès, l'application de ces deux priviléges peut se réaliser dans les faillites. Une difficulté pourrait toutefois s'élever pour le second. Que faut-il entendre par dernière maladie? Sera-ce celle qui a précédé la faillite si le failli est encore vivant?

931. Il est certain que par dernière maladie, la loi a voulu parler de celle qui s'est terminée par la mort du débiteur. Le rapprochement du privilége des frais faits pendant son cours, d'avec celui pour frais funéraires, amènerait seul à cette conséquence, si d'ailleurs les principes n'avaient été dès long-temps fixés dans ce sens. On entend par dernière maladie, dit le savant Pothier, celle dont le défunt est mort (1), et cette opinion est partagée par une foule d'auteurs que l'excellent traité de M. Troplong rappelle (2).

Le sens de la loi ainsi fixé, la réponse aux questions que nous nous sommes posées est facile : comment admettre un privilége pour une maladie quelconque, si la loi ne l'accorde que pour la dernière? Le failli étant vivant, l'application de la loi est impossible.

932. Le contraire a prévalu cependant. Mais comme il arrive ordinairement lorsqu'on s'écarte de la loi, les docteurs sont tombés dans la plus grande contradiction sur le point de départ de ce privilége.

M. Grenier (3) pense que les frais de la maladie qui a précédé la faillite, doivent être pris par privilége, quelle

(1) Procédure civile, p. 194.
(2) Tom. 1, p. 184.
(3) Hyp., tom. 2, pag. 20, n. 302.

que soit la distance qui sépare l'une de l'autre. M. Pardessus admet le privilége, pourvu cependant qu'il ne se soit
pas écoulé plus d'un an entre la guérison et la faillite (1).

Mais, M. Troplong n'admet cette exception à la règle
générale que , lorsque le débiteur, atteint d'une maladie
chronique, tombe en état de faillite, et qu'autant que la
maladie durerait encore dans toute sa gravité au moment
de la faillite ; car, ajoute M. Troplong, si le malade eut
été guéri à cette époque, ou en convalescence, on devrait imputer aux créanciers pour frais d'assistance de ne
s'être pas fait payer (2).

933. En l'absence de toute règle législative , il est
difficile d'établir des principes certains. Cependant nous
devons dire que l'opinion de MM. Pardessus et Grenier
peut paraître plus généreuse ; mais qu'à notre avis celle
de M. Troplong est beaucoup plus conforme aux véritables principes et à l'esprit de la loi.

934. En quatrième lieu , sont classés les salaires des
gens de service pour l'année échue et ce qui est dû pour
la courante. Le jugement déclaratif de faillite doit être le
point de départ pour fixer ce qui est acquis à ce double
titre.

935. Sous le Code de commerce, les commis avaient
été assimilés aux gens de service. On leur allouait , en
conséquence, les mêmes droits et les mêmes priviléges.
L'article 549 fait cesser cette assimilation, en n'accordant au commis le droit d'être payé par privilége, que
pour le salaire des six derniers mois qui auront précédé
la faillite.

936. Ce privilége continuant à être classé concurrem-

(1) N. 1194.
(2) Tom. 1, pag. 185.

ment avec celui des gens de service, doit être exercé au même rang, c'est-à-dire immédiatement après ceux pour frais de justice, frais funéraires et de dernière maladie ; mais il ne peut être réclamé que par les commis qui reçoivent des appointemens fixes, et non par ceux qui ne seraient payés qu'au fur et à mesure des travaux dont ils seraient chargés. Ainsi, les agens de change , courtiers ou commissionnaires exclusivement attachés à une maison ; ou créanciers pour commissions, courtages ou négociations ne seraient admis que comme créanciers ordinaires.

937. De même, les gens de service dont parle l'article 2101, ne sont que ceux qui sont employés pour l'année. Nous comprenons sous ce titre ceux mêmes dont le traitement est fixé par mois , mais dont l'industrie est ordinairement louée, non pas seulement pour des intervalles plus ou moins longs, mais pour toute l'année. Ainsi les domestiques engagés auraient droit au privilége , alors même que leurs gages auraient été réglés à mois.

Mais les gens de travail payés à journées ne sont pas compris dans cette catégorie de privilégiés ; ils n'avaient donc sous le Code de commerce que le droit d'être admis comme les autres créanciers.

938. La loi de 1838 a fait cesser cet état de choses , en créant un privilége en faveur des ouvriers employés par le failli. Cette innovation est marquée au coin de la plus exacte justice. Il était, en effet, déplorable de voir des malheureux qui, dans l'ignorance la plus profonde de l'état des affaires du failli , lui avaient consacré leur industrie, leur temps et leur peine, éconduits jusqu'après les formalités qu'exigeait le développement de la faillite, pour ne recevoir ensuite qu'une minime partie du salaire qui leur était dû.

Le législateur a sagement remédié à un pareil état de choses. Le privilége qu'il a concédé est équitable, renfermé qu'il est dans des limites qui, quoique étroites, sont suffisantes pour la garantie des intérêts qu'elles protègent. En effet, il n'est pas présumable qu'un journalier, ou qu'un ouvrier transitoirement employé, puisse rester plus d'un mois sans être payé. Lui accorder, en conséquence, et quoiqu'il arrive, le paiement de ce mois, c'est lui assurer, dans le plus grand nombre des cas, son remboursement intégral.

939. Mais ce privilége est soumis à la condition expresse pour les ouvriers d'avoir été employés directement par le failli. Ainsi, ceux qui auraient travaillé pour lui, mais sous la direction d'un chef ou d'un entrepreneur quelconque, par lequel ils auraient été appelés, ne pourraient prétendre à aucun privilége. Ils ont leur action contre l'entrepreneur qui demeure seul responsable de leur salaire.

L'article 549 s'applique à tous les ouvriers occupés par un industriel, tel qu'un entrepreneur de travaux publics, un maître maçon, etc..... Chacun des ouvriers employés par lui peut réclamer, en cas de faillite, le privilége pour le mois qui précède la déclaration.

Dans tous les cas ce privilége est admis au même rang et en concours avec celui réservé aux gens de service et aux commis.

940. Au cinquième rang des créances privilégiées, se placent celles pour fournitures de subsistances au failli et à sa famille. L'on sait que par ces mots il ne faut pas entendre seulement ce qui concerne la nourriture, mais encore tout ce qui est nécessaire aux besoins de la vie, comme les vêtemens, le logement, l'instruction des enfants, etc...

Mais ce privilége se restreint, pour les fournisseurs
quelconques, au remboursement de ce qui était nécessaire au failli et à sa famille. Ce sont les besoins de ceux-
ci, et non leur profession, qui le déterminent. Ainsi,
le boulanger, le boucher qui aurait fourni à un traiteur
ou aubergiste, depuis tombé en faillite, ne pourrait
réclamer un privilége pour la fourniture intégrale des
six derniers mois, mais seulement pour la partie qui
serait arbitrée avoir été consommée par le failli et sa
famille. Le surplus ne constituerait qu'une dette ordinaire, pour laquelle le fournisseur serait purement et
simplement admis au passif de la faillite (1).

941. Les priviléges généraux qui précèdent diffèrent
des priviléges particuliers, en ce qu'ils s'exercent sur
l'universalité des meubles, et, en cas d'insuffisance de
ceux-ci, sur le prix des immeubles, de préférence aux
autres créanciers privilégiés ou hypothécaires.

942. Indépendamment des cinq ordres de priviléges
généraux que nous venons de parcourir, il en est quelques autres spéciaux en matière de faillite. En tête de
ceux-ci figure celui pour la défense du failli devant les
tribunaux criminels.

943. Le droit de défense est sacré, et ce droit exige,
pour être exercé pleinement, que le failli ait le choix de
son défenseur, lorsqu'il se trouve poursuivi pour banqueroute simple ou frauduleuse.

C'est pour ne pas gêner ce droit, que le décret du 5
septembre 1805 a accordé un privilége aux honoraires
de la défense sur tous les biens du failli. Ce privilége
s'exerce pour tout ce qui a été convenu par celui-ci et

(1) Vid. au surplus Troplong, article 2101; Pardessus, n. 1203 et
Dalloz, v. privilége.

son défenseur, après les priviléges généraux de l'article 2101.

Néanmoins, le trésor dont les droits ne viennent qu'après ceux de la défense, peut contester le règlement des honoraires, s'il lui paraît exagéré. Dans ce cas, c'est au tribunal qui a connu de l'affaire à en déterminer le chiffre.

Toutefois, cette faculté du domaine a beaucoup perdu de son utilité et de son importance depuis la loi nouvelle qui a singulièrement restreint ses droits. Nous verrons, en effet, plus bas, que le trésor ne peut répéter les frais contre la masse, lorsqu'il y a eu condamnation ; et dans les cas d'acquittement, que si la poursuite a été intentée par les syndics au nom des créanciers.

944. Les frais d'administration de la faillite doivent être aussi remboursés par privilége ; et dans ces frais, nous comprenons les honoraires des syndics. Il est évident que cette administration est faite dans l'intérêt des créanciers. Il est donc juste que la masse tout entière en supporte le remboursement.

Quant au rang dans lequel doit être exercé ce privilége, nous croyons qu'il faut distinguer les frais d'administration, proprement dits, tels que frais généraux de conseils, plaidoiries, voyages, etc..., des honoraires des syndics. Les premiers doivent être rangés sur la même ligne que les frais de justice, et figurer au premier rang des priviléges. Les seconds ne peuvent, à notre avis, être rangés qu'après ceux consacrés par l'article 2101 et les frais de défense.

ARTICLE 550.

Le privilége et le droit de revendication établis par

le n° 4 de l'article 2102 du Code civil, au profit du vendeur d'effets mobiliers, ne seront point admis en cas de faillite.

SOMMAIRE.

445. L'article 2102 du Code civil, § 4, accorde au vendeur d'effets mobiliers non payés, le droit d'être colloqué par privilége sur le prix de la revente desdits objets, ou d'en revendiquer la propriété aux conditions et dans les cas qui y sont exprimés.

Ce double droit pouvait-il être appliqué en matière de faillite ? De graves difficultés étaient nées à cet égard ; mais il avait été admis qu'en l'état du silence gardé par le Code, il fallait s'en référer aux principes généraux qui en autorisaient l'exercice d'une manière illimitée dans tous les cas de vente.

946. Cette décision a été repoussée par la loi nouvelle, qui introduit un droit contraire, en déclarant qu'en cas de faillite, le privilége et la revendication pour le prix d'effets mobiliers ne pourront plus être admis. Cette innovation est importante ; elle était nécessitée par l'abus qu'entraînait l'exercice de ce double droit. Un com-

merçant était en apparence à la tête d'une fortune
mobilière dont l'existence ne contribuait pas peu à lui
faire obtenir le crédit qu'il demandait, et le lendemain de
sa faillite, cette fortune s'évanouissait pièce à pièce, ou
si elle restait en sa possession, elle y était tellement
grevée de priviléges et préférences, qu'elle ne procu-
rait aucun secours à ceux qu'elle avait attirés dans le
piège.

Aussi, depuis longtemps des réclamations nombreuses
avaient-elles signalé cet état de choses à l'attention du
législateur, et demandé un énergique remède contre les
fraudes qui en résultaient. La loi de 1838 a fait droit à
ces plaintes, par la disposition de l'article 550, qui rend
impossibles, pour l'avenir, les abus du passé.

947. Mais il n'est pas sans intérêt de retenir ce qui se
pratiquait sous l'empire du Code, car l'article 550 ne
peut, sans rétroactivité, régir les ventes qui auraient été
consenties avant sa promulgation. Les lois nouvelles
n'ont aucun empire sur le passé ; elles ne pourraient,
sans blesser ce caractère essentiel, influer sur les droits
acquis, conformément à la loi alors en vigueur.

Or, les priviléges sont acquis au moment même du
contrat dont ils dérivent. C'est donc par la loi qui régit
celui-ci qu'on doit en régler les effets. De là, il résulte
que celui qui aurait vendu un meuble sous l'empire du
Code, pourrait, aujourd'hui encore, poursuivre à son
profit le droit de privilége et de revendication que le
Code civil créait en sa faveur, et que la jurisprudence
avait admis pour les matières commerciales.

948. Au reste, cette question s'est plusieurs fois présentée depuis la loi nouvelle, et chaque fois on a soutenu que le vendeur, sous le Code, avait, depuis celle-

ci, perdu tout droit de préférence. La loi elle-même, a-t-on dit, s'en est formellement expliquée. Son préambule porte : que les faillites déclarées sous le Code continueront seules à être régies par les anciennes dispositions du Code de commerce, ce qui indique que celles qui seraient déclarées sous la loi nouvelle, le seront par elles. Or, tout ce qui est amené par le fait de la faillite, partage le sort de celle-ci et se trouve sous l'empire des mêmes dispositions.

Cet argument confond l'exercice du droit avec le droit lui-même. Ainsi, le privilége n'est pas produit par la faillite, il existe avant qu'elle se réalise. Celle-ci ne fait donc qu'en déterminer l'application immédiate, qui se serait accomplie dans toute autre hypothèse et par cela seul que l'acquéreur aurait refusé de payer.

Dès lors, et en admettant même le principe de l'objection, celle-ci manquerait de base dans les conséquences que l'on voudrait en tirer relativement au privilége.

Mais rien n'est moins certain que le principe sur lequel on fonde cette objection. La disposition du préambule ne se rapporte qu'aux formalités de la procédure, et ce serait en abuser étrangement que de l'appliquer au fond du droit.

949. C'est ce qui a été expressément jugé, notamment par un arrêt de la cour royale de Paris du 1er décembre 1840, qui juge la question même du privilége créé sous l'empire du Code, dont elle admet l'exercice sous la loi nouvelle par les motifs suivans :

« Considérant que le privilége du vendeur non payé pouvait être exercé même en cas de faillite.

« Considérant que si l'article 550 de la loi du 28 mai 1838 a proscrit, en matière de faillites, le privilége et la revendication établis par l'article 2102, Code civil, cette disposition, introductive d'un droit nouveau, ne peut avoir d'effet rétroactif; qu'en vain on prétendrait que par suite du fait de la faillite, la position des créanciers se trouve soumise d'une manière absolue à l'empire de la loi nonvelle; que s'il en est ainsi à l'égard des dispositions réglementaires, il en est autrement à l'égard des contrats créés antérieurement à ladite loi et sous l'influence et la protection de dispositions législatives contraires (1). »

L'appréciation que la cour de Paris fait du préambule de la loi nous paraît incontestable. Les conséquences qu'elle en tire relativement à l'exercice du privilége, ne le sont pas moins. Il faudrait donc l'imiter dans toutes les occasions où l'on aurait à juger les mêmes questions.

950. La disposition de l'article 550 s'applique essentiellement à la vente de meubles incorporels, tels que les fonds de magasins ou autres établissemens industriels; mais le vendeur qui n'aurait pas encore opéré la livraison, aurait le droit, même en cas de faillite de l'acquéreur, de retenir l'objet vendu jusqu'à parfait paiement. Un membre de la chambre des députés demandait qu'on ajoutât à la loi, une disposition dans ce sens; mais il fut répondu, avec juste raison, qu'elle était inutile, parce que le droit commun en autorisait suffisamment l'exercice.

Il est incontestable, en effet, qu'il ne saurait y avoir lieu à privilége ni à revendication, tant que le vendeur est encore en possession de l'objet qui a fait la matière de la vente. En conséquence, la disposition qui suppri-

_____

(1) *Journal du palais*, 1841, tom. 1, p. 224. Dans le même sens, v. Arrêts de Paris des 2 août 1840 et 28 février 1842. Arrêt de Limoges du 16 mai 1840.

mait seulement ceux-ci, ne préjugeait rien sur le droit de rétention qui peut appartenir au vendeur.

Toutefois, les débats qui ont eu lieu à la chambre des députés ne sont pas sans utilité pour fixer celui-ci. Il en résulte, en effet, que son exercice a lieu malgré la faillite, et que, par conséquent, la masse qui revendiquerait le meuble corporel ou incorporel vendu au failli, ne pourrait contraindre le vendeur à s'en dessaisir, qu'en lui en payant le prix intégral.

ARTICLE 551.

Les syndics présenteront au juge-commissaire l'état des créanciers se prétendant privilégiés sur les biens meubles, et le juge-commissaire autorisera, s'il y a lieu, le paiement de ces créanciers sur les premiers deniers rentrés.

Si le privilége est contesté, le tribunal prononcera.

SOMMAIRE.

951. Les créanciers privilégiés peuvent être payés avant toute répartition, sur une liste dressée par les syndics d'office ou sur l'ordre du juge-commissaire.

952. A quelle époque cette liste peut-elle être présentée ?

953. Après l'avoir consultée, le juge-commissaire peut ordonner le paiement de tout ou partie de la créance.

954. Il est évident, en effet, que ce paiement ne peut, à aucune époque, entraîner le moindre inconvénient.

955. De ce que le pouvoir du juge n'est que facultatif, résulte-t-il que les créanciers privilégiés ne peuvent jamais contraindre les syndics à les payer.

956. Droits à cet égard des créanciers privilégiés sur la généralité des meubles.

957. Droits des privilégiés sur certains meubles.

958. La faculté de contester les priviléges appartient à tous les intéressés.

959. Mais elle doit être exercée dans la vérification.

960. La partie qui succombe doit être condamnée aux dépens.

951. Les créanciers privilégiés sont en quelque sorte en dehors de la faillite. Ils ne subissent aucune des chances de la liquidation et doivent, dans tous les cas, être payés de tout ce qui leur est dû. Ils ne sont donc pas obligés d'attendre, pour recevoir leur paiement, que la distribution du prix du mobilier soit ouverte. Ils peuvent le réclamer dès que le mobilier est vendu et avant toute répartition.

A défaut de réclamations directes, le juge peut l'ordonner d'office, après avoir reçu la liste, que les syndics sont obligés de lui remettre de tous les créanciers qui se prétendent privilégiés.

952. A quelle époque cette liste doit-elle être remise ? Il est certain que les syndics ne peuvent connaître les prétentions des divers créanciers, que par la vérification des créances, chacun étant obligé de subir cette formalité, et de réclamer, en l'accomplissant, le privilége qu'il prétend lui appartenir. La clôture du procès-verbal permet seule aux syndics de saisir dans leur ensemble tous ceux qui ont été revendiqués, et les met à même d'en présenter la liste complète. C'est donc aussi à cette époque qu'ils doivent la remettre au juge-commissaire.

953. Ce magistrat peut immédiatement ordonner le paiement de toutes, ou de parties des créances privilégiées, soit sur les sommes existant en caisse, soit sur celles qui entreront les premières. Ce pouvoir était nécessaire parce que parmi les créanciers, il peut s'en trouver pour lesquels un plus long retard serait une injustice, leur position, et la nature de leurs créances exigeant impérieusement un prompt paiement. Il est évident que c'est dans ce sens qu'il faut entendre les expressions de notre article: autorisera, *s'il y a lieu*. Or, il y aurait

toujours lieu de le faire après l'union, la loi n'astreignant pas les privilégiés à attendre la répartition.

954. Le juge-commissaire peut donc, avant l'union, ordonner le paiement de tel ou tel créancier privilégié. Il faut d'autant plus le décider, que par rapport à eux, la question de savoir si la faillite se terminera par concordat ou par union est sans aucune importance. Dans l'un, comme dans l'autre cas, la créance doit être soldée en totalité. Ainsi, non seulement la remise, mais encore les termes stipulés dans le concordat ne peuvent leur être opposés. Qu'importe dès lors, même en supposant qu'il soit intervenu un concordat, qu'ils aient été payés de ce qui leur était dû. Ce paiement, le failli n'aura plus à le faire, lui qui serait contraint de l'opérer, s'il n'avait pas été fait. La décision du juge-commissaire ne pourrait donc lui occasionner aucun préjudice ; il ne saurait donc en naître aucun grief.

955. Mais ce pouvoir est purement facultatif pour le juge. Nul ne saurait en contraindre l'exercice. Résulte-t-il de là que les créanciers privilégiés ne puissent exiger le paiement de leur créance qu'après le contrat d'union ?

Une distinction entre les divers privilèges nous paraît nécessaire : ou les privilèges sont généraux, ou particuliers.

956. Les créanciers privilégiés sur l'universalité des meubles ne pourraient contraindre les syndics à les désintéresser avant l'union. Ils n'ont en leur possession aucuns des objets affectés, qui ne doivent être nécessairement aliénés qu'après la réalisation de celle-ci (1). C'est donc au moment où l'on dispose de leur gage qu'il leur est permis d'utiliser leurs droits. Tant que les

(1) Art. 534

meubles existent, ils ne sauraient, ni se faire payer sur
un prix qui n'est pas réalisé, ni exécuter les meubles
dont les syndics sont spécialement chargés, et que seuls
ils peuvent vendre.

Il est vrai que cette vente peut être autorisée par le
juge-commissaire avant même la vérification des créances (1). Mais il est certain qu'elle ne peut alors être requise que dans un objet spécial : les besoins actuels de
la faillite, et que rarement le juge autorisera une vente
totale.

En fût-il autrement, le droit des créanciers privilégiés
se bornerait à former opposition entre les mains du re-
ceveur de la caisse des consignations, dans laquelle le
prix de la vente doit être déposé. Ce qui doit le faire
admettre ainsi, c'est qu'à l'époque de la vente autorisée
par l'article 486, la vérification n'ayant pas encore eu
lieu, il n'existe ni créanciers privilégiés, ni créanciers
ordinaires. Les uns et les autres ne sont encore que présumés.

957. Quant aux créanciers qui ont des priviléges particuliers sur certains meubles, ils peuvent se faire payer, si
leur dette est exigible, soit en vertu de la loi, soit en vertu
de la convention. Dans ce nombre, il faut placer le locateur, le gagiste, le voiturier, etc... Le droit du premier
est formellement reconnu par la loi (2). Celui des autres résulte de la nature même de leur créance et de la
possesion de l'objet qui en répond.

Cet objet ne peut passer entre les mains des syndics
qu'à condition de désintéresser le détenteur. Les droits de
celui-ci ne sont donc nullement altérés par la faillite; il

(1) Art. 486.
(2) Art. 450.

conserve par conséquent contre celle-ci la faculté de faire vendre l'objet qui est en sa possession, tout comme il aurait pu le faire contre le failli lui-même.

Remarquons, en effet, que la prohibition des poursuites individuelles ne concerne en aucune manière ceux qui ont pour leur créance une affectation spéciale. C'est ainsi que l'article 572 permet aux créanciers hypothécaires, même après la déclaration de faillite, de poursuivre l'expropriation des immeubles. Pourquoi n'en serait-il pas ainsi du créancier privilégié qui a dans ses mains de quoi se payer de ce qui lui est dû? Le gage n'est-il pas la plus énergique des affectations et n'est-ce pas en vue, aussi, du droit qu'a le créancier de l'aliéner, que la loi a permis aux syndics de le retirer à toutes les époques de la faillite?

958. Tous les intéressés peuvent contester le privilége réclamé par un créancier. Ainsi, à défaut par les syndics de le contredire au nom de la masse, et même dans le cas ou ils y acquiescent, chaque créancier peut en son nom individuel susciter et soutenir la contestation.

959. Mais cette faculté rappelée par l'article 551 ne peut évidemment être réalisée qu'au moment de la vérification ou dans les délais que nous avons établis sous l'article 494. Personne ne pourrait plus contester si la créance et le privilége avaient été régulièrement admis, et que le procès-verbal de vérification eût été clôturé sans réclamations.

960. La partie qui succombera doit être condamnée aux dépens. Cette prescription formelle de l'article 533 du Code de commerce est sous-entendue dans l'article 551. Elle résulte d'ailleurs suffisamment des principes généraux du droit.

SECTION II.

Des droits des créanciers hypothécaires et privilégiés sur les immeubles.

ARTICLE 552.

Lorsque la distribution du prix des immeubles sera faite antérieurement à celle du prix des biens meubles, ou simultanément, les créanciers privilégiés ou hypothécaires, non remplis sur le prix des immeubles, concourront, à proportion de ce qui leur restera dû, avec les créanciers chirographaires, sur les deniers appartenant à la masse chirographaire, pourvu toutefois que leurs créances aient été vérifiées et affirmées suivant les formes ci-dessus établies.

ARTICLE 553.

Si une ou plusieurs distributions des deniers mobiliers précèdent la distribution du prix des immeubles', les créanciers privilégiés et hypothécaires vérifiés et affirmés concourront aux répartitions dans la proportion de leurs créances totales, et sauf, le cas échéant, les distractions dont il sera parlé ci-après.

SOMMAIRE.

961. En vertu de la règle générale que les biens du débiteur sont affectés au paiement de ses dettes, les créanciers hypothécaires ou privilégiés ont, malgré l'affectation spéciale à leur créance, le droit de concourir dans la masse chirographaire.

962. La distribution du prix des immeubles est laissée à l'empire de la législation ordinaire. La loi des faillites ne règle que le mode de participation des créanciers hypothécaires à la répartition de l'actif mobilier.

963. Si cette répartition a été précédée de l'ordre, les droits des créanciers à celle-ci se bornent à la partie de la créance non payée par le prix des immeubles.

964. Mais dans ce cas les priviléges admis par l'article 2101 ont le droit de se faire colloquer dans l'ordre.

965. Si la distribution des deux masses a lieu simultanément, les créanciers hypothécaires non utilement colloqués sur le prix des immeubles sont admis dans la masse mobilière.

966. Mais les priviléges généraux ne sont admis dans la masse immobilière que si l'actif mobilier est insuffisant.

967. Si la masse mobilière est distribuée avant le prix des immeubles, tous les créanciers indistinctement sont admis pour la totalité de leur créance.

968. Mais dans chacune de ces trois hypothèses, les créanciers hypothécaires ou privilégiés ne viennent à la distribution mobilière que s'ils ont fait vérifier leurs créances.

969. Le défaut de vérification n'a cependant pour eux que les conséquences réglées par l'article 503.

961. Les créanciers privilégiés sur les immeubles et les créanciers hypothécaires ont un droit général sur tous les biens du failli. Ils ont un droit spécial et exclusif sur les immeubles affectés à leurs priviléges et hypothèques.

Telle est la règle ordinaire ; et cette règle n'est susceptible d'aucune exception. Malgré la différence des deux masses et quoique les créanciers chirographaires n'aient aucuns droits de concours sur la masse hypothécaire, les créanciers auxquels celle-ci est affectée grèvent en même temps le mobilier et participent aux répartitions que celui-ci peut produire, en tant cependant qu'ils ne sont pas payés dans l'ordre, et seulement au marc le franc de leurs créances.

Cela tient à la qualité de ces créances. La faillite n'en modifie aucunement la nature. Elles existent après dans le même état qu'avant. Les hypothèques, légalement acquises contre le failli, produisent donc contre la masse tous les effets dont elles sont susceptibles.

962. La loi des faillites n'a introduit aucune règle spéciale en matière de distribution hypothécaire. Elle laisse

donc celle-ci sous l'empire des Codes civil et de procédure. C'est dans leurs dispositions qu''il faut rechercher le rang des divers priviléges et l'ordre dans lequel
ils s'exercent. Les droits de chaque créancier, par rapport à l'inscription qui le prime, le règlement des diverses
contestations qui peuvent surgir ; toutes ces matières
restent à la juridiction ordinaire, malgré l'état de faillite
du débiteur. L'exception même, tirée contre un créancier, de sa participation au vote du concordat, doit être
déférée au tribunal devant lequel l'ordre se poursuit et qui
seul a pouvoir de l'en exclure. Il en est de même pour
la nullité des hypothèques inscrites au mépris des dispositions des articles 446, 447 et 448 de la loi.

La seule difficulté qui dût préoccuper le législateur était
le mode de participation des créanciers privilégiés et hypothécaires à la distribution de la masse chirographaire,
et c'est précisément ce qu'il règle dans la présente section.

Cette distribution a lieu pendant, avant ou après l'ordre pour le prix des immeubles. Voici dans chacune de
ces hypothèses comment il est procédé.

963. 1° L'ordre est définitivement clôturé avant la répartition de la masse mobilière.

Aucune difficulté ne peut s'élever dans ce cas. Les créanciers sont colloqués: les privilégiés dans l'ordre établi
par l'article 2103 du Code civil, les hypothécaires à la
date de leurs inscriptions. Il arrive dès-lors: ou que la
créance colloquée en rang utile est payée intégralement;
le créancier est en conséquence tout à fait désintéressé et
il devient étranger à la faillite. Ou la créance n'est soldée
qu'en partie, ou bien elle est en entier exclue; et dans
l'une et l'autre hypothèse, le créancier passe en tout ou

en partie dans la masse chirographaire pour prendre part aux dividendes produits par l'actif mobilier.

964. Mais nous avons vu que les priviléges généraux sur les meubles grèvent éventuellement les immeubles si le mobilier ne suffit pas pour les éteindre. Or, dans l'hypothèse que nous examinons, la question de suffisance est encore indécise, puisqu'elle n'est jugée qu'au moment où s'ouvre la répartition ; on doit donc admettre dans l'ordre et au premier rang des priviléges, les créanciers pour une des causes indiquées dans l'article 2101 et tous ceux qui auraient un droit de même nature. Cette admission ne saurait être refusée sans exposer les créanciers les plus favorisés par la loi à perdre le recours que cette loi leur assure. En effet, si le mobilier était, par son peu d'importance ou par tout autre motif, insuffisant pour les payer tous, la clôture antérieure de l'ordre et la délivrance des bordereaux aux créanciers inscrits faites antérieurement, auraient fait disparaître le prix des immeubles et établi contr'eux une forclusion invincible. Dans la prévision d'un pareil résultat, chacun d'eux peut se présenter à l'ordre, et s'y faire payer, lorsqu'il s'ouvre avant la répartition du mobilier.

965. 2° La distribution des deux masses a lieu simultanément.

Il est, dans ce cas, facile de concilier tous les intérêts en faisant concorder les deux distributions. Les résultats de l'ordre sont connus et tous les créanciers non colloqués ou seulement colloqués en partie, viennent immédiatement à la répartition du mobilier, au *prorata* de ce qui leur est dû. Si, au contraire, la distribution immobilière, quoique ouverte, ne présente encore rien de certain, soit parce que la collocation provisoire n'a point

été réglée, soit parce que cette collocation ayant été contestée, les contredits ne sont pas jugés, il est procédé
comme dans l'hypothèse suivante.

966. Mais dans ce cas, il ne saurait s'élever aucun
doute sur les créanciers privilégiés sur la généralité des
meubles; il ne saurait y avoir de distribution du mobilier
aux créanciers ordinaires qu'après qu'ils ont été payés.
La certitude de leur complet désintéressement est donc
acquise par l'ouverture de celle-ci; la question de suffisance est dès lors jugée et ceux de ces privilégiés qui
auraient produit dans l'ordre, devraient en être rejetés.

967. 3° Enfin, la distribution du mobilier a lieu avant
celle du prix des immeubles.

Tous les créanciers privilégiés sur les immeubles, ou
hypothécaires, concourent à cette distribution et reçoivent le dividende réparti sur la totalité de leurs créances. Mais, même dans ce cas, il ne s'opère aucune confusion entre les deux masses ; les sommes appartenant
à chacune d'elles lui restent spécialement affectées, ainsi
que nous allons le voir sous les articles suivans :

968. Dans chacune de ces trois hypothèses, les créanciers sur les immeubles ne sont admis dans la masse
mobilière que s'ils ont fait vérifier et admettre leurs
créances. Nous découvrons ici un des motifs pour lesquels la loi a rendu cette formalité commune à tous les
créanciers, même aux privilégiés et aux hypothécaires.
L'actif mobilier n'appartient qu'aux créanciers légalement admis. Eux seuls peuvent prendre part aux répartitions. Les créanciers privilégiés ou hypothécaires étant
dans le cas de réclamer leurs concours à ces répartitions,
doivent subir la loi commune et faire, en conséquence,
vérifier et affirmer leurs créances.

969. Mais pour eux, comme pour les chirographaires, il n'y a aucune forclusion encourue tant qu'il reste quelque chose à distribuer. Ceux donc d'entr'eux qui n'auraient pas requis cette vérification dans les délais légaux, pourront la demander en tout état de cause, conformément à ce qui est réglé par l'article 503. Les frais de la vérification et de l'affirmation resteront à leur charge.

ARTICLE 554.

Après la vente des immeubles et le réglement définitif de l'ordre entre les créanciers hypothécaires et privilégiés, ceux d'entre eux qui viendront en ordre utile sur le prix des immeubles pour la totalité de leur créance ne toucheront le montant de leur collocation hypothécaire, que sous la déduction des sommes par eux perçues dans la masse chirographaire.

Les sommes ainsi déduites ne resteront point dans la masse hypothécaire, mais retourneront à la masse chirographaire, au profit de laquelle il en sera fait distraction.

ARTICLE 555.

A l'égard des créanciers hypothécaires qui ne seront colloqués que partiellement dans la distribution du prix des immeubles, il sera procédé comme il suit : leurs droits sur la masse chirographaire seront définitivement réglés d'après les sommes dont ils resteront créanciers, après leur collocation immobilière, et les deniers qu'ils auront touchés au delà de cette proportion, dans la distribution antérieure, leur seront retenus sur le montant de leur collocation hypothécaire, et reversés dans la masse chirographaire.

ARTICLE 556.

Les créanciers qui ne viennent point en ordre utile seront considérés comme chirographaires et soumis comme tels aux effets du concordat et de toutes les opérations de la masse chirographaire.

SOMMAIRE.

970. Les deux masses, venons-nous de dire, ne se confondent jamais ; les deniers de l'une ne profitent jamais à l'autre. Les deux premiers articles que nous examinons développent les conséquences de ce principe, en réglant le sort des sommes que le concours des créanciers, de l'une dans l'autre, a momentanément distraites de leur destination. Le dernier fixe la position des créanciers hypothécaires ou privilégiés non payés, dans leurs rapports avec la masse mobilière.

971. Les seuls créanciers privilégiés sur tous les meubles peuvent concourir aux distributions immobilières. Cela se réalise dans la première des trois hypothèses que nous avons posées sous les articles précédens. Si, par suite de la collocation qu'ils ont obtenue, ces créanciers ont été payés, ce paiement a été évidemment fait à la décharge de la masse mobilière. Ce n'est, en effet, qu'en cas d'insuffisance de celle-ci que le prix des immeubles est grevé de ces priviléges. Il s'opère, dès lors, en faveur des créanciers, ayant droit sur celui-ci, une subrogation légale contre cette masse, en vertu de laquelle, ceux d'entr'eux non payés par l'effet de la collocation de ces priviléges, viennent exclusivement retirer dans la répartition de l'actif mobilier, tout ce que ceux-ci ont pris dans la masse immobilière.

972. Dans le cas, au contraire, où la distribution mobilière a précédé l'ordre, la masse chirographaire est subrogée aux droits des hypothécaires jusqu'à concurrence des sommes que ceux-ci ont touchées sur le prix des meubles. Cette subrogation s'exerce dans l'ordre même, et elle a plus ou moins d'étendue, selon que le créancier a été payé en tout ou en partie par le résultat de sa collocation.

973. Le créancier utilement colloqué pour la totalité de sa créance ne peut retirer cette totalité; car il est déjà payé en partie par le dividende qu'il a reçu. Il ne peut donc toucher sur sa collocation que ce qui lui reste dû. Par exemple, Paul est créancier hypothécaire d'une somme de 10,000 fr.; avant l'ordre, il a reçu dans la distribution mobilière un dividende de vingt-cinq pour cent, ou soit une somme de 2500 fr. Dès ce moment, sa créance se trouve réduite à 7500 fr.

Mais cette créance demeure dans la masse hypothécaire pour sa valeur nominale. Elle est plus tard colloquée en rang utile; mais il n'est plus dû que 7500 fr.; Paul ne touchera donc réellement que cette somme qui suffit pour son paiement intégral.

Qui profitera de l'excédant de la collocation? Les créanciers hypothécaires qui viennent après lui? Non, sans doute, ceux-ci n'ont un droit de préférence que sur le prix réel de l'immeuble. Or, les 2500 fr. précomptés à Paul n'appartiennent pas à celui-ci; ils ne pouvaient donc leur être affectés. Admettre le contraire, serait consacrer un privilége exorbitant, et qui préjudicierait singulièrement à la masse chiroragphaire. Certainement celle-ci aurait, dans ce cas, le plus vif intérêt à attendre que les immeubles fussent vendus et leur prix distribué avant de faire elle-même une distribution, puisque dans le cas contraire une grande partie de son actif viendrait s'absorber dans la masse hypothécaire au bénéfice des créanciers derniers inscrits.

De plus, consacrer cet état de choses, c'était empirer singulièrement la position des créanciers ordinaires et les sacrifier aux hypothécaires qui n'ont pu et dû compter que sur la valeur des immeubles, telle qu'elle résulte-

rait de la vente de ceux-ci, et non pas augmentée d'une
partie notable du mobilier sur lequel ils n'ont jamais eu
des droits de préférence.

La nécessité d'une prompte exécution s'unissait donc
à l'équité, à la justice, pour faire consacrer que ce qui
était sorti de la masse mobilière, devait retourner à
cette masse ; de même que, dans le cas précédent, on
restitue à la masse immobilière ce qui a été pris par les
créanciers privilégiés sur la généralité des meubles. En
conséquence, dans notre hypothèse, Paul prendra sur
sa collocation les 7500 fr. qui lui sont encore dus, les
2500 fr. d'excédant seront payés aux syndics qui les
réintégreront dans la masse chirographaire.

974. Si le créancier hypothécaire n'obtient de collocation que pour une partie de sa créance, il a droit de
retenir le dividende qu'il a reçu, mais seulement jusqu'à
concurrence de celui qu'il aurait à recevoir sur la partie
de la dette non payée. Exemple : Paul, créancier de
10,000 fr., a reçu avant l'ouverture de l'ordre, un dividende de vingt-cinq pour cent sur la totalité de sa
créance. Plus tard, il est payé dans l'ordre de 5000 fr.
quels auraient été ses droits, si cet ordre avait précédé
la distribution mobilière ? De concourir à cette distribution pour 5000 fr. seulement, puisqu'il ne lui était plus
dû que cette somme. Le dividende de vingt-cinq pour
cent sur 5000 francs, ne représente qu'une somme
de 1250 francs. En réalité, il en a touché 2500. C'est
donc 1250 fr. qu'il a reçu en plus, et qu'il doit restituer. Or, la loi veut que cette restitution s'opère par
voie de retranchement sur la collocation hypothécaire ;
il en résulte que celle de Paul étant de 5000 fr., il ne
retirera que 3750 fr., les 1250 fr. seront pris par les

II.   21

syndics, comme dans le cas précédent, et feront ainsi retour à la masse qui les a déjà déboursés.

Il est évident que la position du créancier ne peut changer, par cela seul que la distribution mobilière aurait précédé celle du prix des immeubles. Dans ce cas même, le créancier n'est admis dans la première qu'éventuellement, et sauf réglement, selon les résultats de la seconde. La question de priorité est donc indifférente; le créancier ne peut jamais recevoir plus que ce qui lui est dû après l'exercice de son action hypothécaire. Or, que revenait-il dans notre exemple à Paul après cet exercice ? 5000 fr. de sa collocation et un dividende de vingt-cinq pour cent sur le restant de sa créance, ou soit 1250 fr.; total 6250 fr. Que reçoit-il par le retranchement de 1250 fr. sur sa collocation postérieure à la première distribution ? 3750 fr. restant de celle-ci ; 2500 fr. dividende au vingt-cinq pour cent sur 10,000 fr.; total 6250 fr. Il est, dès lors, rempli de tout ce qui lui revenait. Il ne serait donc pas fondé à se plaindre d'un résultat qui lui refuse seulement le dividende sur la partie de la dette qui ne pouvait en produire, puisqu'elle était payée en totalité.

Quant au retour des 1250 fr. retranchés à la masse chirographaire, il se justifie par les principes que nous avons exposés tout-à-l'heure.

975. Enfin, les créanciers privilégiés ou hypothécaires qui ne viennent pas en rang utile, ou qui ne sont payés que partiellement, deviennent simples chirographaires pour la totalité de ce qui leur est dû dans le premier cas; pour la partie de la dette non soldée dans le second. Réduits à se pourvoir dans la masse mobilière, ils n'ont d'autres droits à prétendre que ceux qui appar-

tiennent à tous les créanciers ordinaires. Par une déduction logique, ils en assument aussi toutes les obligations et entre autres, celle de ne participer au partage de l'actif qu'au *prorata* et au marc le franc des créances pour lesquelles ils ont été admis après vérification.

976. Il résulte encore de là que si un concordat est intervenu, ces créanciers en supporteront les effets, et subiront la remise qui a été stipulée. Cette remise sera calculée sur les sommes dont ils seront restés créanciers, elle sera totale ou partielle, selon qu'ils auront été partiellement colloqués, ou qu'ils n'auront rien reçu dans la distribution du prix des immeubles. Ainsi, le traité auquel ils n'ont pu prendre part deviendra obligatoire pour eux, comme pour les créanciers qui l'ont voté.

977. Mais indépendamment du droit de se faire payer par préférence sur le prix des immeubles, la qualité d'hypothécaire confère d'autres facultés : celle notamment d'exercer la contrainte par corps, si cette préférence n'a été empêchée que par une fausse déclaration du débiteur sur les hypothèques existant sur ses biens; en d'autres termes, par un stellionat. Cette action tombe-t-elle sous l'effet du concordat? L'homologation de celui-ci en empêche-t-elle l'exercice ?

978. En principe, l'état de faillite est exclusif de la contrainte par corps. Nous avons vu que le failli ne peut être emprisonné que si le jugement déclaratif l'ordonne, et que, quelles que soient les dispositions de celui-ci, il ne peut être reçu d'écrou ou recommandation pour aucune espèce de dettes (1).

Cet état de choses se maintient tant que dure la faillite. Le concordat faisant cesser celle-ci, lève cette pro-

(1) Art. 455.

hibition, mais par la remise consentie et par le paiement du dividende stipulé, le failli est complètement
libéré ; il semblerait donc que le créancier hypothécaire, devenu simple chirographaire par défaut de collocation sur le prix des immeubles, et n'ayant que le
droit de retirer le dividende, devrait être désinvesti de
l'action en stellionat.

Telle avait été l'opinion de la cour royale de Besançon
qui, sous l'empire du Code de comm., avait, le 2 juillet
1836, décidé que le failli stellionataire ne pouvait être
contraint par corps après le concordat. Mais cet arrêt
déféré à la cour de cassation, fut cassé par arrêt du 28
juillet 1840 (1), lequel considère : « Qu'il résulte des
articles 2059 du Code civil et 520 du Code de commerce, que le stellionat existe d'une manière absolue
dans les cas qu'ils déterminent, et que les hypothécaires
inscrits qui n'ont point de voix dans la délibération du
concordat, ne peuvent perdre leurs droits à se pourvoir
contre les stellionataires.

« De plus : que le concordat lui-même porte expressément réserve de tous les droits des créanciers hypothécaires auxquels il ne peut en rien préjudicier. Qu'ainsi
ils ne peuvent être privés du droit que leur donne l'article 2059 du Code civil, à raison du stellionat; que n'é-
tant pas colloqué dans l'ordre par suite de la collocation
d'hypothèques dont il ne devait pas craindre le concours,
il ne reste au demandeur en cassation que l'action dirigée
contre le débiteur stellionataire qui n'a pu, sans une
fausse application des articles 524 et 543 du Code de commerce, et sans violer les articles ci-dessus cités, être mis
à l'abri de cette poursuite. »

(1) Dalloz, P. 1840, 1, 109.

979. On voit que la cour de cassation ne se préoccupe nullement de l'article 455 du Code de commerce, qui n'excluait l'exercice de la contrainte par corp en matière de faillite, que pour celle résultant de jugemens commerciaux. Cette considération pouvait fournir un argument à l'appui de la solution admise. Elle a été cependant sans influence sur l'opinion de la cour, devant laquelle on l'avait présentée. D'où la conséquence qu'on ne saurait aujourd'hui exciper des termes du nouvel article 455 que nous avons rappelés.

Il est évident, au reste, que l'application de cet article se concentre dans les premiers moments de la faillite, alors que la présence et le concours du failli peuvent être tellement nécessaires à la liquidation, que dans un intérêt général la loi a dû sauvegarder sa personne de toute atteinte.

980. Il faut donc sous la loi nouvelle chercher ailleurs l'appréciation de la question que nous examinons et dont la solution gît dans des principes généraux qui restent sous celle-ci ce qu'ils étaient sous le Code.

Les créanciers hypothécaires ont deux actions bien distinctes ; celle de se faire payer par préférence sur le prix des immeubles, celle de concourir à la répartition du mobilier. Il est vrai que la première est épuisée par la clôture de l'ordre ; que le créancier non colloqué n'a plus à exercer que la seconde ; il est encore vrai que quant à ses effets, celle-ci tombe nécessairement sous le coup du concordat.

Mais le droit hypothécaire renferme une action particulière dont les éventualités de l'ordre peuvent rendre l'exercice utile. Il convient de distinguer le cas où le défaut de collocation n'est dû qu'à l'insuffisance du prix ou au rangement d'inscriptions antérieures dont

l'existence n'a jamais été dissimulée ; de celui ou le créancier, en acceptant l'hypothèque, a reçu l'affirmation
qu'il n'existait aucune autre inscription, ou seulement,
que telle ou telle inscription. Dans le premier cas, le droit
est éteint. Dans le second, il survit en entier. Non pas
sans doute quant au prix qui est légalement distribué aux
créanciers antérieurs, mais seulement pour contraindre
le débiteur à réparer sa fraude en payant intégralement
ce qui aurait dû l'être si cette fraude n'avait pas été employée.

L'action en stellionat n'est donc qu'une émanation du
droit hypothécaire. Le legislateur substitue la contrainte
qui en est la conséquence, au droit de préférence que la
mauvaise foi du débiteur a rendu stérile. Il se réalise
donc dans cette circonstance, qu'on nous permette cette
expression, un véritable déplacement de l'hypothèque.
L'effet de celle-ci, ne pouvant plus affecter les biens, affecte la personne. D'où il résulte que l'action en stellionat est purement hypothécaire, et ce caractère suffit
pour la soustraire aux effets du concordat qui ne peut régir
que les droits mobiliers.

931. Vainement, dirait-on que si, après l'homologation du concordat, les créanciers inscrits conservaient
une action personnelle contre leur débiteur pour cause
de stellionat, il en résulterait une véritable antinomie,
puisque, d'une part, on autoriserait un acte qui replace
le failli à la tête de ses affaires, et qu'on rendrait, de l'autre, cet acte illusoire en permettant à un seul créancier
de faire incarcérer le débiteur, et de l'empêcher ainsi de
remplir les engagemens contractés dans le concordat! Dès
l'instant qu'il est reconnu que le droit qui dérive du stellionat est purement hypothécaire, aucune considération

ne pourrait prévaloir sur les principes qui doivent le régir. Or, ces principes sont incontestables : les droits hypo-thécaires ne sont jamais atteints par le concordat.

D'ailleurs, celui-ci n'est et ne peut être voté que par les créanciers ordinaires. La volonté de la majorité n'est imposée à la minorité que parce que le sacrifice qui en résulte pour celle-ci lui est commun. Mais cette condition inévitablement attachée à ce pouvoir exorbitant qui force un créancier à abandonner une partie de sa créance, ne se réaliserait pas dans l'espèce. Le créancier hypothécaire perdrait non seulement une partie de sa dette mobilière, mais encore un droit spécialement attaché à sa qualité, et qu'une disposition expresse de la loi lui confère. Il n'est donc pas juste de laisser les créanciers chirographaires, disposer des droits des hypothécaires, pas plus qu'il ne le serait d'admettre ceux-ci, qui doivent être payés sur les immeubles, à voter au concordat et à déterminer, par leur adhésion, la remise que les premiers doivent seuls supporter.

Remarquons en outre que la fraude fait exception à la règle ordinaire. Il serait même dangereux de voir dans le concordat une dérogation à ce principe salutaire. Le débiteur qui trouverait dans cet acte une immunité assurée, pourrait se livrer sans frein au stellionat, car ceux qui en seraient les victimes ne pourraient jamais concourir à faire rejeter le concordat, au vote duquel ils ne peuvent coopérer. Ainsi, il suffirait de la volonté des créanciers chirographaires pour annihiler la peine sévère que la loi a prononcée contre les stellionataires. Le concordat ferait ce que ni l'âge ni le sexe ne peuvent faire. Et tandis que le stellionat suffit pour que son auteur soit exclu, en matière civile, de la cession de biens, en ma-

tière commerciale, du bénéfice de la déclaration d'excusabilité, on refuserait, en cas de concordat, la possibilité
d'obtenir réparation de cet acte que la loi a qualifié
presque de délit ?

Nous ne craignons pas de le dire, un pareil résultat
serait désastreux pour les créanciers hypothécaires, dangereux pour la morale et contraire à la volonté expresse
du législateur.

Mais, dira-t-on, en permettant aux créanciers victimes d'un stellionat l'exercice de la contrainte malgré le
concordat, vous assimilez la position du failli à celle qu'il
aurait en cas d'union ! Non sans doute ; car dans cette
dernière hypothèse, le failli stellionataire ne pourrait être
déclaré excusable. Il se trouverait, dès lors, en butte,
non seulement à la contrainte pour le stellionat, mais
encore à celle qui résulterait de ses engagemens commerciaux. Par le concordat, il est à jamais délivré de celle-
ci, et n'y gagnât-il que cela, que ce bénéfice ajouté à
la remise sur les dettes mobilières, qui lui est accordée,
constituerait un avantage assez précieux pour qu'il soit
avidement recherché.

Un dernier reproche peut être adressé à l'opinion que
nous croyons devoir être adoptée. Le créancier hypothécaire non colloqué devient, dira-t-on, simple chirographaire. Si vous lui permettez de toucher, dans ce cas
même, l'intégralité de sa créance, vous blessez l'égalité
qui doit exister entre tous les créanciers ? N'y aurait-il
pas de l'injustice à réduire les uns à une quote part de
leur créance et à accorder au premier la totalité ?

Ce reproche serait fondé si celui-ci n'avait pas, dans
sa qualité même, le droit d'exiger qu'il en soit ainsi. Or,
nous l'avons déjà établi, la contrainte par corps n'est, en

cas de stellionat, que l'équivalent de l'hypothèque. Il n'y
a donc nulle injustice à déduire de l'une tous les effets
que l'autre devait naturellement produire. Le créancier
qui n'a consenti à traiter qu'en recevant un nantissement
hypothécaire, aurait été payé intégralement, si ce nantissement eut été sincère. Il doit l'être par l'exercice de
la garantie que la loi lui fournissait de cette sincérité.
Les créanciers qui ont été moins exigeans que lui, ne
peuvent trouver étrange la faveur qui lui est faite et
qu'ils pouvaient se faire concéder.

Nous pensons donc que sous la loi nouvelle on doit
suivre la jurisprudence de la Cour de cassation et décider
que l'action en stellionat, dérivant du droit hypothécaire,
ne peut être refusée après le concordat. L'opinion contraire consacrée par la cour royale de Besançon, d'abord
dans un arrêt du 25 août 1812 et en second lieu par celui
qui a encouru la censure de la cour de cassation, est sans
écho dans la jurisprudence. Déjà les cours royales de
Paris et de Bordeaux l'avaient condamnée, la première,
par arrêt du 26 février 1833, et la seconde, par arrêt du
9 décembre 1834 (1).

982. Le créancier hypothécaire peut donc, nonobstant le concordat, exercer l'action en stellionat; mais cet
exercice ne s'ouvre qu'après la clôture définitive de l'ordre. Jusque-là, en effet, l'intérêt du créancier n'est pas
en souffrance, il n'a encore éprouvé aucun préjudice. La
déclaration faite par le débiteur peut ne pas être vraie,
mais si le prix des immeubles est suffisant pour payer
toutes les inscriptions, il est certain que le créancier
trompé n'aura aucun grief fondé à s'en plaindre. La peine

(1) Dalloz P. 1833, 2, 126. 1835, 2, 109.

portée par la loi n'est pas destinée à atteindre seulement la fausse déclaration, mais, et principalement, à réparer le préjudice qui en résulte. Or, ce préjudice n'existe que si le créancier n'est pas payé, et ce défaut de paiement n'est lui-même certain que lorsque les créanciers antérieurs qu'on avait déclarés ne pas exister, étant payés, il ne reste rien pour celui envers lequel le stellionat a été commis. Ce n'est donc qu'à ce moment que celui-ci pourra agir par voie de contrainte par corps.

SECTION IV.

Des droits des femmes.

—

ARTICLE 557.

En cas de faillite du mari, la femme dont les apports en immeubles ne se trouveraient pas mis en communauté reprendra en nature lesdits immeubles et ceux qui lui seront survenus par succession ou par donation entre-vifs ou testamentaire.

ARTICLE 558.

La femme reprendra pareillement les immeubles acquis par elle et en son nom des deniers provenant desdites successions et donations, pourvu que la déclaration d'emploi soit expressément stipulée au contrat d'acquisition, et que l'origine des deniers soit constatée par inventaire ou par tout autre acte authentique.

ARTICLE 559.

Sous quelque régime qu'ait été formé le contrat de mariage, hors le cas prévu par l'article précédent, la

présomption légale est que les biens acquis par la femme
du failli appartiennent à son mari, ont été payés de ses
deniers, et doivent être réunis à la masse de son actif,
sauf à la femme à fournir la preuve du contraire.

SOMMAIRE.

983. L'ordonnance de 1673 n'avait apporté aucune modification au
droit commun en matière de dotalité, soit par respect pour
la dot, soit parce que l'état du commerce était loin de l'exiger.

984. Le législateur de 1807 fut contraint, quoique à regret, de suivre
une marche contraire.

985. L'appréciation qu'il fait lui-même de ses dispositions rend facilement raison de leur nature.

986. Modifications introduites par le nouveau législateur. C'est par
l'expérience qu'il faudra juger de leur opportunité.

987. La diversité de ces législations a fait naître la question de savoir
quelles étaient les règles à appliquer aux faillites ouvertes sous
chacune d'elles ?

988. Aucune difficulté ne pouvait s'élever pour celles déclarées sous
l'ordonnance.

989. Si la faillite avait été déclarée sous l'empire du Code et que la
femme fût mariée sous l'ordonnance de 1673, son sort était
réglé par les dispositions de celle-ci.

990. Le bénéfice de la loi nouvelle n'est acquis à la femme que du
jour de sa promulgation et à l'encontre des créanciers qui
ont traité avec le mari depuis lors. A l'égard des autres, elle
est régie par la loi du contrat de mariage.

991. Arrêt contraire de la cour de Grenoble.

992. Dissentiment et réfutation.

993. Les restrictions au droit commun que la loi a maintenues ne se
réalisent que dans le cas de faillite résultant de la cessation
de paiemens ou d'un jugement déclaratif.

994. Arrêts qui avaient dénié cet effet à la cessation de paiemens
condamnés par la cour de cassation.

995. Ces principes doivent être appliqués aujourd'hui. Il en résulte
que quelle que soit la position du mari, la femme a droit à
être colloquée pour la totalité de ses reprises, tant qu'il n'a
pas cessé ses paiemens.

996. Cette cessation se réalisant, l'effet de la loi spéciale est acquis
à tous les créanciers, et pour ce qui concerne les hypothécaires, malgré le concordat.

997. Mais le mari et ses héritiers restent toujours tenus envers la femme pour l'intégralité de ses droits et reprises.

998. La femme peut reprendre les immeubles qu'elle a apportés en dot et ceux qui lui sont obvenus depuis par succession et donation, savoir : ceux existant en nature, à la condition qu'ils lui soient demeurés personnels.

999. Ceux acquis en remploi, aux conditions suivantes.

1000. 1° Qu'ils aient été acquis par elle, en son nom, ou par le mari avec déclaration d'emploi et acceptation de celui-ci par la femme.

1001. A quelle époque devrait s'être réalisée cette acceptation ?

1002. 2° Que l'acte contienne la déclaration d'emploi.

1003. 3° Que l'origine des deniers soit constatée par actes authentiques.

1094. L'absence de ces conditions ferait refuser l'action en reprise des immeubles, mais non l'action en répétition des sommes que la femme prouverait lui être obvenues.

1005. Si l'origine des deniers n'est pas justifiée, ils sont censés avoir été fournis par le mari.

1006. Mais la preuve du contraire est recevable. De quels élémens elle doit résulter.

1007. Cette obligation de prouver est imposée à la femme, quel que soit le régime sous lequel elle s'est mariée.

983. Le respect pour les dots a été poussé fort loin dans notre ancienne législation. On a toujours considéré leur conservation comme intéressant l'ordre public. Il n'est donc pas étonnant que l'ordonnance de 1673 n'ait apporté aucune modification au droit commun, même dans le cas de faillite.

Peut-être même serait-il juste d'ajouter que l'état du commerce à cette époque n'en nécessitait aucune. Ce n'est que plus tard qu'on chercha, dans cette utile et honorable profession, le moyen de s'enrichir, même au prix de la ruine de ceux dont on avait su capter la confiance.

984. Il est certain, en effet, que le législateur de 1807 ne pouvait plus reculer dans l'obligation d'apporter un

prompt et sévère remède aux excès scandaleux que la
discussion du Code de commerce déroula à ses yeux.
L'énormité de ces abus fit taire les préjugés relatifs à
l'importance de la dot, que chacun avait acceptés de la
législation civile, dont on ne consentait la modification
qu'à regret.

« Pourquoi faut-il, s'écriait l'orateur du Tribunat,
après avoir rappelé les faveurs que cette législation avait
concédées aux femmes, que les désordres qui ont cor-
rompu la simplicité primitive du commerce, amènent aujourd'hui la dure nécessité de retirer aux femmes des
commerçans une partie des avantages qui leur avaient été
si libéralement accordés? Pourquoi faut-il que le luxe
effréné de quelques-unes d'entr'elles, leurs dépenses sans
mesure, leur facilité à se prêter à des manœuvres spo-
liatrices, forcent le législateur à se montrer sévère quand
il voudrait n'être que généreux (1)? »

985. Ces plaintes qui justifient le parti pris par le législateur témoignent en même temps de l'excès du mal,
et tout doute sur son étendue est impossible, lorsqu'on
voit le législateur apprécier ainsi ses prescriptions : « Les
dispositions du Code, disait M. Corvetto, sont une sorte
de transaction entre des principes différens : d'un côté,
la femme est considérée comme complice, ou du moins
comme solidairement responsable de la faillite de son
mari, et sous ce rapport on lui impose des sacrifices ; de
l'autre, on la regarde comme ne devant pas partager la
chance des événemens, et ses droits sont respectés (1).»

En se plaçant à ce point de vue, on se rend facilement
compte des dispositions du Code de commerce; nous

(1) Tarrible, exposé du vœu du Tribunat. Locré, tom. 7, p.98.
(2) Locré, ibidem, p. 104.

aurons à les rappeler, lorsque, les mettant en regard de celles de la loi nouvelle, nous devrons constater les modifications qu'elles ont subies.

986. En effet le législateur de 1838 a pensé que trente ans de pratique du système créé par le Code avaient assez déraciné les abus, pour qu'il fût permis de se relâcher un peu de sa sévérité. Cette opinion était-elle fondée? c'est ce que l'expérience nous apprendra. Quant à nous, nous avons toujours cru, et nous croyons encore que si les droits de la femme, et, par conséquent, ceux de la famille, méritent d'être protégés, ceux des créanciers ne doivent pas être vus moins favorablement, et que le plus puissant moyen, peut-être, de rendre les désastres commerciaux plus rares, c'est de faire un devoir à la femme et à la famille, de la plus extrême prudence, en laissant peser sur elles une grande partie de ce désastre et en les intéressant ainsi à éviter tout ce qui pourrait y conduire.

987. Quoiqu'il en soit, la divergence de ces trois législations, et la transition de l'une à l'autre ont naturellement amené la question de savoir comment devaient être régis les droits des femmes dans les faillites déclarées sous chacune d'elles.

988. Aucune difficulté ne pouvait s'élever avant le Code. L'ordonnance de 1673 laissant la femme sous l'application du droit civil, c'était par les principes adoptés par celui-ci, que se trouvait fixé le sort des créances que la femme pouvait avoir à répéter contre son mari ou ses créanciers.

989. Si la faillite a été déclarée sous l'empire du Code de commerce, les dispositions de ce Code ne peuvent régir que les femmes qui se sont mariées depuis sa pro-

mulgation. C'est ce qu'indiquent le droit et le texte même du Code de commerce. En droit, la loi ne peut rétroagir; et c'est ce que décide pour les faillites, l'article 557 qui exclut de l'atteinte des dispositions restrictives du Code, les droits et actions des femmes *acquis* avant leur publication. L'article dit : *droits acquis* et non *droits ouverts* ; d'où la conséquence que les avantages assurés à la femme au moment de son mariage, par la législation alors en vigueur, ne peuvent, sous aucun prétexte, lui être enlevés.

Ainsi, l'étendue de l'hypothèque légale, les gains de survie, le privilége accordé pour le douaire, le droit de reprendre le mobilier apporté, quoiqu'il n'en ait été dressé ni état, ni inventaire, n'ont été nullement altérés par l'apparition du Code de commerce, lorsque les époux s'étaient mariés sous l'empire de l'ordonnance de 1673. Le bénéfice des anciens principes, ou le régime du Code civil ont été irrévocablement acquis par la célébration du mariage en l'état des uns ou de l'autre. La loi postérieure ne pouvait donc les enlever à la femme, sans violer à son encontre le principe de la non rétroactivité (1).

990. La loi nouvelle a amélioré le sort des femmes. Celles qui se sont mariées sous l'empire du Code pourront-elles en invoquer le bénéfice, si la faillite a été déclarée depuis sa promulgation ?

On peut dire, pour l'affirmative, que la femme du commerçant est placée, comme toutes les autres, sous le droit commun, tant que son mari est à la tête de ses affaires. C'est par l'événement de la faillite qu'elle est jetée

---

(1) Vid. arrêts de Paris, 11 février 1813, de Bourges, 19 juin 1824, de la cour de cassation, 19 avril 1834. D. P. 23, 2, 110, 25, 2, 44, 34, 1, 121.

dans une exception. Il est dès lors juste que l'étendue de l'exception soit réglée par la législation en vigueur, au moment où éclate la faillite.

Mais cette solution blesserait, au détriment des créanciers, le principe de la non rétroactivité, que nous invoquions tout-à-l'heure en faveur de la femme. On ne pourrait, en effet, assurer une préférence quelconque à la femme, sans annuler les droits que les créanciers ont acquis sous l'empire de la loi précédente.

Il faut donc admettre que le bénéfice de la loi nouvelle n'est conféré à la femme que du jour de sa promulgation et à l'encontre seulement des créanciers qui n'ont traité avec le mari que depuis cette époque. Quant à ceux dont les titres remontent à une date antérieure, c'est par le Code de commerce qu'ils doivent continuer à être régis dans leurs rapports avec la femme de leur débiteur.

Cela est incontestable pour ceux qui auraient acquis, avant la loi nouvelle, un privilége ou une hypothèque sur les biens du failli ; qu'en est-il pour les créanciers chirographaires? Peuvent-ils, quant aux engagemens que le failli a contractés envers eux, soumettre la femme à la loi alors en vigueur, et sous laquelle le mariage s'est réalisé ?

991. Cette question a été examinée *ex professo* par M. Gueymard, avocat distingué du barreau de Grenoble, et professeur de Code de commerce à la faculté de droit. Dans une dissertation remarquable, cet habile jurisconsulte s'est prononcé contre la femme et en faveur des créanciers.

Mais la cour royale de Grenoble a été d'un avis contraire ; par ce motif, entr'autres, que les chirographaires n'ayant qu'une action personnelle, leurs droits sur les biens se réduisent à un droit de confiance et d'espérance, que la loi peut leur ôter, et qui ne peut sortir à effet qu'autant que la législation qui le leur avait conféré, continue à être obligatoire (1).

992. Nous avions donné à la dissertation de M. Gueymard, une adhésion entière, et tout en rendant hommage aux lumières des magistrats qui ont concouru à l'arrêt, nous déclarons que leurs motifs ne nous ont pas convaincus de l'erreur dans laquelle nous serions tombés.

Qu'importe d'abord que l'action des créanciers soit personnelle contre le failli ? Dès l'instant que la loi en a réglé les effets, il y a droit acquis à être régi par cette loi. La conséquence la plus directe du principe de la non rétroactivité des lois, n'est-elle pas de laisser celle qui a vu se former un engagement quelconque, exclusivement applicable à tous les effets que cet engagement est susceptible de produire ?

Le créancier chirographaire, dit-on, n'a qu'un simple droit de confiance et d'espérance ! mais ce droit est appuyé d'une loi prohibitive dont les effets sont acquis par le fait seul de la faillite. Le créancier placé en regard de la femme a donc dû compter que la condition se réalisant, la loi s'exécuterait en sa faveur. N'eut-il existé que cette expectative, que ses droits auraient été pour toujours à l'abri de la loi nouvelle.

«Les droits qui résultent des contrats, dit M. Merlin (2), n'importe qu'ils soient actuellement ouverts, ou qu'ils ne soient qu'*éventuels* et *expectatifs*, sont hors de l'atteinte de la loi postérieure. Cette règle ne s'applique pas seulement aux conventions expresses, elle s'applique égale-

(1) 17 mars 1842. D. P. 42, 2, 146.
(2) Rep. cinquième édition, v. effet rétroactif, sect, 3, § 1.

II.   22

ment aux conventions qui sont sous entendues dans un contrat, par l'autorité de la loi sous laquelle il est passé.»

Or, n'était-il pas sous entendu par le Code de commerce, qu'en cas de faillite, le créancier, même chirographaire, aurait la faculté de faire réduire les droits de la femme aux proportions déterminées ? Et n'est-ce pas sous cette éventualité garantie par la loi que ce créancier a traité ?

Dira-t-on que la femme est étrangère à l'engagement? Mais elle ne pouvait pas l'être à la loi qui a stipulé pour elle. En se mariant sous son empire, il est certain qu'elle s'est volontairement soumise à ses dispositions. Elle ne subit donc que la chance qu'elle a su devoir et qu'elle a bien voulu courir.

Mais, dit-on, lorsque le Code civil, par les articles 2121 et 2135, a attribué une hypothèque légale aux mineurs et aux femmes mariées qui, suivant la loi de leur province, n'en avaient point encore, il a été admis par tous les auteurs, et consacré par la jurisprudence, que ces hypothèques nouvelles s'appliquaient aux créances préexistantes ; et que les créanciers antérieurs, purement chirographaires, ne pouvaient invoquer la disposition finale de l'article 2135, parce qu'ils n'avaient aucun droit réel et acquis sur les biens frappés d'hypothèque ; et qu'en laissant à leur débiteur l'entière liberté d'en disposer, ils avaient aussi laissé au législateur le pouvoir de les grever. Or, continue-t-on, dans l'application de ces principes, il ne saurait être fait aucune différence entre les créanciers d'un commerçant failli, et les créanciers chirographaires, de celui qui n'est pas négociant, parce que, malgré la faveur due au commerce, la loi n'a pu ni dû distinguer entr'eux sous ce rapport (1).

(1) Arrêt de Grenoble, plus haut cité.

Le vice de ce raisonnement consiste à confondre les effets que doit produire la disposition nouvelle, selon que la précédente était plus ou moins explicite. Ainsi, dans notre espèce, les législations qui, avant le Code, n'accordaient pas hypothèque légale à la femme, ne lui avaient nullement prohibé la faculté de prendre inscription pour la conservation de ses droits ; et cette inscription prise grevait les immeubles du mari. Cette faculté menaçait continuellement les tiers et c'est elle que le code à réalisée. On sait qu'il est reconnu que la promulgation du Code avait valu inscription pour la femme. Or, à la date de cette promulgation, l'inscription assurait à la femme un droit de préférence à tous ceux qui, n'ayant aucun droit hypothécaire, ne pouvaient même requérir leur collocation.

Mais lorsque le Code de commerce a été publié, la loi n'était pas muette. L'article 2121 du Code civil conférait à la femme une hypothèque légale que l'article 551 est venu limiter et restreindre. Or, cette restriction, qu'on veuille bien le remarquer, n'a pas été introduite au profit des créanciers hypothécaires seulement ; mais encore en faveur des chirographaires. Il suffit d'être créancier pour en assurer l'exécution, et la femme peut tellement peu s'y soustraire, que l'inscription qu'elle prendrait soit en vertu de son contrat de mariage, soit en vertu d'un jugement de séparation, tomberait de plein droit, en cas de faillite subséquente.

La différence essentielle qui existe entre les créanciers d'un non commerçant et ceux d'un commerçant, c'est que pour les premiers, il n'y avait possibilité d'empêcher la femme d'user de l'article 2121, qu'en prenant euxmêmes inscription au moment de leur contrat. Ils sont donc en faute de ne pas l'avoir fait, tandis que les seconds n'ont nul besoin d'être inscrits pour jouir du bénéfice de l'article 551. Ce droit n'est subordonné qu'à l'événement de la faillite. Celle-ci se réalisant, ce droit s'ouvre, mais il a été acquis par la seule force de la loi, au moment même où ils ont contracté la qualité de créanciers.

Quant à l'induction tirée de ce que les créanciers chirographaires, ayant laissé au débiteur l'entière liberté de ses biens, le législateur a pu en disposer lui-même ; elle se tourne contre l'opinion que nous combattons. On reconnaît, en effet, que pour que la loi puisse valablement concéder un droit au préjudice des créanciers, il faut que le débiteur puisse lui-même faire cette concession. Or, le mari a-t-il pu un seul instant relever sa femme des incapacités dont la loi commerciale l'a éventuellement frappée ? Évidemment non. Dès lors, la conclusion logique n'est-elle pas que le législateur, s'il avait tenté de le faire, aurait donné à sa disposition un caractère rétroactif ?

En dernière analyse, entre les créanciers ordinaires et la femme, il ne s'est jamais agi que d'une question de préférence due à la qualité de la créance, plutôt qu'au titre. Tous ceux qui ont traité avec un non commerçant, ont su que la femme, alors même qu'elle n'avait pas une hypothèque légale, pouvait requérir à toutes les époques une inscription, et que celle-ci se réalisant soit par le fait de la femme, soit par la seule force de la loi, ils ne pouvaient en empêcher les effets, qu'en requérant eux-mêmes antérieurement un titre hypothécaire et en le faisant inscrire. Ce n'est qu'ainsi qu'ils pouvaient acquérir un droit de préférence contre la femme. Ils ne peuvent donc se plaindre d'une loi nouvelle qui ne fait que ce que la femme elle-même pouvait faire.

Les créanciers d'un commerçant, au contraire, ne disputent pas un droit de préférence. Ils n'ont pas besoin d'être hypothécaires pour réduire les droits de la femme que la loi réduit de plein droit en cas de faillite. Ils ont dû, au moment du contrat, compter que la loi serait exécutée, et que l'expectative qu'elle leur offrait ne saurait leur être refusée. Serait-il équitable de leur en arracher après coup le bénéfice? Mais si seule elle a déterminé leurs engagemens! Si, sans la certitude de sa réalisation, ils n'eussent pas consenti à traiter avec leur débiteur, faudra-t-il qu'ils n'aient trouvé dans la loi, à laquelle ils ont dû croire, qu'un piège odieux qui a compromis leur position et leur fortune?

La réponse affirmative serait immorale. Nous n'hésitons pas à persister dans la conclusion que nous avons déjà adoptée, à savoir : que la loi, sous l'empire de laquelle le mariage et les engagemens ont été contractés, doit, à l'exclusion de la loi nouvelle, régir les rapports de la femme vis-à-vis des créanciers chirographaires.

993. Avant de rappeler les droits que la loi de 1838 confère aux femmes des faillis, nous devons constater que les restrictions qu'elle maintient aux principes du droit commun, ne peuvent recevoir d'application que dans le cas où il y a faillite déclarée par jugement, ou résultant de la cessation des paiemens. Ainsi, sous le Code, l'hypothèque de la femme produisait tous ses effets sur les biens acquis par le mari depuis le mariage, tant que l'une des deux circonstances que nous venons d'indiquer ne s'était pas réalisée (1).

994. Il avait été même décidé qu'il fallait que la faillite eût été déclarée judiciairement, et que le droit de la

(1) C. de cass., 28 décembre 1840. D. P. 41, 1, 57.

femme, à se faire colloquer sur le prix des immeubles de son mari, n'était pas infirmé, par cela seul qu'il existerait une cessation absolue de paiemens à l'époque où ces biens ont été vendus à la requête des créanciers (1).

Mais cette jurisprudence a été formellement condamnée par la cour de cassation, une première fois par arrêt du 8 juin 1837 et une seconde fois par celui du 13 novembre 1838 (2). Il résulte de ces deux arrêts, que la cessation de paiemens équivaut à la faillite déclarée, et entraîne contre la femme l'application des dispositions du Code de commerce.

Cette opinion de la cour régulatrice nous paraît conforme aux véritables principes. C'est l'état de faillite qui place la femme hors du droit commun. Or, cet état ne résulte pas du jugement déclaratif ; il est constitué par la cessation de paiement (3). En conséquence, dès que le négociant est dans l'impossibilité de payer, il y a réellement faillite. Le jugement qui la constate n'est plus qu'une simple formalité qu'il convient peut-être à la femme elle-même d'éviter, et qui ne saurait jamais l'être, si le bénéfice de la loi restrictive était au prix de sa réalisation.

995. Les principes, sur ce point, ne nous paraissent nullement altérés par la loi nouvelle. Il y aurait donc lieu, sous son empire, de se conformer à la jurisprudence de la cour de cassation.

Il résulte de ce que nous avons dit sur l'article 437, que le commerçant poursuivi et exproprié pour une dette

(1) Toulouse, 26 août 1828. Bourges, 27 novembre 1830. D. P. 29, 2, 175. 31, 2, 142.

(2) D. P. 37, 1, 423. 38, 1, 401.

(3) Art. 437.

civile ne serait pas en état de faillite, s'il n'avait pas d'ailleurs cessé ses paiemens commerciaux. On ne pourrait, en conséquence, dans cette hypothèse, empêcher la femme de se faire colloquer sur le prix des immeubles conformément à la loi civile.

Il en serait de même pour celle dont le mari, quoique mort en état d'insolvabilité complète, n'aurait cependant jamais cessé de payer. Dans l'un et dans l'autre cas, il n'y a pas faillite, ni partant possibilité de soumettre la femme au droit exceptionnel de la loi commerciale.

996. Mais dès que la faillite se réalise, ce droit régit les femmes d'une manière absolue, et à l'égard de tous les créanciers. On ne pourrait établir une différence quelconque entre les chirographaires et les hypothécaires. Ainsi, il a été décidé que, quoique la faillite ait été terminée par un concordat, la femme n'en était pas moins soumise envers ces derniers à toutes les restrictions consacrées par la loi, et dont le bénéfice est irrévocablement acquis, par le fait seul de la faillite, à tous les créanciers (1).

997. Nous disons à tous les créanciers, car ce n'est, en effet, que pour eux que la loi a disposé; par rapport au mari ou à ses héritiers, les droits de la femme se conservent dans toute leur plénitude.

Les droits de la femme sont considérés par la loi, d'abord, quant aux immeubles, quant aux meubles ensuite. Les uns et les autres peuvent être repris en nature aux conditions ci-après exposées.

998. L'action en reprise des immeubles est accordée à la femme, non seulement pour ceux qu'elle a apportés en se mariant, mais encore pour ceux qui lui sont

(1) Nismes, 4 mars 1828. D. P. 31, 2, 142.

obvenus pendant le mariage, par succession, ou donation entre vifs ou testamentaire.

La seule condition à remplir, lorsque l'origine des
immeubles est constatée, c'est qu'ils soient restés propres et personnels à la femme, et qu'ils n'aient jamais
appartenu au mari, même partiellement. En conséquence,
ceux qui seraient tombés dans la communauté, appartiendraient aux créanciers, sauf les droits de la femme
à répéter la partie qui lui compèterait sur le prix.

De ce principe, il suit que si, conformément à l'article 1505 du Code civil, la femme avait ameubli un de ses
immeubles, elle ne pourrait jouir du bénéfice de l'article 1509, et reprendre cet immeuble. Dans l'un, comme
dans l'autre cas, le Code de commerce a abrogé les dispositions contraires du Code civil, et soit qu'il y ait
communauté, soit qu'il y ait ameublissement, les immeubles resteraient à la masse, alors même que dans son
contrat de mariage, la femme se serait expressément
réservée de reprendre ses apports en nature.

999. Ce serait une erreur de croire que la loi limite
l'action en reprise de la femme, au cas où les immeubles qu'elle aurait apportés existeraient en nature entre
les mains du mari, au moment de la faillite. Si ces immeubles avaient été aliénés, ceux achetés en remploi du
prix seraient soumis à l'exercice de cette action, pourvu
toutefois que l'acquisition eût été faite dans la forme et
aux conditions prescrites pour les immeubles achetés
des deniers obvenus à la femme par succession ou donation.

Pour que la femme puisse reprendre ceux-ci, il faut:
1000. 1° Qu'ils aient été acquis par elle et en son nom.
D'où la conséquence que si le mari avait contracté per-

sonnellement cette acquisition, les immeubles resteraient aux créanciers, sauf l'hypothèque légale de la
femme conformément à l'article 563.

Cependant, si l'acquisition faite par le mari contenait
la déclaration d'emploi, et que la femme eût accepté cet
emploi en vertu de l'article 1435 du Code civil, la reprise en nature devrait être accordée. L'article 558 n'est
pas exclusif pour la femme, de la faculté d'acheter par
mandataire; et dans notre hypothèse, le mari serait
censé avoir agi comme le mandataire légal de la femme.

1001. Mais pour qu'elle sortît à effet, l'acceptation de
l'emploi devrait avoir été faite dans un temps non sus-
pect et assez éloigné de la faillite, pour qu'elle ne pût
être soupçonnée de fraude. Il peut être, en effet, important pour la femme de retenir l'immeuble dont la valeur
peut avoir considérablement augmenté par des améliorations successives ou même par le seul bénéfice du
temps. Il serait, dès lors, possible que longtemps après
l'achat, prévoyant une prochaine catastrophe, les époux
eussent concerté cette acceptation, pour arracher aux
créanciers le bénéfice de la plus-value. Si donc la date
de l'acceptation pouvait faire supposer ce concert, soit
par le laps de temps considérable qui la sépare de l'acte
d'acquisition, soit par son rapprochement de l'époque à
laquelle la faillite a éclaté, les créanciers pourront en contester le mérite, et la faire même annuler, en prouvant
que, lorsqu'elle a été réalisée, la femme avait connaissance du mauvais état des affaires de son mari.

Inutile de dire que cet acte serait nul de plein droit,
s'il avait été fait postérieurement au jour fixé par le jugement, comme étant celui de l'ouverture de la faillite,
ou dans les dix jours qui l'auraient précédé.

1002. 2º Que l'acte contienne la stipulation expresse de l'emploi. Cette obligation est imposée à la femme achetant pour elle et en son nom, comme au mari lui-même. L'absence de cette stipulation placerait l'acquisition sous le coup de la présomption légale, enseignée par l'acticle 559.

1003. 3º Enfin, que l'origine des deniers soit constatée par inventaire ou tout autre acte authentique. Un inventaire sous seing-privé, même ayant date certaine, ne suffirait donc pas.

1004. En cas de violation de ces prescriptions, ou si la femme n'avait, pour justifier l'origine des deniers, que des titres sous seing-privé, l'action en reprise devrait lui être refusée ; mais il lui resterait celle en répétition des sommes qu'elle justifierait lui être obvenues et pour lesquelles elle aurait hypothèque légale, aux termes de l'article 563 ci-après.

1005. A défaut de toute justification sur l'origine des deniers, ou si dans l'acte d'acquisition, la femme n'a pas déclaré celle du prix, les immeubles acquis par elle sont réputés appartenir au mari et avoir été payés de ses deniers.

Cette présomption a existé de tout temps dans la législation ; elle était formellement consacrée par le droit romain, qui l'avait introduite dans l'intérêt même des femmes : *evitandi autem turpis quæstus gratiâ circâ uxorem, hoc videtur Quintus Mucius probasse.*

1006. Mais cette présomption cède devant la preuve contraire. La femme qui revendiquera l'immeuble pourra donc faire cette preuve sans laquelle les créanciers seraient autorisés à le retenir.

Quels seront les élémens de cette preuve ? Il nous

semble que la disposition de l'article 558 résoud cette
question. Si, dans les cas qu'il énumère, la preuve par
acte authentique est seule admissible, il y a un motif
plus grave pour l'exiger ainsi, dans celui qui nous occupe. Décider le contraire, serait annuler cette disposition. Pourquoi la femme déclarerait-elle l'emploi, si,
dans ce cas, l'origine des deniers devrait être prouvée
d'une manière authentique, tandis qu'en achetant purement et simplement en son nom, elle pourrait prouver
cette origine à l'aide de simples présomptions? Ce serait
de plus convaincre le législateur d'une inconséquence
flagrante. Il se serait, en effet, relâché de ses précautions, au moment précisément où la fraude devient plus
probable, parce qu'elle est plus facile ; ce qui est inadmissible.

En conséquence, la femme qui réclamera l'immeuble
comme acheté par elle devra prouver qu'à l'époque de
l'acquisition, si elle a été faite au comptant, et dans le
cas contraire, lors des paiemens partiels, elle avait en
mains, lui appartenant, des sommes suffisantes. Cette
possession devra résulter d'actes authentiques. Tout autre mode de preuve serait irrecevable.

Mais à défaut de reprise de l'immeuble, la femme,
ainsi que nous le disions tout-à-l'heure, si elle est dans
les conditions exigées par l'article 563, pourra jouir de
l'hypothèque légale que cet article confère.

1007. Cette obligation de prouver la propriété de
l'immeuble, acquis pendant mariage, est imposée à la
femme, quel que soit le régime sous lequel elle aura
cantracté mariage.

ARTICLE 560.

La femme pourra reprendre en nature les effets mobiliers qu'elle s'est constitués par contrat de mariage, ou qui lui sont advenus par succession, donation entre-vifs ou testamentaire, et 'qui ne seront pas entrés en communauté, toutes les fois que l'identité en sera prouvée par inventaire ou tout autre acte authentique.

A défaut, par la femme, de faire cette preuve, tous les effets mobiliers, tant à l'usage du mari qu'à celui de la femme, sous quelque régime qu'ait été contracté le mariage, seront acquis aux créanciers, sauf aux syndics à lui remettre, avec l'autorisation du juge-commissaire, les habits et linge nécessaires à son usage.

SOMMAIRE.

1008. Les trois articles qui précèdent ne sont que la

reproduction littérale des dispositions du Code de commerce. Il n'en est pas de même pour celui-ci qui modifie l'ancien article 554 sous un double rapport.

On sait en effet que sous le Code de commerce les meubles meublants, effets mobiliers, diamants, tableaux, vaisselle d'or et d'argent, et autres objets à l'usage du mari ou de la femme, étaient acquis aux créanciers, la femme ne pouvant jamais reprendre que les bijoux, diamants et vaisselle qu'elle justifiait lui avoir été donnés par contrat de mariage ou lui être advenus par succession seulement.

Ainsi, non-seulement l'action en reprise du mobilier était limitée à des objets déterminés, mais encore on l'excluait en entier lorsqu'il s'agissait de donations entre vifs ou testamentaires. Sur la proposition de l'admettre pour celle-ci, il fut répondu : que le mari pourrait être lui-même l'auteur de ces donations, dont un ami complaisant se rendrait l'éditeur, et qu'on parviendrait ainsi à éluder la loi.

1009. Cette crainte n'a pas été partagée par le nouveau législateur, qui accorde à la femme la faculté de reprendre tous les effets mobiliers quelconques qu'elle aura reçus par contrat de mariage, ou qui lui seront obvenus par succession ou donation.

1010. La condition imposée à cette reprise, c'est que l'identité entre ceux donnés ou reçus, et ceux réclamés, soit prouvée. Cette preuve ne peut être faite que par titres authentiques. Ainsi, la femme ne pourrait se prévaloir de l'article 1415 du Code civil qui autorise la preuve de la consistance du mobilier non inventorié, tant par titres et papiers domestiques, que par témoins, et au besoin par commune renommée. Cette faculté peut être exercée dans tous les cas contre le mari ou ses héritiers. Mais dans celui de faillite elle serait non recevable vis-à-vis des créanciers, à l'encontre desquels il n'y a d'autre preuve admissible , que celle résultant d'actes authentiques.

1011. La disposition de l'article 554 du Code de commerce nous indique comment il faut entendre la preuve authentique exigée par l'article 560 de la loi nouvelle. Ainsi, s'il s'agit d'un mobilier échu par succession, l'identité devra être établie par l'inventaire et l'acte de partage. Si le mobilier a été apporté en mariage , ou donné , soit au moment de la célébration , soit après , l'état annexé soit au contrat de mariage, soit à l'acte de donation, déterminera la certitude du droit de la femme et l'identité alléguée. Rien, nous le répétons, ne saurait remplacer ces documens.

1012. L'identité étant prouvée, la femme peut retenir les meubles, à moins qu'ils ne soient tombés en communauté. Dans ce cas ils n'appartiennent pas plus à la femme qu'au mari, et ils sont avant tout le gage des créanciers. Dans le cas contraire, ceux-ci peuvent contraindre la femme à les reprendre. Représentants du mari, ils exercent en effet toutes les actions que celui-ci aurait pu exercer.

1013. Si la femme , demanderesse en reprise , ne prouve pas sa propriété par le mode voulu , tous les effets mobiliers, trouvés en possession du failli , qu'ils soient à son usage personnel ou à celui de sa femme , sont acquis aux créanciers, sauf les habits et linge nécessaires à son usage, que les syndics pourraient lui remettre avec l'autorisation du juge-commissaire.

1014. L'article 469 , qui permet cette délivrance , semble décider que ces habits et linge ne doivent être ni inventoriés ni prisés. Mais cela n'est vrai que par rapport au failli et à ses enfants, qui n'ont à répéter aucune créance contre la masse. Pour la femme qui a des reprises à exercer, il est tout naturel que ce qui lui est livré le soit à tant moins de ce qui lui est dû. Les syndics doivent donc inventorier tout ce qu'ils lui remettent, à moins qu'il s'agisse de choses tellement peu importantes que leur valeur serait à peu près nulle.

1015. Le trousseau peut toujours être revendiqué en nature. Son existence et sa valeur sont établies par le contrat de mariage ; il y a donc toujours dans ce cas la preuve authentique. La remise doit être précédée d'un inventaire estimatif qui en détermine la valeur actuelle. La femme et les créanciers supportent la plus ou la moins value qui résulte de cette estimation. La restitution libère d'autant la masse.

1016. Nous avons dit que tous les effets mobiliers donnés lors du contrat, pouvaient être repris par la femme. Mais cette possibilité ne concerne nullement ceux donnés par le mari, quelle qu'en soit la nature. Cette donation constitue en effet un avantage matrimonial qui tombe en cas de faillite sous le coup de la disposition de l'article 564 suivant.

ARTICLE 561.

L'action en reprise résultant des dispositions des articles 557 et 558 ne sera exercée par la femme qu'à la charge des dettes et hypothèques dont les biens sont légalement grevés, soit que la femme s'y soit obligée volontairement, soit qu'elle y ait été condamnée.

ARTICLE 562.

Si la femme a payé des dettes pour son mari, la présomption légale est qu'elle l'a fait des deniers de celui-ci et elle ne pourra, en conséquence, exercer aucune action dans la faillite, sauf la preuve contraire, comme il est dit à l'article 559.

SOMMAIRE.

1017. Le principe que le premier de ces articles consacre, avait été posé d'une manière absolue par l'article 548 du Code de commerce, ce qui avait soulevé contre lui de graves reproches et notamment celui de porter atteinte à l'inaliénabilité du fonds dotal.

Mais il est certain que les dettes dont les immeubles repris par la femme restaient grevés étaient celles contractées par elle, soit par convention, soit par jugement. Dans un cas comme dans l'autre, le Code de commerce supposait que la femme avait capacité pour s'engager, car la faillite n'a jamais eu pour résultat de rendre aliénable la dot qui ne l'était pas avant ; d'où la conséquence que les dettes souscrites par la femme, et qui auraient eu

cet objet, devenaient nécessairement nulles et sans résultat possible tant contre la personne que contre les
biens.

1018. Au reste, ce qui n'était qu'une induction logique sous le Code de commerce, est aujourd'hui une vérité légale. L'article 561 ne met à la charge de la femme
que les dettes dont les biens qu'elle veut reprendre sont
légalement grevés. Or, la femme qui n'a pas le pouvoir
d'aliéner n'a pas celui d'emprunter. La justice elle-même
ne saurait, sans violer la loi, permettre ou autoriser l'un
ou l'autre, si ce n'est dans les cas exprimés par l'article
1554 C. civ.

Ainsi, de deux choses l'une, ou la femme est mariée
sous le régime de dotalité, et elle ne peut emprunter; ou
elle est mariée sous tel autre régime qui lui donne la capacité de le faire, et, dans ce cas, le fonds qui aurait été
constitué en dot étant inaliénable, à moins de stipulations
contraires, les dettes ne grèveraient pas légalement cet
immeuble, et ne devraient pas rester à la charge de la
femme. Le principe de l'inaliénabilité du fonds dotal ne
court donc aucun péril de la disposition de la loi.

1019. La disposition de l'article 561 est tout entière
dans l'intérêt des créanciers hypothécaires. La masse
chirographaire n'en retire, dans aucun cas, le moindre
avantage. En effet, l'article 563 donne à la femme une
hypothèque légale pour le remboursement des dettes
que celle-ci paye pour son mari. En conséquence, elle
reprend, par l'effet de cette hypothèque, sur les immeubles du mari, ou tout au moins par contribution
sur la masse mobilière, tout ce qu'elle est obligée de
payer sur ses immeubles.

Mais cette faculté ne se réalise que lorsque les dettes

II.   23

dont les immeubles sont grevés ont été contractées par
le mari et par la femme, comme caution ordinaire ou solidaire de celui-ci. Car si elles étaient personnelles à la
femme et que leur profit lui en eût été purement et exclusivement acquis, aucun recours ne serait accordé contre
la faillite.

1020. On sait, en effet, que la femme qui s'oblige solidairement avec son mari n'est réputée s'être obligée que
comme caution (1). Cette présomption, en cas de faillite, continue de protéger la femme. Le mari serait donc
considéré comme débiteur principal de toutes les dettes
contractées solidairement et qui grèveraient les immeubles soumis à l'action en reprise, à moins que le contraire
ne résulte de l'acte, soit par la cause assignée à l'emprunt,
soit que le mari ne fût intervenu que pour assister et autoriser sa femme, soit enfin qu'il ne se fût engagé que
comme caution. Dans chacun de ces cas, la dette resterait
personnelle à la femme.

1021. La présomption que la femme engagée solidairement peut invoquer, admet-elle une preuve contraire ? L'affirmative ne nous paraît pas douteuse. Les
créanciers peuvent toujours prouver que l'emprunt, quelle
qu'en ait été la forme, a été fait pour le compte, et a
réellement tourné à l'avantage exclusif de la femme.
Cette preuve, qui tend à faire disparaître du passif une
dette simulée, et à déjouer un concert frauduleux entre
les époux, n'est soumise à aucune règle spéciale. Elle
peut être fournie tant par titres que par les livres et papiers du failli, et au besoin par la preuve testimoniale.

1022. Mais la femme pourrait-elle, dans un des cas que
nous venons d'exposer, prouver que, malgré les énoncia-

_____

(1) Art. 1431, Cod. civ.

tions du titre, c'est le mari qui a réellement touché les sommes empruntées? La recevabilité de cette preuve nous paraît inadmissible, non seulement parce que le titre fait foi contr'elle, mais encore parce qu'elle serait inconcluante, car en la supposant acquise, la femme ne saurait en retirer aucun profit.

1023. Nous disons d'abord que le titre fait foi contre la femme. Elle y a été partie, elle l'a approuvé et, partant, elle ne saurait en récuser l'autorité. Or, à l'encontre des tiers, cet acte est irrécusable. Une contre-lettre écrite ne pourrait l'infirmer, à plus forte raison ne le serait-il pas par la déclaration de la femme, même corroborée par l'aveu du mari. En matière de faillite, la fraude se présume facilement entre époux. Et ce qui viendrait ici renforcer cette présomption, c'est l'invraisemblance que la conduite des parties, au moment de l'acte, imprimerait aux prétentions ultérieures. On ne comprendrait pas que voulant emprunter, et empruntant en effet lui-même, le mari eût pris le parti de faire figurer sa femme comme seule engagée. On devrait donc s'en tenir aux titres; les déclarations contraires à sa teneur, indépendamment de ce qu'elles sont proscrites par la loi, devant être justement suspectées, n'avoir d'autres causes que le désir d'arracher quelque chose au naufrage.

1024. De plus, la preuve serait inconcluante; en effet, la remise au mari des sommes empruntées ne changerait en rien la nature de l'acte. L'emprunt resterait personnel à la femme qui, de son côté, aurait prêté à son mari; ce qui pourrait l'autoriser à exercer une répétition contre lui jusqu'à concurrence de la valeur de ce prêt. Or, en matière de faillite, les reprises de la femme sont limitées contre la masse, à celles formellement autorisées par la loi, au nombre desquelles ne figurent pas les avances faites pendant le mariage. Cette omission de la loi est toute volontaire; on ne pouvait, en effet, autoriser un pareil droit sans donner accès à des fraudes nombreuses, que l'on a ainsi rendues impossibles. Dès-lors, il est certain que la femme n'aurait aucun intérêt à la preuve qu'elle voudrait offrir, puisqu'en admettant que les avances par elle prétendues, en ressortissent clairement, elle ne pourrait en répéter le montant contre la masse.

1025. Il est cependant un cas dans lequel la femme pourrait, quoiqu'à un autre titre, répéter les sommes qu'elle aurait empruntées : ce serait celui où elle les aurait consacrées à payer les dettes de son mari. L'article 562 admet pour le paiement de ces dettes par la femme, la présomption qu'il a été fait des deniers du mari. Mais celle-ci peut toujours prouver le contraire. Or, cette preuve pourrait ressortir de ce que, au moment où ces dettes ont été payées, la femme, sans nul besoin personnel, aurait contracté un emprunt dont la date coïnciderait avec celle du paiement. Dans ce cas, l'origine des deniers étant justifiée par acte authentique, leur application aux dettes du mari, dont l'existence serait prouvée avoir été sérieuse, et l'acquittement réel, permettraient à la femme d'user du bénéfice de l'article 563.

1026. Dans tous les autres cas, il en serait de la preuve du paiement par la femme comme de celle pour les immeubles acquis par elle. Elle devrait être faite dans les formes que nous avons vu régir celle-ci (1).

ARTICLE. 563.

Lorsque le mari sera commerçant au moment de la

(1) Voir article 559.

célébration du mariage, ou lorsque, n'ayant pas alors d'autre profession déterminée, il sera devenu commerçant dans l'année, les immeubles qui lui appartiendraient à l'époque de la célébration du mariage, ou qui lui seraient advenus depuis, soit par succession, soit par donation entre-vifs ou testamentaire, seront seuls soumis à l'hypothèque de la femme :

1° Pour les deniers et effets mobiliers qu'elle aura apportés en dot, ou qui lui seront advenus depuis le mariage par succession ou donation entre-vifs ou testamentaire, et dont elle prouvera la délivrance ou le paiement par acte ayant date certaine; 2° pour le remploi de ses biens aliénés pendant le mariage; 3° pour l'indemnité de dettes par elles contractées avec son mari.

ARTICLE 564.

La femme dont le mari était commerçant à l'époque de la célébration du mariage, ou dont le mari, n'ayant pas alors d'autre profession déterminée, sera devenu commerçant dans l'année qui suivra cette célébration, ne pourra exercer dans la faillite aucune action des avantages portés au contrat de mariage, et, dans ce cas, les créanciers ne pourront, de leur côté, se prévaloir des avantages faits par la femme au mari dans ce même contrat.

SOMMAIRE.

1027. L'article 563 consacre de graves modifications aux articles 551, 552 et 553 Cod. com. Rappel de leur disposition.

1028. Le fils du commerçant est aujourd'hui assimilé aux autres citoyens, et nul n'est censé commerçant que si n'ayant, au moment du mariage, aucun état, il s'est livré au commerce dans l'année de sa célébration.

1029. La présomption resterait donc inapplicable à celui qui, à cette époque, exerçait une autre profession.

1030. A condition qu'il ne fît pas dès lors habituellement des actes de commerce.

1031. L'article 563 n'a aucun effet rétroactif. La femme qui s'est mariée sous l'empire du Code avec le fils d'un commerçant, reste soumise à la disposition de celui-ci.

1032. La loi nouvelle accorde hypothèque légale à la femme, tant sur les biens existant au moment du mariage, que sur ceux obvenus pendant sa durée à titre gratuit seulement.

1033. Dissentiment avec M. Dalloz sur les effets de la condamnation obtenue par la femme séparée de biens avant les dix jours qui ont précédé la faillite.

1034. Le prix des réparations importantes faites aux immeubles acquis pendant le mariage à titre gratuit, n'est pas affecté à l'hypothèque légale.

1035. La femme a hypothèque légale : 1° pour les deniers et effets mobiliers apportés en dot ou obvenus pendant le mariage par succession ou donation.

1036. Mais elle est obligée d'en prouver la délivrance ou le paiement par actes ayant date certaine. Conséquences.

1037. Cette preuve résulterait de plein droit de la clause du contrat de mariage qui porterait quittance par le mari.

1038. 2° Pour les sommes dues pour remploi de ses biens aliénés, et 3° pour l'indemnité pour dettes contractées avec son mari.

1039. L'article 563 régira a l'avenir les femmes mariées sous l'empire du Code, sauf les droits acquis avant sa promulgation.

1040. Si le prix des immeubles est insuffisant pour éteindre les droits de la femme, ce qui lui reste dû tombe dans la masse chirographaire et concourt à la répartition de l'actif au marc le franc.

1041. La faillite révoque de plein droit tous les avantages faits par le mari dans le contrat de mariage.

1042. L'effet de cette révocation est acquis en faveur des tiers de quelque manière que se soit terminée la faillite.

1043. La réhabilitation les ferait revivre à l'encontre de tous.

1044. La disposition de l'article 564 s'applique par supériorité de raisons aux avantages faits pendant mariage.

1027. L'article 563 est de toutes les dispositions de la loi nouvelle, celle qui a le plus modifié le Code de commerce. Il suffit, pour s'en convaincre, de rappeler ce qu'ordonnaient les articles 551, 552 et 553 de celui-ci.

L'article 551 n'accordait hypothèque légale à la femme quant aux deniers et effets mobiliers, que pour ceux qu'elle prouvait par actes authentiques, avoir apportés en dot. Elle ne pouvait être réclamée pour tous ceux qui lui étaient échus pendant mariage, soit par succession, soit par donation.

Dans aucun cas, cette hypothèque ne pouvait grever les immeubles acquis par le mari, depuis le mariage, à titre onéreux ou gratuit. Son application était exclusivement restreinte à ceux possédés au moment du mariage.

L'article 552 rendait le précédent applicable à la femme qui épousait le fils d'un commerçant, n'ayant aucun état ou profession déterminée et qui devenait ensuite négociant, n'importe le laps de temps écoulé depuis le mariage.

Enfin, l'article 553 assimilait au négociant celui qui, ayant une profession déterminée à l'époque de son mariage, embrassait le commerce dans l'année de sa célébration.

1028. Le nouvel article 563 abroge d'abord formellement ces deux dernières dispositions. Le fils du commerçant est, pour l'avenir, assimilé aux autres citoyens; et nul n'est censé commerçant, que si, n'ayant, au moment du mariage, aucune autre profession déterminée, il ne l'est réellement devenu dans l'année.

1029. L'exercice de la part de l'époux d'une profession autre que celle de commerçant, lors de la célébration du mariage, exempterait donc la femme de l'application des dispositions spéciales de la loi sur les faillites, alors même, qu'abandonnant cette profession, l'époux aurait réellement embrassé le commerce dans l'année. Cette décision de la loi nouvelle nous paraît plus équitable que celle consacrée par le Code de commerce. On faisait subir, sous celui-ci, à la femme une chance à laquelle elle avait voulu se soustraire, à laquelle même elle ne se serait pas soumise si, d'avance, elle avait pu prévoir que son mari deviendrait plus tard négociant.

1030. Mais la certitude d'un état déterminé ne suffirait pas pour soustraire la femme aux effets de la loi, si, malgré cet état, le mari se livrait, dès lors, habituellement au commerce. Les créanciers peuvent toujours prouver cette habitude qui confère la qualité de commerçant, et cette preuve une fois faite, la femme invoquerait en vain, soit la présomption résultant d'une profession quelconque, soit la bonne foi, pour se prétendre en droit de rester en dehors de l'application de l'article 563. Elle ne pourrait pas davantage, dans ce cas, invoquer pour régler ses droits dans la faillite de son mari, les dispositions du Code civil que la loi commerciale n'a pas sanctionnées (1).

Peu importerait, dans ce cas, que le mari se fût ou non exclusivement voué au commerce dans l'année du mariage. Il suffirait de la preuve qu'il l'exerçait au moment de la célébration, pour qu'il fût considéré comme commerçant, et que les effets, que nous venons d'indiquer, se réalisassent contre la femme.

1031. La disposition de l'article 563, relativement aux personnes, n'a aucun effet rétroactif. Les prescriptions du Code continueraient à régir la femme qui aurait épousé un fils de commerçant, ou tout autre citoyen ayant ou non une autre profession déterminée. Mais cela ne serait absolument vrai que si l'époux avait embrassé

(1) Cass., 5 juillet 1837. D. P. 37, 1, 394.

le commerce avant la publication de la loi nouvelle.
Quelle que fût la date de son mariage, s'il n'était devenu
commerçant qu'après cette publication, c'est sous l'influence des nouveaux principes, qu'il faudrait envisager
la position qu'on devrait faire à la femme.

1032. L'hypothèque légale conférée par la loi nouvelle, frappe, non seulement les immeubles possédés
par le mari au moment du mariage, mais encore ceux
qui lui sont obvenus depuis par succession ou donation
entre-vifs ou testamentaire. Ceux acquis à titre onéreux en sont seuls affranchis. Ils sont censés avoir été
payés des deniers des créanciers. Ils restent, en conséquence, affectés exclusivement à ceux-ci.

1033. M. Dalloz pense même : « que si avant les dix jours
qui ont précédé l'ouverture de la faillite, la femme avait
demandé et obtenu sa séparation de biens, ou si, séparée
par son contrat de mariage, elle s'était fait reconnaître
par jugement créancière de son mari, elle jouirait pour
ses reprises d'une hypothèque judiciaire qui aurait tous
les effets de ces sortes d'hypothèques, mais seulement
à partir de l'inscription qu'elle aurait prise, et pourvu
que cette inscription eût été faite en temps utile (1). »

Nous ne pouvons partager cet avis, que combattent
l'esprit et le texte de la loi. Les droits de la femme sont
fixés, en cas de faillite, d'une manière certaine, et nous
avons vu plus haut qu'elle ne peut invoquer pour leur
réglement les dispositions du Code civil qui n'ont pas
été sanctionnées par la loi commerciale (2). Or, celle-ci
prohibe formellement toute hypothèque sur les biens
acquis depuis le mariage à titre onéreux. Donc, que la

(1) D. A., tom. 8, p. 217, n. 8.
(2) Vid. arrêt de la cour de cassation plus haut cité.

femme agisse en vertu de son contrat, ou en vertu d'un
jugement qui, prononçant la séparation, a liquidé ses
reprises, la nature de l'action n'est pas changée, et le
jugement ne saurait lui attribuer un droit que la loi lui
refuse formellement. S'il en était autrement, la prohibition de la loi serait vaine. Les époux trouveraient toujours moyen de l'éluder. Au premier indice d'une déconfiture prochaine, une séparation concertée viendrait
mettre la femme à même de braver le péril dont la
faillite la menace.

Ainsi, que la femme soit séparée de biens par son
contrat de mariage ou par jugement, qu'elle ait ou non
inscrit avant la faillite, celle-ci se réalisant, elle est forcément ramenée à l'exécution littérale de l'article 563 ;
elle n'a et ne peut avoir hypothèque que dans les limites
qui y sont retracées et sur les immeubles qui y sont décrits.

1034. Le prix des réparations importantes, telles que
constructions, qui ont accru la valeur des immeubles
acquis à titre gratuit, est affranchi de l'hypothèque de
la femme. Ces constructions faites pendant le mariage ,
sont présumées avoir été payées des deniers des créanciers. En conséquence, ceux-ci sont recevables à en faire
fixer le chiffre sur lequel l'hypothèque de la femme ne
pourrait être colloquée. Mais la simple allégation de
l'existence de ces constructions , ne suffirait pas pour
rendre la demande en expertise recevable. On devrait
avant tout articuler des faits propres à en déterminer la
nature et l'importance (1).

Après avoir ainsi cantonné l'hypothèque légale de la

_____

(1) Cass., 24 janvier 1838 ; D. P., 38, 1, 51.

femme, l'article 563 détermine les reprises pour lesquelles cette hypothèque peut être réclamée. Ce sont :

1035. 1° Les deniers et effets mobiliers apportés en dot, ou obvenus à la femme par succession ou donation, dont elle prouvera la délivrance, ou le paiement par acte ayant date certaine.

Nous avons vu que l'article 551 du Code de commerce n'admettait, pour prouver la consistance de l'apport de la femme auquel se bornait l'hypothèque légale, que les actes authentiques. La loi nouvelle assimile à cet apport les deniers et effets mobiliers obvenus par succession ou donation. Moins exigeante sur la preuve, elle se contente pour le tout d'actes ayant date certaine ; elle est donc beaucoup plus favorable pour la femme que ne l'était l'ancienne législation.

1036. Mais tandis que le Code se taisait sur la preuve de la délivrance ou du paiement, la loi nouvelle exige cette preuve. Il est cependant à remarquer que cette exigence n'est pas une innovation.

En effet, malgré le silence du Code, la jurisprudence avait admis la nécessité de cette preuve, qu'elle ne faisait résulter que d'actes authentiques. Ainsi, la cour de cassation décidait qu'il ne suffisait pas, pour que le vœu de l'article 551 fût rempli, qu'il fût exprimé dans le contrat de mariage, que la femme s'est constitué une certaine somme en dot ; qu'il fallait, de plus, que le paiement de cette somme fût authentiquement établi ; qu'il y avait donc lieu de casser l'arrêt qui, à défaut de constatation par acte écrit, déclare que ce paiement résulte de présomptions et des circonstances (1).

(1) 21 février 1827; D. P., 27, 1, 145. Vid. arrêt de Besançon du 21 juin 1828; D. P., 28, 2, 139.

La seule modification que cette jurisprudence aurait
à subir est relative à la forme dans laquelle la preuve devrait être faite. Au fond, la loi elle-même en prescrit
l'applicabilité, en exigeant formellement la preuve du
paiement. Dès lors, la femme qui se constituerait une
certaine somme à prendre dans une succession non encore liquidée, ou à recevoir d'une personne désignée,
ne pourrait prétendre à une hypothèque légale, qu'en
justifiant par acte ayant date certaine que le mari l'a
réellement reçue.

1037. Mais si le contrat de mariage portait quittance
de la somme que la femme s'est constituée, l'hypothèque
serait acquise, alors même qu'aucune preuve ne justifiât
l'existence réelle de cette somme ; « de pareilles stipulations cachent souvent une dot simulée. Néanmoins,
tant que la simulation n'est pas prouvée, il doit être
ajouté foi au contrat, même en cas de faillite, parce
qu'il n'y a pas souvent possibilité de justifier autrement
de l'apport réel d'une somme depuis longtemps en la
possession de la future, ou provenant de son industrie
ou de ses économies (1). »

On comprend, au reste, que même en cas de faillite,
l'équité veut que l'on ait égard aux stipulations que l'u-
sage a fait introduire dans les contrats de mariage. Ainsi
il a été jugé, et on devrait encore juger, qu'il suffit qu'il
soit déclaré dans ce contrat que l'acte de célébration
vaudrait quittance en faveur de la femme, de la dot
qu'elle se constitue ou qui lui a été constituée, pour que
ce dernier acte dût être réputé quittance authentique ,
et que, par suite, la femme pût être colloquée sur les

(1) D. A. tom. 8, pag. 217, N° 1.

biens de son mari, tombé en faillite, à la date du mariage (1).

1038. 2ª Les sommes dues à la femme pour remploi de ses biens aliénés pendant le mariage.

3° L'indemnité qu'elle peut exiger pour les dettes par elle contractées avec son mari.

Ces deux dernières causes ne sont susceptibles d'aucune difficulté sérieuse. L'acte d'aliénation des biens de la femme, la représentation ou l'existence certaine et actuelle des titres de créance, garantis par la femme, fixent le chiffre des prétentions de celle-ci, et l'étendue de l'hypothèque légale qui lui est due.

Quant aux dettes payées par la femme avant la faillite, on suit les règles que nous avons exposées sous l'article 562.

1039. L'article 563 conférant une hypothèque légale plus étendue que celle du Code de commerce, soit quant à son principe, soit quant à son application, régira à l'avenir, même les femmes qui se sont mariées sous le Code; mais on doit concilier ce principe avec celui de la non-rétroactivité des lois. En conséquence, celles-ci ne jouiront de ce bénéfice de la loi nouvelle, que sans pouvoir nuire aux droits des créanciers qui ont traité avec le failli avant la promulgation de notre article (2).

Ainsi, dit M. Duvergier (3), l'hypothèque légale des femmes mariées avant la présente loi frappera à l'avenir ceux des biens de leurs maris qui n'y étaient pas assujétis. Mais elle ne les frappera qu'à compter de la promulgation de la présente loi, et seulement à l'égard des

(1) Cass. 19 janvier, 1836. D. P. 36, 1, 73.
(2) V. suprà N° 990.
(3) Loi de 1838, art. 569.

créanciers postérieurs à cette promulgation. Les créanciers antérieurs avaient un droit acquis sur les biens. La
survenance de la loi n'a pu le leur ôter, pour rendre meilleure la condition de la femme.

1040. Si les immeubles grevés de l'hypothèque légale de
la femme sont insuffisants pour le paiement intégral de ce
qui lui est dû, l'excédant tombe dans la masse chirographaire à la distribution de laquelle la femme est admise
au marc le franc. C'est dans cette éventualité qu'elle
est obligée de faire vérifier et affirmer sa créance, car,
nous l'avons déjà dit, nul, quel que soit son titre,
ne peut prendre part dans les répartitions, s'il n'a subi
cette double formalité.

1041. Les avantages consentis en mariage par un commerçant, ou par celui qui n'ayant aucune profession déterminée, le sera devenu dans l'année, sont de plein droit
rétractés par la survenance de la faillite. La femme ne
peut, en conséquence, en retirer aucuns fruits. Mais par
réciprocité, ceux par elle conférés sont également frappés de nullité à l'encontre de la masse.

Le motif de cette disposition nous est divulgué par la
discussion que l'article 549 du Code de commerce subit
dans le sein du conseil d'état. Des contrats de mariage
étaient frauduleusement combinés dans la prévision d'une
faillite, de telle sorte que la fortune arrachée aux créanciers, passait sur la tête de la femme. De là il résultait
que celle-ci envisageait sans effroi un pareil événement
auquel elle était souvent bien loin de s'opposer. L'intérêt général faisait donc une loi de donner à celui de
la femme une direction contraire, ce qui devait rendre
les faillites plus rares (1).

(1) Locré. tom. 7, pag. 121.

Le moyen le plus énergique parut devoir être la certitude, en cas de faillite, de la révocation de tous les avantages portés au contrat de mariage. C'est ce que consacra l'article 549.

La loi nouvelle en a maintenu la disposition, et l'on ne peut qu'approuver ce qu'elle a fait. Car, indépendamment de la raison morale qui décidait les législateurs de 1807, il en est une autre de justice qui tend au même but. Que le mari soit libéral envers sa femme , cela se comprend; mais encore faut-il que sa libéralité ne s'exerce pas aux dépens de ses créanciers. *Nemo liberalis, nisi liberatus*. Cela doit surtout être vrai en matière de faillite.

Ainsi, dans l'avenir, comme dans le passé, la femme d'un failli ne pourra se prévaloir des libéralités faites par le mari. La loi reste immuable quant au principe que la femme doit recevoir tout ce qu'elle a apporté, mais que rien au delà ne peut être soustrait aux créanciers pour l'avantager. En conséquence, quelle que soit la nature de ces libéralités, elles sont révoquées par le seul fait de la faillite. On ne saurait distinguer celles qui ont un effet actuel, de celles dont les effets sont suspendus à la condition de survie. Les unes et les autres sont également proscrites.

1042. L'effet de cette révocation est definitivement acquis contre la femme de quelque manière que la faillite se soit terminée. Sur ce point, la jurisprudence admise sous le Code devrait encore être suivie. Or, il a été jugé par la cour de cassation que la cession volontaire de biens, faite par un commerçant failli à ses créanciers qui l'ont acceptée, en le tenant quitte de leurs créances, ne peut, quels que puissent être ses effets pour l'avenir, rétroagir

sur le passé, et rendre, par exemple, à la femme du commerçant, le droit qu'elle a perdu par le seul fait de la faillite de son mari, de réclamer les avantages portés dans
son contrat (1).

1043. Mais le contraire devrait être décidé en cas de
réhabilitation du débiteur failli. L'effet de celle-ci étant
d'effacer la faillite, doit nécessairement rétroagir sur le
passé, et rendre à la femme la plénitude de ses droits.
Elle pourrait donc après le jugement qui admet la réhabilitation, réclamer les avantages qui lui auraient été faits
dans son contrat de mariage.

1044. L'article 564 ne parle que des avantages qui
sont portés au contrat de mariage. Mais sa disposition
s'appliquerait par supériorité de raisons aux libéralités
consenties pendant le mariage. Il est évident, en effet,
que le résultat des uns et des autres serait le même, et
puisque, pour l'éviter, le législateur n'a pas hésité à modifier le contrat de mariage qu'il a lui-même déclaré immuable (2), on ne saurait lui prêter la pensée d'avoir voulu
respecter des actes que les époux eux-mêmes peuvent
toujours révoquer.

CHAPITRE VIII.

De la répartition entre les créanciers, et de la liquidation du mobilier.

———

ARTICLE 565.

Le montant de l'actif mobilier, distraction faite des
frais et dépenses de l'administration de la faillite, des
secours qui auraient été accordés au failli ou à sa famille,
et des sommes payées aux créanciers privilégiés, sera

(1) 13 Novembre 1838, D. P. 38, 1, 400.
(2) Art. 1395 et suiv. Cod. civ.

'T réparti entre tous les créanciers au marc le franc de leurs
:ɔ créances vérifiées et affirmées.

ARTICLE 566.

A cet effet, les syndics remettront tous les mois, au
'ɩ juge-commissaire, un état de situation de la faillite, et
ɔ des deniers déposés à la caisse des dépôts et consigna-
ɩ tions; le juge-commissaire ordonnera, s'il y a lieu, une
ɹ répartition entre les créanciers, en fixera la quotité, et
ɿ veillera à ce que tous les créanciers en soient avertis.

SOMMAIRE.

1045. La répartition de l'actif peut être commencée avant sa complète réalisation.
1046. Prélévemens à opérer avant distribution.
1047. Le restant est partagé au marc le franc entre tous les créanciers.
1048. Les répartitions doivent être ordonnancées par le juge-commissaire sur l'état de situation que les syndics doivent lui
donner tous les mois.
1049. L'ordonnance du juge fixe le jour, le mode et la quotité de la
répartition.
1050. L'article 566 ne prescrit aucune mesure pour la publicité de la
répartition. Il convient cependant de l'annoncer par affiches
et par une insertion au journal.

1045. Les syndics de l'union n'étant institués que
pour parvenir à distribuer l'actif entre tous les créanciers
doivent, avons-nous dit, s'occuper sans retard de la liquidation. Celle-ci étant achevée, la répartition doit être
immédiatement opérée.

Toutefois, la réalisation totale de l'actif n'est pas une
condition forcée de la distribution, quels que soient les
termes de l'article 565, il est certain qu'avant cette entière réalisation, le juge-commissaire peut ordonner une
répartition selon que les sommes existant dans la faillite,

sont suffisantes pour présenter un dividende raisonnable. Cette distribution partielle est laissée à la prudence du juge : mais il ne doit jamais oublier que les créanciers souffrent, et que le plus petit dividende peut devenir pour certains d'entre eux une véritable et fort utile res-source.

L'article 565 ne s'occupe que de l'actif mobilier. Les immeubles peuvent ne pas être vendus encore. L'au-raient-ils été, la distribution de leur prix appartient à une autre forme, puisque c'est par un ordre régulière-ment poursuivi qu'elle est faite.

1046. Sur le produit de l'actif mobilier, sont de droit prélevés, les frais et dépenses de l'administration, et les sommes payées aux créanciers privilégiés, tant sur la gé-néralité, que sur quelques-uns des meubles. Nous avons vu, en effet, que les créances de cette double catégorie devaient être intégralement soldées, et pouvaient l'être avant et depuis l'union. Il n'y a donc pas pour elles de faillite. Il en serait de même pour les sommes données au failli à titre de secours pour lui et pour sa famille, con-formément à l'article 530.

1047. Le restant net appartient aux créanciers. Il doit leur être distribué au marc le franc de leur créance, sans distinction entre les chirographaires et les hypothécaires ; sauf pour ces derniers l'application des articles 554 et 555. La seule condition pour être admis à cette réparti-tion est pour tous les créanciers, qu'ils aient fait vérifier et admettre leurs créances.

1048. Les répartitions partielles, avons-nous dit, sont laissées à la prudence du juge ; c'est pour que le mandat qui lui est confié, quant à ce, puisse être rempli, que la loi exige que les syndics lui remettent tous les mois un état de situation de la faillite et des deniers déposés à la caisse des consignations. La consistance de ceux – ci , rapprochée du total des créances admises, détermine la conduite du juge.

L'état de situation de la faillite doit indiquer les sommes qui restent à payer et le chiffre de celles dues aux créanciers privilégiés. Sans cette précaution , le juge pourrait ordonnancer une répartition que les prélévemens à opérer, sur l'actif qu'il y aurait affecté , ne permettraient pas de faire.

1049. L'ordonnance du juge fixe le jour auquel la répartition doit s'ouvrir; et la quotité du dividende. Ce magistrat doit veiller à ce que tous les créanciers soient mis à même de se présenter.

1050. L'article 566 ne détermine, pour cet avertissement, aucun mode de publicité. On comprend que celle-ci ne soit plus aussi rigoureusement nécessaire que lorsqu'il s'agit pour les créanciers de faire reconnaître leur qualité, ou de délibérer sur un objet important. Il y a alors véritablement péril s'ils ne sont pas prévenus à temps. Dans notre hypothèse, il n'en existe pas d'autre qu'un retard plus ou moins long dans la réception du dividende que chaque créancier est assuré de retirer , à quelque époque qu'il se présente. On peut donc compter sur la sollicitude que chacun d'eux mettra à s'assurer du moment où doit s'effectuer la distribution.

Cependant il paraît raisonnable de dénoncer ce moment à tous les intéressés par des affiches apposées au chef-lieu du tribunal devant lequel se poursuit la faillite. C'est en effet là que chaque créancier est, sinon domicilié, du moins représenté par un fondé de pouvoirs. On peut même, pour plus de précautions, faire insérer le placard dans les journaux de la localité.

ARTICLE 567.

Il ne sera procédé à aucune répartition entre les créanciers domiciliés en France, qu'après la mise en réserve de la part correspondante aux créances pour lesquelles les créanciers domiciliés hors du territoire continental de la France seront portés sur le bilan.

Lorsque ces créances ne paraîtront pas portées sur le bilan d'une manière exacte, le juge-commissaire pourra décider que la réserve sera augmentée, sauf aux syndics à se pourvoir contre cette décision devant le tribunal de commerce.

ARTICLE 568.

Cette part sera mise en réserve et demeurera à la caisse des dépôts et consignations jusqu'à l'expiration du délai déterminé par le dernier paragraphe de l'article 492; elle sera répartie entre les créanciers reconnus, si les créanciers domiciliés en pays étranger n'ont pas fait vérifier leurs créances, conformément aux dispositions de la présente loi.

Une pareille réserve sera faite pour raison de créances sur l'admission desquelles il n'aurait pas été statué définitivement.

SOMMAIRE.

1051. Aucune répartition ne peut être ordonnancée qu'à charge de réserver la part qui obviendrait aux créanciers domiciliés hors France.

1052. Cette mise en réserve doit comprendre l'intégralité du dividende afférant à la créance, alors même qu'elle paraîtrait devoir être réduite.

1053. Mais les syndics pourraient se pourvoir si le dividende à réserver avait été fixé à un chiffre supérieur.

1054. Cette mise en réserve s'opère par le dépôt du dividende à la caisse des consignations jusqu'à l'échéance des délais fixés par l'article 73 Cod. proc. civ.

1055. Si ces délais expirent sans que les créanciers aient produit, il y a négligence. On applique en conséquence l'article 503.

1056. Les créances contestées doivent être comprises dans les répartitions et leur dividende réservé jusqu'au jugement définitif.

1051. Nous avons déjà vu sous l'article 492 que les créanciers domiciliés hors du territoire continental de la France, jouissent des délais déterminés par l'article 73 du Code de procédure civile, pour se présenter aux syndics et faire vérifier leurs titres.

Cependant on n'a pas cru devoir suspendre le réglement de la faillite en attendant l'expiration de ces délais. L'intérêt des créanciers domiciliés en France et qui formeront dans tous les cas la majorité, celui du failli, le leur propre, exigeaient qu'on laissât ces créanciers trop éloignés, momentanément de côté. Que serait devenu l'actif du failli si pendant un an l'administration eût été condamnée à ne rien faire ?

L'article 493 prescrit donc avec raison qu'il soit passé outre à la liquidation, malgré l'absence des créanciers domiciliés hors France ; qu'il soit, après la vérification, délibéré sur le concordat. Jusque - là, en effet, il y a entre tous les créanciers une telle communion d'intérêts, qu'en se protégeant eux – mêmes, les créanciers présens protègent forcément les droits des absens.

Mais on ne pouvait aller au-delà sans blesser ce que commande la justice. Lorsqu'il s'agit de disposer du gage commun, les créanciers qui n'ont pu encore se présenter doivent être comptés pour quelque chose. Ils ne pourraient être punis des peines prononcées contre la négligence, que s'ils avaient été négligens. Or, ils ne le sont pas tant que leur absence n'est due qu'à leur éloignement et non à la mauvaise volonté.

Ainsi, le juge-commissaire ne peut ordonnancer une répartition qu'après que la part correspondante aux créances pour lesquelles ils sont portés sur le bilan, aura été mise en réserve, bien entendu que ces expressions ne s'appliquent nullement au capital des créances, mais qu'elles désignent seulement le dividende qui leur serait dévolu, si elles avaient été vérifiées et affirmées.

1052. Cette mise en réserve ne peut jamais être moindre que le dividende, quand bien même les sommes portées comme dues paraîtraient devoir être réduites. Mais elle pourrait être plus forte s'il y avait lieu de croire que les créances portées au bilan, l'ont été d'une manière inexacte. La raison de cette différence est facile à saisir: quelles qu'aient été les sommes mises en réserve, le créancier ne touchera que celles qui lui seront réellement dues, après vérification. L'excédant, s'il en existe, sera réparti entre tous les créanciers, et par conséquent la masse ne saurait, dans aucun cas, éprouver un préjudice quelconque.

Il n'en serait pas ainsi du créancier éloigné, si la mise en réserve était insuffisante. L'actif peut être intégralement réparti avant l'expiration du délai qui lui est accordé. Quel moyen lui resterait-il alors pour échapper au préjudice que cette insuffisance lui fairait éprouver? Le rendrait-on victime de son éloignement? Ce serait là une véritable injustice que la loi n'a pu ni voulu consacrer. En conséquence, dans le doute le juge-commissaire ne doit pas hésiter à prendre la voie qui sauvegarde tous les intérêts, sans faire courir à aucun le moindre risque.

1053. La loi permet cependant aux syndics de se pourvoir contre la décision qui ordonnerait la mise en réserve d'un dividende supérieur, et de la déférer au tribunal de commerce. Ce pourvoi se réalise par une requête sur laquelle le tribunal statue après avoir ouï le rapport du juge-commissaire.

1054. La mise en réserve sera effectuée par le dépôt des sommes déterminées à la caisse des dépôts et consignations. Elles y demeureront jusqu'à l'expiration des délais accordés par l'article 492. Ces délais peuvent différer les uns des autres, selon le lieu habité par les divers créanciers. L'échéance de chacun d'eux, sans que celui qu'ils concernent ait fait vérifier sa créance, rendra les sommes qui lui avaient été réservées, disponibles en faveur de la masse.

1055. Alors, en effet, il y a négligence et non plus empêchement légitime ; d'où la conséquence qu'il n'y a plus à distinguer entre les créanciers domiciliés en France ou hors France ; les uns et les autres tombent sous l'application de l'article 503. La faute étant la même, la peine doit être générale et identique.

1056. Les créances contestées, et sur l'admission desquelles il n'a pas été statué définitivement, doivent être comprises dans le nombre de celles qui servent à déterminer le chiffre de la distribution. Mais le dividende qui leur revient doit être mis en réserve tant que dure le litige, pour être ensuite délivré au créancier ou distribué à la masse, selon l'événement définitif. Il est évident que le créancier qui s'est présenté à la vérification a obéi aux injonctions de la loi, et qu'il ne peut souffrir de ce que sa créance a été contestée, jusqu'à ce qu'il soit démontré que cette contestation était juste et bien fondée.

ARTICLE 569.

Nul paiement ne sera fait par les syndics que sur la représentation du titre constitutif de la créance.

Les syndics mentionneront sur le titre la somme payée par eux ou ordonnancée conformément à l'article 489.

Néanmoins, en cas d'impossibilité de représenter le titre, le juge-commissaire pourra autoriser le paiement sur le vu du procès-verbal de vérification.

Dans tous les cas, le créancier donnera la quittance en marge de l'état de répartition.

SOMMAIRE.

1057. Au jour indiqué par l'ordonnance du juge-commissaire, chaque créancier a le droit de se présenter aux syndics, et d'exiger immédiatement le paiement du dividende mis en distribution.

1058. Ce paiement est la conséquence de la justification de la qualité de celui qui se prétend créancier. Cette justification résulte nécessairement de la production du titre constitutif de la créance, au dos duquel l'admission est constatée selon le vœu de l'article 497. La représentation de ce titre est donc indispensable pour que les syndics puissent payer.

En effet, nul paiement ne peut être fait, sans que la consistance en soit mentionnée sur le titre même. Les articles 543 et 555 nous ont fourni des exemples de l'utilité de cette mention, qui, d'ailleurs, devient pour les syndics une preuve complète de libération.

1059. L'article 561 du Code de commerce ne s'occupait nullement du cas où le titre s'étant égaré ou perdu, le créancier était dans l'impossibilité de le représenter. Ce même article exigeait cependant cette représentation comme une condition, sans l'accomplissement de laquelle le paiement ne pouvait avoir lieu. Cette prescription, à côté du silence gardé sur le cas de perte, avait fait craindre que le créancier ne fût privé de tout dividende, ce qui paraissait injuste. « Le titre, disait-on, peut, après avoir été dûment vérifié, se perdre, s'adirer, être engagé dans une procédure. Faudra-t-il que le créancier soit victime d'une perte qui ne sera arrivée que par force majeure, et que, faute de pouvoir représenter le titre constitutif, il perde sa créance (1)?

1060. Mais telle n'était pas la pensée du législateur. La faculté de remplacer le titre, par un duplicata, s'il s'agissait de facture acceptée ou d'un arrêté de compte ; par l'accomplissement des formalités prescrites par les articles 150, 151 et 180 du Code de commerce, s'il s'agissait d'un billet ou d'un effet commercial ; enfin, par un extrait du procès-verbal, si l'obligation était civile, était sous entendue dans la disposition de l'article 561 (2).

(1) *Observations des Cours et Tribunaux*, Locré, tom. 7, p. 175.
(2) Locré, *ibid.*, p. 175.

1061. La loi nouvelle a réparé l'omission du Code de commerce et régularisé le droit que celui-ci ne conférait que tacitement. L'impossibilité de représenter le titre sera à l'avenir levée par une ordonnance du juge-commissaire qui pourra autoriser le paiement sur le vu du procès-verbal de vérification.

1062. Faudra-t-il que cette autorisation se renouvelle à chaque répartition ? Nous ne le pensons pas. Le créancier dûment autorisé doit se faire délivrer un extrait du procès-verbal, et c'est sur cette pièce que les syndics mentionneront le paiement autorisé et tous ceux qui seront ultérieurement réalisés.

1063. Le titre original est toujours remis au créancier, et s'il est vrai qu'au moyen de la mention du paiement, celui-ci ne puisse pas contester avoir reçu les dividendes ordonnancés, il est vrai aussi qu'en cas de perte ses héritiers ou lui-même pourraient dénier la réception de ce dividende. La loi a donc dû adopter un moyen qui mît les syndics à couvert de difficultés pareilles. Ce moyen, c'est l'état de répartition, en marge duquel le créancier doit donner quittance des sommes qu'il retire. Cet état, restant entre les mains des syndics, fournit, dans tous les cas, la preuve de la libération, et suppléerait utilement l'absence du titre, soit que celui-ci fût réellement perdu, soit que le créancier ne voulût pas le représenter, tout en soutenant n'avoir pas été payé.

ARTICLE 570.

L'union pourra se faire autoriser par le tribunal de commerce, le failli dûment appelé, à traiter à forfait de tout ou partie des droits et actions dont le recouvrement n'aurait pas été opéré, et à les aliéner; en ce cas, les syndics feront tous les actes nécessaires.

Tout créancier pourra s'adresser au juge-commissaire pour provoquer une délibération de l'union à cet égard.

SOMMAIRE.

1064. Cet article n'est que la reproduction littérale de l'article 563 du Code de commerce. La portée et l'esprit de celui-ci étaient ainsi fixés dans la discussion au conseil d'état :

« Il existe souvent dans les faillites des créances d'un recouvrement difficile, ou parce qu'elles sont litigieuses, ou parce que le débiteur est peu solvable. Il faudrait beaucoup de temps et de frais pour parvenir à un recouvrement qui, même, est souvent incertain. Des poursuites de cette nature conviennent mieux à un particulier qu'à une administration ; elle dépenserait toujours plus qu'elle ne pourrait recouvrer. Le grand intérêt des créanciers demande que l'administration termine ses opérations le plus tôt possible, et qu'elle puisse aliéner des droits dont la poursuite serait trop longue ou trop difficile (1). »

1065. Ces motifs, vrais sous la loi nouvelle, comme ils l'étaient sous le Code, fixent d'une manière invariable et certaine l'étendue du pouvoir créé par notre article. Ils font en même temps justice d'une objection sur laquelle on s'appuyait pour le contester, à savoir : que les créances dont l'aliénation serait projetée, pourraient constituer la totalité de l'actif à recouvrer. Or, il est évident que l'intention du législateur, telle que nous venons de la rappeler, repousse cette interprétation, à moins cependant que toutes les créances ne fussent dans la catégorie de celles dont il a voulu exclusivement se préoccuper, et dans ce cas, les frais seraient tellement considérables et les recouvremens si incertains, que la vente serait incontestablement fort avantageuse pour les créanciers.

1066. L'aliénation d'une partie quelconque de l'actif à forfait et avec perte est un acte qui dépasse les pouvoirs que la loi confère aux syndics. Elle est d'une haute importance pour les créanciers et pour le failli lui-même. Elle ne peut donc être consentie que par les premiers, après avoir mis celui-ci à même de défendre ses intérêts.

1067. De là les termes de l'article 570 : *L'union pourra.* Toute initiative de cette mesure est donc enlevée aux syndics qui ne peuvent, malgré qu'ils soient les représentans légaux de l'union, que convoquer les créanciers

(1) Locré, *ibid.*, page 177.

pour leur soumettre la mesure projetée. L'autorisation du tribunal ne saurait être demandée qu'après la délibération qui autoriserait les syndics à poursuivre la vente.

1068. Des difficultés se sont élevées sur la question de savoir quelle est la majorité qui peut voter l'aliénation à forfait. D'un côté, on a voulu assimiler la perte qui doit en résulter à la remise consentie par le concordat. On a, dès lors, soutenu que la délibération qui autorise la vente, devait être prise à la même majorité que celui-ci ; mais la cour de cassation a proscrit ce système, notamment par son arrêt du 17 décembre 1833 (1).

Cet arrêt se fonde sur ce que la majorité requise par l'aticle 507 est une exception au droit commun, qui ne peut exister que lorsque la loi l'a formellement exigée, et qui doit être limitée aux cas expressément prévus. Or, l'article 563, aujourd'hui 570, gardant à cet égard le plus complet silence, il y a lieu de s'en référer aux règles ordinaires pour les assemblées délibérantes.

D'ailleurs, ainsi que le fait remarquer M. Dalloz jeune (2), s'il est vrai que l'union soit sans pouvoir pour traiter à forfait, qu'elle ne puisse imposer aucuns sacrifices aux créanciers, aucune réduction de leurs créances ; ce principe n'est pas tellement absolu qu'il ne puisse recevoir aucune exception. Les faillites, en effet, sont peu susceptibles de cette inflexibilité de principes, et il est impossible, toutes les fois qu'il s'agira de quelques créances verreuses, de quelques recouvremens incertains, que les syndics soient tenus de réunir la majorité des créanciers en nombres et en sommes.

De plus, le concordat libère le failli des sommes aban-

(1) D. P. 34, 1, 5.
(2) *Ibidem*.

données ou remises. La vente à forfait et à perte ne produit aucun effet de cette nature. Les créanciers ne tiennent compte que de ce qu'ils ont réellement reçu. Il n'y a donc aucune assimilation exacte entre ces deux actes; ils peuvent, dès lors, ne pas être soumis à la même règle, quant à la majorité qui doit les consacrer.

Ainsi, l'aliénation à forfait est suffisamment autorisée par la simple majorité, c'est-à-dire, par la moitié plus un, des créanciers votans.

1069. Mais la délibération n'est exécutoire qu'après avoir été homologuée par le tribunal de commerce. Cette homologation est exigée dans un double but.

1070. 1° Pour empêcher tout abus de la part de la majorité. Il convient, en effet, toutes les fois qu'il y a lieu d'imposer un sacrifice même momentané à des gens qui s'y refusent, d'appeler la justice à sanctionner l'ouvrage de la majorité, à examiner dans notre hypothèse la nature des créances, l'opportunité de leur aliénation. Cette appréciation a un guide certain dans les motifs qui ont fait admettre l'article 570 et que nous rappelions en commençant l'examen de cet article. Chaque membre de la minorité a le droit d'intervenir pour empêcher cette homologation en exposant les raisons qui doivent la faire rejeter.

1071. 2° Pour donner au failli le moyen de défendre ses intérêts et d'empêcher une aliénation intempestive, ou nuisible pour lui. Le failli est réellement le plus intéressé à cette vente, puisque la perte qui en résultera restera exclusivement à sa charge. Il n'était donc pas possible de la laisser se réaliser en son absence.

Les syndics doivent, en conséquence, l'appeler dans l'instance en homologation. La violation de cette obligation frapperait l'opération d'une nullité certaine.

1072. Mais qui pourra exciper de cette nullité ? En règle ordinaire, il n'y a que les nullités d'ordre public qui puissent être opposées par toutes les parties. Les nullités relatives ne profitent qu'à ceux en faveur desquels elles ont été créées.

Il est certain dans l'espèce que l'appel en cause du failli est dans son intérêt exclusif. L'exception tirée de l'omission de cette formalité doit en conséquence lui demeurer personnelle. C'est ce que l'arrêt de la cour de cassation, du 17 décembre 1833, a formellement consacré. Il serait étrange, en effet, que le failli reconnaissant par son silence la régularité et l'avantage de l'aliénation opérée par l'union, les membres de celle-ci eussent le droit de se plaindre et pussent faire valoir des moyens que le seul véritable intéressé refuse d'employer.

1073. Mais le tribunal de commerce devant veiller à ce que les formes ordonnées par la loi soient remplies, pourrait, soit refuser l'homologation qui serait demandée en l'absence du failli ; soit ordonner qu'il sera mis en cause. Ces mesures peuvent être prises d'office ou sur la provocation des créanciers opposants. Chacun de ceux-ci pourrait même réaliser personnellement la mise en cause du failli.

1074. Le jugement est rendu sur le rapport du juge-commissaire. Il peut être frappé d'appel par la partie qui succombera. Cet appel est introduit en la forme ordinaire. Il est dirigé contre les syndics, ou par ceux-ci contre le créancier opposant, ou contre le failli, selon que l'aliénation a été ou non autorisée.

1075. Si la vente est ordonnée, elle est poursuivie devant le tribunal civil, conformément au code de procédure civile. Elle a lieu à la criée et après dues publi-

cations. Les syndics sont seuls chargés de cette poursuite; ils doivent par conséquent faire tous les actes nécessaires.

1076. L'aliénation à forfait ayant pour objet d'amener
le prompt réglement de l'union, chaque créancier a un
intérêt direct à ce qu'elle soit réalisée Il suit delà que
faute par les syndics de réunir l'union et de lui proposer
cette vente, les créanciers peuvent prendre l'initiative et
demander au juge-commissaire la convocation générale,
pour qu'il en soit délibéré.

CHAPITRE IX.

De la vente des immeubles du failli.

—

ARTICLE 571.

A partir du jugement qui déclarera la faillite, les créanciers ne pourront poursuivre l'expropriation des immeubles sur lesquels ils n'auront pas d'hypothèques.

ARTICLE 572.

S'il n'y a pas de poursuite en expropriation des immeubles commencée avant l'époque de l'union, les syndics seuls seront admis à poursuivre la vente; ils seront
tenus d'y procéder dans la huitaine, sous l'autorisation
du juge-commissaire, suivant les formes prescrites pour
la vente des biens des mineurs.

SOMMARE.

1077. L'article 571 a pour objet de concilier l'intérêt des créanciers
avec les droits résultant de l'hypothèque.
1078. La faculté de poursuivre la vente des immeubles n'appartient
qu'à ceux à la garantie desquels ces immeubles sont affectés.

1079. C'est là un droit nouveau. Sous l'empire du Code, tout porteur de titres exécutoires, quoique sans hypothèque, pouvait faire vendre les immeubles.

1080. Aujourd'hui, au contraire, l'existence de l'hypothèque est la condition sans laquelle les porteurs de titres de cette nature ne peuvent faire opérer la vente.

1081. L'expropriation commencée avant la loi nouvelle devrait être continuée selon les dispositions du Code de commerce.

1082. Mais la loi nouvelle en règlerait seule l'exercice, si au moment de sa promulgation, il n'existait encore que le commandement à trente jours.

1083. Les créanciers hypothécaires dont le titre est échu peuvent exproprier le failli après le jugement déclaratif et jusqu'à l'union.

1084. Mais lorsque celle-ci a été déclarée, le droit de vendre n'appartient qu'aux syndics. Délai qui est fixé. Sa nature.

1085. L'expropriation commencée avant la faillite ou après le jugement déclaratif doit être continuée contre les syndics.

1086. Dans l'un, comme dans l'autre cas, les syndics peuvent consentir à la conversion en vente volontaire.

1087. La conversion consentie par le débiteur avant la faillite serait obligatoire pour la masse, à moins qu'elle n'eût été encore que projetée.

1088. La vente après l'union est soumise à l'autorisation du juge. Cette autorisation résulte de la signature de ce magistrat au bas de la requête des syndics.

1089. Sur le vu de celle-ci, le tribunal civil ordonne la vente,

1090. Le cahier des charges est rédigé par les syndics. Mais ni eux ni les créanciers n'encourent jamais de responsabilité personnelle pour les clauses de l'adjudication.

1091. Les syndics qui ne poursuivraient pas la vente des immeubles peuvent y être contraints par le juge-commissaire, sur la plainte des créanciers.

1077. La loi nouvelle a apporté quelques modifications au Code, en ce qui concerne la vente des immeubles. Elle est en outre beaucoup plus explicite sur les droits respectifs des créanciers et des syndics.

En thèse ordinaire, c'est à ces derniers que le législateur a voulu confier le soin de vendre les immeubles.

II.   25

Il doit en résulter une économie de temps et de frais toute à l'avantage des créanciers, même hypothécaires, qui ne seraient pas dès lors fondés à se plaindre de l'exception que l'on impose au pouvoir absolu que leur qualité leur confère, de requérir eux - mêmes cette vente et de la poursuivre.

Mais il fallait concilier le respect dû aux titres et à la qualité, avec l'intérêt général. De là la disposition de l'article 571.

1078. La faculté de faire vendre les immeubles n'appartient qu'à ceux qui ont une hypothèque grevant ces immeubles. En conséquence, à partir du jugement déclaratif, les créanciers porteurs de titres authentiques, exécutoires, mais sans hypothèques, ne sauraient poursuivre leur expropriation.

1079. Cette prohibition est une disposition nouvelle. En effet, sous le Code de commerce tout créancier ayant un titre exécutoire et authentique, et dont la créance était liquide et certaine, pouvait, alors même qu'il n'avait aucune hypothèque, poursuivre l'expropriation des biens du failli, depuis l'ouverture de la faillite, jusqu'à la nomination des syndics définitifs.

1080. Ce pouvoir est retiré par la loi actuelle. Ainsi le créancier qui aurait négligé de faire inscrire le titre qui lui confère cette qualité, ou le jugement qu'il aurait obtenu contre son débiteur; celui qui aurait tardivement requis inscription, ou dont l'inscription serait postérieure au jour fixé, comme celui de l'ouverture de la faillite, n'aurait, malgré l'authenticité de son titre, aucune action à exercer contre les biens.

1081. Si l'expropriation avait été commencée avant la loi nouvelle pourrait-elle être continuée ? L'affirma-

tive ne nous paraît pas douteuse ; les termes de l'article
571 ne peuvent être entendus que dans le sens qu'aucune
poursuite ne saurait être commencée. Quant à celle qui
l'aurait été, elle resterait sous l'empire du droit commun.

Or, de deux choses l'une : ou la poursuite commencée
avant la loi nouvelle aurait été intentée avant la déclaration de faillite, ou après cette déclaration ; et dans l'un,
comme dans l'autre cas, l'article 571 resterait inapplicable.

Avant la déclaration de faillite, tout créancier peut,
d'après la loi ordinaire, saisir les immeubles de son débiteur, pourvu que la dette soit certaine, liquide, et
qu'elle résulte d'un titre authentique et exécutoire (1).

L'exercice de cette faculté, avant la réalisation de la
faillite, rend celle-ci sans influence sur le droit qui n'est
pas seulement acquis, mais ouvert, mais épuisé, et dès
lors irrévocable. Privée de toute rétroactivité, la loi
nouvelle serait impuissante à s'opposer aux conséquences
d'une poursuite qui lui a réellement préexisté, et qui
continuerait à être régie par la loi qui l'a autorisée.

Si la poursuite commencée avant la loi nouvelle avait
été réalisée après la déclaration de faillite du débiteur,
la non application de cette loi serait enseignée par la
disposition de son préambule. Il serait certain dans ce cas
que la faillite aurait elle-même été déclarée sous le Code,
puisque la poursuite qui ne serait venue qu'après serait
cependant antérieure à la loi de 1838. Or, le préambule
de celle-ci déclare que les faillites déclarées sous l'empire du Code continueront à être régies par les dispositions de celui-ci ; d'où la conséquence que l'article 571

_____

(1) Art. 2213 du Code civil.

resterait étranger à la poursuite en expropriation qui aurait été dirigée en conformité de ce qui était pratiqué avant sa promulgation.

1082. Ainsi les créanciers porteurs de titres authentiques et exécutoires, qui, quoique n'ayant aucune hypothèque, auraient fait saisir les immeubles de leur débiteur, seraient admis à continuer l'expropriation commencée, malgré la survenance de la faillite et malgré la promulgation de la loi nouvelle. C'est ce que décident formellement les cours royales de Paris et d'Aix, dans leurs arrêts des 30 novembre 1839 et 10 janvier 1840 (1).

Mais il faut, pour qu'il en soit ainsi, que les immeubles aient été réellement saisis ; car si, au moment de l'apparition de la loi, il n'existait qu'un commandement à trente jours, la saisie ultérieure serait régie par la disposition de l'article 571.

1083. Les créanciers hypothécaires peuvent, même après la déclaration de la faillite, saisir les immeubles de leur débiteur, si l'échéance de la dette est arrivée. Nous nous servons à dessein de ces termes, quoique nous n'ayons pas oublié que l'un des effets du jugement déclaratif est de rendre toutes les dettes exigibles. Mais cette exigibilité légale n'a, en quelque sorte, pour objet que d'assurer à tous les créanciers un concours égal à la distribution de l'actif. Elle n'est surtout absolument vraie que pour les créanciers chirographaires, qui ne peuvent jamais agir contre la masse. Quant à ceux qui ont des préférences à faire valoir contre celle-ci, ils doivent nécessairement en subordonner l'exercice au titre qui leur confère cette préférence, au moins tout le temps

(1) D. P., 39, 2, 231 ; Tavernier et Castellan, tom. 1, p. 6.

que le failli n'est pas définitivement dépouillé de ses biens, c'est-à-dire jusqu'au contrat d'union. Ce n'est qu'alors, en effet, qu'il est certain que le failli ne pourra réclamer le bénéfice du terme, ce qu'il pourrait certainement faire, si, par un concordat, il était remis à la tête de ses affaires.

1084. Mais à cette époque, les créanciers hypothécaires ne pourraient plus exproprier le failli. A dater de l'union, la loi délègue aux syndics le soin exclusif de vendre les immeubles. Les créanciers hypothécaires sont admis à voter sur la nomination des syndics qui deviennent leurs mandataires, comme ceux des simples chirographaires, et qui doivent, dès lors, faire procéder seuls à la liquidation mobilière et immobilière.

Le législateur impose aux syndics l'obligation de vendre les immeuble dans les huit jours. Mais évidemment ce délai n'est que comminatoire. Il témoigne seulement du désir de la loi de hâter autant que possible la liquidation définitive, qui ne peut exister tant que la position des créanciers hypothécaires n'est pas fixée d'une manière irrévocable par la distribution du prix des immeubles.

1085. L'expropriation commencée par un créancier hypothécaire, avant l'ouverture de la faillite, doit être continuée contre les syndics à partir du jugement déclaratif. C'est aussi contre eux que celle réalisée après ce jugement doit être dirigée. Les syndics exercent les actions actives et passives du failli pour tout ce qui a rapport à ses biens. Ils sont donc les seuls adversaires que les créanciers puissent rencontrer, tant en demandant qu'en défendant, sauf au failli la faculté d'intervenir, s'il y a lieu (1).

(1) Vid. art. 443.

1086. Dans l'un, comme dans l'autre cas, les syndics pourraient convenir avec le créancier poursuivant de convertir l'expropriation en vente volontaire. Ce serait là un acte d'administration utile à tous les créanciers, et qui n'excèderait nullement les pouvoirs des syndics. On suivrait pour l'exécution de cette convention les dispositions de la loi du 2 juin 1841.

1087. Si la conversion avait été arrêtée entre le créancier et le débiteur, depuis tombé en faillite, cette convention serait-elle exécutoire pour les syndics ? oui, si la demande avait été formée par les parties, et admise par le tribunal. Le jugement rendu à cet effet est en dernier ressort, et n'a pas même besoin d'être signifié. Il est donc irrévocablement acquis en faveur et contre toutes les parties, dès qu'il est rendu. L'événement ultérieur de la faillite, non seulement ne lui enlèverait rien de sa force, mais encore n'empêcherait pas que la vente se réalisât au jour indiqué (1).

Mais, si la conversion entre le créancier et le débiteur n'était encore qu'en l'état de projet, au moment de l'ouverture de la faillite, il serait loisible, soit aux syndics, soit aux créanciers poursuivans, de rétracter la convention. Elle ne pourrait d'ailleurs être ultérieurement soumise à l'approbation du tribunal qu'au nom des syndics, le failli étant incapable de consentir même un simple acte d'administration.

1088. S'il n'existe aucune poursuite contre les immeubles au moment de l'union, c'est, nous venons de le dire, aux syndics seuls qu'appartient le droit de les vendre. L'article 571 qui exige que cette vente ait lieu dans

(1) Art. 746-747. Loi du 2 juin 1841.

la huitaine, soumet cependant les syndics à requérir préalablement l'autorisation du juge-commissaire.

Nous ne comprenons pas la nécessité de cette autorisation, que le juge-commissaire ne saurait, d'ailleurs, refuser. Elle peut paraître d'autant plus inutile, que l'intervention forcée de la justice est un sûr garant contre tout projet de fraude. Quoi qu'il en soit, elle n'est soumise à aucune forme spéciale. Elle peut résulter de la signature du juge-commissaire au bas de la requête en vente, comme du consentement formel donné sur celle présentée dans le but spécial d'obtenir l'autorisation.

1089. Sur le vu de la demande faite par les syndics, le tribunal civil ordonnera la vente dans les formes réglées, pour celle des biens des mineurs, par les articles 954 et suivants de la loi du 2 juin 1841, qui est venue modifier le Code de procédure civile. Cette modification avait été réclamée par le législateur de 1838, et ce n'est que par la certitude que le gouvernement s'en occupait sérieusement qu'il ne les consacra pas lui-même dans le cours de son œuvre.

1090. Les syndics rédigent le cahier des charges, mais ni eux-mêmes, ni les créanciers qu'ils représentent ne sont jamais responsables sur leurs biens personnels, des clauses de l'adjudication. Ils ne répondent pas plus des conditions de la vente que n'en répondrait le créancier hypothécaire qui poursuit l'expropriation de son débiteur (1).

1091. Si les syndics, contrairement à l'intention de la loi, négligeaient de poursuivre la vente des immeubles, les créanciers ont qualité pour leur faire enjoindre

(1) Cour de cass. 17 mars 1840. D. P. 40, 1, 158.

par le juge-commissaire d'y procéder immédiatement.
Ce magistrat peut même d'office réaliser cette injonction.

ARTICLE 575.

La surenchère, après adjudication des immeubles du
failli sur la poursuite des syndics, n'aura lieu qu'aux
conditions et dans les formes suivantes:

La surenchère devra être faite dans la quinzaine.

Elle ne pourra être au-dessous du dixième du prix
principal de l'adjudication. Elle sera faite au greffe du
tribunal civil, suivant les formes prescrites par les articles
710 et 711 du Code de procédure civile ; toute personne
sera admise à surenchérir.

Toute personne sera également admise à concourir à
l'adjudication par suite de surenchère. Cette adjudication demeurera définitive et ne pourra être suivie d'aucune autre surenchère.

SOMMAIRE.

1092. Modifications que cet article introduit en matière de sur-
    enchère.
1093. Le délai a été porté à 15 jours, et la faculté de surenchérir
    accordé à toutes personnes.
1094. Ce droit, qui a prévalu, avait été fortement controversé sous le
    Code. Arrêts contradictoires des Cours de Rouen et d'Aix.
1095. Les formes de la surenchère restent réglées par le Code de
    procédure civile.
1096. Il ne peut jamais exister plusieurs surenchères successives.
    Mais le pouvoir de la réaliser appartient même aux syndics.
1097. Ce droit avait été consacré sous l'empire du Code par la Cour
    de cassation.

1092. Cet article modifie, sous un double rapport, la
disposition de l'article 565 du Code commerce. 1° Quant
au délai de la surenchère ; 2° quant aux personnes qui
peuvent surenchérir.

1093. Le Code de commerce n'accordait qu'un délai de huit jours ; la loi nouvelle en accorde un de quinze. Le Code de commerce disposait que les créanciers pouvaient seuls surenchérir. La loi nouvelle accorde ce pouvoir à toutes personnes sans distinction. Ces deux modifications sont dues à une même pensée, celle de favoriser les créanciers, en créant une plus grande concurrence dont le résultat sera de porter le prix des immeubles à leur juste valeur.

1094. La seconde a, de plus, le mérite de terminer une controverse qui s'était élevée sur la question de savoir si l'article 565 du Code de commerce dérogeait à l'article 710 du Code de procédure civile. L'affirmative avait été admise par la cour de Rouen, qui décidait, en conséquence, que, pour surenchérir, il fallait être nécessairement créancier (1). Mais le contraire avait été jugé par la cour royale d'Aix, le 10 juin 1813. Celle-ci avait pensé que la surenchère du dixième que les seuls créanciers pouvaient réaliser, n'empêchait nullement celle du quart que l'article 910 du Code de procédure civile permettait à toute personne de faire.

Ce système, qui avait prévalu en doctrine, a été admis par la loi nouvelle. Le désir de multiplier les chances d'un prix plus élevé a même fait disparaître toute différence entre les créanciers et les non créanciers. Pour les uns, comme pour les autres, la surenchère d'un dixième a été adoptée. Il n'est pas même nécessaire que ce dixième porte sur les frais faits pour parvenir à la vente. L'article 573 le limite au prix principal de l'adjudication.

1095. Le formes de la surenchère n'ont subi aucunes modifications. On doit donc s'en référer au Code de pro-

(1) 19 Novembre 1824.

cédure, et depuis leur promulgation, aux articles 709 et 710 de la loi du 2 juin 1841.

1096. Il ne saurait jamais exister plusieurs surenchères successives. L'adjudication sur la première est définitive et pour jamais inattaquable ; mais toute personne a le droit d'y concourir. Il importe, disait le rapporteur de la chambre des pairs, d'augmenter le nombre des concurrens, soit au moment de l'adjudication de l'immeuble, soit après la vente et sur les surenchères. Il résulte de là que la loi n'admet aucune exception et que les syndics eux-mêmes peuvent, non seulement se rendre adjudicataires, mais encore surenchérir ou acheter après surenchère.

1097. Au reste, ce droit pour les syndics n'est pas nouveau. Déjà il leur avait été reconnu sous l'empire du Code de commerce. On peut voir notamment, à ce sujet, un arrêt de la cour de cassation du 23 mars 1836 (1).

CHAPITRE X.

De la Revendication.

* * *

ARTICLE 574.

Pourront être revendiquées, en cas de faillite, les remises en effets de commerce ou autres titres non encore payés, et qui se trouveront en nature dans le portefeuille du failli à l'époque de sa faillite, lorsque ces remises auront été faites par le propriétaire, avec le simple mandat d'en faire le recouvrement et d'en garder la valeur à sa disposition, ou lorsqu'elles auront été, de sa part, spécialement affectées à des paiemens déterminés.

(1) D. P. 36, 1, 330.

ARTICLE 575.

Pourront être également revendiquées aussi longtemps qu'elles existeront en nature, en tout ou en partie, les marchandises consignées au failli à titre de dépôt, ou pour être vendues pour le compte du propriétaire.

Pourra même être revendiqué le prix ou la partie du prix desdites marchandises qui n'aura été ni payé, ni réglé en valeur, ni compensé en compte-courant entre le failli et l'acheteur.

ARTICLE 576.

Pourront être revendiquées les marchandises expédiées au failli, tant que la tradition n'en aura point été effectuée dans ses magasins, ou dans ceux du commissionnaire chargé de les vendre pour le compte du failli.

Néanmoins la revendication ne sera pas recevable si, avant leur arrivée, les marchandises ont été vendues sans fraude, sur factures et connaissemens ou lettres de voiture signées par l'expéditeur.

Le revendiquant sera tenu de rembourser à la masse les à-comptes par lui reçus, ainsi que toutes avances faites pour fret ou voiture, commission, assurances, ou autres frais, et de payer les sommes qui seraient dues pour même cause.

SOMMAIRE.

1103. Aujourd'hui la première condition pour qu'il y ait revendication, c'est que les valeurs existent en nature dans le portefeuille du failli.

1104. Il suffit donc qu'elles aient été distraites de ce portefeuille, qu'elles soient ou non échues, pour qu'elles ne puissent plus être revendiquées.

1105. Mais si elles ne sont sorties des mains du failli que pour être livrées à un mandataire chargé de les négocier, tant qu'elles se trouvent au pouvoir de celui-ci, elles sont censées exister dans le portefeuille du failli.

1106. La seconde condition, est que leur propriété soit demeurée sur la tête du revendiquant. A quels élémens est attachée cette condition.

1107. C'est avec raison que la loi l'a ainsi exigé. Son but est seulement de restituer au propriétaire qui aurait confié un dépôt ou un mandat.

1108. Quelles preuves seront admises pour prouver l'un ou l'autre.

1109. La preuve testimoniale serait-elle admissible dans le cas d'une traite régulièrement endossée ?

1110. La passation en compte courant des valeurs revendiquées serait un obstacle invincible à l'admission de la demande.

1111. Les articles d'un compte courant ayant une destination spéciale, toute demande en preuve d'une autre affectation serait irrecevable.

1112. Peu importerait que l'envoyeur fût déjà créancier. La loi nouvelle a formellement abrogé l'article 584 du Cod. de comm.

1113. Si la revendication réunit les caractères que nous venons d'indiquer, les valeurs qui en font l'objet sont remises à leur propriétaire.

1114. Les valeurs transmises au failli, qui ne lui sont arrivées qu'après le jugement déclaratif, n'ont pas besoin d'être revendiquées. Elles n'ont jamais cessé d'appartenir réellement à l'envoyeur.

1115. Arrêt de la Cour de Paris qui consacre ce principe même à l'encontre des tiers porteurs de bonne foi.

1116. En serait-il de même pour celles arrivées avant le jugement déclaratif, mais après la cessation.

1117. Les règles relatives aux titres commerciaux s'appliquent à tous les autres titres.

1118. Aucun délai n'a été fixé à l'exercice de la revendication. Il pourrait être réalisé même après que les syndics auraient encaissé les valeurs.

1119. 2° Revendication des marchandises remises à titre de dépôt ou consignées pour être vendues pour compte. Est la plus favorable. Aussi a-t-on accordé un droit de suite sur le prix encore dû.

1120. La loi nouvelle a abrogé la distinction faite par l'article 581, Cod. comm. entre le prix des marchandises consignées et celui des marchandises déposées.

1121. 1° Revendication des marchandises. La première condition pour qu'elle soit recevable, c'est que les marchandises consignées ou déposées existent en nature entre les mains ou au pouvoir du failli.

1122. Il suit de là que si le failli les avait déposées ou consignées entre les mains d'un tiers chargé de les vendre pour son compte, elles pourraient être revendiquées.

1123. Mais si cette consignation avait été faite avec affectation à la garantie d'une dette du failli, le revendiquant ne pourrait retirer la marchandise qu'en payant cette dette.

1124. Si la marchandise avait été vendue, mais non encore livrée, le consignataire ou les déposans pourraient-ils empêcher la livraison ultérieure? Non, pour le consignataire.

1125. Oui, pour le déposant, à moins que l'acquéreur de bonne foi en eût déjà payé le prix.

1126. La seconde condition pour la recevabilité de la revendication, est la preuve de la consignation ou du dépôt.

1127. La troisième est l'identité des marchandises existant avec celles consignées ou déposées.

1128. 2° Revendication du prix. Est une conséquence de la destination spéciale que la marchandise avait reçue.

1129. Elle n'est recevable que si les marchandises vendues sont les mêmes que celles consignées ou déposées.

1130. Que si l'acquéreur n'en a pas payé le prix.

1131. Y a-t-il paiement dans la souscription ou la remise de titres commerciaux. Système du Code de commerce. Dérogation par la loi actuelle.

1132. Quid, si les traites avaient été souscrites à l'ordre du commettant et endossées par celui-ci en faveur du consignataire ou dépositaire?

1133. Il n'y a que la compensation en compte courant qui empêche la revendication.

1134. Le réglement en valeurs dont parle l'article 575 est celui intervenu entre le vendeur et l'acheteur. En conséquence, le commettant qui aurait reçu du consignataire des traites pour la valeur des objets consignés, pourraient encore en revendiquer le prix.

1135. Il en serait de même, si cette valeur avait été passée en compte courant entre le commissionnaire et le commettant, à moins que le premier, créditeur à cette époque, eût, au moyen de cette passation, balancé le compte.

1136. 3° Revendication des marchandises vendues et expédiées au moment de la faillite. Graves débats qu'elle a suscités lors de la discussion du Code de commerce.

1137. Consultées à l'occasion de la loi nouvelle, la plupart des chambres de commerce demandaient la suppression de cette revendication. Opinion conforme du gouvernement.

1138. Rejet de la suppression par la chambre des députés en 1835. Motifs. Décision analogue de la chambre des pairs.

1139. Critique de cette décision.

1140. Quoi qu'il en soit, la revendication est une exception aux principes ordinaires. Conditions auxquelles elle pourra être à l'avenir exercée.

1141. 1° Que la marchandise ait été vendue et livrée. Ce qu'il faut entendre par la livraison.

1142. 2° Que le prix n'ait pas été payé.

1143. A quels caractères doit-on reconnaître si dans les réglements faits en valeurs ou en compte courant il y a ou non paiement?

1144. Si le prix n'a été payé qu'en partie, la revendication est admissible et n'en porte pas moins sur la totalité de la marchandise.

1145. 3° Que la marchandise ne soit point entrée dans les magasins du failli. Que doit-on entendre par magasins du failli?

1146. *Quid* pour les marchandises non susceptibles d'être emmagasinées?

1147. Il suffit que les marchandises aient été un instant en possession du failli, pour que la revendication en soit impossible. Exception unique.

1148. Les magasins des agens du failli sont censés ses propres magasins. Conséquences.

1149. Le revendiquant est obligé de prouver l'identité de la marchandise. Abrogation de l'article 580 du Code de commerce.

1150. La revendication peut être exercée pour une partie, comme pour le tout. Mais elle ne saurait jamais être collective.

1151. On serait admis à revendiquer la marchandise arrivée dans les magasins du failli, après le jugement déclaratif; et non celle arrivée pendant la cessation, mais avant le jugement.

1098. La revendication est le droit de reprendre entre les mains d'un tiers, certains objets mobiliers qu'on prétend ne lui avoir jamais appartenu. Son exercice exige donc nécessairement : 1° que ces objets existent en nature en la possession de celui–ci; 2° que le revendiquant justifie que, quoiqu'il s'en soit matériellement dessaisi, il en est toujours resté propriétaire.

1099. En droit commun, cela suffit pour que la demande en revendication soit accueillie. Devait–il en être de même après faillite ? L'affirmative pouvait entraîner de graves abus et ouvrir la porte à des fraudes nombreuses. L'actif du failli pouvait disparaître sous des réclamations concertées dans son intérêt, ou ménagées par lui en faveur de quelques créanciers qu'il voudrait avantager. Dans cette prévision, le législateur en admettant, malgré de nombreuses oppositions, le principe de la revendication après faillite, a dû en circonscrire l'exercice de telle sorte que l'égalité entre tous les créanciers en souffrît le moins possible.

Telle est la raison des dispositions de la loi sur la revendication en matière de faillites.

1100. Le droit de revendiquer est considéré sous un triple rapport : 1° il s'applique à des titres ou effets commerciaux; 2° aux marchandises confiées à titre de dépôt, ou consignées pour être vendues pour le compte du propriétaire ; 3° enfin, aux marchandises vendues dans un temps voisin de la faillite. Chacune de ces catégories a ses règles spéciales. Nous allons les examiner dans l'ordre suivi par la loi elle-même.

1101. 1° Revendication des traites ou remises commerciales et autres titres.

Il ne paraît pas que l'ancienne législation se soit jamais occupée de cette revendication. L'ordonnance de 1673 ne l'autorisait, en matière commerciale, que pour les lettres de change irrégulièrement endossées (1). La loi spéciale ne dérogeant en rien à cette faculté, dans le cas de faillite, il est certain que les intéressés conservaient le droit d'en user.

1102. Le Code de commerce combla la lacune laissée par l'ordonnance. Il devenait d'autant plus urgent de le faire, que les développemens que le commerce avait pris, rendant les relations entre commerçans beaucoup plus fréquentes, la difficulté devait plus facilement se présenter. On comprend, en effet, qu'après la faillite, chaque correspondant se hâte de réclamer les effets nouvellement transmis pour sauver ainsi cette partie de son actif du naufrage, et pour éviter d'être compromis d'autant.

L'absence de toutes règles ne pouvait se prolonger, tant dans l'intérêt de la masse exposée à tout perdre, que dans celui des propriétaires légitimes des titres imprudemment confiés. Il fallait une prompte solution pour déterminer les droits réciproques, et cette solution fut donnée par les articles 583 et 584.

La pensée qui présida à leur adoption fut celle de restituer au propriétaire les valeurs par lui remises à titre de dépôt, ou de simple mandat, ou pour l'extinction

(1) Titre 5, art. 25.

d'une dette spéciale. Malheureusement le législateur ne fut pas heureux dans l'expression de cette pensée, et le vague de sa disposition ne favorisa que trop des difficultés sur lesquelles la justice a eu bien souvent à se prononcer.

1103. Ce vague n'existe plus dans la rédaction nouvelle. La pensée du législateur, toujours telle que nous venons de l'exposer, s'y développe avec précision, et les conditions imposées à la revendication s'y trouvent retracées avec énergie.

Ainsi, il faut, aux termes de l'article 574, pour que la demande en revendication soit recevable, que les traites non payées existent dans le portefeuille du failli. La loi n'a pas entendu accorder, même au véritable propriétaire, un droit de suite. Si le failli en a disposé, s'il en a confondu la valeur dans son actif, celui qui les lui a confiées n'est plus qu'un créancier ordinaire.

1104. Peu importe, dès lors, que ces traites fussent ou non échues. Le failli a pu les aliéner avant l'échéance par une négociation, ou négliger de les faire encaisser, quoiqu'elles fussent échues. Le propriétaire des traites jouit de cette dernière chance, tout comme il serait obligé de subir les effets de la première. Il y a là un événement aléatoire qui ne peut nuire ou profiter à personne ; la demande en revendication étant, ou non, recevable, selon que les traites existent ou n'existent pas dans le portefeuille du failli.

1105. Mais on aurait tort de donner une trop grande importance à ces expressions de la loi, et de les croire tellement sacramentelles, que la sortie du portefeuille dût être considérée comme un obstacle invincible à toute revendication. Cela n'est vrai, que si cette sortie a été

II. 26

l'effet d'une aliénation. Si les traites ne sont sorties des mains du failli que pour passer dans celles d'un mandataire qu'il s'est substitué pour en opérer le recouvrement, la revendication peut utilement être exercée. Ainsi les courtiers, agens de change et les autres mandataires du failli, chargés de négocier ou d'encaisser pour son compte les traites revendiquées, devraient les restituer au revendiquant, si, au moment de la faillite, leur mission n'avait encore reçu aucune exécution (1).

1106. Pour que la demande en revendication soit fondée, il faut que la propriété des traites ou remises soit demeurée sur la tête du revendiquant. On reconnaît cette propriété dans l'une des deux circonstances suivantes :

Si les effets n'ont été envoyés au failli qu'avec le simple mandat d'en opérer le recouvrement, et d'en garder la valeur à la disposition de celui qui les transmet.

Ou si cette valeur a été affectée par celui-ci à des paiemens déterminés.

1107. Cette exigence de la loi est rationnelle. Nous avons déjà dit que la pensée du législateur n'était pas de favoriser quelques créanciers au détriment de la masse ; que son seul but était un acte de justice que commandait le respect dû à la propriété. Que ceux qui ont suivi la confiance et la foi du failli soient enveloppés dans son naufrage, et qu'ils y prennent une part commune, c'est là une fatale, mais équitable nécessité. Mais celui qui n'a eu avec le failli que des relations déterminées, exclusives de toute idée de crédit personnel, celui-là est un mandant qui ne peut subir que la chance qui résulte du mandat lui-même. Qu'on l'assimile donc à un créancier ordinaire, lorsque le failli, ayant réalisé la valeur

(1) Cour de cass. 4 février 1812, D. A. tom. 8, pag. 281, n. 7. et 284.

des traites, n'a pas rempli la seconde partie de sa mission, soit parce que le temps lui a manqué, soit parce qu'il s'est appliqué les fonds, en les détournant de leur destination, cela est naturel; c'est une chance que le mandant a dû prévoir, et qu'il a volontairement courue. Il a, d'ailleurs, dans tous les cas, le tort d'avoir mal placé sa confiance. Mais si, à l'époque de la faillite, tout est encore en état, si le mandat n'a encore reçu aucune exécution, la faillite en rend tout accomplissement ultérieur impossible. Ce qui en faisait l'objet doit, en conséquence, faire retour à celui qui l'avait constitué.

Or, transmettre à l'une des conditions qui précédent, c'est évidemment constituer un mandat. Dans aucune d'elles, il n'y a ni transfert véritable de propriété, ni confusion possible de la valeur des remises avec l'actif du failli. La masse ne saurait donc retenir ce qui n'a jamais appartenu, ni dû appartenir à celui dont l'actif lui est dévolu.

1108. Mais si le principe consacré par l'article 574 est juste, la preuve des conditions qui y sont retracées est difficile. L'existence du double mandat que chacune d'elles suppose peut devenir l'origine de sérieuses difficultés. Quelles seront, en effet, les justifications qui devront en être exigées ?

En principe, cette existence doit être prouvée d'une manière certaine et sans équivoque. L'abus est ici bien près du droit. Les présomptions pourraient facilement égarer la conscience du juge. Elles seraient donc inadmissibles, s'il n'existait déjà au moins un commencement de preuves par écrit, rendant le fait allégué vraisemblable.

Sur quoi, en effet, fonderait-on ces présomptions? sur

le peu de relations existant entre le revendiquant et le
failli? sur l'absence du compte courant? Mais tout cela
n'est pas exclusif d'un acte de confiance en faveur du
dernier. Or, il ne doit en exister aucun pour que le bénéfice de l'article 574 puisse être acquis.

Exciperait-on d'un endossement irrégulier? Mais, en
admettant la loi dans son acception la plus rigoureuse,
tout ce qui en résulterait, c'est qu'il n'a conféré que le
pouvoir de recouvrer la valeur de l'effet endossé en blanc.
Mais avec ce mandat, il faut encore autre chose. On
doit prouver, en outre, qu'après ce recouvrement, le
failli devait garder les fonds à la disposition de l'endosseur, ou les consacrer à une destination spéciale. Or,
l'endossement irrégulier ne fait présumer ni l'un ni l'autre, puisque le pouvoir de recouvrer s'allie fort bien avec
l'obligation de rembourser les fonds au propriétaire, par
tout autre mode usité dans le commerce. Par conséquent,
cet endossement n'est pas, par lui-même, de nature à
prouver l'existence des conditions impérieuses de l'article 574.

On doit donc en rechercher la preuve ailleurs. Celle
qui résulterait de la correspondance pourrait être décisive. Il est certain, en effet, que si l'intention de celui
qui a transmis les effets y était clairement énoncée, la
revendication ne saurait rencontrer le moindre obstacle,
sauf les cas de fraude que les contestants seraient obligés de prouver.

1109. L'admissibilité de la preuve pourrait être contestée dans le cas d'endossement régulier des traites envoyées, et dans celui où elles ont été passées en compte
courant.

Pour pouvoir revendiquer, avons-nous dit, il faut être

propriétaire des choses qui font l'objet de la revendication. Or, l'endossement régulier désinvestit le porteur et transfère la propriété du titre sur la tête de celui en faveur de qui il est consenti. Son existence serait donc un obstacle invincible à toute revendication, puisque le demandeur ne remplirait pas la plus essentielle de toutes les conditions, celle de la propriété de l'effet revendiqué.

Pourra-t-il, contrairement au titre, prouver que cette propriété n'a pas été réellement transférée, ou que, du moins, elle ne l'a été qu'avec une affectation spéciale ? Résoudre négativement cette question, serait à notre avis pousser trop loin la rigueur. Mais, tout en admettant la preuve, nous pensons qu'on ne pourrait la faire résulter que de faits parfaitement établis, et remontant à une époque antérieure à la faillite ; ou de la correspondance. Celle par simples présomptions serait dangereuse ; on abuserait trop facilement de la faculté de l'article 574, si les tribunaux n'étaient pas sévères sur la nature des preuves, surtout en présence d'un titre contraire très explicite.

1110. Mais toute preuve serait inutile, si les valeurs, endossées régulièrement ou non, avaient été passées en compte courant. Leur affectation est, dans ce cas, certaine. Les articles d'un compte courant ont reçu de l'usage et de la loi une imputation forcée les uns sur les autres. Le crédit se compense avec le débit, et il n'y a de créance avérée en faveur de l'une des parties que lorsque le compte étant balancé, l'autre devient débitrice d'un solde quelconque.

1111. Vainement donc prétendrait-on prouver la destination spéciale des valeurs passées dans ce compte.

Elles ne peuvent en avoir d'autre que celle que nous venons de rappeler. Il suffirait donc que celui qui les a envoyées en eût débité le failli, pour que toute revendication devînt impossible. Il y a eu dans ce fait un véritable paiement, ou tout au moins une opération commerciale qui a transféré la propriété de ces valeurs pour lesquelles on aurait suivi la foi du failli, ce qui exclut toute idée d'un simple mandat, d'un dépôt quelconque.

1112. Peu importerait que l'envoyeur fût déjà créancier. La preuve que cette circonstance est considérée comme indifférente par la loi nouvelle, c'est l'abrogation de l'article 584 du Code de commerce, qui permettait la revendication en faveur du correspondant qui n'était que créditeur. Aujourd'hui donc, quelle que soit la position de celui-ci, ses prétentions à la propriété des traites seraient inadmissibles, si la transmission en avait été opérée par compte courant.

Cette solution est tellement dans l'esprit de la loi, que dans la session de 1835, un député ayant demandé quel serait le sort des traites envoyées sous la clause de retour sans frais, il fut répondu qu'elles restaient acquises au failli. Le compte de l'envoyeur, disait-on, en ayant été crédité, il est censé payé ; il ne pourrait donc exercer aucune revendication.

1113. Si la demande en revendication réunit les caractères voulus par l'article 574, les traites qui en ont fait l'objet sont restituées à leur propriétaire. Celui-ci reste seul créancier des souscripteurs, mais les paiemens faits par ceux-ci en à-compte de leur dette, les ont libérés d'autant. L'existence de ces à-comptes n'est pas un motif pour que la revendication soit repoussée; mais le revendiquant serait, jusqu'à concurrence de leur valeur, simple créancier du failli.

1114. La revendication suppose nécessairement que les traites ou remises qui en font l'objet, sont sorties des mains du légitime propriétaire, pour passer dans celles d'un mandataire en état d'accepter valablement le mandat. Il résulte de là que si, au moment où les traites arrivent à celui-ci, sa faillite était déjà déclarée, il ne peut exister d'acceptation par l'incapacité qui résulte pour le failli de cette déclaration. En cet état, ces traites n'ont pas besoin d'être revendiquées ; elles restent, entre les mains des syndics, à la disposition de l'envoyeur qui peut les reprendre, et qui n'en a jamais perdu même la possession de fait. En effet, il n'y a plus, à cette époque, d'actif personnel au failli dans lequel leur valeur puisse venir se confondre.

1115. Ce principe a été consacré par la cour royale de Paris, même contre le tiers-porteur de bonne foi, lorsque le titre n'a été négocié que postérieurement au jugement déclaratif (1). Cet arrêt est fondé sur des principes incontestables. Il est certain que l'endosseur, qui a reçu la traite du failli, n'a pu ni dû ignorer l'incapacité qui l'avait frappé. Il ne pouvait donc recevoir de lui qu'un droit vicié dans son essence, et qu'il a transmis tel à tous les endosseurs ultérieurs. Le droit du propriétaire préexistant à toutes ces transmissions, n'a donc pu en recevoir aucune atteinte, ni lui être enlevé par un fait postérieur.

1116. En serait-il de même pour les traites arrivées avant le jugement déclaratif, mais après la cessation absolue de paiement ? Cette question devrait être appréciée selon que le failli a ou non, pendant la période de temps

(1) 25 janvier 1832. D. P. 30, 2, 169.

qui s'est écoulée entre l'un et l'autre, continué à administrer ses affaires.

Dans la première hypothèse, le failli avait capacité pour aliéner, sauf les cas de fraude (1). Il a par conséquent pu recevoir les traites et les confondre dans son actif. On ne pourrait donc que les revendiquer aux conditions de la loi.

Mais si le failli a abandonné de lui-même l'administration de ses affaires, s'il a déserté ses comptoirs, les traites arrivées après cette désertion ne lui ont jamais été acquises et ne sont pas dans le cas d'être revendiquées. Elles doivent être restituées sur simple réclamation.

C'est ce que le tribunal de commerce d'Aix a jugé dans la faillite Loubon. M. Lantelme, négociant à Marseille, avait, entr'autres, transmis en compte courant des valeurs qui n'étaient arrivées dans les comptoirs du sieur Loubon que le 9 septembre; mais dès le 8, ce banquier avait pris la fuite et sa faillite n'avait été déclarée que le 12 ; le tribunal ordonna la restitution des traites en se fondant précisément sur l'impossibilité dans laquelle le failli avait été, après sa fuite, d'acquérir valablement. Ce jugement ne fut pas même attaqué par appel.

1117. Jusqu'ici nous n'avons parlé que des titres commerciaux ; mais nous devons faire remarquer que la revendication peut avoir pour objet tous les autres titres, quels qu'ils soient. Plus l'envoi de ces titres sera éloigné des usages commerciaux, et plus il sera facile de présumer le mandat et de le prouver.

1118. La loi n'a fixé aucun délai à l'exercice de la revendication. Le propriétaire peut donc la réaliser à toutes

(1) Vid. art. 443.

les époques. Peu importerait que les syndics eussent déjà recouvré la valeur des titres ; la certitude de leur existence entre les mains du failli, au moment de la faillite, suffit pour que la revendication soit recevable. Les syndics seraient donc obligés, si elle était fondée, à restituer la valeur, s'ils ne pouvaient représenter les titres en nature.

1119. 2° Revendication des marchandises remises à titre de dépôt, ou consignées pour être vendues pour le compte de l'envoyeur.

De toutes les revendications admises en matière de faillites, celle-ci est la plus favorable. Évidemment le titre auquel les marchandises ont été, dans cette catégorie, envoyées au failli, est exclusif de toute idée de possession légitime de la part de celui-ci. Il n'a pu en devenir propriétaire que par un coupable abus de confiance que rien ne peut excuser. Aussi le législateur ne s'est-il pas contenté d'autoriser la revendication ; il permet, en outre, l'exercice d'un droit de suite sur le prix, tant que ce prix est entre les mains de l'acquéreur.

1120. L'article 581 du Code de commerce distinguait, par rapport à ce dernier droit, le prix des marchandises consignées de celui des marchandises déposées. Ce dernier seul pouvait être revendiqué ; mais cette distinction, qu'aucune raison plausible ne justifiait, a été abrogée par l'acticle 575 de la loi nouvelle. Désormais, le prix des marchandises consignées ou déposées, pourra être réclamé par le propriétaire, tant que l'acquéreur ne l'aura pas encore payé. Examinons chacun de ces droits.

1° Revendication des marchandises.

1121. La première condition, pour qu'elle soit recevable, c'est l'existence en nature des marchandises consignées ou déposées entre les mains du failli, au moment où la faillite s'ouvre. Il faut appliquer ici ce que nous disions tout-à-l'heure des effets commerciaux, qui peuvent se trouver entre les mains des mandataires du failli. Les marchandises seront censées exister en nature toutes les fois que, sorties matériellement de la possession du failli, leur propriété n'aura pas été réellement transférée.

1122. Il suit de là que, si le failli les avait déposées entre les mains d'un tiers, ou consignées à un autre commissionnaire pour être vendues pour son compte, rien ne s'opposerait à ce qu'elles fussent revendiquées entre les mains de ceux-ci; en se les substituant dans la mission qu'il avait reçue, le failli a conservé sur sa tête la propriété de ces marchandises. Il en est donc encore légalement nanti, et il est vrai de dire qu'elles existent en nature dans son actif. Il en serait ainsi, alors même que la commission de vendre aurait été donnée par le failli, non pas en sa qualité de mandataire, mais comme propriétaire.

1123. Si, cependant, les marchandises avaient été déposées avec affectation à la garantie de la dette propre du failli, le revendiquant ne saurait en obtenir la restitution qu'en remboursant au second dépositaire, auquel elles ont été engagées et qui les a reçues de bonne foi, les sommes qu'il aurait avancées au failli; sans ce remboursement, ces marchandises seraient acquises au dépositaire et ne pourraient, par conséquent, être restituées.

Ainsi, tant que les marchandises n'ont pas été vendues, le droit de les reprendre existe, dans quelques mains qu'elles se trouvent. Dès qu'il y a aliénation, ce droit cesse d'une manière absolue, sauf l'action du déposant en dommages-intérêts contre le failli, pour la violation du dépôt.

1124. Si la marchandise vendue par le failli n'avait pas encore été livrée au moment de la faillite, les propriétaires pourraient-ils s'opposer à son enlèvement postérieur ?

La réponse doit être négative, lorsque la marchandise avait été consignée pour être vendue. La vente n'est, dans ce cas, que l'exécution stricte du mandat confié au failli; elle devrait donc être maintenue. Le propriétaire ne saurait en empêcher les effets, alors même qu'il prétendrait que ses ordres auraient été outrepassés.

1125. Mais il en est autrement pour la marchandise confiée à titre de dépôt. Pour celle-ci, non seulement le failli n'avait aucune qualité pour l'aliéner, mais encore il n'a pu consentir cette aliénation qu'en violant ouvertement les obligations qui lui étaient imposées. Il aurait donc vendu ce qui ne lui appartenait pas, ce qu'il ne pouvait vendre. On devrait, en conséquence, déclarer la vente nulle et consacrer l'opposition que le déposant ferait à la livraison ultérieure.

Cependant, si l'acquéreur de bonne foi avait payé le prix de son acquisition, il y aurait injustice à le rendre victime d'un fait qu'il a ignoré et auquel il est resté complètement étranger. A son tour il pourrait alléguer qu'en fait de meubles, la possession vaut titre, et qu'il n'était pas tenu de s'enquérir de l'origine de celle de son vendeur. Entre lui et le déposant il n'y a pas à hésiter; celui-ci a au moins le tort d'avoir mal placé sa confiance. Le préjudice qui résulte de son erreur, personne autre que lui ne peut le supporter. La vente devrait donc sortir à effet.

D'ailleurs, dans ce cas, quoique la marchandise fût

matériellement entre les mains du failli, il serait vrai qu'il en aurait à tout jamais perdu la propriété légale. Or, nous avons dit que c'était celle-ci surtout qu'il fallait considérer pour apprécier s'il y a lieu ou non à revendication.

1126. La seconde condition pour l'admission de celle-ci est la preuve du dépôt ou de la consignation alléguée. Cette preuve sera, en général, plus facile que celle exigée par l'article précédent. Elle est bornée à l'existence d'un fait unique qui ne se réalisera presque jamais, sans laisser des traces dans la correspondance, dans les écritures des parties et dont, au besoin, pourraient déposer les personnes par l'intermédiaire desquelles la convention est intervenue. Le seul danger à redouter, est la facilité que l'on aurait à dénaturer les accords d'abord arrêtés, à faire d'une vente un dépôt et d'un dépôt une vente. C'est à la sagesse des tribunaux auxquels la loi laisse l'appréciation de la preuve, à veiller à ce qu'on n'abuse pas de cette facilité.

1127. Enfin, la troisième condition, sans laquelle il ne saurait exister de revendication, c'est que les marchandises existant en nature, au moment de la faillite, soient identiquement les mêmes que celles qui ont été consignées ou déposées. Ainsi, si, après avoir vendu celles-ci, le failli les avait remplacées par d'autres de même qualité et nature, la revendication ne serait plus admissible. La preuve de l'identité est toujours à la charge du revendiquant; mais si les défendeurs soutenaient que l'hypothèse que nous venons de supposer s'était réalisée, ce serait à eux à en administrer la preuve.

2° Revendication du prix.

1128. La destination spéciale des marchandises consignées ou déposées, la violation par le failli de ses obli-

gations les plus sacrées, ont fait admettre qu'à défaut
de revendication en nature, les propriétaires pourraient
demander que le prix leur fût accordé à l'exclusion de
tous les autres créanciers.

1129. L'exercice de ce droit suppose qu'il y a identité entre les marchandises vendues et celles consignées.
Si cette identité était contestée, le revendiquant serait
soumis à la prouver avant toute adjudication du prix par
lui réclamé. Mais celle-ci serait une conséquence forcée
de celle-là. La preuve acquise, la demande devrait être
immédiatement accueillie.

1130. La revendication du prix ne peut être exercée
que si l'acquéreur ne s'en est pas encore désinvesti. La
loi applique au produit de la marchandise la même présomption qu'à la marchandise. Celle-ci n'ayant jamais dû
se confondre dans l'actif du failli, sa valeur en restera à
son tour distincte, tant que de fait la confusion ne se
sera pas opérée.

1131. L'effet attaché au paiement donne donc une
importance réelle aux circonstances qui peuvent constituer celui-ci. Nous devons donc rechercher dans quels
cas et par quels faits on peut établir qu'il y a eu, ou non,
paiement.

L'article 581 du Code de commerce avait plutôt soulevé que tranché les difficultés qui pouvaient naître de
sa disposition. On sait qu'il autorisait la revendication
tant que le prix n'était ni payé, ni passé en compte
courant. On en avait conclu que l'absence de l'une de ces
deux circonstances, devait faire considérer le prix
comme encore dû.

Ainsi, on soutenait qu'il n'y avait pas paiement du
prix dans une souscription d'effets commerciaux, dans

la remise d'un mandat ou d'une délégation, dans le réglement d'une facture en lettres de change. Ce sont là, disait-on, de modes divers pour parvenir à la libération; mais celle-ci n'existe réellement que lorsque les effets, lettres de change ou mandats ont été payés ou négociés par le failli. En conséquence, celles de ces valeurs qui se trouveront en nature dans le portefeuille, au moment de la faillite, pourront être revendiquées.

La loi nouvelle a fait disparaître toute controverse à cet égard. Elle n'admet la revendication du prix que si celui-ci n'a été ni payé, ni réglé en valeurs, ni compensé en compte courant. Le *réglement en valeurs* est donc assimilé au paiement lui-même, et exclut, par conséquent, toute possibilité de revendiquer les billets remis au failli à ce titre.

1132. Toutefois, si celui-ci exécutant son mandat à la lettre, avait exigé que ces billets fussent souscrits au nom et à l'ordre de son commettant, celui-ci pourra se faire restituer ceux qui resteraient entre les mains du failli au moment de la faillite. L'esprit de la loi commande cette solution. La revendication n'est prohibée, en cas de paiement, que parce que le prix des marchandises s'est confondu ou a pu se confondre avec l'actif du failli. Or, dans l'hypothèse où celui-ci, n'ayant agi que comme commissionnaire, a accepté pour ce prix des traites à l'ordre de son commettant, ces traites n'ont jamais été sa propriété. Elle sont restées distinctes et séparées de son actif. La masse n'aurait aucun droit pour se les attribuer.

Si ces traites avaient été endossées par le commettant à l'ordre du commissionnaire, on suivrait, pour leur revendication, les règles tracées par l'article 574.

Mais si le prix a été payé, soit en numéraire, soit en
valeurs à l'ordre du commissionnaire, toute revendication serait impossible, alors même que les espèces ou
les billets existeraient dans la caisse du failli, ou dans
celle d'un tiers, son mandataire. La loi nouvelle est précise à cet égard ; elle exclut toute interprétation contraire, autant par son texte, que par son esprit. Il n'y a
que le prix encore dû par l'acquéreur qui puisse être revendiqué en tout ou en partie. Quel que soit le mode de
libération, dès l'instant que ce prix est réglé entre l'acheteur et le vendeur, il est censé avoir été compté. Il
appartient désormais à la masse, si les valeurs sont restées en possession du failli ; aux tiers porteurs, si ces
valeurs ont été négociées.

1133. On décidait, sous l'empire du Code, que ces
mots : *passé en compte courant* ne devaient pas être
entendus dans leur rigoureuse acception ; qu'en conséquence, il ne suffisait pas que le prix eût été porté sur
un compte ouvert au moment de la vente et sur lequel
il n'existerait que ce seul article au crédit du vendeur ;
qu'il fallait un compte courant réel, composé d'un crédit
et d'un débit réciproque ; qu'ainsi, le droit de revendiquer n'était refusé que, lorsque par suite d'opérations
ordinaires, le prix de la marchandise vendue pour le
compte d'un tiers se trouve, au moment de la faillite,
compensé dans l'intérêt de l'acheteur, avec une somme
ou valeur que lui devait le commissionnaire.

Ces considérations reçoivent une plus grande force
de la loi nouvelle, qui exige, pour qu'on admette qu'il
y a eu paiement, que le prix ait été compensé en compte
courant. Il faudrait donc que le vendeur pour compte
fût débiteur au moment de la vente et qu'il eût cessé

de l'être au moyen de la passation à son crédit du prix
en provenant. Il y aurait eu, dans ce cas, véritable paiement, et quelles que fussent plus tard les opérations réalisées, quel qu'en fût le résultat, et alors même que
l'acheteur fût redevenu débiteur, la revendication ne
serait plus possible ; il n'y aurait plus identité dans les
sommes réclamées, et cette condition est indispensable.

Mais si l'acheteur était déjà débiteur au moment de
la vente, et qu'il n'ait pas cessé de l'être depuis, il n'a
pu exister de compensation ; aussi la revendication serait-elle admissible si en cet état la faillite du vendeur
venait à être déclarée.

1134. Le réglement en valeurs, dont parle la loi et
qui rendrait la revendication non recevable, est celui
qui serait intervenu entre le vendeur et l'acheteur. En
conséquence, l'acceptation par le commettant des traites
souscrites par son commissionnaire, pour la valeur des
marchandises consignées, serait sans influence sur la
faculté qu'aurait le premier de revendiquer la chose ou
le prix qui serait encore dû au commissionnaire.

« On ne pourrait, dit M. Pardessus (1), opposer au
commettant qu'en recevant ces effets il a fait novation
à son titre. La novation ne se présume pas. Ces effets
ne sont que des titres conditionnels qui ne libèreront le
commissionnaire de l'obligation de rendre les sommes
dues par les acheteurs, qu'autant qu'ils seront acquittés.
En les rapportant à la masse, lorsque l'identité et la parfaite application au prix des marchandises en est avouée
ou établie, par les moyens admis dans le commerce, le
commettant est recevable à se faire payer directement par
ces mêmes acquéreurs, alors même qu'outre la remise
de ces effets, le commissionnaire répondrait du *ducroire*.

(1) N° 1282.

1135. Cette décision, qui nous paraît incontestable en droit et en fait, recevrait une application directe au cas où le commissionnaire étant en compte courant avec le commettant, la valeur des marchandises aurait été portée au crédit de celui-ci. Il n'y aurait pas plus de novation dans ce cas que dans le précédent : le droit du commettant serait le même. La subrogation du prix à la marchandise elle-même a lieu de plein droit tant que l'acquéreur est nanti, et à moins que ce commettant n'eût été réellement désintéressé, on ne pourrait lui en refuser les effets. Or, la passation en compte courant autorisée par les usages ne saurait constituer le paiement qui ne résulte pas de l'acceptation des effets que le commissionnaire aurait souscrits.

Mais si, à l'époque de la vente, le commettant était débiteur du commissionnaire, d'une somme équivalente à la valeur des marchandises consignées, et qu'au moyen de celle-ci, son compte eût été balancé, il y aurait réellement paiement en ce qui le concerne. Les marchandises seraient devenues la propriété du failli, et l'on ne pourrait revendiquer le prix qu'elles ont produit, alors même que celui-ci n'aurait pas encore été payé par l'acheteur (1). Si ce prix était cependant supérieur à la somme consignée, l'excédant appartiendrait au commettant et serait dans le cas d'être revendiqué par lui.

Ainsi la novation ne résulterait ni de la passation en écritures, ni de l'acceptation de traites en anticipation,

---

(1) Aucune compensation ne saurait être opposée, lorsqu'il s'agit de marchandises confiées à titre de dépôt. En conséquence, le déposant serait admis à en revendiquer le prix encore dû, alors même que le failli serait son créancier à un autre titre.

Vid. l'article 1293, Cod. civ. et la discussion à la chambre des députés, *Moniteur*, n. 56, année 1835.

II.   27

ou en paiement de la valeur des marchandises, alors
même que le commissionnaire répondrait du *ducroire*.
Mais il y aurait réellement novation, et partant irrece-
vabilité de toute revendication, si le commettant ayant
quittancé purement et simplement les comptes de vente,
a reçu des billets ou remises pour le solde de ce compte,
en abandonnant au commissionnaire les recouvremens
sur les acquéreurs.

1136. 3° Revendication des marchandises vendues et
expédiées au moment de la faillite.

L'admission de cette faculté a suscité de graves et sa-
vants débats lors de la discussion du Code de commerce.
L'ordonnance de 1673 avait laissé les choses sous l'empire du droit commun. Or, il résulte du rapport que
M. Jaubert, sur l'ordre exprès de Napoléon, fit au conseil d'état, que d'après les auteurs et la jurisprudence,
la revendication était admise pour les ventes avec ou
sans terme.

Cependant les usages commerciaux avaient introduit
quelques modifications. C'est ainsi notamment que la
chambre de commerce de Marseille ayant délibéré le 11
août 1730, « que le droit de suite ou vendication n'aura
lieu que sur les marchandises qui seront trouvées en nature entre les mains de l'acheteur ou de ses commissionnaires, sous la charge du paiement des avances faites
par ces derniers, » cette délibération fut rendue obligatoire par un arrêt de réglement que le parlement de Pro-
vence rendit le 26 du même mois.

Le Code de commerce voulant substituer l'unité aux
règles diverses pratiquées dans chaque localité devait-il
admettre la revendication, et à quelles conditions? Telles
étaient les questions qui soulevèrent une discussion vive
et solennelle.

Les sections réunies du Tribunat concluaient au rejet.
Ce vœu, disait leur orateur, se fonde sur celui des chambres de commerce qui, en très grande majorité, repoussent la revendication des marchandises expédiées, et sur le principe que la faillite étant un naufrage, le sort de tous les intéressés devait être égal. Or, lorsqu'un contrat légalement consommé a transmis la propriété de la marchandise à l'acquéreur, qu'elle a été aux risques de celui-ci, et qu'il vient à faillir, la justice exige que tous ceux qui lui ont fait confiance soient placés sur la même ligne, et que tout ce qui existe, ou tout ce qui reste de son actif soit la propriété de la masse.

Ces raisons, appuyées par plusieurs membres éminens du conseil d'état, ne prévalurent point. La crainte d'une fraude dangereuse pour les vendeurs éloignés du lieu où les approches de la faillite se font sentir ; celle de nuire à la confiance en enlevant aux vendeurs le droit de reprendre la marchandise qui voyagerait au moment où la faillite est déclarée, firent admettre la revendication aux conditions et dans les cas prescrits par les articles 576, 577, 578, 579 et 580 du Code de commerce.

1137. Trente ans après leur promulgation, et lorsqu'il s'est agi de modifier la loi des faillites, les chambres de commerce ont de nouveau été consultées; et, chose remarquable, la plupart d'entr'elles ont été d'un avis contraire à la revendication : « la revendication des marchandises expédiées, disait celle de Lyon, est une source de difficultés, de fraudes et d'injustice. Les articles 576 et suivans du Code de commerce doivent être effacés de la loi. » Un témoignage analogue se retrouvait à la tribune de la chambre des députés dans la bouche d'un homme spécial, de l'honorable M. Gannéron. Il n'y a pas de chapitre, disait cet ancien président du tribunal de commerce de la Seine, qui donne lieu à plus d'abus, à plus de procès que celui-là.

Telle était, au reste, l'opinion du gouvernement lui-même. Le projet présenté aux chambres en 1835 contenait, sur la revendication des marchandises, les deux dispositions suivantes : les marchandises expédiées aux frais et risques du failli seront considérées comme livrées. Les marchandises faisant route, mais dont la livraison aurait été subordonnée par la lettre de voiture au paiement immédiat du prix, seront réputées non livrées. Dans le premier cas, il ne pouvait y avoir revendication. Nous vous proposons, disait le ministre de la justice, d'abolir ce principe d'inégalité que les auteurs du Code n'avaient conservé qu'à regret.

1138. La chambre des députés semblait être entrée dans cette voie. L'adoption de l'article 550 qui supprime le privilége et la revendication autorisés par l'art. 2002 pour le vendeur non payé était un premier pas. Cependant, pour celle-ci, le système du gouvernement ne fut pas admis. Voici comment la commission en motivait le rejet :

« Rendre impossible la revendication, lorsque ni le failli, ni personne pour lui, n'ont encore pris possession, ce serait pousser trop loin la rigueur. Si la marchandise vendue et expédiée au failli est devenue légalement sa propriété, du moins n'a-t-elle pas encore été mise à sa disposition. Elle n'a, aux yeux de personne, augmenté le crédit et l'actif de celui qui en est devenu propriétaire sans en être possesseur. Le vendeur mérite une condition meilleure que la plupart des autres créanciers, car sa marchandise a été vendue, lorsque la faillite déjà imminente l'exposait à une perte certaine. Presque toujours, l'opération faite avec lui n'aura eu d'autre but que de spéculer sur son éloignement ou son ignorance, afin de masquer à ses dépens une partie du déficit laissé par la faillite. »

La commission de la chambre des pairs, deux fois saisie de la connaissance du projet, et la chambre elle-même s'étant rangées à l'avis de celle des députés, malgré l'insistance du gouvernement, celui-ci ne crut pas devoir plus longtemps persister. Aussi, la discussion qui avait été si vive en 1835, fut-elle complètement nulle en 1838. Une seule voix, celle de M. Teste, continua à protester contre la résolution définitivement admise, et qui est devenue l'article 576 de la loi.

1139. Tel est, en extrême analyse, le résumé historique de cette importante disposition législative qui a, de tout temps, trouvé la plus vive opposition. Tout a été dit sur son utilité et ses inconvéniens. S'il nous était permis d'exprimer la conviction que les discussions de 1807 et 1835 nous ont inspirée, nous n'hésiterions pas à nous prononcer contre la solution que chacune d'elles a reçue. Oui, la revendication blesse le principe de l'égalité, car, en l'accordant au vendeur, que l'on protège contre une fraude possible, on laisse livré à celle-ci, le capitaliste qui, à la même époque, a fait un prêt plus ou moins considérable. D'ailleurs, contre la fraude prévue, la revendication est impuissante. Le failli qui voudra spéculer sur l'éloignement et l'ignorance du vendeur se hâtera de revendre la marchandise, et son but sera définitivement atteint.

La crainte que la suppression de la revendication ne portàt atteinte aux transactions commerciales n'était pas

moins mal fondée. Il est certain, ainsi qu'on l'a dit, que
le crédit commercial ne repose pas sur le droit de suite.
Le vendeur qui serait réduit à compter sur son exercice, dans la prévision d'une faillite imminente, préfère-
rait garder sa marchandise, ne fût-ce que pour éviter
la chance de ne pouvoir le réaliser, si cette faillite n'é-
clatait qu'après l'arrivée des marchandises entre les mains
de l'acheteur.

1140. Quoiqu'il en soit, les motifs qui ont déterminé
le législateur assignent à la revendication des marchandises un caractère déterminé. Elle est une exception aux
principes ordinaires sur les effets de la vente. Elle se restreint, dès lors, aux cas spécialement prévus et dans les
conditions exigées par la loi. Il faut donc, pour que le
vendeur puisse revendiquer : 1° que la marchandise ait
été vendue et livrée ; 2° que le prix en soit encore dû ;
3° enfin qu'elle ne soit jamais entrée dans les magasins
du failli.

1141. 1° Vente et livraison. La vente est parfaite par
le seul consentement. Ainsi, dès que le vendeur et l'acheteur sont d'accord sur la chose et sur le prix, la propriété de celle-ci est transférée sur la tête de l'acheteur;
mais si la faillite éclate tant que le vendeur est encore
nanti des objets vendus, on ne saurait raisonnablement
le soumettre à les revendiquer. On ne demande pas, en
effet, à se faire restituer ce dont on est réellement en
possession.

Le vendeur, dans cette hypothèse, ainsi que nous le
verrons sous l'article suivant, procède par voie de rétention, par la résiliation de la vente; mais il a irrévocablement perdu cette faculté, dès qu'il s'est dessaisi de la
marchandise, et c'est alors seulement que la revendication devient recevable.

Il faut donc, pour que celle-ci puisse être exercée, que la livraison de la marchandise ait été opérée ; que cette livraison résulte, non pas de cette tradition feinte que la perfection de la vente suppose, mais d'une tradition réelle et certaine, qui a fait sortir les marchandises des magasins du vendeur pour les faire voyager aux risques et péril de l'acheteur, de telle sorte que la faillite venant à être déclarée, cette marchandise ne puisse rentrer en la possession du vendeur que par la revendication qu'il est dès lors autorisé à réaliser.

1142. 2° Prix non payé. Le but de la revendication est de garantir le vendeur contre la perte assurée dont le menace l'existence de la faillite. Mais si, avant de se dessaisir de ce qu'il a vendu, il en a reçu le prix, il n'a certainement plus aucun intérêt à la destination que ces objets doivent recevoir. La masse aurait même, et sans aucun doute, le droit de le forcer à les lui livrer s'ils étaient encore en son pouvoir.

1143. Aucune difficulté ne peut donc jamais surgir sur les effets du paiement ; mais dans beaucoup de cas, c'est sur l'existence même de ce paiement que le litige s'engagera, lors surtout que le prix, ayant été réglé en valeurs, il s'agira de décider si, par leur acceptation, le vendeur a fait novation à sa créance et renoncé à la revendication.

Il est impossible, en semblable matière, de poser des règles certaines et invariables. Tout se réduira, en effet, le plus souvent, à une appréciation des circonstances et des faits dont on prétendra induire la novation, appréciation que doit toujours dominer le principe que nous rappelions tout-à-l'heure : que la novation ne se présume pas.

Sous ce dernier rapport, il est quelques faits qui peu-vent avoir, en droit, une plus ou moins grande valeur pour déterminer quelle a été la volonté des parties. Ainsi, l'on doit considérer les caractères de la vente, si elle a été faite au comptant, avec ou sans terme, la nature des valeurs remises : si ce sont les propres effets du failli ou des valeurs faites. Dans ce dernier cas, quel est le crédit commercial des signataires, et si, en les recevant, le ven-deur les a ou non escomptées à l'acheteur ; enfin, s'il existe un compte courant dans lequel le prix des mar-chandises a été passé au crédit du vendeur.

Que la vente ait été faite avec ou sans terme, si le prix en a été soldé en effets souscrits par l'acheteur, il n'y a pas novation. La remise de ces effets constitue un véritable réglement de la dette par la reconaissance directe qu'en fait le débiteur et par la fixation de l'époque à la-quelle elle sera payée. En principe, disions-nous tout-à-l'heure, un effet n'est reçu, pour éteindre une dette, qu'à la condition d'encaissement à l'échéance. La dette, qu'elle résulte d'une facture ou d'un billet, n'en est pas moins la même. Elle n'a qu'une seule et même cause : le transfert de la marchandise ; il est donc impossible de voir dans le billet une dette nouvelle substituée à l'ancienne. S'il y a substitution en la forme, il n'en existe aucune au fond ; il n'y a donc réellement pas de novation.

Vainement, dirait-on qu'en négociant le billet, le ven-deur a réellement touché le prix. La transmissibilité du titre ne lui enlève rien de son caractère, ne lui fait rien perdre de sa nature ; elle donne, à la vérité, le pouvoir au vendeur de faire toucher, par un tiers, la somme qui lui est due ; mais elle n'est réellement payée que lorsque le souscripteur a soldé l'effet qu'il avait souscrit et qui n'avait été reçu qu'à cette condition.

Peu importerait même que le vendeur ayant fourni une lettre de change, une délégation ou un mandat, ceux sur qui il aurait tiré eussent accepté. L'acceptation ne donne qu'un obligé de plus. C'est un cautionnement solidaire, sans influence sur l'obligation principale qui continue d'exister. Le vendeur pourrait donc s'en référer à celle-ci, et, dans le cas de faillite du débiteur, revendiquer les marchandises.

Ainsi, de quelque manière que l'acheteur ait réglé son achat, qu'il ait souscrit un simple billet, une lettre de change, une délégation, un mandat, il n'y a pas novation. C'est toujours le prix des marchandises qui est dû ; la revendication serait donc toujours admissible, à moins que les parties eussent formellement stipulé leur intention d'innover, ou que cette intention résultât expressément de l'acte lui-même (1).

Tel serait, par exemple, le cas où, dans la délégation faite sur un tiers qui l'a acceptée, le créancier s'est interdit tout recours contre l'auteur de la délégation. Il y aurait, non seulement alors novation, mais encore paiement certain, et partant impossibilité d'intenter plus tard l'action en revendication.

Si l'acheteur a payé le prix en valeurs de portefeuille, et que l'endossement ait été souscrit à forfait, il y aurait aussi véritablement paiement, et conséquemment les mêmes effets que dans le cas précédent.

Si l'endossement a été conçu dans la forme ordinaire, la novation pourrait être admise, s'il s'agissait de valeurs souscrites par des négocians jouissant d'un crédit incontesté, alors surtout que la facture a été acquittée

(1) Pardessus, n. 1288; Boulay-Paty, tom. 2, pag. 349; Dalloz A., tom. 8, pag. 252.

purement et simplement, et que l'acheteur a supporté l'escompte de la négociation (1).

Cette dernière circonstance ne serait pas même nécessaire, si la vente étant faite au comptant, le vendeur avait bonifié à l'acheteur l'escompte admis pour ces sortes de vente. Dans un tel cas, l'acquit de la facture et l'acceptation des remises constitueraient le paiement et feraient reconnaître la novation.

Mais si la vente était faite à terme, et que le vendeur n'eût pas escompté les traites, la novation serait plus difficile à admettre, surtout si les signataires de ces traites, étant inconnus au vendeur, on ne pourrait attribuer son acceptation à la confiance qu'ils devaient lui inspirer.

Dans tous les cas où la revendication est admissible, peu importe que les billets ou remises donnés en paiement soient ou non échus. Le droit de l'intenter naît de la faillite, et s'ouvre au moment où celle – ci éclate. La seule obligation du revendiquant est de restituer à la masse les valeurs qu'il aurait reçues.

S'il existe un compte courant entre l'acheteur et le vendeur, et que le prix de la vente ait été inscrit au crédit de celui-ci, la revendication pourra-t-elle encore être exercée? La position des parties étant la même que celle du commettant et du commissionnaire, pour les marchandises consignées, il faudra appliquer, au cas présent, les observations que nous avons développées pour ceux-ci (2).

1144. Si le vendeur n'a été payé qu'en partie du prix de la vente, la revendication pourra être exercée

---

(1) Douai, 5 août 1818; D. P., 21, 2, 28.
(2) Vid. art. 575, n. 1135.

pour la partie qui est encore due. Cette revendication affectera la totalité de la marchandise, et l'on serait non recevable à soutenir qu'elle ne doit être que partielle. Il y a pour la revendication la même indivisibilité que pour la résiliation ; mais, comme dans celle-ci, le vendeur serait obligé, en reprenant sa marchandise, de restituer toutes les sommes qui lui auraient été comptées.

1145. 3° Défaut d'entrée dans les magasins du failli. On ne doit pas prendre trop à la lettre ces termes de la loi. La revendication a été surtout admise, parce que *la marchandise n'a encore aux yeux de personne aug-menté le crédit et l'actif de celui qui en est devenu pro-priétaire, sans en être possesseur.* Cela ne serait plus vrai, si cette marchandise était arrivée en la possession du failli. C'est, en conséquence, cette possession qui seule décide s'il y a ou non possibilité de revendiquer. Dans quelque lieu qu'elle se réalise, son existence en exclut pour toujours l'exercice.

Ainsi, un magasin public, dans lequel des marchan-dises sont entrées comme propriété de l'acheteur, et pour y rester à sa disposition, doit être considéré comme celui de l'acheteur lui-même, malgré qu'il soit situé dans une autre ville que celle où réside celui-ci (1).

Il en serait de même d'un magasin loué ou prêté à l'acheteur ; de celui appartenant au vendeur et renfer-mant les marchandises, si au moment de la vente, les clés en ont été remises entre les mains de l'acheteur (2).

Cette jurisprudence est parfaitement applicable sous la loi nouvelle, comme elle l'était sous le Code de com-merce. Les principes qui lui servent de base ont même

(1) Cour cass., 31 janvier 1826; D. P. 26, 1, 140.
(2) Bourges, 25 février 1826; D. P., 26, 2, 211.

reçu de la première une sanction plus énergique.

1146. Quant aux marchandises non susceptibles d'être emmagasinées et à celles qui se vendent sur les ports, quais, grèves ou rives, l'acheteur entre immédiatement en possession, à moins qu'il ne soit stipulé qu'elles doivent être transportées au lieu qui sera désigné par lui. Mais si la charge de les faire enlever lui est imposée, si elles demeurent à ses risques et périls sur l'emplacement où elles ont été vendues, cet emplacement est censé être son magasin.

En effet il n'y a plus ultérieurement de tradition réelle. Celle-ci est complète par le seul fait de l'adjudication ou de la vente, et partant il y a de la part de l'acheteur main mise effective. La marchandise est à sa libre disposition.

Or, nous l'avons déjà dit, c'est à cette circonstance qu'il faut s'arrêter. Quel que soit le lieu où elle se réalise, magasins, ports, quais, grèves ou rives, ce lieu est le magasin du failli, dans le sens de la loi. Il ne peut donc, dans tous ces cas, exister de revendication.

Cependant, si la vente sur ces emplacemens avait été faite au poids ou à la mesure, et qu'au moment de la faillite, les marchandises n'eussent été ni pesées, ni mesurées, la revendication serait admissible Le failli n'en aurait pas eu, jusque-là, la libre et entière disposition.

1147. Ajoutons que par cela seul que les marchandises sont entrées dans les mains du failli, n'auraient-elles resté que quelques instants en sa possession, le droit de les revendiquer serait irrévocablement perdu. Ce résultat se produirait, alors même que le failli ne les aurait achetées que pour leur donner une destination

ultérieure. Ainsi, si après avoir été reçues, elles avaient
été réexpédiées à un tiers chargé de les diriger vers
cette destination, et dans les magasins duquel elles se
trouvent au moment de la faillite, elles ne pourraient
être revendiquées. La prise de possession, que le failli
a réalisée, a anéanti le droit du vendeur, et ce droit
éteint n'a pu revivre, parce que le failli les aurait plus
tard distraites de ses magasins.

Ces principes ont été consacrés par un arrêt de la
cour de cassation, qui décide que le vendeur qui a déclaré à la douane que celui auquel il expédie les marchandises les destine à l'étranger, ne peut revendiquer
ces marchandises, si elles sont entrées dans les magasins du failli. La destination de ces marchandises pour
l'étranger, ne peut les faire considérer comme étant
encore en route (1).

Il n'existe qu'un seul cas dans lequel l'entrée en magasin ne crée aucun obstacle à la revendication : c'est
lorsqu'à la réception des marchandises, l'acheteur a
déclaré les laisser pour compte du vendeur. Après une
pareille déclaration, la réception de fait, qui suit, est
censée faite à titre de dépôt seulement ; il est de plus
certain que le failli n'en a jamais pris possession.

1148. Les magasins des agens du failli sont censés
les siens propres, pourvu que ces agens aient été préposés par lui à la vente des objets qu'il leur confie. Dès
lors, les marchandises arrivées dans ces magasins sont
présumées arriver au lieu de leur destination, y demeurent à la disposition du failli, et ne peuvent être revendiquées. C'est dans ce sens que la loi dispose pour les
commissionnaires. Mais la condition du mandat de vendre

(1) 13 octobre 1814; D. P., 14, 1, 551.

est indispensable. Si les marchandises n'étaient dans les magasins du commissionnaire que transitoirement, elles seraient réellement en cours de voyage et susceptibles, dès lors, de revendication, tant qu'elles n'auraient pas touché les magasins du failli. Peu importerait, dans ce cas, que le commissionnaire eût été choisi par l'acheteur, ou seulement employé par le vendeur. Le droit de revendiquer existe dès que le mandat formel de vendre n'est pas uni chez le tiers à la possession des marchandises.

1149. Le revendiquant serait-il obligé de prouver l'identité de la marchandise ? Le doute pourrait naître de la suppression de l'article 580 du Code de commerce. Mais ce qui a fait abroger celui-ci, c'est que la limitation des signes de cette identité pouvait faire élever des difficultés, et rendait le commissionnaire libre d'empêcher volontairement la revendication, en faisant disparaître ces signes. Il faut donc conclure de la suppression, non pas que le revendiquant soit dispensé de justifier de l'identité, mais qu'il a la faculté de l'établir au moyen des caractères consacrés à cet effet dans le commerce.

Ainsi, que les balles, caisses ou enveloppes aient été ou non ouvertes, si d'ailleurs l'identité peut être autrement établie, la preuve en sera parfaitement recevable.

1150. On n'admettait sous le Code la revendication, que lorsque la totalité de la marchandise existait encore intacte. Mais, sous l'empire de la loi nouvelle, cette condition n'est pas indispensable. L'intention du législateur, clairement annoncée dans la discussion, a été d'autoriser la revendication de la partie comme celle du tout. Ainsi, si le revendiquant ne pouvait faire constater l'identité que pour une partie de l'envoi, cette partie lui serait restituée.

Mais il ne peut, pas plus sous la loi nouvelle, que
sous le Code de commerce, exister de revendication
collective. Ainsi, si la marchandise avait été, d'ordre
exprès de l'acheteur, mêlée dans les magasins du commissionnaire, avec d'autres marchandises de même nature, les divers propriétaires des marchandises mélangées
ne pourraient, en commun, revendiquer le résultat de
ce mélange. Quoiqu'il soit certain, dans ce cas, que la
totalité de la marchandise appartient réellement aux divers demandeurs, il n'y a, par rapport à chacun d'eux,
aucune identité entre les objets vendus et ceux qu'ils
réclament. Il n'y a donc pas de revendication admissible (1).

1151. Enfin, si la marchandise en cours de voyage
n'était arrivée dans les magasins du failli qu'après la déclaration de faillite, la revendication n'en serait pas non
recevable. A cette époque, en effet, le failli, dépouillé
de tous ses droits et actions, n'a pu s'en mettre légalement en possession, ni la confondre avec son actif. Elle
doit donc être rendue au revendiquant.

En serait-il de même, si la marchandise était arrivée
dans l'intervalle de la cessation de paiemens au jugement de déclaration? Cette question pouvait paraître
douteuse sous le Code de commerce. L'article 442 faisait remonter le désinvestissement du failli, au jour fixé
par le jugement comme étant celui de l'ouverture de la
faillite. Il semble donc que, dans cet état, le failli étant
incapable d'une prise de possession, ces marchandises
étaient susceptibles de revendication.

Mais l'article 443 de la loi actuelle ne fait courir le

(1) Amiens, 20 novembre 1837; D. P., 40, 2, 20.

désinvestissement que du jour du jugement. D'où la
conséquence que le commerçant, quoique ayant cessé
ses paiemens, n'en a pas moins conservé l'administration légale de ses biens. Il a pu valablement, pour les
tiers, vendre et contracter, sauf les cas de fraude ; il a
donc pu, de la même manière, recevoir ce qu'il avait
déjà acquis.

1152. Ces principes ont été méconnus par la cour de
Rennes, qui a jugé, le 5 juillet 1838, que les syndics ne
peuvent retenir les marchandises arrivées dans cet intervalle, si elles n'ont pas été déballées, et si le failli lui-
même a déclaré qu'il ne les aurait pas reçues, s'il s'était
trouvé chez lui (1).

Cette décision s'éloigne, non seulement du texte,
mais encore de l'esprit de notre article 576. La revendication des marchandises entrées dans les magasins du
failli n'a été absolument proscrite, en tout état de cause,
que pour empêcher le failli d'avantager un de ses créanciers au détriment des autres. A notre avis, il ne s'agit
pas, il ne peut s'agir de ce qu'a dit et fait le failli, mais
uniquement de son droit. S'il n'avait pas celui de recevoir la marchandise, celle-ci doit être rendue ; s'il a pu,
au contraire, la recevoir, qu'importe l'état dans lequel
elle sera trouvée au moment de la faillite ! Il suffit qu'elle
soit légalement arrivée dans ses magasins, pour que
toute revendication soit impossible.

Or, ce pouvoir, l'arrêt que nous examinons l'admet,
puisque si le failli avait déballé la marchandise, la cour
reconnaît qu'elle ne pourrait plus être revendiquée.
Mais on échappe aux conséquences que nous venons de
signaler, par une distinction qui n'a aucun fondement

(1) D. P., 39, 2, 25.

légal et qui blesse le principe de l'égalité entre tous les créanciers que la loi a voulu surtout respecter.

En effet, dans le système que nous combattons, le failli sera le seul arbitre de la revendication. Il aura seul le pouvoir de l'autoriser ou de la proscrire. Deux envois arrivés le même jour subiront un sort bien différent. L'un d'eux sera perdu à tout jamais pour le vendeur, parce qu'il a plu au failli de le déballer, tandis que l'autre sera rendu, parce que le failli ayant intérêt à ménager l'expéditeur, l'aura respecté ou aura dit qu'il ne l'aurait pas reçu s'il avait été chez lui. Peut-on imaginer un résultat plus manifestement contraire à l'intention avérée du législateur ?

Ainsi, quel que soit l'état dans lequel se sont trouvées les marchandises, il suffit qu'elles soient arrivées avant le désinvestissement du failli pour qu'elles se soient valablement confondues dans son actif, et qu'elles soient acquises à la masse ; d'où la conséquence que si, après les avoir reçues dans ses magasins, le failli les avait rendues à l'expéditeur, les syndics seraient recevables à les faire rapporter à la masse.

1153. La revendication des marchandises en cours de voyage est subordonnée à la condition qu'il n'existe point de revente de ces marchandises. La vente, avons-nous dit, est parfaite par le seul consentement. Celui qui a acheté devient, dès le moment qu'il y a eu accord sur la chose et sur le prix, propriétaire légitime de ce qui lui a été vendu. Il peut donc en disposer à son gré, alors même qu'il n'est pas encore en possession de fait. C'est ce qui se réalise souvent dans le commerce.

1154. Cette vente serait valable, même en cas de faillite, si elle avait été faite sans fraude et de bonne foi,

les élémens qui constituent celles-ci sont retracés par l'article 576.

C'est d'abord la facture ; sa possession justifie du droit à la propriété.

C'est ensuite le connaissement ou la lettre de voiture qui prouvent le droit à la prise de possession.

Il faut donc, pour que l'acheteur puisse revendre, qu'il soit porteur de la facture et du connaissement, ou de la facture et de la lettre de voiture. Sans cette possession simultanée, la revente est radicalement nulle, et le premier vendeur pourrait revendiquer ses marchandises, même dans les magasins du nouvel acheteur (1).

La loi nouvelle exige de plus que les lettres de voiture ou connaissemens, soient signés par l'expéditeur. On l'a ainsi admis pour éviter que le vendeur originaire ne fût victime d'une fraude qu'il lui était impossible d'éviter. En effet, la facture précède ordinairement l'envoi, et elle se trouve entre les mains de l'acheteur, bien avant l'arrivée des marchandises. Il est de plus facile à celui-ci de se procurer soit du capitaine, soit du commissionnaire, une copie du connaissement ou de la lettre de voiture, et de vendre ainsi, sans que l'expéditeur ait en rien coopéré aux actes qui ont préparé et déterminé cette revente.

Il n'en sera plus ainsi à l'avenir. L'expéditeur qui aura des doutes sur la solvabilité de l'acheteur, ou qui ne voudra pas donner à celui-ci la faculté de revendre pendant le voyage des marchandises n'aura qu'à ne pas signer la lettre de voiture. L'absence de cette signature est un obstacle invincible à toute aliénation, et partant une sauvegarde assurée du droit de revendication.

(1) Pardessus, n. 1290.

Mais , si le connaissement ou la lettre de voiture sont signés par l'expéditeur, le tiers qui a acquis est présumé de bonne foi. Les créanciers qui exciperaient de la fraude seraient obligés de la prouver, non seulement contre le failli, mais encore à l'encontre du tiers. Il suffit, en effet, que celui-ci eût ignoré celle que le failli aurait réellement commise , pour que la vente sortît à effet. Sa nullité ne serait prononcée que s'il y avait eu concert entre le vendeur et l'acheteur.

1155. L'admission de la revendication oblige le revendiquant à restituer les à-comptes par lui reçus; à payer en outre tous les frais occasionnés par le voyage (1), et à rembourser les avances que le failli pourrait avoir obtenues des commissionnaires. La masse ne retirant aucun profit des marchandises, doit rester complètement étrangère à tout ce qui est dû à leur occasion. Le revendiquant ne pourrait compenser les frais et avances avec les à-comptes qu'il aurait reçus, et qui doivent, dans tous les cas, être rendus en entier.

ARTICLE 577.

Pourront être retenues par le vendeur les marchandises, par lui vendues, qui ne seront pas délivrées au failli, ou qui n'auront pas encore été expédiées, soit à lui, soit à un tiers pour son compte.

SOMMAIRE.

1156. Le droit de retenir les marchandises vendues et non livrées est écrit dans les articles 1612 et 1613, Cod. civ.

1157. Système qui avait été adopté sous l'empire du Code.

1158. Est formellement consacré par la loi actuelle.

1159. Le droit de rétention peut être exercé tant que la marchandise n'est pas réellement sortie des mains du vendeur.

(1) Vid. infrà, art. 559, n° 1160.

1156. Le droit de retenir les objets vendus et non encore livrés est écrit dans les articles 1612 et 1613 du Code civil. La vente étant un contrat synallagmatique ne peut produire tous ses effets, que si chaque partie est en mesure de remplir les engagemens qu'elle s'est imposés. Or, le failli, soit qu'il ait, ou non, obtenu terme pour le paiement, étant dans l'impossibilité de le réaliser, l'obligation de livrer prise par le vendeur ne saurait continuer de subsister.

1157. Ce droit n'était pas explicitement consacré par le Code de Commerce, mais son application résultait de l'esprit de la loi et de la nature des choses. Le vendeur ayant, après livraison, la faculté de revendiquer, devait, à plus forte raison, avoir celle de retenir la marchandise, lorsque la faillite se réalisant pendant qu'il en était encore nanti, il y avait certitude que le prix de la vente ne serait pas payé.

Aussi, la rétention était-elle universellement admise, alors même que l'époque de la livraison ayant été déterminée par la convention, le vendeur était en retard de livrer. Ce retard, qui l'exposait à des dommages-intérêts, si l'acquéreur était demeuré solvable, ne pouvait, en cas de faillite, le contraindre à exécuter une convention désormais inexécutable.

1158. La loi de 1838 a textuellement consacré ce qui n'était qu'une induction logique sous le Code. Elle a ainsi fait disparaître toute ombre de doute, toute possibilité d'une interprétation contraire.

Nous avons déjà dit que le mot *livraison* ne doit pas être pris dans le sens qui s'y attache le plus ordinairement. Ce mot, dans l'article 577, comme dans le précédent, doit être entendu d'une tradition réelle qui enlève au vendeur la détention des objets vendus pour la transmettre à l'acheteur. En conséquence, tant que celle-ci ne s'est pas effectuée, le droit de rétention subsiste.

Ainsi, si la vente avait été faite au poids ou à la mesure, avec dégustation, les marchandises pesées, mesurées ou dégustées qui seraient restées dans les magasins du vendeur, pourraient être retenues par lui.

1160. Faut-il, dans tous les cas, pour que la rétention puisse s'exercer, qu'il y ait faillite déclarée ? Suffirait-il que l'acheteur fût devenu insolvable, ou eût essuyé des protêts, pour que le vendeur pût se dispenser de livrer réellement ?

1161. Cette question est facile à résoudre, si la vente a été faite au comptant, et sans terme. Dès l'instant que le paiement du prix est la condition impérieuse de la livraison, celle-ci ne peut être que la conséquence du paiement lui-même. A défaut donc par l'acheteur de le réaliser, le vendeur est, par cela même, dispensé de livrer.

Mais si la vente a été faite à terme, la solution serait plus délicate. Le vendeur a suivi la foi de l'acquéreur ; il n'a rien à lui demander, avant que le terme ne soit échu. Il semblerait donc que tant que l'impossibilité de payer, de la part de l'acheteur, n'est pas judiciairement démontrée, la livraison des marchandises vendues devrait être opérée.

Cependant, la cessation de paiemens constitue véritablement la faillite, et le commerçant qui laisse protester ses engagemens est réellement en état de cessation de paiemens, surtout si ces protêts ne sont dus qu'à une insolvabilité certaine. N'y eût-il que doute sur sa solvabilité, qu'il serait injuste de soumettre le vendeur à subir la chance de perdre ses marchandises.

L'article 1613 du code civil autorise la rétention des objets vendus, lorsque l'acquéreur est dans un état de décadence qui peut sérieusement menacer la sûreté du vendeur. Or, dans le commerce, la cessation de paiemens . ou même l'existence de quelques protêts, sont une menace sérieuse et grave pour tous ceux qui ont traité avec le commerçant qui les subit.

Nous croyons donc que si cette cessation était certaine, le vendeur pourrait retenir sa marchandise; qu'il le peut encore si des protêts non suivis de paiemens viennent établir le mauvais état des affaires de l'acquéreur. Dans ce dernier cas, cependant, si celui-ci offrait une caution pour la garantie du paiement, le vendeur serait obligé de livrer.

Mais il en serait autrement si le vendeur, connaissant les protêts, avait consenti à vendre. Il aurait, dans ce cas, volontairement couru le risque dont il se prétendrait plus tard menacé. Et puisque la chance qui en résulte ne l'aurait point empêché de vendre, elle ne devrait pas non plus le dispenser de livrer, ni l'autoriser à demander une garantie qu'il a pu, et n'a pas voulu exiger.

1162. Le droit de rétention s'applique à la totalité, comme à la partie des marchandises. Ainsi le vendeur qui aurait déjà commencé à livrer pourrait s'arrêter dès l'instant qu'il a connaissance de la déclaration de faillite ou de la cessation de paiemens.

1163. Il s'applique encore aux meubles incorporels. Ainsi le vendeur d'un fonds de commerce, qui ne l'a pas encore réellement transmis, ne pourrait être contraint de le faire, si avant d'entrer en possession l'acquéreur cessait ses paiemens ou était déclaré en état de faillite (1).

ARTICLE 578.

Dans le cas prévu par les deux articles précédens, et sous l'autorisation du juge-commissaire, les syndics auront la faculté d'exiger la livraison des marchandises, en payant au vendeur le prix convenu entre lui et le failli.

SOMMAIRE.

1164. Les ventes consenties ou acceptées par le débiteur sont de plein droit résiliées par la faillite en faveur de la masse.

1165. Celui qui aurait vendu au failli et qui voudrait exercer la rétention devrait la faire ordonner par justice.

1166. Les syndics pourraient le contraindre à exécuter ses obligations en offrant de remplir les engagemens du failli.

1167. Cette offre doit être autorisée par le juge-commissaire.

1168. Comment elle s'exécute pour les ventes au comptant ou à terme.

1164. La faillite n'est une cause de résolution des conventions souscrites par le failli, qu'en faveur de la masse, en ce sens, que les créanciers n'ont pas besoin de faire prononcer cette résolution par la justice. Il suffit que leurs représentants légaux, les syndics, aient renoncé à les exécuter, pour que la partie qui a contracté avec le failli ne puisse les contraindre. Elle n'aurait, dans ce cas, qu'une action en dommages-intérêts contre le failli, et d'autres droits à exercer, pour la somme qui lui serait allouée, que ceux d'un créancier ordinaire.

(1) Vid. supra. art. 550, n. 950.

1165. Mais la résolution en faveur de laquelle le vendeur prétendrait retenir les marchandises vendues, n'est
jamais acquise de plein droit, elle doit être ordonnée par
justice. C'est donc à celui qui prétend en recueillir le bénéfice à la poursuivre et à la faire prononcer.

1166. Par une juste application des motifs qui ont fait
admettre la revendication et la rétention, la loi laisse aux
syndics la faculté de les empêcher l'une et l'autre, en
offrant au vendeur de se substituer en leur qualité aux
obligations du failli. Cette offre désintéresse le vendeur.
Ce qui l'autorisait à revendiquer ou à retenir, c'était la
certitude que la marchandise vendue ne serait pas payée.
La loi n'a jamais prétendu le relever des engagemens
qu'il a souscrits, parce qu'ils seraient plus ou moins onéreux pour lui. Elle lui permet seulement de se soustraire à un péril évident. Dès l'instant que ce péril n'existe
plus, la justice exige que, s'en référant aux principes du
droit commun, la vente sorte son plein et entier effet.

1167. Mais cette faculté, uniquement créée dans l'intérêt des créanciers, ne doit être exercée que lorsque
les circonstances sont telles, qu'un bénéfice certain doit
en résulter. C'est surtout dans cette intention que la loi
nouvelle a soumis les syndics à requérir l'autorisation du
juge-commissaire.

1168. Si la vente qu'il s'agit de maintenir avait été
faite au comptant, le prix devrait en être immédiatement payé. Si elle est à terme, les syndics pourraient en
revendiquer le bénéfice, mais le vendeur serait en droit
d'exiger une caution, et à défaut, le paiement immédiat.

ARTICLE 579.

Les syndics pourront, avec l'approbation du juge- commissaire, admettre les demandes en revendication; s'il

y a contestation, le tribunal prononcera après avoir entendu le juge–commissaire.

SOMMAIRE.

1169. Les contestations relatives aux revendications
doivent être jugées par le tribunal de commerce, sur le
rapport du juge-commissaire; les dépens de l'instance
sont à la charge de la partie qui succombe. Ils n'entrent
dans aucun cas dans la catégorie des frais que l'article 576
oblige le revendiquant à supporter.

1170. L'obligation de payer les dépens pourrait être
fort onéreuse pour la masse, et c'est pour prévenir cette
éventualité, que le Code de commerce, et après lui la loi
nouvelle, ont accordé aux syndics le pouvoir d'admettre
les revendications qui leur paraîtront fondées.

1171. Cette admission a été de tout temps subordonnée à l'approbation du juge–commissaire. C'est par conséquent à ce magistrat que la loi laisse l'appréciation de
la demande. Elle l'en constitue juge, puisque sans son
approbation, la demande doit être déférée au tribunal.

1172. L'acquiescement régulier des syndics rend-il les créanciers non recevables à contester personnellement la revendication ?

1173. La cour royale d'Aix a décidé la négative par arrêt du 11 janvier 1831, rendu dans l'espèce que voici:

Le sieur Cohen avait revendiqué 20 balles de coton par lui vendues à un sieur Reboul, négociant à Smyrne, dont la faillite avait été déclarée. Cette revendication, admise par les syndics avec l'approbation du juge-commissaire, fut contestée par les sieurs Reynier et comp.. créanciers du sieur Reboul.

On soutint alors les sieurs Reynier non recevables : mais cette fin de non recevoir fut écartée par les motifs suivans :

« Attendu que si les syndics de la faillite sont autorisés par l'article 585 du Code de commerce, à examiner les demandes en revendication et à les admettre, il résulte des dispositions de ce même article et de celles des articles 495 et 533 du même Code, que les créanciers peuvent collectivement ou isolément réclamer contre le consentement des syndics et s'opposer à la revendication (1) ».

1174. Mais dans l'espèce jugée par la cour royale d'Aix, le créancier qui contestait la revendication. prétendait à un privilège sur les 20 balles de coton qui en faisaient l'objet. Il avait donc un intérêt distinct de celui de la masse. Or, en semblable occurrence. les syndics ne peuvent simultanément représenter l'un et l'autre. L'arrêt fait donc une très juste application des principes.

Aurait-il décidé de même s'il se fût agi d'un simple chirographaire ? On peut prévoir l'affirmative, car s'il

(1) D. P. 31, 2, 117.

est vrai que ceux-ci soient légalement représentés par les
syndics, il ne l'est pas moins qu'ils peuvent, non seulement attaquer les actes de ceux-ci, mais encore contester
ce qu'ils ne contestent pas eux-mêmes. C'est ce qui se
réalise notamment dans le cas de l'article 551 pour les
priviléges.

1175. Or, la revendication n'est, au fond, qu'un privilége. Si donc les créanciers peuvent, pour ceux-ci, agir
lorsque les syndics se taisent, ils doivent le pouvoir également pour celle là, avec d'autant plus de raison que
les dépens de la contestation, si elle est injuste ou mal
fondée, resteront à la charge de celui qui l'aura personnellement soutenue, ce qui empêchera les créanciers d'a-
buser de la faculté qu'on doit leur reconnaître.

CHAPITRE XI.

Des voies de recours contre les jugemens rendus en matière de faillite.

ARTICLE 580.

Le jugement déclaratif de la faillite, et celui qui
fixera à une date antérieure l'époque de la cessation de
paiements, seront susceptibles d'opposition, de la part
du failli, dans la huitaine, et de la part de toute autre
partie intéressée, pendant un mois. Ces délais courront
à partir des jours où les formalités de l'affiche et de l'insertion énoncées dans l'article 442 auront été accomplies.

ARTICLE 581.

Aucune demande des créanciers tendant à faire fixer
la date de la cessation des paiemens à une époque autre

que celle qui résulterait du jugement déclaratif de faillite, ou d'un jugement postérieur, ne sera recevable après l'expiration des délais pour la vérification et l'affirmation des créances. Ces délais expirés, l'époque de la cessation de paiemens demeurera irrévocablement déterminée à l'égard des créanciers.

SOMMAIRE.

1176. La création de ce chapitre spécial qui n'existait pas sous le Code, a pour but de simplifier l'étude de la loi.

1177. Malgré qu'elle n'ordonne pas la mise en cause des créanciers, ni du failli, la loi considère le jugement déclaratif comme rendu par défaut, et admet chacun d'eux à y former opposition.

1178. Le failli peut cependant seul en profiter pour demander la rétractation de la faillite. S'il garde sur ce point le silence, les créanciers et les associés commanditaires ne sauraient la poursuivre.

1179. Intérêt des créanciers et des tiers à former opposition à la disposition du jugement qui fixe le jour de l'ouverture.

1180. Le délai de l'opposition est de huit jours pour le failli, et d'un mois pour les créanciers, à partir de l'affiche et de l'insertion dans le journal.

1181. L'opposition du failli serait-elle recevable, si le jugement déclaratif n'avait été rendu que sur la déclaration et le dépôt du bilan effectués par lui?

1182. Oui, si l'un et l'autre n'étaient que le résultat d'une erreur démontrée. Exemples.

1183. Non, si cette opposition n'était que la conséquence d'une transaction entre lui et ses créanciers.

1184. La déchéance de l'opposition n'est encourue que par l'expiration du délai, et jamais par l'exécution que l'opposant aurait faite du jugement.

1185. L'expiration du délai est une fin de non recevoir absolue, même contre l'opposition incidente, ou la tierce-opposition

1186. Les délais de l'article 580 sont insusceptibles d'être augmentés de ceux des distances.

1187. Le failli, les créanciers et les tiers qui n'ont pas formé opposition peuvent se pourvoir par appel. Dans quel délai.

1188. Indépendamment de l'opposition et de l'appel, les créanciers peuvent demander par action principale que le jour de l'ouverture soit reporté à une date plus reculée.

1189. Mais cette action est irrévocablement perdue, si elle n'est réalisée avant l'expiration des délais de la vérification. Les créanciers étrangers ne pourront donc jamais l'exercer.

1190. La clôture du procès-verbal n'établit une fin de non recevoir que contre les créanciers. Conséquences pour le droit que les tiers ont de former opposition contre toute fixation nouvelle.

1191. Devrait être assimilé aux tiers, le créancier qui, par l'effet du nouveau jugement, serait exposé à voir annuler l'inscription qu'il aurait prise contre le failli.

1176. Ce chapitre n'existait pas dans l'ancienne législation. Le Code de commerce n'avait réglé que les oppositions dont les jugemens déclaratifs ou ceux qui déterminaient l'époque de la cessation de paiemens étaient susceptibles. Il s'en référait, pour tous les autres, au droit commun, en pareille matière.

La loi nouvelle, mue par le désir d'accélérer la marche de la faillite, a fait subir à ce droit d'importantes modifications. Au lieu de les disséminer dans ses dispositions, elle a cru devoir les réunir dans un chapitre spécial. On ne peut qu'applaudir à cette résolution qui offre un véritable avantage sous le rapport de la méthode, et qui simplifie l'étude de la loi.

1177. Le jugement qui déclare la faillite est considéré par la loi, malgré que les créanciers ni le failli ne doivent pas y être appelés, comme un véritable jugement par défaut: contre les créanciers, s'il est intervenu sur la déclaration de cessation de paiemens faite par le failli; contre le failli, s'il a été provoqué par un ou plusieurs créanciers; enfin, contre les créanciers et le failli, s'il a été rendu d'office par le tribunal. La conséquence de ce caractère est que les uns et les autres peuvent, selon le cas, l'attaquer par opposition.

1178. Les motifs de cette opposition peuvent ne pas être les mêmes chez les créanciers et chez le failli. Ce dernier peut avoir à se plaindre de la déclaration de faillite en elle-même, et prétendre la faire rétracter. Cette faculté n'appartient qu'à lui seul ; il est certain, en effet, que s'il acquiesçait à cette déclaration, les créanciers ne pourraient, sous aucun prétexte, être reçu à la quereller.

Il en serait de même des associés commanditaires pour la faillite du gérant. Il est certain, en effet, que les commanditaires sont légalement représentés par le gérant qui, seul, peut agir au nom et pour le compte de ses co-associés. Il est donc impossible, lorsque ce gérant se déclare lui-même en faillite, ou lorsqu'il acquiesce au jugement qui l'a ainsi décidé, que les commanditaires puissent, eux étrangers à l'administration, venir en leur nom soutenir qu'il n'y a pas cessation de paiemens (1).

1179. Mais le jugement qui déclare la faillite doit, en même temps, fixer l'époque à laquelle doit remonter la cessation de paiemens. Cette détermination est importante pour le failli dont la bonne foi pourrait être soupçonnée à l'occasion des opérations qu'il a réalisées; pour les créanciers dont la part contributive sera d'autant plus forte, que les rapports à la masse seront plus considérables; pour les tiers qui ont traité avec le failli et qui seront exposés à opérer ces rapports et à voir annuler les actes qu'ils auraient faits avec le failli.

Cette disposition du jugement soulève donc un triple intérêt, celui du failli, celui des créanciers, celui des tiers. Chacun d'eux a dès-lors une action pour se défendre

---

(1) Ainsi jugé par le tribunal de commerce d'Aix en octobre 1838, dans l'affaire Loubon. Ce jugement ne fut pas frappé d'appel. V. Arrêt de la cour royale de Paris du 26 novembre 1839. D. P. 40, 2, 186.

contre ses conséquences. C'est cette action que la loi autorise en leur accordant la faculté de se pourvoir par opposition.

1180. L'article 580 fixe le délai dans lequel cette opposition doit être réalisée. Nous avons vu que le jugement qui déclare la faillite et celui qui aurait postérieurement changé l'époque de son ouverture, doivent être rendus publics par l'affiche et l'insertion dans les journaux. Cette publicité équivaut à une signification et met en demeure d'agir ceux qui auraient à le faire. C'est à partir du jour de l'affiche, constatée par un procès-verbal régulier, que le Code faisait partir ce délai. La loi nouvelle prend pour point de départ l'affiche et l'insertion. Elle exige l'accomplissement simultané de ces deux formalités. Comme sous le Code, la preuve de l'affiche ne saurait résulter de certificats plus ou moins explicites; rien ne saurait remplacer le procès-verbal de l'apposition des placards.

C'est donc à partir de l'accomplissement de celle de ces formalités qui a été remplie la dernière, qu'il faut faire courir le délai de l'opposition. Ce délai est de huit jours pour le failli. Le failli est suffisamment averti de l'existence du jugement par l'exécution immédiate des mesures qui en résultent contre sa personne et ses biens. Il est, d'autre part, beaucoup mieux que personne au courant de ses propres affaires et dès-lors parfaitement à même de juger, du premier coup-d'œil, si le jugement déclaratif fait une appréciation exacte de sa solvabilité et de l'époque où la cessation de paiemens s'est manifestée. Dans une telle occurence, si le failli garde le silence pendant plus de huit jours, c'est qu'il acquiesce au jugement.

1181. L'opposition du failli serait-elle recevable si le jugement déclaratif n'avait été que la conséquence du dépôt de son bilan et de la déclaration de cessation de paiemens faite par lui ?

1182. L'affirmative nous paraîtrait sans inconvénient si la conduite du failli n'était que le résultat de l'erreur ou d'une fausse appréciation de sa position. La preuve de cette erreur devrait entraîner la rétractation de la déclaration et partant du jugement, alors surtout qu'aucun créancier ne la contesterait.

Il est même des cas où l'erreur pourrait être démontrée par la réalisation de faits postérieurs au jugement. Ainsi un commerçant s'est cru obligé de faillir parce que tel navire qui devait lui apporter des sommes importantes est présumé s'être perdu. Quelques jours après le jugement déclaratif, qu'il a provoqué lui - même, ce navire arrive et avec lui des ressources plus que suffisantes pour payer tous ses créanciers. Un autre s'est cru ruiné et dans cette persuasion, il a déclaré la cessation de paiemens et déposé son bilan au greffe. Un jugement le déclare en faillite, et en même temps il apprend qu'il vient de recueillir une succession opulente qui le met bien au-dessus de ses affaires. Dans l'un et l'autre cas, si les délais de l'opposition ne sont pas expirés, il y aurait une rigueur par trop excessive à leur en refuser le bénéfice et à maintenir une faillite désormais sans objet.

Au fond, la preuve de l'existence de ressources nouvelles et imprévues, devrait entraîner la rétractation du jugement.

1183. Mais si l'opposition du failli n'avait pour base qu'un accord intervenu entre ses créanciers et lui, cette opposition serait non recevable. La loi sur les faillites est d'ordre public; on ne saurait donc permettre qu'il y fût dérogé par des conventions particulières (1); de plus, l'article 507 prohibe tout accord de cette nature.

1184. Le délai pour les créanciers et les tiers est d'un mois. Faute par eux de la réaliser, ils sont déchus de la faculté que la loi leur accorde. Mais cette déchéance ne peut résulter que de l'expiration du délai. Ainsi peu importerait que le créancier opposant se fût présenté aux syndics, qu'il eût coopéré aux diverses formalités de la faillite; il n'y a jamais dans ces faits exécution du jugement au chef qui détermine l'époque de l'ouverture de la faillite. La seule fin de non-recevoir capable de faire écarter l'opposition est, nous le répétons, de ne pas l'avoir formée dans le mois de l'insertion et de l'affiche.

1185. Cette fin de non-recevoir s'applique à toute partie intéressée. La généralité de ces termes tranche une question fort controversée sous l'empire du Code, celle de savoir si le tiers, contre lequel on demandait la nullité d'une opération ou d'un acte, passé après l'époque fixée par le jugement à la cessation de paiemens, pouvait former tierce-opposition à ce jugement? Quelle qu'ait pu être la solution qu'il fallait adopter sous le Code, il est certain que la négative est seule aujourd'hui admissible. Les articles 474 et 475 du Code de procédure civile, régissant les tierces-oppositions en matière ordinaire, restent inapplicables aux matières commerciales, surtout lorsque la loi spéciale a réglé l'action des tiers et le délai dans lequel elle doit être exercée.

De plus, la tierce-opposition régie par les articles 474 et 475 du Code de procédure, suppose que le jugement dont on excipe contre le tiers lui est resté in-

(1) Rouen, 4 janvier 1839. D. P. 39, 2, 112.

II. 29

connu. Son droit à le faire rétracter ne naît que lorsqu'on le lui oppose et qu'on veut en tirer avantage contre lui. Dans la faillite, au contraire, le jugement déclaratif, celui qui reporte le jour de la cessation, sont publiés et partant connus de tous. Le tiers dont ils compromettent les intérêts ne peut ignorer les conséquences qu'ils doivent entraîner pour les actes dont la date serait postérieure à celle de l'ouverture. Il ne doit pas balancer à l'attaquer, puisque la loi lui reconnaît le droit de le faire. Que s'il s'est abstenu, c'est avec connaissance de cause qu'il a agi ; il n'aura donc à se plaindre que de sa propre négligence, si plus tard, voulant le réaliser, on le déclare non recevable.

1186. Les délais fixés par l'article 580 sont de rigueur. Ils ne sont susceptibles d'aucune augmentation à raison des distances. Ils obligent, en conséquence, les tiers, quels qu'ils soient, les créanciers présens ou absens, les créanciers domiciliés hors France, comme ceux qui habitent le territoire. Les premiers ne pourraient donc, par le motif qu'ils n'ont pu connaître plutôt l'existence du jugement, le quereller après l'expiration du mois. La nécessité de ne pas laisser éternellement l'état de la faillite en suspens, les a fait exclure du droit d'opposition, comme des délibérations sur le concordat. Sur un point comme sur l'autre, l'identité d'intérêt des créanciers présens donne l'assurance que rien ne sera négligé.

1187. Le failli et les autres parties intéressées qui n'ont pas formé opposition au jugement, seront-ils recevables à se pourvoir par appel? Après quelques hésitations, l'affirmative avait été adoptée, sous le Code, par la jurisprudence. On avait bientôt senti que la faculté

d'appel étant de droit commun, ne saurait être prohibée
que si la loi spéciale contenait une dérogation expresse.
Or, il n'existait dans le Code aucune disposition dont
on pût faire résulter une pareille dérogation.

Depuis la loi nouvelle, ces considérations ont reçu
une plus forte autorité, et cette solution est devenue
incontestable. D'abord, parce que les chambres ont
écarté une disposition du projet du gouvernement qui
privait du droit d'appeler des jugemens par défaut, les
parties qui n'avaient pas formé opposition ; ensuite,
parce que l'article 583 énumérant les jugemens contre
lesquels il n'existera aucun recours, ne comprend, dans
aucune de ses catégories, ceux qui déclarent la faillite,
ou qui en fixent ultérieurement l'ouverture.

Aussi a-t-il été décidé que, non seulement on peut
appeler des uns et des autres, mais encore que chaque
créancier lésé, par la fixation du jour de la cessation de
paiemens, peut intervenir individuellement sur l'appel
émis par les syndics, le failli ou tout autre créancier (1).

Ainsi, le droit de se pourvoir par appel appartient
à tous ceux qui ont celui de former opposition. Aux
termes de l'article 582, cet appel devra être réalisé dans
la quinzaine de l'expiration du délai de l'opposition.

1188. Ces deux voies sont les seules ouvertes au failli
et aux tiers. Mais les créanciers en ont une troisième,
celle de demander, par action principale, que la date
de l'ouverture soit reportée à une époque autre que
celle fixée par les jugemens qui ont déjà statué.

Il est, en effet, de principe, que les jugemens qui
décident de cette fixation restent essentiellement provisoires. La nécessité de les rétracter pouvant surgir des

(1) Paris, 13 février 1841 ; D. P., 41, 2, 138.

opérations de la liquidation. Cette nécessité, chaque créancier a le droit de s'en prévaloir. Il est donc recevable à la justifier.

1189. Mais ce droit est irrévocablement perdu, s'il n'a été réalisé avant l'expiration des délais pour la vérification et affirmation. On ne doit pas entendre par ces expressions, que par cela seul qu'un créancier a fait vérifier et affirmer sa créance, il s'est rendu non recevable à demander le report de la date de la faillite. Il n'y a de fin de non recevoir, que lorsque la vérification des créances est clôturée. L'action dure donc jusqu'à l'expiration du délai de huitaine, accordé au dernier créancier vérifié pour faire l'affirmation (1).

Il suit de là que les créanciers étrangers qui ont un délai spécial pour se présenter à la vérification, ne pourront, en réalité, jamais jouir du droit que la loi donne aux créanciers. Mais nous l'avons déjà dit, la force des choses amenait à cette conséquence. Réciproquement, les créanciers domiciliés en France ne pourraient pas exciper des délais accordés aux étrangers, pour prétendre que ceux de la vérification n'étant pas expirés, ils peuvent demander une fixation nouvelle. L'intention de la loi a été de rendre à tout jamais stable l'état de la faillite au moment où l'on va délibérer sur le concordat. Or, la non échéance des délais accordés aux créanciers étrangers, n'empêchant pas qu'il soit passé outre à cette délibération, n'influe en rien sur un droit que la loi n'admet qu'à la condition qu'il sera réalisé avant cette même délibération.

La clôture du procès-verbal des vérifications des créanciers qui ont produit leurs titres rend donc non rece-

(1) Limoges, 9 décembre 1840 ; D. P., 41, 2, 156.

vable toute demande en fixation nouvelle de l'époque de
la faillite. Le jour de l'ouverture est irrévocablement déterminé par les jugemens qui ont eu déjà à statuer, et à
défaut de jour indiqué, à partir de celui du jugement
déclaratif (1).

1190. Remarquons que cette fixation définitive ne
concerne que les créanciers. Eux seuls sont privés par
la clôture des vérifications de la faculté de faire changer
la date de la faillite. Mais si, sur la requête que l'un d'eux
aurait présentée en temps utile, cette date a été reportée, les tiers conservent le droit de former opposition,
conformément à l'article 580. En conséquence, si le mois .
n'est pas écoulé, lors de la clôture du procès-verbal de
vérification, cette clôture ne crée contre eux aucune fin
de non recevoir.

La décision contraire blesserait la raison et l'équité
par les conséquences auxquelles on arriverait, et dont
la première serait de retirer aux tiers la faculté qui leur
est donnée par l'article 580. En effet, les tiers ne sont
obligés de former opposition que lorsque la fixation de
l'époque de la faillite peut autoriser contre eux une poursuite quelconque. Supposez, en effet, que Pierre, débiteur d'une somme de 10,000 francs à Jean, lui ait
départi en paiement, quoique la dette ne fût pas encore
échue, un de ses immeubles par acte du 1er mai 1840.
En décembre de la même année, faillite de Pierre; le
jugement déclaratif fixe l'époque de la cessation de paiemens au 1er septembre précédent, Jean n'a rien à craindre de cette fixation. La vente qui lui a été consentie,
restant antérieure de quatre mois à la cessation de paiemens, est à l'abri de toute atteinte; à quel titre, et dans

(1). Vid. suprà art. 441.

quel intérêt, irait-il former opposition à cette fixation ?

Mais postérieurement, un jugement provoqué par les syndics, ou par tout autre créancier, a reporté la date de l'ouverture de la faillite au 1er avril 1840 ; la vente faite à Jean, en paiement d'une dette non échue, étant postérieure d'un mois, est forcément annulée, si ce jugement n'est pas réformé.

L'intérêt de Jean à obtenir cette réformation est évident; il a un mois pour y former opposition, aux termes de l'article 580.

Mais, par la seule force des circonstances, ou peut-être par l'effet du calcul, ce jugement n'a été provoqué et rendu que la veille de la clôture du procès-verbal ; de telle sorte qu'avant qu'il soit publié régulièrement, Jean aurait perdu le droit de l'attaquer, si l'article 581 lui était applicable. Il serait donc dépouillé irrévocablement avant même d'avoir connu la décision qui le frappe.

Ce serait là une iniquité révoltante. Elle n'a donc pu trouver place dans la pensée du législateur. Que celui-ci ait voulu autant que possible que tout fût réglé sur cette fixation, au moment où il s'agit de prendre une détermination définitive sur la faillite, nous le comprenons. Mais, qu'il ait voulu atteindre ce but à tout prix, qu'il ait sacrifié les intérêts des tiers et permis de les dépouiller, sans leur fournir même la possibilité de se défendre, cela est inadmissible. Hâtons-nous de dire que, dans la discussion de la loi, nous trouvons la preuve irréfragable du contraire.

L'article 581 du projet disposait: aucune demande tendant à faire, etc.... Ces délais expirés, l'époque de la cessation de paiemens demeurera irrévocablement fixée, *sans préjudice du droit de former opposition principale ou in-*

cidente de la part des tiers, contre lesquels cette fixation serait ultérieurement invoquée.

La commission de la chambre des pairs fit supprimer cette réserve, sans faire connaître ses motifs. S'il nous était permis de les rechercher, peut-être en trouverions nous de plausibles dans la contradiction que la faculté laissée aux tiers de former opposition principale ou incidente, toutes les fois qu'on leur opposerait le jugement, présentait avec l'article 580, qui limitait l'exercice de cette faculté à un mois de la publication.

Ce qui, au reste, prouve que cette suppression n'est pas la négation du droit des tiers, c'est le soin que prend la commission de spécialiser pour les créanciers, la disposition de l'article 581, qu'elle rédige, en ajoutant le mot créancier au commencement et à la fin : « aucune demande des *créanciers*. . . . demeurera irrévocablement déterminé à *l'égard des créanciers.* »

Était-il possible d'exprimer plus clairement l'intention de ne rien préjuger relativement aux tiers, et la volonté de les laisser sous l'empire de l'article 580 ?

Nous ne le pensons pas. Aussi, n'hésitons-nous pas à admettre que les tiers ont toujours la faculté de former opposition au jugement qui a changé à leur préjudice l'époque de la cessation de paiemens ; que la clôture des vérifications est sans influence sur cette faculté, et que si elle rend les créanciers non recevables, soit à attaquer le jugement précédemment rendu, soit à en provoquer un nouveau, il n'y a pour les tiers d'autre fin de non recevoir, et de fixation définitive, que s'ils n'ont pas réalisé leur opposition dans le mois de l'affiche et de l'insertion.

1191. Nous n'hésiterions pas non plus à considérer

comme un tiers, par rapport à ce, le créancier qui serait exposé, par le report de la date sollicité par des ayants droit, à voir annuler une inscription d'hypothèque que le failli lui aurait consentie avant la faillite. Il y aurait une égale injustice à admettre le contraire. Car l'inconvénient que nous signalions tout-à-l'heure pour les tiers pourrait se réaliser pour ce créancier, si le jugement qui ordonne le report n'était rendu que la veille de la clôture du procès-verbal.

Ainsi, toutes les fois qu'il y a changement de détermination de l'époque à laquelle la faillite est censée ouverte, la fixation nouvelle peut être attaquée par tous ceux auxquels elle préjudicie, pendant un mois à partir de l'insertion et de l'affiche. Si plus d'un mois s'est écoulé et que les délais d'appel soient expirés, cette fixation est irrévocablement acquise contre tous, si la clôture des vérifications a été prononcée.

ARTICLE 582.

Le délai d'appel, pour tout jugement rendu en matière de faillite, sera de quinze jours seulement à compter de la signification.

Ce délai sera augmenté à raison d'un jour par cinq myriamètres pour les parties qui seront domiciliées à une distance excédant cinq myriamètres du lieu où siège le tribunal.

SOMMAIRE.

1192. Tous les jugemens susceptibles d'appel doivent être attaqués dans la quinzaine de l'expiration des délais de l'opposition ou de la signification.

1193. Que faut-il entendre par jugemens rendus en matière de faillite ? Arrêt de la cour de cassation qui le détermine.

1194. Nécessité de combiner l'article 582 avec l'article 635. Conséquences pour l'appel rendu en matière ordinaire.

1195. Le délai de quinzaine ne court que du jour de la signification, lorsque par sa nature le jugement doit être signifié. Exemple.

1196. Les jugemens qui prononcent sur la déclaration ou le refus d'ouverture de la faillite, sont-ils rendus en matière de faillite?

1197. Le délai de quinzaine donné par l'article 582 doit être augmenté d'un jour par cinq myriamètres pour la distance du domicile de l'appelant, au siége de la faillite.

1198. Le délai de l'article 73 devrait être accordé au créancier domicilié hors France pour toute condamnation prononcée contre lui.

1192. Nous venons de dire que le projet du gouvernement adopté par la chambre des députés en 1835 contenait une disposition qui privait de la faculté d'émettre appel d'un jugement par défaut, les parties qui n'auraient pas formé opposition. Mais cette disposition fut rejetée par la chambre des pairs, comme pouvant être une source de surprise et d'abus. On pourrait, disait le rapporteur, M. Tripier, profiter de l'absence, de la maladie, ou de tout autre empêchement momentané, pour obtenir contre un créancier un jugement par défaut qui ne lui serait pas connu à temps pour y former opposition, et il serait frappé d'une condamnation irrévocable.

On s'en est donc référé aux règles ordinaires du Code de procédure civile. La partie qui n'aura pas formé opposition pourra se pourvoir par appel.

Le délai pour former appel a été considérablement réduit par l'article 582. Ce délai n'est plus que de quinze jours pour tous les jugemens rendus en matière de faillite.

1193. Ces termes pourraient faire naître des difficultés sur la manière dont il faut les interpréter. Nous devons donc transcrire un arrêt de la cour de cassation qui nous paraît en renfermer une appréciation exacte.

« Attendu que l'article 582 du Code de commerce ne
s'applique qu'aux jugemens rendus en matière de faillite ; qu'on ne peut réputer tels que ceux qui ont prononcé sur les questions résultant de la faillite, sur les
actions nées de la faillite ou exercées à son occasion ;
notamment ceux qui déclarent la faillite et fixent son
ouverture (art. 440, 441) ; qui statuent sur la validité
de paiemens faits par le failli, et des hypothèques ou
priviléges inscrits sur lui depuis la cessation de ses paiemens, ou dans les dix jours qui ont précédé cette cessation (art. 446, 447, 448, 449) ; sur l'admission au passif
des créances contestées (498) ; sur l'homologation du
concordat (art. 513, 515) ; sur le compte des syndics (art.
519) ; sur les priviléges réclamés sur le mobilier (art. 551) ;
sur les droits de la femme du failli (art. 557 et 558) ; sur
les revendications dans les cas prévus par les art. 574,
575, 576 et 579) ; et sur les autres cas analogues (1).

1194. L'article 582 doit être combiné avec l'article
635 du Code de commerce, qui attribue aux tribunaux
de commerce la connaissance de tout ce qui concerne les
faillites. De cette combinaison et de l'arrêt qui précède
résulte la conséquence que les délais de l'appel réglés par
le premier, ne sont applicables qu'aux jugemens rendus
par ces tribunaux. Les juges civils n'étant investis qu'ex-
ceptionnellement et lorsque, malgré l'art. 635, la juridiction consulaire est matériellement incompétente, leurs
décisions ne peuvent être considérées comme rendues
en matière de faillite. Ils continuent donc de prononcer
en la forme ordinaire, tant pour ce qui concerne le jugement, que pour les suites de celui-ci. Les délais d'appel

_____

(1) 1er avril 1840. D. P. 40, 1, 192.

ne sont donc nullement modifiés par rapport à ces décisions.

1195. Le délai de quinzaine ne court qu'à dater de
la signification du jugement, à moins que par sa nature
ce jugement ne fût pas susceptible de signification. Tel
serait, par exemple, le jugement qui sur la requête d'un
créancier aurait refusé de déclarer l'état de faillite. Les
quinze jours que ce créancier aurait pour en émettre appel courraient évidemment, dans ce cas, du jour de la
prononciation.

1196. On a contesté la nature de ces jugemens. On
a soutenu que pour qu'il y ait décision en matière de faillite, il fallait d'abord qu'il y eût faillite. Or, a-t-on dit,
si cette faillite n'a pas été déclarée, l'appel doit rester
régi par les principes ordinaires.

Mais déjà nous avons vu la cour de cassation, dans
l'arrêt qui précède, mettre les jugemens rendus en vertu
des articles 440 et 441, au nombre de ceux rendus en
matière de faillite. Elle ne distingue pas entre ceux qui
prononcent la faillite et ceux qui refusent de la déclarer,
parce que dans l'un et l'autre cas, c'est la qualité de failli
qui fait la matière du litige. C'est au reste ce que la même
cour a formellement déclaré de nouveau, par arrêt du 16
août 1842 (1).

1197. Le délai de quinzaine ne pouvait pas être uniforme pour tous les créanciers. Cette détermination eut
été, pour ceux qui habitent à de grandes distances du lieu
de la faillite, l'équivalent d'une prohibition. L'article 582
a donc obéi à une necéssité de justice en accordant le
délai supplémentaire des distances. La seule modification
apportée au Code de procédure, c'est d'exiger que cette

(1) D. P. 42, 1, 403.

distance soit au moins de cinq myriamètres, au lieu de trois.

1198. Mais cette disposition n'a introduit aucun changement à l'article 73 du Code de procédure, en ce qui concerne les délais accordés aux personnes domiciliées hors du territoire continental du royaume. Il n'était pas possible, dans notre hypothèse, de ne pas avoir égard à leur éloignement toutes les fois qu'il ne s'agit plus d'un intérêt commun avec la masse présente, mais d'une adjudication prononcée personnellement contre le créancier absent. Celui-ci doit donc être à même de se défendre et on ne peut le forclore que lorsque, par l'expiration des délais légaux, il est présumé avoir renoncé à le faire.

ARTICLE 585.

Ne seront susceptibles ni d'opposition, ni d'appel, ni de recours en cassation:

1° Les jugemens relatifs à la nomination ou au remplacement du juge-commissaire, à la nomination ou à la révocation des syndics;

2° Les jugemens qui statuent sur les demandes de sauf-conduit et sur celles de secours pour le failli et sa famille;

3° Les jugemens qui autorisent à vendre les effets ou marchandises appartenant à la faillite;

4° Les jugemens qui prononcent sursis au concordat, ou admission provisionnelle de créanciers contestés;

5° Les jugemens par lesquels le tribunal de commerce statue sur les recours formés contre les ordonnances rendues par le juge-commissaire dans les limites de ses attributions.

SOMMAIRE.

1199. Cet article introduit un droit nouveau et déroge au droit commun en matière d'appel.

1200. Au reste, les jugemens qu'il affranchit de tout recours étant
plutôt des actes d'administration que de véritables jugemens,
cette dérogation est sans importance réelle.

1201. La disposition de cet article est essentiellement limitative.

1199. Le code de commerce ne contenait aucune
disposition de la nature de celle-ci. Les degrés de
juridiction restaient sous son empire soumis aux règles
ordinaires en cette matière.

Le nouveau législateur, convaincu de l'avantage d'une
prompte liquidation, n'a pas hésité à déroger à celles-ci,
pour enlever *à des créanciers de mauvaise humeur, à
des esprits litigieux,* les moyens d'entraver la marche de
la faillite.

1200. Au reste, cette dérogation restreinte par la discussion du projet présenté par le gouvernement, est sans
importance réelle. Les jugemens compris dans les cinq
catégories de l'article 583, sont plutôt des décisions sur
l'administration que sur le contentieux de la faillite. Elles
appartenaient donc souverainement au juge qui est le
mieux à même d'apprécier les besoins de cette administration, c'est-à-dire, au tribunal de commerce.

1201. Tous les jugemens qui ne sont pas nommément
indiqués dans l'une des catégories de cet article peuvent
être attaqués dans la forme ordinaire, sauf la restriction
dans les délais faite par l'article précédent. La nature
exceptionnelle de notre disposition lui assigne un caractère essentiellement limitatif.

TITRE II.

DES BANQUEROUTES.

—

CHAPITRE PREMIER.

De la Banqueroute simple.

ARTICLE 584.

Les cas de banqueroute simple seront punis des peines portées au Code pénal, et jugés par les tribunaux de police correctionnelle, sur la poursuite des syndics, de tout créancier, ou du ministère public.

ARTICLE 585.

Sera déclaré banqueroutier simple tout commerçant failli qui se trouvera dans un des cas suivants:

1" Si ses dépenses personnelles ou les dépenses de sa maison sont jugées excessives;

2° S'il a consommé de fortes sommes, soit à des opérations de pur hasard, soit à des opérations fictives de bourse ou sur marchandises ;

3° Si, dans l'intention de retarder sa faillite, il a fait des achats pour revendre au-dessous du cours; si, dans la même intention, il s'est livré à des emprunts, circulation d'effets, ou autres moyens ruineux de se procurer des fonds;

4° Si, après cessation de ses paiemens, il a payé un créancier au préjudice de la masse.

ARTICLE. 586.

Pourra être déclaré banqueroutier simple tout commerçant failli qui se trouvera dans un des cas suivants :

1° S'il a contracté, pour le compte d'autrui, sans recevoir des valeurs en échange des engagemens, jugés trop considérables eu égard à sa situation l'orsqu'il les a contractés ;

2° S'il est de nouveau déclaré en faillite sans avoir satisfait aux obligations d'un précédent concordat ;

3° Si, étant marié sous le régime dotal, ou séparé de biens, il ne s'est pas conformé aux articles 69 et 70 :

4° Si, dans les trois jours de la cessation de ses paiemens, il n'a pas fait au greffe la déclaration exigée par les articles 438 et 439, ou si cette déclaration ne contient pas les noms de tous les associés solidaires ;

5° Si, sans empêchement légitime, il ne s'est pas présenté en personne aux syndics dans les cas et dans les délais fixés ou si, après avoir obtenu un sauf-conduit, il ne s'est pas représenté à justice ;

6° S'il n'a pas tenu de livres et fait exactement inventaire ; si ses livres ou inventaire sont incomplets ou irrégulièrement tenus, ou s'ils n'offrent pas sa véritable situation active ou passive, sans néanmoins qu'il y ait fraude.

SOMMAIRE.

1202. La banqueroute est l'état de tout commerçant failli contre lequel s'élèvent des faits d'inconduite, d'imprudence ou de fraude. Il faut donc, pour qu'elle puisse tomber sous le coup de la loi pénale, la réunion, chez l'individu à qui on l'impute, des deux circonstances suivantes :

1203. 1° Qu'il soit négociant. Ainsi, le non commerçant tombé dans une déconfiture complète ne saurait être poursuivi comme banqueroutier, alors même que les causes de sa ruine seraient de la même nature que celles auxquelles la loi attache, pour le commerçant, le caractère de la banqueroute.

En conséquence, le fait d'avoir détourné son actif, qui entraîne pour celui-ci une peine afflictive et infamante, ne serait pour l'autre qu'une fraude qui ne donnerait naissance qu'à une action civile en restitution. L'exagération du passif, même démontrée, ferait, sans doute, dans les mêmes circonstances, annuler les actes simulés, sans que le débiteur ni ses complices eussent à redouter la moindre peine corporelle.

Cette différence dans les résultats, qui se justifie par la confiance aveugle qui, dans l'intérêt du commerce, doit s'attacher à la personne du commerçant, donne aux circonstances qui peuvent en déterminer la qualité, la plus grave, la plus haute importance. Déjà nous avons

II.   30

rappelé la disposition de l'article premier du Code de commerce, et l'interprétation qu'en a faite la jurisprudence (1). En présence des conséquences que cette détermination peut avoir, on comprend mieux l'intérêt qui s'y rattache.

1204. Au reste, l'exercice de fait ne suffirait pas pour constituer le commerçant, si celui qui s'est habituellement livré à des actes de commerce était, en droit, incapable de revêtir cette qualité. Ainsi, le mineur qui veut devenir commerçant doit, aux termes de l'article 2 du Code de commerce, en rapporter l'autorisation, soit de son père, soit de sa mère, soit du conseil de famille ; il doit ensuite la faire enregistrer et afficher au greffe du tribunal de commerce. Celui qui n'aurait pas rempli ces formalités ne serait pas considéré comme négociant. Il n'est pas même réputé majeur pour les engagemens qu'il aurait contractés dans l'exercice du commerce ; il ne pourrait donc, la déconfiture arrivant, être déclaré légalement en état de faillite, et, à plus forte raison, poursuivi comme banqueroutier (2).

Mais, si la cessation de paiemens ne s'était réalisée qu'après sa majorité, les engagemens contractés depuis seraient valables, la qualité de négociant légitimement acquise, l'application de la loi spéciale serait, dès lors, irrécusable.

1205. 2° Que le commerçant soit en faillite. Il est certain, en effet, que tant qu'un individu est à la tête de ses affaires, qu'il fait honneur à ses engagemens, personne n'a à s'enquérir de ce qui se passe chez lui, ni à lui demander compte de la manière dont il administre sa

(1) V. art, 437, n°s 28, 29 et 30.
(2) Cass. 2 décembre 1826. D. P. 27, 1, 77.

fortune. Chacun est cependant libre d'en juger selon les apparences et de lui continuer ou de lui retirer sa confiance.

Mais lorsque, abusant de celle qu'on lui a témoignée, le débiteur s'est mis dans l'impossibilité de satisfaire à ses créanciers, alors commence pour eux le droit de demander, et pour lui l'obligation de rendre compte des circonstances qui ont amené sa ruine. Alors aussi naît pour la justice le devoir d'obtenir une juste réparation des fautes, des imprudences ou des fraudes dont il serait convaincu.

1206. Cette action en réparation peut-elle être exercée dès que la cessation de paiemens s'est réalisée, ou bien n'est-elle recevable qu'après que le jugement déclaratif est venu judiciairement la constater ?

Cette question, sur laquelle on a longtemps discuté, nous paraît tranchée par le rapprochement de quelques textes: d'abord les articles 585 et 591, qui déclarent banqueroutier simple ou frauduleux le négociant *failli*. Or, à quelle époque peut-on être failli ? L'article 437 répond: lorsqu'on a cessé ses paiemens. Le jugement qui constate la faillite ne la crée donc pas, et cela est tellement vrai, que celle-ci doit exister avant le jugement. C'est, en effet, ce qui résulte de l'article 440 : la faillite est déclarée, etc.

Le jugement déclaratif ne fait donc que constater un état nécessairement préexistant, dont il est la conséquence et jamais le principe.

A ces inductions claires et précises, nous pourrions ajouter celles qui résultent du langage de la loi. Ainsi ne qualifie-t-elle pas elle-même le débiteur de failli, lorsqu'avant tout jugement elle lui fait un devoir de faire sa déclaration et de déposer son bilan au greffe du tribunal de commerce (1)? L'état de cessation est donc bien réellement l'état de faillite ; d'où il résulte que l'existence du jugement déclaratif reste sans influence sur la recevabilité de la poursuite en banqueroute.

On doit d'autant moins hésiter à le déclarer ainsi, que la cessation de paiemens suffit pour faire appliquer à la femme le droit spécial que la faillite détermine (2). Pourquoi n'en serait-il pas ainsi lorsqu'il s'agit de demander satisfaction d'une atteinte portée à l'ordre social ?

C'est, au reste, dans ce sens que de graves jurisconsultes, que la cour de cassation elle-même, ont depuis longtemps tranché la question. Il résulte de leur doctrine: qu'il y a réellement faillite dès qu'il y a cessation de paiemens; qu'on peut donc être poursuivi comme banqueroutier si, au moment de cette cessation, se révèlent des faits constitutifs de la banqueroute ; que peu importe que la faillite ait été ou non déclarée; que cette déclaration n'est exigée que pour le réglement des intérêts privés, qui ne peuvent exercer aucune influence sur l'action publique; que la réalisation de celle-ci confère, à la juridiction investie, le droit de déclarer qu'il y a faillite (3).

C'est par une juste et légitime déduction de ces mêmes principes que la cour royale d'Aix a, selon nous, très légalement jugé, le 9 août 1837, qu'alors même que le jugement déclaratif a été plus tard rétracté, il y a lieu de poursuivre en banqueroute (4).

(1) Art. 438, 439.
(2) Vid. suprà, art. 557, n. 996.
(3) Carnot, sous l'art. 402 Cod. pén. Cass. 11 août 1837. D. P. 38, 1 , 25.
(4) D. P. 38, 2, 37.

1207. On doit applaudir à ces décisions, comme à tout
ce qui tend à réprimer les fraudes que le secret de la
faillite ne cache souvent que trop profondément. La banqueroute est un fléau d'autant plus redoutable que sa découverte est plus difficile par les précautions dont il lui
est permis de s'envelopper. Ses atteintes sont cependant
mortelles pour le commerce lui-même, et c'est cette conviction qui avait déterminé les anciens législateurs, même
celui de 1673, à décréter contre elle la peine capitale.

1208. L'état des mœurs ne permettait plus au législateur de 1807 de maintenir une peine si sévère. D'ailleurs, la déconfiture du négociant pouvait être, dans ses
causes, pure de toute fraude, sans qu'il fallût pour cela
l'absoudre complètement. Une imprudence insigne, une
légèreté impardonnable, la violation des règles imposées
par la loi à l'exercice de la profession de commerçant,
devaient amener une satisfaction proportionnée à leur
gravité, au nom de l'autorité publique méconnue, et en
faveur de ceux qui en étaient devenus les victimes.

De là, la distinction entre la banqueroute simple et la
banqueroute frauduleuse. La première fut un délit ressortissant de la juridiction correctionnelle et passible d'une
peine simplement afflictive. La seconde fut considérée
comme un crime dont la conviction entraînait une peine
afflictive et infamante.

1209. Cette distinction a été maintenue par le nouveau législateur. Mais l'expérience dès longtemps acquise
lui a fait éviter, dans la classification des faits, l'écueil
dans lequel était tombé son prédécesseur, et que nous
avons déjà signalé. La sévérité de cette classification avait
déterminé, sous le Code, une affligeante impunité. Les
quelques années d'épreuves que la loi nouvelle a subies

témoignent que cet abus, s'il n'est complètement éteint pour l'avenir, a du moins considérablement perdu de son intensité et de sa force.

1210. La banqueroute simple continue donc d'être un délit dont la connaissance appartient exclusivement aux tribunaux correctionnels.

Suivant le principe que nous rappelions sous l'article 582, le juge investi de la connaissance d'un fait doit y statuer dans les formes établies devant la juridiction qu'il exerce. Ces formes régissent non seulement le jugement, mais encore tous les actes qui le précèdent et le suivent. En conséquence la procédure en matière de banqueroute simple est celle commune à tous les délits.

Il en résulte que le prévenu doit être cité par ajournement devant le tribunal, soit directement, soit après renvoi prononcé par la chambre du conseil; que le délai entre la citation doit être au moins de trois jours; que le prévenu ne peut se faire représenter par un avoué; que l'appel du jugement doit être interjeté dans les dix jours, sauf le droit réservé au ministère public par l'article 205 Cod. inst. crim. (1).

1211. La poursuite de la banqueroute simple appartient, 1° au procureur du roi. Nous avons déjà dit que l'action publique est indépendante de celle des parties intéressées; qu'elle ne trouve aucun obstacle dans le concordat même homologué; qu'elle peut être exercée en l'absence d'un jugement déclaratif; qu'enfin on ne pourrait l'écarter alors même qu'ayant été rendu, ce jugement aurait été depuis rétracté. Le procureur du roi est donc arbitre souverain de l'opportunité de la poursuite. C'est

(1) Art. 182, 184, 185 et 205, Cod. inst. crim.

pour lui faciliter cette appréciation que les articles 459, 461, 482, 483 et 602, ont été inscrits dans la loi.

2° Aux syndics comme représentant les créanciers et à chacun de ceux-ci individuellement.

La loi leur ouvre à tous d'abord la voie de la plainte, ensuite celle de l'action directe, par la prise de la qualité de partie civile, soit au principal, soit en intervenant dans la poursuite exercée par le ministère public. Le législateur a voulu favoriser tout ce qui peut amener la répression du délit. Il a, dès lors, compris, tout le secours que cette répression trouverait dans le concours des parties intéressées. C'est pour le favoriser, qu'il a adopté les dispositions des articles 588 et 590.

Le tribunal correctionnel, régulièrement investi, examine la plainte et prononce conformément aux prescriptions suivantes :

1212. Il existe entre les faits qui peuvent être relevés contre le failli une différence essentielle qu'il convient d'abord d'examiner. Les uns *constituent* la banqueroute simple ; les autres *peuvent* la constituer. De là les termes des articles 585 et 586 : *sera condamné*, etc., dans le premier ; *pourra être condamné*, etc., dans le second.

1213. Les expressions de l'article 585 signifient-elles que l'existence matérielle des faits étant établie, les juges soient dans la nécessité d'appliquer la peine édictée par la loi répressive ?

Des difficultés peuvent surgir lorsqu'on s'en réfère aux principes constitutifs de la législation criminelle. En thèse ordinaire, un acte quelconque ne prend le caractère de délit, que lorsque l'intention de son auteur a été reconnue coupable, et vient ainsi réunir la criminalité du fait à sa matérialité. Cette règle de justice exacte est chaque jour appliquée par les tribunaux.

Mais cette règle n'est pas tellement absolue, que le législateur n'ait pu lui imposer des exceptions. L'art. 319 C. p. nous fournit un exemple de celles-ci en plaçant sur la même ligne que le délit, l'imprudence, la maladresse, l'inattention, la négligence ou l'inobservation des règlemens. Il est, en effet, certain que, dans chacun de ces cas, l'intention de l'auteur reste sans influence sur le fait qui lui est reproché.

A plus forte raison, peut-on admettre la possibilité d'une exception, lorsque les faits déclarés punissables par une loi spéciale sont de telle nature, que leur existence est par elle seule démonstrative d'un tort grave, d'une intention évidemment répréhensible ! Or, c'est précisément ce qui se réalise dans les hypothèses prévues par l'article 585.

Quelles excuses peut, en effet, invoquer celui qui s'est livré à des dépenses excessives qu'il payait au moyen du crédit qui lui était accordé ? celui qui a consommé à des jeux de hasard, ou dans des opérations fictives des sommes considérables ? celui qui, pour retarder une faillite désormais inévitable, a acheté pour revendre au-dessous du cours, ou s'est livré à des emprunts onéreux et à des opérations ruineuses ? celui enfin qui, disposant de ce qui ne lui appartenait plus, a payé quelques-uns de ses créanciers après la cessation de ses paiemens ?

Aucun commerçant ne peut prétendre avoir ignoré qu'en agissant ainsi, il violait ouvertement une loi prohibitive expresse. Celui donc qui, malgré cette conviction, se livre à l'un de ces actes, se rend coupable de fait et d'intention. « L'imputabilité, dit un de nos premiers publicistes, consiste à *savoir* que l'acte que l'on va commettre est défendu par la loi, et à le *vouloir* cependant

commettre (1). Or, dès qu'il y a imputabilité, il y a faute
sciemment commise, et partant nécessité d'une répression.

Trouvera-t-on cette conséquence trop sévère, dira-t-on
que l'intention qui a guidé le prévenu pouvait être légitime au moment de l'acte qu'on lui reproche ? Quelque
invraisemblable que soit cette supposition, lorsqu'il
s'agit de la violation d'une loi positive, nous pourrions
l'admettre. Mais, l'intention nuisible écartée, resterait
l'imprudence qu'il a été loisible au législateur d'atteindre
et de punir.

Ainsi, délits ou contraventions, les faits prévus par
l'article 585 n'en sont pas moins punissables. Leur matérialité entraîne la nécessité d'une condamnation. La
comparaison de cet article avec l'article 586 nous amène
forcément à ce résultat. Il est évident que si le législateur n'avait voulu, dans le premier, que ce qu'il exigeait
dans le second, il n'eût pas fait deux dispositions ; il ne
se serait surtout pas servi dans chacune d'elles de locu-
tions aussi essentiellement différentes.

C'est à une conséquence identique que nous arrive-
rons, si nous demandons aux discussions législatives
l'esprit de ces mêmes dispositions. Or, un simple rapprochement qui a été parfaitement apprécié par les chambres,
et la détermination qu'elles ont consacrée, fixent, à
notre avis, l'intention du législateur d'une manière irréfragable.

Les articles 586 et 587 du Code de commerce avaient
été, dans le projet primitif, conçus dans les mêmes termes
que nos articles 585 et 586. Le premier disposait : *sera
déclaré banqueroutier simple*, etc..... Personne ne se

(1) Rossi, *Droit pénal*, tom. 2, liv. 2, chap. 11, p. 114.

trompa sur la signification qu'il fallait lui donner. Si on l'admettait, disaient les adversaires du projet, les tribunaux se croiraient obligés de condamner lorsque le fait matériel serait constant.

La majorité du conseil d'état, tout en voulant rendre la poursuite obligatoire, pensa qu'on devait laisser la condamnation aux principes ordinaires. Elle adopta, en conséquence, un amendement qui exprimait cette double pensée et qui devint l'article 586 du Code de commerce : sera poursuivi comme banqueroutier simple et pourra être déclaré tel, etc... Dans les cas, au contraire, de l'article 587 la poursuite elle-même fut déclarée facultative.

Cet antécédent serait, certes, de nature à fixer le sens des dispositions de la loi nouvelle. Puisque celles-ci ont consacré les termes du projet de 1807, elles ne peuvent être entendues et comprises que comme l'avait été ce projet lui-même.

Ce qui, au reste, doit enlever à cet égard jusqu'au doute, c'est la discussion que nos articles soulevèrent en 1836, à la chambre des pairs. La commission ne voulait donner à la loi nouvelle que la même portée que celle des articles 586 et 587 du Code de commerce. Elle proposait donc d'adopter purement et simplement leur rédaction. « Les dispositions du projet, disait M. Tripier, son rap-
« porteur, sont plus sévères. En maintenant cette dis-
« tinction, il paraît ordonner, dans les cas de l'article
« 585, non plus seulement la poursuite, mais la con-
« damnation. La rédaction de cet article est intempes-
« tive, elle pourrait gêner la conscience des juges, qui se
« croiraient dans la nécessité de condamner toutes les
« fois que l'un des faits y énumérés serait prouvé, quelle
« que fût l'excuse proposée par le failli. Votre commis-

« sion préfère la rédaction du Code et propose de la
« conserver dans la loi nouvelle. »

Ainsi, à deux reprises, dans deux occasions solennelles,
le sens des expressions employées par le législateur a été
nettement déterminé. Le rejet de la proposition de la
commission de la chambre des pairs indique, d'autre
part, que c'est avec une entière connaissance que l'on
a agi, que personne n'a reculé devant les conséquences
que ce rejet devait nécessairement entraîner.

Il est donc prouvé que l'existence matérielle des faits
prévus par l'article 585 suffit pour qu'il y ait condamnation. C'est donc sur cette existence que doit se borner
l'appréciation du juge. On ne saurait, dès lors, tracer
des règles certaines à cet examen ; mais il nous semble
qu'il y a, pour chacun de ces faits en particulier, quelques considérations qu'il ne sera pas inutile de rappeler :

1214. 1° *Dépenses excessives*. Le Code de commerce,
en ordonnant de poursuivre rigoureusement ce fait, avait
eu pour but de mettre un terme à un abus dont la répression était vivement réclamée par les tribunaux et chambres de commerce. Le failli, embarrassé pour justifier
son déficit, rejetait sur sa dépense des sommes énormes
qu'il n'avait pas réellement dépensées et qu'il prélevait
de son actif pour se l'appliquer. « Tel homme, disait un
tribunal du ressort de la cour, qui, avant d'entreprendre
le commerce, ne jouissait pas d'un revenu de 1000 fr.,
ou n'en avait même point du tout, ne rougit pas d'affecter
15000, 20000 fr. par an à la dépense de sa maison (1).

L'allégation d'une dépense exagérée pourrait donc masquer une véritable dissimulation de l'actif, et constituer
un fait de banqueroute frauduleuse. La justice doit donc,

(1) Obs. du tribunal de com. de Brignolles. Locré, tom. 7, p. 416.

tout d'abord, rechercher si elle est vraisemblable. Cette question résolue affirmativement, les juges se demanderont si elle était nécessaire ; les élémens de cette appréciation résulteront de la position sociale du failli, de ses habitudes, de son éducation, de l'état de sa fortune avant qu'il entreprît le commerce. Ils seront ainsi amenés à résoudre, sous chacun de ces rapports, s'il y a eu, ou non, excès.

La loi n'a pas voulu prohiber, même à celui qui n'a apporté dans le commerce que des moyens bornés et même qu'un revenu nul, le droit de profiter, lui et sa famille, du bien-être que ses travaux lui ont progressivement acquis. Ce qu'elle veut, c'est que le commerçant n'abuse pas des chances heureuses qu'il aura rencontrées et que, sourd à la voix de la prudence, il dédaigne de se prémunir contre les revers du lendemain.

Ce qu'elle veut surtout, c'est la répression de cet étalage de luxe entretenu avec l'argent des dupes nombreuses que l'on a faites, et qui n'est qu'une enseigne pour attirer de nouvelles victimes; c'est la punition sévère de ces industriels, qui éblouissent de leur folle dépense les malheureux dont ils captent ainsi la confiance, qu'ils savent très bien eux-mêmes ne pas mériter.

1215. 2° Sommes consommées dans des jeux de hasard ou à des opérations de bourse. Si le joueur, dans quelque état qu'on le suppose, doit être flétri par la réprobation publique, que ne mérite pas l'homme qui, dépositaire de la fortune d'autrui, n'hésite pas à la sacrifier à la passion honteuse qui couve dans son sein ? Contre une telle immoralité, l'indignation ne suffit pas. Il faut à la société une réparation éclatante pour la bonne foi trompée, la confiance trahie, tous les devoirs foulés aux pieds.

Il appartenait surtout à la loi nouvelle de flétrir énergiquement ces jeux de bourse, scandales infâmes qui
font chaque jour de nouvelles victimes, et qui survivent
avec tant de force à la réprobation éclatante que la
magistrature leur a si souvent imprimée.

On pourrait même regretter que la loi ne punisse que
lorsque l'on a consommé de fortes sommes dans des opérations de cette nature. Si le Code l'avait ainsi exigé,
c'est qu'à l'époque où il était édicté, cette funeste passion n'était pas poussée au point où nous la voyons
aujourd'hui. On était encore loin des développemens
effrayans qu'elle a atteints, et que des faillites récentes
nous ont divulguées (1).

Nous ne craignons pas de le dire, les tribunaux doivent se montrer sévères dans l'appréciation de ce chef.
Il importe que le commerce soit rappelé dans ses voies
normales. Assez d'écueils sillonnent déjà sa route pour
qu'on tolère qu'il aille s'en créer d'autres dans des passions qui ne peuvent engendrer que le désordre et la
ruine. Que la magistrature veille donc à ce danger avec
la vigilance et la consciencieuse fermeté qui la caractérisent. De tous les services signalés qu'elle rend à la
société, la répression de cet abus ne sera pas le moindre.

1216. 3° Achats pour revendre au dessous du cours,
emprunts, circulation d'effets ou autres moyens ruineux.
Quelques modifications ont été faites sur ce chef à la précédente législation.

Le Code de commerce, en effet, ne punissait les em-

_____

(1) Nous avons eu personnellement à nous occuper, dans un court
intervalle, de deux faillites. Dans l'une, un banquier avait joué et perdu
à la loterie, dans l'espace de 4 ans, 760,000 fr.; dans l'autre, un négociant était resté débiteur, envers une seule maison, de 800,000 fr., pour
différences sur les huiles et savons!

prunts considérables, et la vente au dessous du cours
que lorsqu'ils s'étaient réalisés à une époque où l'actif
du failli était au dessous du passif de cinquante pour cent.
Mais cette limitation n'avait d'autre résultat que d'affaiblir l'action de la justice, de la laisser même désarmée
en présence du délit qui existait en réalité, bien que
contredit par les apparences. On sait, en effet, que,
dans l'actif des commerçants, il entre toujours une certaine somme de créances irrécouvrables. Son adjonction
pouvait donc, dans cette circonstance, ne porter qu'à
un chiffre moindre que celui exigé par la loi, le déficit
qui pouvait, au fond, être plus considérable.

D'ailleurs, la disposition pénale du Code de commerce
était fondée sur la présomption que, parvenu à cette
position, les emprunts et les ventes au dessous du cours
ne pouvaient avoir pour objet que de retarder la déclaration de la faillite. Or, cette supposition pouvait ne
pas être fondée, même avec un déficit de cinquante pour
cent, tandis qu'elle pouvait être vraie, lorsqu'il était bien
moindre.

1217. La loi actuelle est donc beaucoup plus rationnelle, lorsque laissant à l'écart la position du débiteur,
elle confie aux tribunaux l'appréciation souveraine de sa
conduite. Les faits qui lui sont reprochés ont-ils été dic-
tés par l'intention de retarder la faillite? il y a culpabilité
quel que soit le déficit. Il est évident, en effet, que puisque c'est le but seul que la loi voulait atteindre, son existence devait, indépendamment des circonstances qui
l'ont vue s'accomplir, tomber sous le coup de cette disposition.

Ainsi, l'achat pour revendre au dessous du cours n'est
plus par lui-même le délit de banqueroute simple. Il ne

prend cette qualité, que s'il a été accompli dans l'intention de reculer la faillite, que la position du débiteur rendait dès lors inévitable.

1218. Le Code de commerce punissait la revente à perte, ou au dessous du cours, isolément de tout achat. L'article 585 exige l'achat et la revente. S'ensuit-il que si, sans acheter, le débiteur a vendu les marchandises qu'il possédait, au dessous du cours, il soit à l'abri de toute peine ?

Il faudrait répondre affirmativement, si l'article 585 ne renfermait que les expressions qu'on lit en tête du numéro trois. Il faudrait plus encore ; on ne pourrait trouver le délit que lorsque les marchandises revendues au dessous du cours seraient identiquement les mêmes que celles achetées. Or, une pareille solution eut enlevé toute autorité à la disposition de la loi, que l'on aurait bien facilement éludée.

Mais le législateur n'a pas voulu un pareil résultat, et c'est dans les termes généraux dont il s'est servi, que l'on trouve le remède que sa disposition première exigeait. On remarquera, en effet, qu'il punit non seulement l'achat pour revendre, les emprunts ou circulation d'effets, mais encore tout moyen ruineux de se procurer des fonds. Or, la revente au dessous du cours, isolée de tous achats, rentrerait incontestablement dans la catégorie de ces moyens, et tomberait, par conséquent, sous le poids de la disposition qui les prohibe.

Ainsi, la revente au dessous du cours est punissable dans quelques circonstances qu'elle se réalise, pourvu toutefois qu'elle ait eu lieu dans l'intention de retarder la faillite.

1219. A quelles conditions reconnaîtra-t-on qu'il en

a été ainsi? C'est à la conscience des tribunaux que la solution de cette question est souverainement abandonnée. Mais, il est évident que, dans les élémens de la conviction qu'ils auront à se former, la position réelle du débiteur, avant et après la revente, devra se recommander particulièrement à leur attention. Ainsi, un commerçant est dans l'impuissance de subvenir à une échéance ; pour s'en procurer les moyens, il réalise à tout prix sa marchandise, les échéances se succèdent, et il n'y satifait que par la même opération ; il y a là insolvabilité certaine, profonde ; et, par conséquent, délit, pour avoir sciemment retardé une faillite inévitable.

Au contraire, un négociant a entrepris une opération qui doit lui être profitable. Un besoin urgent et imprévu le force à vendre des marchandises au dessous du cours parce qu'il sera dans l'impossibilité de se procurer autrement les fonds qui lui sont indispensables, ou bien un embarras momentané, à la suite d'une crise commerciale, lui impose ce sacrifice ; mais bientôt, tout reprend son cours ordinaire, et pendant un temps plus ou moins long, il continue honorablement sa profession, il n'y aurait certainement aucune justice à le déclarer banqueroutier simple.

En résumé, la pensée de la loi résulte clairement de ses dispositions. Le commerçant qui acquiert la conviction que sa position est désespérée, doit s'arrêter, et provoquer lui-même sa faillite. Il ne lui est plus permis de braver les chances de sa profession, lorsqu'il ne pourrait le faire, sans creuser plus profondément le gouffre du déficit, et sans dissiper un actif que la loyauté et la délicatesse lui font un devoir d'abandonner à ses créanciers. Tout ce qu'il fait dans le but de se soustraire à cette obligation, constitue pour les derniers un véritable préjudice, et le rend lui-même coupable aux yeux de la justice, comme aux yeux de la raison.

1220. De ce que la loi n'atteint que la revente au dessous du cours, il suit que la perte sur le prix d'achat ne saurait constituer le délit de banqueroute simple, si d'ailleurs la vente avait été faite au cours du moment. La nécessité de subir cette perte peut résulter pour le commerçant, ou de ce qu'il a mal acheté, ou d'une baisse éprouvée par la marchandise, ou d'une détérioration subie par un trop long séjour dans les magasins. On comprend même, dans ce dernier cas, qu'une vente au dessous du cours ne serait pas de nature à constituer un délit

1221. Les emprunts contractés pour retarder la faillite causent un véritable et grave dommage aux prêteurs qui ne seront jamais remboursés intégralement. C'est, disait M. Raynouard (1), un moyen de favoriser, au mépris de l'égalité, ceux des anciens créanciers que l'on désintéressse, et d'aggraver les pertes de ceux dont on dilapide le gage. Sous ce double rapport, il y a justice à infliger une peine au débiteur qui y a recouru.

La raison indique assez ce qui constitue un emprunt ruineux. Ainsi, celui qui supporterait un intérêt exorbitant, qui, pour se procurer une somme quelconque, serait obligé de livrer un gage d'une valeur supérieure, serait nécessairement atteint par la disposition de l'article 585.

1222. La mise en circulation d'effets, avec la certitude qu'on ne pourra ni les payer, ni en faire les fonds

_____

(1) Vid. son rapport à la chambre des députés. Session de 1835.

II.   31

à l'échéance, a été justement réprouvée par le législateur. Ce moyen factice est trop malheureusement pro-
digué, malgré les conséquences fâcheuses qu'il entraîne.
En effet, la nécessité d'un protêt à l'échéance et d'un
compte de retour, détermine des frais considérables qui
empirent singulièrement la position du débiteur.

1223. Le Code de commerce ne considérait la mise
en circulation comme coupable, que lorsqu'elle attei-
gnait une somme triple de l'actif. Cette limitation dans
le chiffre a été abrogée par la loi nouvelle. Comme pour
les ventes au-dessous du cours, comme pour les emprunts, qu'ils soient ou non considérables, les tribunaux
n'ont qu'à apprécier les motifs de la création d'effets. Le
débiteur a-t-il voulu retarder sa faillite? La décision
affirmative le place nécessairement sous le coup des
articles 585 de la loi, et 402 du Code pénal.

1224. 4° Paiement d'un créancier après la cessation
de paiemens. Cet acte constitutif de la banqueroute
simple a été ajouté par la loi nouvelle à ceux qui précèdent, et que le Code avait également prévus. Il n'est
que la consécration des principes que nous avons relevés,
à savoir: qu'il y a faillite dès que la cessation de paiemens
se réalise; qu'à partir de ce moment, tous les créanciers
ont un droit égal à l'actif; qu'il n'est plus permis au failli
de disposer de celui-ci au détriment de la masse.

Or, les paiemens opérés au mépris de ces prescriptions causent à celle-ci un préjudice notable. Le créancier, qui se trouve par là désintéressé, serait venu
simplement à contribution, et n'aurait touché qu'un
dividende comme tous les autres. Dès lors, ce qui, dans
la somme payée, excède ce dividende, est réellement
soustrait à la masse entre laquelle il eût été réparti.

C'est cette soustraction que notre article a voulu réprimer.

1225. Il suit de cette intention de la loi, que si le
paiement opéré n'avait pas ce caractère, l'application
de l'article 585 serait impossible. Ainsi, si le créancier
désintéressé était privilégié, le failli n'encourrait aucun
reproche. Il n'aurait fait que ce que la masse aurait été
obligée de faire plus tard. Il n'aurait non plus occasionné
le moindre préjudice à personne.

1226. Tels sont les faits dont l'existence matérielle
constitue le délit de banqueroute simple. L'article 586
énumère ceux dont la criminalité se règle par l'intention
qui y a présidé.

Le Code de commerce plaçait dans la catégorie des
faillis qui pouvaient être déclarés banqueroutiers simples:

1° Celui qui n'avait pas fait au greffe la déclaration
prescrite par l'article 440 ;

2° Celui qui, s'étant absenté, ne s'était pas présenté
en personne, aux agens et aux syndics, dans les délais
fixés et sans empêchement légitime ;

3° Celui qui présentait des livres irrégulièrement tenus,
sans néanmoins que les irrégularités constituassent la
fraude, ou qui ne les présentait pas ;

4° Celui qui, ayant une société, ne s'était pas conformé à l'article 440.

On comprend que la doctrine et la jurisprudence ne
pouvaient modifier en rien les termes de la loi dans une
matière où l'intention pouvait seule établir ou faire disparaître le délit. Cependant, nous devons constater que
l'une et l'autre avaient reconnu que l'obligation de tenir
des livres et de les représenter, ne pouvait être imposée

aux petits marchands, le plus souvent incapables de le faire, et notamment aux colporteurs. Toutefois, c'était là une règle d'appréciation qui rentrait dans l'examen de la question intentionnelle, et que les circonstances pouvaient modifier.

1227. La loi nouvelle a accepté les catégories tracées dans le Code, en y ajoutant quelques faits dont le classement était réclamé par l'expérience ou commandé par les dispositions nouvelles.

Ainsi, pourra être déclaré banqueroutier simple, celui qui, indépendamment des faits prévus par le Code de commerce, aura commis l'un des suivans:

1228. 1° Contracté pour le compte d'autrui, sans recevoir des valeurs en échange des engagemens jugés trop considérables, eu égard à sa situation, lorsqu'il les a contractés.

C'est là une précaution que le législateur a cru devoir prendre contre ces avances exagérées, qui placent celui qui les fournit à la discrétion de celui qui les reçoit; de telle sorte, que la faillite de celui-ci entraîne nécessairement celle de l'autre.

Cet abus avait même paru si grave, que le projet de la loi considérait son existence comme devant nécessairement constituer la banqueroute simple. Mais, sur l'observation que celui qui aurait accordé une confiance trop étendue, pouvait n'avoir commis aucune imprudence, la chambre des pairs le fit passer dans les catégories de l'article 586, et le fit descendre ainsi au rang des faits dans lesquels le délit est facultatif.

1229. 2° S'il est déclaré de nouveau en faillite, avant d'avoir satisfait aux obligations d'un précédent concordat.

Cette disposition, disait le garde des sceaux (1), est destinée à punir les scandaleuses violations par lesquelles on se joue très fréquemment de ces sortes de traités.

1230. Il résulte de ces termes, que la faillite produite par la résolution du concordat, pour inexécution, exposerait le débiteur à être poursuivi et condamné comme banqueroutier simple. Cette inexécution étant précisément ce que la loi a voulu empêcher, peu importe qu'elle soit le résultat ou la cause d'une déclaration nouvelle de faillite. Il suffit qu'elle se réalise, pour que son auteur soit appelé à rendre compte de sa conduite.

Mais la nouvelle faillite par suite de l'annulation du concordat ne donnerait pas lieu à l'application de notre disposition. D'abord, parce que, dans ce cas, il n'y a pas inexécution volontaire de la part du failli; ensuite, parce que ce n'est pas par un fait qui lui soit nouvellement imputable que l'anéantissement du traité s'opère. Le vice dont le concordat était entaché se rapporte essentiellement à la faillite qu'il avait clôturée. C'est donc sous le rapport du caractère de celle-ci que le failli pourrait avoir à répondre de l'annulation, et nous avons vu qu'elle pourrait motiver une banqueroute frauduleuse (2), ou résulter de la condamnation précédemment prononcée.

1231. 3° Si, étant marié sous le régime dotal ou séparé de biens, il ne s'est pas conformé aux articles 69 et 70 du Code de commerce.

Cette disposition n'était qu'une conséquence forcée du remplacement de l'ancien article 69 adopté par le nouveau législateur. Nous avons déjà, en parlant de ce rem-

(1) Exposé des motifs à la chambre des pairs, séance du 26 janvier 1836.
(2) Vid. suprà, art. 520,

placement, fait ressortir tout ce qu'il avait de rationnel
et de juste (1). Nous n'y reviendrons plus.

Tels sont les faits que la loi nouvelle a ajoutés à la série
de ceux prévus par le Code de commerce. L'unique
modification que ces derniers aient subie, c'est l'application spéciale à l'inventaire, de l'obligation de présenter
des livres exacts et réguliers ; mais ce n'est pas là une
innovation. Il est, en effet, d'autant plus certain que le
Code comprenait l'inventaire dans les livres qu'il exigeait,
qu'indépendamment de son importance , c'est par ses
résultats que se réglait l'application des troisième et quatrième dispositions de l'article 586.

1232. Après avoir vu les faits divers de banqueroute
simple, on comprend facilement la distinction que l'on
a de tout temps admise entr'eux, soit quant à la poursuite, soit quant à la condamnation. Ceux prévus aujour-
d'hui par l'article 586 diffèrent essentiellement de ceux
punis par l'article 585. Il n'en est pas un qui fasse nécessairement présumer la faute ou l'imprudence; ils peuvent
n'être que la conséquence d'un oubli, de l'ignorance, de
la légèreté, d'une impossibilité même d'agir autrement;
tandis que les derniers constituent au moins une imprudence coupable.

Au reste, nous ne saurions utilement entrer ici dans
de plus longs développemens. L'obligation de décider la
question intentionnelle laisse les magistrats arbitres souverains de l'opportunité d'une condamnation. Pour une
telle appréciation, la doctrine est superflue, puisque les
faits étant certains, c'est la pensée de leur auteur qui
seule pourra être atteinte et punie.

1233. A quelque catégorie qu'il appartienne, le failli

_____

(1) Vid. Préambule de la loi n° 2.

déclaré coupable de banqueroute simple sera puni des peines portées par l'article 402 du Code pénal, que les tribunaux pourront modifier par l'article 463. C'est donc, en thèse ordinaire, un emprisonnement d'un mois à deux ans qu'il aura à subir.

La distance qui sépare le *minimum* du *maximum* laisse une vaste échelle au pouvoir des tribunaux. Elle permet d'avoir tous les égards que méritent les circonstances relevées par la défense, même dans les hypothèses où la condamnation est forcée par la matérialité des faits; et lorsqu'on réfléchit qu'au moyen de l'article 463, cette échelle reçoit des proportions plus considérables, on est rassuré sur la sévérité de la loi, dont l'application, confiée à nos magistrats, saura, sans dangers, concilier la nécessité de la répression, avec la justice qu'exige la position particulière du condamné.

1234. La banqueroute simple existe, alors même que le failli serait convaincu d'un seul des faits énumérés par nos deux article. Si la prévention en cotait plusieurs et que sur l'un d'eux, le failli eût été acquitté, l'accusation serait-elle purgée pour tous, ou bien devrait-il être prononcé sur les autres par jugement séparé?

La cour royale d'Aix ayant eu à décider cette question, l'a résolue dans le premier sens par arrêt du 9 août 1837. Cet arrêt nous paraît si fortement motivé en droit, qu'on ne saurait, après l'avoir lu, adopter une opinion contraire. Voici l'espèce sur laquelle il a été rendu:

Brunet ayant été déclaré en état de faillite, une ordonnance de la chambre du conseil, confirmée par la chambre d'accusation, le renvoya 1° devant la cour d'assises pour fait de banqueroute frauduleuse; 2° devant le tribunal correctionnel, sous prévention de banqueroute simple, pour avoir omis de faire la déclaration exigée par l'article 440, et pour ne pas s'être présenté à l'agent dans les délais.

Devant les assises une question subsidiaire de banqueroute simple, pour tenue irrégulière de livres, est posée au jury. Sur la réponse négative de celui-ci, tant sur le fait principal, que sur le fait subsidiaire, Brunet est acquitté.

En cet état, le ministère public assigne Brunet pardevant le tribunal correctionnel, pour répondre sur les faits admis par l'ordonnance et l'arrêt de renvoi. Brunet soutient que l'accusation a été purgée par l'arrêt de la cour d'assises. Mais le tribunal de Marseille écarte cette fin de non recevoir, et au fond, condamne pour banqueroute simple.

Appel de Brunet et arrêt réformatif : « Attendu que d'après l'article 360 du Code d'instruction criminelle, toute personne acquittée légalement ne pourra être reprise ou accusée à raison du même fait ;

« Attendu que, quoique le délit de banqueroute simple puisse résulter de circonstances diverses et même non connexes par leur nature, ces circonstances, soit qu'on les prenne isolément, soit qu'on les prenne cumulativement, ne constituent jamais qu'un fait dans le sens de l'article 360, lequel fait n'est jamais que celui de banqueroute simple ;

« Attendu que si Brunet eût été condamné comme banqueroutier simple par la cour d'assises, il aurait purgé complètement la prévention de banqueroute simple, à raison même des circonstances renvoyées devant le tribunal correctionnel par l'ordonnance de la chambre du conseil ; qu'il faut donc admettre qu'il a purgé ces circonstances par un acquittement ; car, par cela même qu'il a été acquitté, il a couru la chance d'être condamné. »

1235. Le délit de banqueroute simple est susceptible d'être éteint par la prescription. Le délai de celle-ci est celui fixé pour tous les délits par l'article 638 du Code d'instruction criminelle, c'est-à-dire trois ans à partir de la faillite ; et si depuis il s'est réalisé des poursuites non suivies de jugement, à partir du dernier acte d'instruction ou de poursuite.

ARTICLE 587.

Les frais de poursuite en banqueroute simple intentée par le ministère public ne pourront, en aucun cas, être mis à la charge de la masse.

En cas de concordat, le recours du trésor public contre le failli pour ces frais ne pourra être exercé qu'après l'expiration des termes accordés par ce traité.

ARTICLE 588.

Les frais de poursuite intentée par les syndics, au nom des créanciers, seront supportés, s'il y a acquittement, par la masse, et, s'il y a condamnation, par le trésor public, sauf son recours contre le failli, conformément à l'article précédent.

ARTICLE 589.

Les syndics ne pourront intenter de poursuite en banqueroute simple, ni se porter partie civile au nom de la masse, qu'après y avoir été autorisés par une délibération prise à la majorité individuelle des créanciers présens.

ARTICLE 590.

Les frais de poursuite intentée par un créancier seront supportés, s'il y a condamnation, par le trésor public ; s'il y a acquittement par le créancier poursuivant.

SOMMAIRE.

1236. Ces dispositions établissent un droit nouveau en matière de poursuites en banqueroute. On sait que sous l'empire du Code de commerce les frais du procès fait au failli par le ministère public, étaient supportés par l'état, s'il y avait acquittement; par le failli, si une condamnation l'avait atteint. Or, comme tous les biens du failli appartenaient à ses créanciers, c'étaient, en définitive, ceux-ci qui souffraient de la condamnation qui leur imposait ainsi une perte nouvelle.

1237. Il n'est pas difficile d'apprécier combien une telle disposition servait les intérêts du failli et contribuait à son impunité. Dans plusieurs circonstances, la crainte de voir la justice prendre le peu qui restait dans l'actif, était de nature à empêcher les créanciers et les syndics de s'expliquer avec franchise sur les torts du failli, et à frapper ainsi d'impuissance les efforts du ministère public.

Le Code de commerce avait donc mal à propos faussé la position des créanciers, en plaçant leur intérêt dans l'acquittement des faillis. L'expérience de trente années, les plaintes unanimes qui de tout côté s'élevaient sur l'impunité dont ces derniers jouissaient, signalent d'une manière évidente les conséquences funestes qui en étaient découlées.

1238. Le nouveau législateur ne pouvait donc pas hésiter à modifier cet état des choses, à remédier à cet abus d'une manière efficace. Tel a été l'objet des dispositions que nous examinons. Elles doivent avoir pour résultat, non seulement d'assurer à l'action du ministère public le concours loyal des créanciers et des syndics, mais encore de les appeler individuellement dans l'arène judiciaire, soit comme auxiliaires du procureur du roi, soit comme parties principales.

1239. 1° Le failli est poursuivi directement par le procureur du roi.

Quelle que soit l'issue de la poursuite, la masse ne sera jamais grevée des frais auxquels elle aura donné lieu. Ces frais seront donc supportés par l'état, s'il y a acquittement; par le failli personnellement, s'il y a condamnation.

Mais, dans cette hypothèse même, la loi distingue la masse, du failli. Les biens composant l'actif appartiennent à la première, et ils sont exempts de l'obligation imposée au failli. L'état ne pourra recourir que contre la personne de celui-ci et contre les biens qu'il acquerra par la suite, soit que la faillite ait été terminée par concordat ou par union.

1240. La loi fait plus encore. Le concordat impose au failli des obligations sacrées envers ses créanciers. L'action du trésor pourrait être un obstacle à leur accomplissement, en troublant les prévisions sur lesquelles elles sont fondées. En conséquence, le recours du trésor a été suspendu jusqu'après les délais accordés par le traité, et partant jusqu'à une époque où les créanciers auront pu être complètement désintéressés.

Cette disposition qui n'existait pas dans le projet fut proposée en 1835 par la commission de la chambre des députés, et adoptée par le gouvernement. « Ce sont là, disait le rapporteur (1), des sacrifices que l'on peut demander au trésor public, parce que ce sont les intérêts généraux du commerce et de la justice sociale qui les réclament. Votre commission a pensé qu'il devait être fait réserve expresse du recours personnel contre le failli, pour les cas où, après l'obtention et l'exécution du concordat, il reviendrait à meilleure fortune. »

Il est donc bien certain aujourd'hui que les créanciers n'auront jamais à supporter directement ni indirectement les frais de la poursuite intentée par le ministère public. Ceux d'entre eux dont on invoquerait le témoignage n'auront conséquemment aucun motif plausible pour ne pas dire la vérité toute entière sur les faits qui seront venus à leur connaissance, et dont l'existence avérée serait de nature à amener une condamnation.

(1) Séance du 26 janvier 1835.

1241. 2º Les syndics agissent principalement, ou se sont constitués partie civile.

La loi nouvelle applique, dans cette hypothèse, à la juridiction correctionnelle, la règle que l'article 368 du code d'instruction criminelle avait adoptée pour le grand criminel. En cas de condamnation, la partie civile ne sera jamais passible des dépens. Par conséquent, soit que les syndics aient eux-mêmes intenté la poursuite, soit qu'intervenant dans celle dirigée par le procureur du roi, ils aient pris la qualité de partie civile, les frais ne seront à la charge de la masse que si le failli est acquitté.

Le législateur ne pouvait aller au delà sans s'exposer à favoriser, dans bien des circonstances, des sentimens auxquels il ne pouvait s'associer. Il n'est pas rare dans les premiers momens d'une faillite d'entendre les créanciers la qualifier de banqueroute simple ou frauduleuse. La certitude d'être, dans tous les cas, exempts de frais aurait pu les porter à céder plus facilement à leur irritation et à se livrer à des poursuites qui n'auraient aucun fondement réel.

La certitude contraire leur impose l'obligation d'examiner, avec calme et sang-froid, les circonstances qu'ils ont à relever contre le failli ; toute poursuite irréfléchie devant tourner à leur préjudice, augmenter la perte qu'ils éprouvent, en grevant l'actif des frais qu'elle occasionnerait.

1242. C'est, au reste, parce que le législateur s'est méfié des conseils puisés dans l'indignation et le ressentiment, qu'il a soumis la conduite des syndics à l'approbation préalable des créanciers. Une masse n'est pas aussi susceptible que quelques individus, de se laisser emporter aux premiers mouvemens. Dans cette circons-

tance, d'ailleurs, la délibération, dirigée par le juge-
commissaire, trouvera dans le concours de ce magistrat
un élément d'appréciation impartial dont l'autorité sera
difficilement méconnue.

La disposition de l'article 587 se justifie, en outre,
par un autre motif. L'intervention des syndics est de nature à entraîner des engagemens qui dépassent les limites de leur mandat. L'obligation de supporter les frais,
en cas d'acquittement, peut être onéreuse pour la masse
qu'elle grève. Les syndics n'ayant pas, en général, la
mission de l'engager, il convenait de laisser à ses membres à décider de la conduite qu'ils devaient tenir.

Ainsi, les syndics ne pourront ni poursuivre, ni se
constituer partie civile, sans en avoir reçu l'autorisation
des créanciers régulièrement assemblés.

1243. Quelle serait la conséquence de la violation de
l'article 589 ? Il faut résoudre cette question sous un
double point de vue :

Ou le failli traduit en police correctionnelle excipera
de l'absence d'autorisation, et son exception devra être
accueillie par le tribunal. Les syndics n'ont réellement
action que dans les cas et aux conditions prévues par
la loi. Or, dans l'hypothèse, l'article 589 leur imposant
celle d'obtenir l'autorisation des créanciers, tout ce qu'ils
ont fait, sans cette autorisation, est irrégulier. Ils devraient donc être déclarés non recevables, et condamnés
personnellement aux dépens.

Ou le failli n'a pas relevé cette fin de non recevoir, et
l'issue de la poursuite règle la position des syndics. Si
le failli a été condamné, la masse n'a point à se plaindre ;
elle n'éprouve aucun préjudice. S'il a été acquitté, les
frais étant à la charge des créanciers, ceux-ci ont le droit

de les faire supporter par les syndics qui ont agi sans les consulter.

1244. Si la poursuite dirigée par les syndics, en suite d'une autorisation régulière, s'est terminée par une condamnation, les dépens restent à la charge de l'état, sauf son recours contre le failli, conformément à ce que nous venons de dire. Il résulte de là que si, aux termes du décret de 1811, la consignation préalable des frais avait été faite, les sommes consignées seraient remboursées aux syndics.

1245. 3° La poursuite est dirigée par un créancier individuellememt, soit qu'il agisse directement, soit qu'il se constitue partie civile.

Il en est pour les créanciers, comme pour les syndics: les frais ne sont à leur charge que lorsque le failli aura été acquitté; dans le cas contraire, ils sont supportés par l'état. Conséquemment, celui qui aurait poursuivi, obtiendrait, après la condamnation, la restitution des sommes qu'il aurait été dans le cas de consigner (1).

1246. Il est à remarquer que l'article 590 ne réserve pas expressément, comme le fait le précédent, le recours du trésor public contre le failli. Mais cette omission ne nous paraît pas devoir être considérée comme l'exclusion, dans ce cas spécial, de l'action du trésor; le failli, s'il succombe, est condamné, dans toutes les hypothèses, aux frais envers l'état. Le jugement ou l'arrêt est donc, pour le trésor, un titre suffisant pour contraindre au paiement; mais il ne peut réaliser un recours quelconque, que conformément à l'article 587.

1247. Dans les trois hypothèses que nous venons

(1) Vid. pour ce qui concerne les dommages-intérêts réclamés par les syndics ou par un créancier, *infrà* art. 601.

d'examiner, il en est deux dans lesquelles le failli, légalement acquitté, ne peut voir les frais mis à sa charge. Ainsi, si la poursuite est intentée par le ministère public, c'est l'état qui les paie sans répétition; si l'un des créanciers s'est constitué partie civile et a poursuivi comme tel, les frais le concernent personnellement.

Mais il n'en est pas de même dans la troisième. Si les syndics ont succombé, c'est la masse qui paie, c'est-à-dire, que l'on prend sur l'actif de la faillite de quoi faire face aux frais. En réalité, donc, c'est le failli qui, quoique acquitté, supporterait les dépens de l'instance, si les créanciers n'étaient pas obligés de lui en tenir compte.

Or, un pareil résultat blesserait ouvertement tous les principes et violerait la loi. Il n'a pu, dès lors, être consacré par le législateur. Nous croyons donc que le failli serait libéré, envers ses créanciers, de tout ce qui aurait été par eux consacré à solder les frais de poursuite. Les créanciers devraient proportionnellement l'ajouter au dividende qu'ils ont réellement touché, et en tenir compte au failli, lorsqu'il demanderait sa réhabilitation.

CHAPITRE II.

De la Banqueroute frauduleuse.

ARTICLE 591.

Sera déclaré banqueroutier frauduleux, et puni des peines portées au Code pénal, tout commerçant failli qui aura soustrait ses livres, détourné ou dissimulé une partie de son actif, ou qui, soit dans ses écritures, soit par des actes publics ou des engagemens sous signature privée, soit par son bilan, se sera frauduleusement reconnu débiteur de sommes qu'il ne devait pas.

ARTICLE 592.

Les frais de poursuite en banqueroute frauduleuse ne pourront, en aucun cas, être mis à la charge de la masse.

Si un ou plusieurs créanciers se sont rendus parties civiles en leur nom personnel, les frais, en cas d'acquittement, demeureront à leur charge.

SOMMAIRE.

1248. Le Code de commerce avait établi pour la banqueroute frauduleuse une distinction analogue à celle qu'il avait admise pour la banqueroute simple.

Sera déclaré banqueroutier frauduleux, disait l'article 593, tout commerçant failli qui se trouvera dans un ou plusieurs des cas suivans, savoir :

1° S'il a supposé des dépenses ou des pertes, ou ne justifie pas de l'emploi de toutes ses recettes ;

2° S'il a détourné aucune somme d'argent, aucune dette active, aucunes marchandises, denrées ou effets mobiliers ;

3° S'il a fait des ventes, négociations ou donations déguisées ;

4° S'il a supposé des dettes passives et collusoires entre lui et des créanciers fictifs, en faisant des écritures simulées, ou en se constituant débiteur, sans cause ni valeur, par des actes publics, ou des engagemens sous signature privée ;

5° Si, ayant été chargé d'un mandat spécial ou constitué dépositaire d'argent, d'effets de commerce, de denrées ou marchandises, il a, au préjudice du mandat ou du dépôt, appliqué à son profit les fonds ou la valeur des objets sur lesquels portait, soit le mandat, soit le dépôt ;

6° S'il a acheté des immeubles ou des effets mobiliers à la faveur d'un prête-nom ;

7° S'il a caché ses livres.

L'article 594 ajoutait : pourra être poursuivi comme banqueroutier frauduleux et déclaré tel :

Le failli qui n'a pas tenu des livres, ou dont les livres ne présenteront pas sa véritable situation active et passive ;

Celui qui, ayant obtenu un sauf-conduit, ne se sera pas représenté à justice.

1249. La loi actuelle n'a maintenu, ni cette distinction, ni cette classification. La première ne répondait à aucun besoin réel ; la gravité de la peine, au-delà de toute proportion avec la nature des faits, dans les hypothèses de l'article 594, loin d'en empêcher la réalisation, ne pouvait qu'en assurer l'impunité. On pourrait difficilement citer un exemple dans lequel cette disposition ait été appliquée. En transportant donc ces deux faits dans la catégorie de ceux qui peuvent être punis comme constituant la banqueroute simple, le nouveau législateur a pris, pour en prévenir le retour, des mesures plus efficaces, que ne l'aura jamais été le Code de commerce.

1250. Quant à la classification adoptée par le Code, elle avait l'inconvénient, en trop précisant les faits, de laisser encore une trop large part à l'impunité. Il suffisait en effet, que le fait poursuivi ne rentrât expressément dans aucune des catégories, pour que, quelque condamnable qu'il fût, il échappât à toute peine. Un arrêt de la cour d'assises de Rouen nous fournit une preuve de la réalité du reproche que nous articulons.

1251. Un failli poursuivi pour banqueroute frauduleuse fut déclaré, par le jury, coupable : *d'avoir supposé*

*des dettes passives et collusoires entre lui et des créan-
ciers fictifs, en se constituant débiteur sans cause ni valeur, par le bilan qu'il avait présenté.*

L'arrêt qui intervint renvoya l'accusé absous ; et sur
le pourvoi du procureur général, cet arrêt fut confirmé
par la cour de cassation, attendu que le fait déclaré constant par le jury ne rentrait pas directement dans l'hypothèse du § 4 de l'article 593, cod. de com., et qu'il n'était
prévu par aucune loi pénale (1).

1252. La loi actuelle a rattaché tous les faits constituant la banqueroute frauduleuse à deux points principaux : le détournement ou la dissimulation de l'actif,
l'exagération frauduleuse du passif. Quels que soient les
moyens à l'aide desquels le failli a atteint l'un de ces résultats, sa culpabilité déclarée par le jury entraînerait
l'application de la loi pénale.

Il est facile, au reste, de se convaincre que les termes
généraux de l'article 593 résument toutes les hypothèses
prévues par le code de commerce. Les faits cotés sous
les numéros 1, 2, 3 et 6 de l'article 593 n'étaient punis
que parce qu'ils renfermaient un détournement ou une
dissimulation de l'actif. Le numéro 4 qui prévoyait l'exagération du passif a été maintenu. Seulement, il a acquis
plus de développement dans la loi nouvelle, puisqu'il
suffit que le failli se soit constitué débiteur dans son bilan, pour que la banqueroute frauduleuse puisse être
reconnue.

1253. Le numéro 7 a été maintenu dans l'article 591.
Ainsi l'enlèvement des livres, leur recélé par le failli,
le constituent en banqueroute frauduleuse. Dans ce
fait, la loi de 1838 a été conséquente avec les princi-

(1) Cass. 3 juillet 1823. D. A. 8, p, 310.

pes généraux qu'elle traçait. La soustraction des livres ne peut avoir qu'un but, celui de rendre impossible la constatation des fraudes commises par le failli. Or, à quoi pourrait-on rattacher ces fraudes, si ce n'est au détournement, à la dissimulation de l'actif, ou à l'exagération du passif?

Celui qui livre à ses créanciers les résultats de son administration, et qui leur enlève d'avance tout moyen de les contrôler, prouve, par cette action, combien les investigations des créanciers seraient redoutables. La reconnaissance qu'il fait ainsi de l'intérêt qu'il a à se soustraire à toute recherche, n'est pas seulement un indice de mensonge; elle est l'aveu le plus explicite de la fausseté des indications qu'il lui a plu de donner. Elle ne pouvait donc être trop sévèrement appréciée.

Vainement tenterait-on de se soustraire à l'application de l'article 591, par la production de livres fabriqués après coup, dans le but de les faire concorder avec les énonciations du bilan. La preuve de leur fabrication les ferait rejeter. Ceux que la loi exige, sont les livres que le commerçant a dû tenir à l'origine de son commerce, sur lesquels, avant toute prévision de faillite, il a inscrit ses opérations journalières. En conséquence, la conviction que les écritures produites n'ont été faites qu'à l'occasion de la faillite, laisserait le débiteur sous le coup de la disposition de l'article 591. Il serait considéré comme ayant soustrait ses livres; et la présomption que le législateur tire de ce fait, s'aggraverait de la fraude tentée pour les remplacer.

1254. Dans l'établissement des faits constitutifs de la banqueroute frauduleuse, la loi actuelle n'a considéré comme tels, que ceux qui sont dirigés contre l'intérêt de la masse en général. Cette idée l'a amenée à ne plus reproduire celui prévu par le numéro 5 de l'article 593 du Code de commerce. Mais il ne faudrait pas conclure de cette suppression qu'elle ait entendu autoriser, ni tolérer les actes si sévèrement punis par la législation précédente. L'abus d'un mandat, la violation d'un dépôt, constituent des délits réprimés par la loi pénale. Mais comme leur existence préjudicie surtout au mandant, au déposant, c'est à eux qu'est laissé le soin d'en poursuivre et d'en obtenir la réparation.

1255 La connaissance de la banqueroute frauduleuse est déférée aux cours d'assises. C'est donc en la forme ordonnée par le Code d'instruction criminelle, que le jury sera interrogé sur les faits imputés à l'accusé. Or, l'article 337 exige que les questions soient ainsi posées : « L'accusé est-il *coupable*, etc. » L'appréciation de cette culpabilité entraîne nécessairement la solution de la question intentionnelle, sans laquelle il ne saurait exister ni crime, ni délit. En conséquence, quelque similitude qu'il y ait entre les termes de l'article 591 et ceux employés par l'article 585, on ne saurait appliquer au premier la solution que nous avons admise pour le second. Le jury n'est jamais obligé de répondre affirmativement, par cela seul qu'il adopterait comme certaine la matérialité des faits.

Cette différence n'a, au reste, rien qui doive surprendre. Dans l'article 585, la loi, avons-nous dit, a voulu punir même l'imprudence. Or, cette imprudence peut bien caractériser un délit. L'article 319 nous en a fourni un exemple légal ; mais elle ne pourrait jamais constituer un crime ; il y aurait une sévérité plus qu'outrée à la punir d'une peine afflictive et infamante.

1256. Nous devons cependant faire remarquer la différence des termes de notre article 591, relativement
aux faits constitutifs de la banqueroute frauduleuse. Le
législateur semble, pour les uns, présumer la fraude.
Ainsi, il n'exige que le fait lui-même pour la soustraction
des livres, le détournement de l'actif et sa dissimulation ; tandis qu'il veut que la reconnaissance d'une dette
qui n'existait pas ait été frauduleuse. Nous devons en
conclure que, dans les premiers cas, c'est à l'accusé à
prouver sa bonne foi ; que, dans le dernier, c'est au ministère public à prouver la fraude. Mais, dans chacun
d'eux, le jury est arbitre souverain de l'intention, ou soit
de la culpabilité.

1257. Nous avons déjà dit que l'ouverture de la faillite judiciairement prononcée, n'était pas un préalable
indispensable pour la poursuite en banqueroute. Mais
l'existence du jugement déclaratif ne dispense pas de la
nécessité d'interroger le jury sur la qualité de commerçant failli. Cette qualité est constitutive du crime à tel
point, que si elle n'a pas été répondue affirmativement,
l'arrêt qui, sur la déclaration du jury que l'accusé est
coupable d'un des faits indiqués par la loi, appliquerait
la peine de la banqueroute frauduleuse, devrait être
cassé (1).

La cour de cassation n'admet même aucun équipollent
pour établir la qualité de commerçant failli. Ainsi, elle
a jugé, le 30 octobre 1839, que cette qualité ne saurait
résulter de ce que le jury aurait reconnu l'accusé coupable de n'avoir pas fait, au greffe du tribunal, la déclaration de cessation de paiemens dans le délai fixé ; qu'en
conséquence, la peine de la banqueroute frauduleuse

(1) Cass., 28 décembre 1837; D. P., 38, 1, 20.

n'est pas applicable au détournement ou à la dissimulation d'une partie de l'actif de l'accusé au préjudice des
créanciers, s'il n'a pas été posé au jury la question de
savoir si l'accusé était négociant failli (1).

1258. Mais le jury n'est jamais appelé à qualifier les
faits sur lesquels il prononce. Sa mission se borne à déclarer si les faits mentionnés dans les questions, sont le
résultat d'une intention frauduleuse ; en d'autres termes,
si l'accusé est coupable de les avoir commis. L'appréciation des faits reconnus constans, la question de savoir
s'ils constituent ou non la banqueroute frauduleuse, appartiennent exclusivement à la cour.

1259. Le failli peut se constituer en état de banqueroute frauduleuse, même après le jugement qui a déclaré
la faillite. Il est évident, en effet, que le détournement
ou la disimulation de l'actif, que la création d'une
dette simulée ne perdraient rien du caractère que la loi
leur a assigné par l'époque qui les verrait s'accomplir.
Le préjudice que l'on a voulu prévenir, la violation de
la loi qui les prohibe, n'en existeraient pas moins, qu'ils
soient exécutés avant ou après la constatation de la faillite.

1260. On s'est demandé si les actes dont s'occupent
les articles 446 et 447 pourraient constituer le crime de
banqueroute simple ? La question ne saurait s'élever
pour certain d'entre eux qui peuvent être considérés
comme des actes nuls, mais qui ne pourraient jamais
rentrer dans les termes de l'article 591. Ainsi les paiemens mal à propos réalisés, les hypothèques consenties,
les gages ou nantissemens conférés peuvent être considérés comme blâmables, parce qu'ils tendent à garantir

(1) D. P., 40, 1, 575.

certains créanciers du sort commun. Ils sont au reste, par leur nullité même, peu susceptibles de causer un préjudice à la masse. Quant aux actes translatifs de propriété, on comprend que sous l'apparence que les parties leur ont donnée, ils peuvent cacher un détournement réel, une véritable dissimulation de l'actif, et que la preuve de cette intention les rendrait passibles de la disposition de l'article 591.

Quant aux paiemens faits après la cessation, nous avons déjà vu qu'ils constituaient la banqueroute simple prévue et punie par l'article 585.

1261. La masse représentée par les syndics a le droit de se constituer partie civile, sur la poursuite en banqueroute frauduleuse, qui ne peut être suivie que par le ministère public. Cette faculté n'est pas même contestable et n'a jamais été contestée.

Faut-il appliquer à cette hypothèse la disposition de l'article 592, relativement aux frais, et décider que la masse n'aura pas à les supporter, même en cas d'acquittement ?

L'affirmative nous paraît résulter du texte et de l'esprit de la loi.

Le texte, en effet, est général et formel. « Les frais de poursuite ne pourront, en *aucun cas*, être mis à la charge de la masse. » Le législateur ne fait donc aucune exception. Or, il n'a ni ignoré, ni méconnu le droit que la masse avait de se constituer partie civile; il n'est donc pas douteux que son expression embrasse dans son étendue cette prévision elle-même.

La certitude, sur ce point, nous est d'ailleurs donnée par la seconde disposition de l'article 591, qui met à la charge des créanciers intervenans, le paiement des frais, si le failli est acquitté. Les termes de celle-ci ne peuvent implicitement s'appliquer à la masse, puisque, prévoyant le cas où plusieurs créanciers se constitueraient partie civile, elle exige que cette constitution ait été faite en leur nom personnel. Or, la masse est dirigée par les syndics qui agissent en cette qualité au nom de tous, et jamais pour tels ou tels personnellement. Dès lors, la masse reste formellement en dehors de ce qui est ordonné pour les créanciers en particulier.

Nous pouvons, en outre, tirer de l'article 589, un argument en faveur de notre opinion. La loi n'a proscrit nulle part l'intervention des syndics dans la poursuite en banqueroute frauduleuse. Si, cependant, cette intervention devait entraîner les mêmes résultats que celle réalisée dans la banqueroute simple, pourquoi la loi, qui a réglé celle-ci, n'aurait-elle pas pris pour l'autre une disposition analogue ? Pourquoi n'aurait-elle pas imposé la nécessité d'une autorisation ?

Évidemment cela ne peut tenir qu'à la certitude que les frais ne sont jamais à la charge de la masse. Il faut donc, sous ce point de vue, conclure que la disposition de l'article 592 reçoit son application, au cas où les syndics se sont constitués parties civiles.

Au reste, c'est là une faveur que la loi confère à la masse, dans l'intention de l'appeler dans l'instance. Le concours des syndics est de nature à donner à la poursuite du ministère public un effet moral qui n'est pas à dédaigner dans l'intérêt public. En effet, le préjudice souffert sera plus facilement apprécié, lorsqu'il sera exposé par ceux qui en sont les victimes, et la réparation qu'on hésiterait à accorder à la société, sera plus facilement donnée aux créanciers eux-mêmes qui ne la solli-

citeront jamais que dans des cas graves et pour des torts
certains.

1262. Il est vrai qu'on pourrait invoquer cette considération lorsque les créanciers agissent en leur nom, et
cependant la loi a mis à leur charge les frais de la poursuite, lorsqu'il y a acquittement. N'est-ce pas là, dirait-
on, une véritable inconséquence ?

Sans doute le législateur, qui encourage l'intervention
des syndics, éloigne celle que les créanciers pourraient
individuellement exercer. Il devait le faire, sous peine
d'ouvrir le sanctuaire de la justice à toutes les passions.
Un créancier froissé par la faillite n'hésiterait pas, pour
obéir à un ressentiment, qui a son origine dans une juste
cause, à se mêler à la poursuite; si, même dans le cas
d'acquittement, il ne devait supporter aucuns frais. La
certitude du contraire le rendra plus circonspect dans sa
décision, et le protègera contre sa propre précipitation.
Il est plus facile à des individus isolés, qu'aux représentans d'une masse, institués par la justice, de céder à
un entraînement irréfléchi, et si l'on devait faciliter un
appel éclairé à la justice du pays, on devait empêcher,
autant que possible, ce qui ne serait qu'une persécution.

D'ailleurs, l'effet d'une intervention individuelle, lorsque la masse s'abstient, ne peut être que fort équivoque.
Or , la mesure sanctionnée par la loi est peut-être le
moyen unique de donner à cet acte une autorité qu'il
n'aurait jamais trouvée dans l'assurance d'être, dans tous
les cas, exempt des frais (1).

1263. Si la poursuite dirigée dans l'origine de la
faillite s'est terminée par une condamnation afflictive et

(1) Vid. pour les dommages-intérêts en faveur des créanciers ou des
syndics, infrà, art. 601,

infamante, le failli est, dans toutes les opérations subséquentes, légalement représenté par un tuteur qui lui
sera donné, conformément à l'article 29 du Code pénal.

1264. L'action en banqueroute frauduleuse n'est
éteinte que par la prescription réglée par l'article 637 du
Code d'instruction criminelle. Cette prescription commence à courir du jour de l'ouverture de la faillite pour
les actes antérieurs ; du jour de leur consommation, si
les actes sont postérieurs à cette ouverture ; enfin, dans
l'un et l'autre cas, s'il y a eu poursuite non suivie de
jugement, du dernier acte d'instruction ou de poursuite.

CHAPITRE III.

Des crimes et délits commis dans les faillites par d'autres que par les faillis.

ARTICLE 593.

Seront condamnés aux peines de la banqueroute frauduleuse :

1° Les individus convaincus d'avoir, dans l'intérêt du
failli, soustrait, recélé ou dissimulé tout ou partie de
ses biens, meubles ou immeubles ; le tout sans préjudice
des autres cas prévus par l'article 60 du Code pénal;

2° Les individus convaincus d'avoir frauduleusement
présenté dans la faillite et affirmé, soit en leur nom, soit
par interposition de personne, des créances supposées;

3° Les individus qui, faisant le commerce sous le nom
d'autrui ou sous un nom supposé, se seront rendus coupables de faits prévus en l'article 591.

ARTICLE 594.

Le conjoint, les descendants ou les ascendants du failli,

ou ses alliés aux mêmes degrés, qui auraient détourné, diverti ou recélé des effets appartenant à la faillite, sans avoir agi de complicité avec le failli, seront punis des peines du vol.

ARTICLE 595.

Dans les cas prévus par les articles précédens, la cour ou le tribunal saisis statueront, lors même qu'il y aurait acquittement, 1° d'office sur la réintrégration à la masse des créanciers de tous biens, droits ou actions frauduleusement soustraits; 2° sur les dommages-intérêts qui seraient demandés, et que le jugement ou l'arrêt arbitrera.

SOMMAIRE.

1265. Ce chapitre est, sous quelques rapports, de création nouvelle.

1266. Système du Code sur la complicité de la banqueroute frauduleuse.

1267. Objet et caractères des dispositions actuelles.

1268. Importance de la modification qu'elles consacrent, pour le cas de recélé.

1269. Application de la disposition relative au détournement et au recélé de l'actif, à la soustraction des livres.

1270. Les faits qui caractérisent la complicité peuvent de plus, s'ils se sont réalisés sans le concours du failli, constituer un crime spécial puni par la loi.

1271. Différence de la peine, selon que l'acte aura été accompli dans l'intérêt du failli, ou dans celui de son auteur.

1272. La loi ne fait aucune acception des personnes pour la complicité de banqueroute frauduleuse.

1273. Exception en faveur du conjoint, des ascendants ou descendants du failli, pour le crime spécial de détournement.

1274. Quelle est la peine qui peut leur être appliquée?

1275. La peine de la banqueroute frauduleuse est encourue 1° par ceux qui ont frauduleusement présenté et affirmé des créances supposées.

1276. Cet acte est puni, indépendamment de toute complicité du failli, et sans acception du conjoint ou autres parens.

1277. Qu'il ait été réalisé au nom du créancier ou par interposition de personne.

1278. 2° Par les individus qui, faisant le commerce sous un nom supposé ou sous le nom d'autrui, se seront rendus coupables des faits prévus par l'article 591.

1279. Sous le Code, le complice du banqueroutier ne pouvait être passible de restitution et de dommages-intérêts, que s'il était condamné.

1280. Dérogation formelle consacrée par la loi actuelle.

1281. Comment-est-il prononcé sur l'une et sur les autres ?

1265. Ce chapitre, sauf quelques dispositions empruntées au Code de commerce, et gravement modifiées, est de création nouvelle. Il aggrandit le cercle de la répression, permet d'atteindre des actes coupables, qui échappaient, sous le Code, à la vindicte publique, et consacre ainsi des vœux dès longtemps exprimés.

1266. Beaucoup trop sévère quelquefois pour le failli, la législation précédente ne l'était pas assez pour une multitude d'abus qui se commettent à côté de lui. C'est ainsi que les tiers qui détournaient l'actif dans l'intérêt du failli, que la femme elle-même, n'étaient punis que s'ils s'étaient rendus complices de la banqueroute frauduleuse. Or, par une dérogation aux principes ordinaires, cette complicité n'existait que lorsque les faits commis avaient été concertés avec le failli (1).

Si la preuve de ce concert n'existait pas (et elle était, en général, difficile à fournir), les accusés étaient absous. Ainsi, le préjudice causé aux créanciers était bien souvent irréparable. La violation des lois de la probité restait impunie, et la justice ne pouvait atteindre des actes qu'il eut été cependant de son devoir de punir, désarmée qu'elle était par l'insuffisance de la loi.

(1) Vid. art. 555, 556 et 597, Cod. com.

1267. Faire disparaître un pareil état de choses, réprimer les actes coupables partout où ils se rencontreraient ; telle était la mission dont le nouveau législateur avait à se préoccuper. Les dispositions du chapitre III nous enseignent de quelle manière il l'a accomplie.

L'article 593 rend d'abord à la complicité du crime de banqueroute les caractères qui la constituent dans tous les autres crimes ordinaires. Ainsi, sera puni des peines qu'elle entraîne quiconque aura, par un des moyens énoncés en l'article 60 du Code pénal, favorisé le crime, aidé ou assisté l'auteur dans les faits qui l'ont préparé, facilité ou consommé, ou qui aura fourni des instructions ou des moyens pour le commettre.

Or, le détournement d'une partie de l'actif, sa dissimulation rentrent directement dans les faits constitutifs de la complicité. Celui qui aura assisté le failli dans la consommation de ces actes se sera formellement associé au crime, et encourra justement la peine qui y est attachée.

1268. Mais, c'est surtout pour le recélé que la modification faite au Code de commerce est importante. Chacun des faits qui établissent la complicité suppose jusqu'à un certain point un concert entre l'auteur et le complice. Il n'en est pas ainsi du recélé. Le détenteur des objets peut n'avoir jamais connu le failli, d'autres que celui-ci pouvant l'avoir constitué dépositaire. Or, cette seule circonstance le mettait, sous l'empire du Code, a l'abri de toute peine. Il n'en est plus de même aujourd'hui. Quelle que soit la main qui aura livré les objets, celui qui en a accepté la garde encourra les peines de la complicité, s'il a connu leur origine, s'il a su qu'ils ont été détournés de l'actif, en d'autres termes, s'il les a sciemment recélés.

1269. Ce que nous disons du détournement et de la dissimulation de l'actif s'applique à la soustraction des livres. Ce fait constituant la banqueroute frauduleuse, quiconque s'y sera associé par aide ou assistance, quiconque l'aura facilité ou provoqué, enfin, quiconque aura recélé les écritures enlevées, sera considéré comme complice, et puni de la même peine que l'auteur principal.

1270. Mais la loi nouvelle fait plus que punir la complicité sous toutes ses phases. Celle-ci suppose nécessairement un fait principal. Or, le détournement à la charge d'un tiers peut être matériellement prouvé, mais il peut avoir été commis sans que le failli l'ait connu, ni autorisé. Son innocence certaine, dans cette hypothèse, entraînerait, par voie de conséquence, l'acquittement de l'auteur du détournement. Telle était, du moins, la déduction impérieuse que consacrait le Code de commerce.

Aujourd'hui, au contraire, l'acte dont le tiers a été convaincu ne restera impuni dans aucune circonstance.

1271. Ou cet acte aura été fait dans l'intérêt du failli, et dans ce cas, son auteur sera condamné aux peines de la banqueroute frauduleuse.

Le texte ne laisse aucun doute sur ce point. L'article 593 punit la complicité de banqueroute frauduleuse et le détournement exécuté dans l'intérêt du failli. Il considère celui-ci indépendamment des faits qui doivent constituer la complicité, et non pas seulement comme un de ses caractères. On ne comprendrait pas, dans le cas contraire, que l'on n'eût pas adopté la rédaction de l'article 597 du Code de commerce et qu'au lieu de dire : que le *détournement sera puni des peines de la banqueroute frauduleuse*, l'article 593 ne se fût pas servi de cette locution : *seront déclarés complices des banqueroutiers frauduleux ceux qui*, etc....

D'ailleurs l'esprit de la loi, tel qu'il se révèle dans la discussion, ne laisse aucune incertitude. Le but du législateur a été d'atteindre, indépendamment d'un fait préalable de banqueroute et de toute participation criminelle du failli, divers actes émanés directement des tiers et accomplis dans la faillite et à son occasion. C'est au reste ce qui ressort de la rubrique même du chapitre : *des crimes et délits commis dans les faillites par d'autres que par le failli.*

Ou le détournement n'aura pas pour objet l'intérêt du failli ; et dans ce cas il constitue un vol atteint et puni par les dispositions du Code pénal.

Ainsi dès que dans une faillite il se sera réalisé un détournement ou un recélé d'une partie quelconque de l'actif, la position de son auteur est parfaitement tracée. Si le failli est poursuivi comme auteur, le jury aura à apprécier si le tiers a été son complice. Si la question de complicité est résolue négativement, l'acte du tiers peut constituer un crime principal, selon qu'il a été exécuté dans l'intérêt du failli. On doit donc interroger le jury, tant sur l'existence matérielle du fait, que sur la circonstance aggravante. La réponse étant affirmative sur les deux questions, la peine des travaux forcés est encourue. Si, affirmative sur la première, elle est négative sur la seconde, il n'existe plus qu'un crime ou un délit ordinaire, selon les circonstances qui ont présidé à la consommation du fait.

1272. La loi n'excepte personne de la peine encourue par le complice de banqueroute frauduleuse. Ainsi le conjoint, les ascendants ou les descendants du failli convaincus d'être ses complices doivent être condamnés à la même peine que lui. Ce qui n'empêche pas la cour d'assises de graduer la peine d'une manière différente et d'être plus sévère pour les complices, si leurs torts paraissent plus graves que ceux du failli (1).

1273. Il n'en est pas de même du crime de détournement ou de recélé. Le conjoint, les ascendants ou descendants qui l'auraient commis n'encourraient jamais que la peine du vol. L'identité d'intérêts qui existe entre eux ne permet pas de distinguer si leur conduite a eu pour objet celui exclusif du failli. Il est certain, en effet, que tout ce que la famille tentera pour celui-ci tournera à son propre avantage, et dès lors, il serait impossible d'établir contre elle la circonstance aggravante qui donne au délit le caractère de crime.

La loi punit donc le détournement commis par les ascendans, par le conjoint ou par les enfans. Elle déclare par là inapplicable à la faillite la disposition de l'art. 380 du Code pénal. La raison, au reste, en est fort simple. La soustraction de l'actif, en cas de faillite, n'est pas un vol commis contre le fils, le père ou l'époux, mais bien un enlèvement frauduleux contre les créanciers ; il y a dès lors justice à le réprimer envers et contre tous.

1274. Il résulte de plus des termes de l'art. 594 que cette soustraction peut faire encourir des peines plus graves que celle d'un emprisonnement. Ainsi, si le conjoint, les ascendants ou les descendants l'ont commise avec quelques-unes des circonstances indiquées par l'article 381 du Code pénal, ils seront passibles des peines portées par les articles 384 et 386 du même Code.

---

(1) Lorsque le jury a reconnu des circonstances atténuantes en faveur des deux accusés, la cour peut descendre la peine d'un seul degré à l'égard du complice, tandis qu'elle la descend de deux en faveur du banqueroutier. Cass. 26 mai 1838. D. P. 39, 1, 5a.

On ne peut qu'expliquer de cette manière l'expression du
législateur : *seront punis des peines du vol.* Il est évident,
en effet, que si l'on n'avait eu en vue qu'une simple
peine correctionnelle, on n'aurait pas manqué de s'en
référer purement à la disposition de l'article 401.

1275. La peine des travaux forcés à temps sera également encourue : 1° par ceux qui ont frauduleusement
présenté et affirmé des créances supposées.

Nous avons vu que la supposition de dettes constitue
pour le failli la banqueroute frauduleuse. C'est là l'exagération du passif que la loi a voulu atteindre de quelque
manière qu'elle fût réalisée ou tentée.

Mais l'accomplissement de cet acte suppose nécessairement un complice. C'est, en effet, comme tel que sous
toutes les législations on a considéré le porteur du titre
frauduleusement supposé (1). L'existence de cette complicité suppose à son tour un concert entre le failli et le
créancier prétendu. Sous ce rapport cet acte était atteint
par le Code de commerce.

1276. Mais ce que la loi actuelle fait de plus que celui-
ci, c'est de punir cet acte alors même qu'il aurait été commis sans la participation du failli.

Sans doute, cette hypothèse ne s'offrira que rarement.
Elle peut cependant se réaliser : des titres annulés peuvent être restés entre les mains du porteur ; d'autres,
créés pour une éventualité qui ne s'est pas accomplie,
peuvent ne pas avoir été retirés ; des blancs-seings confiés peuvent avoir été oubliés par mégarde chez celui
qui les avait reçus avec une désignation spéciale dont le
besoin ne s'est pas fait sentir. Dans tous ces cas, et autres analogues, celui qui, connaissant la vérité, a pré-

---

(1) Voir notamment l'édit. de 1606, art. 3.

senté ces titres à la vérification, les a affirmés sincères
et véritables, doit être puni des peines de la banqueroute frauduleuse. Peu importe qu'il l'ait fait dans l'intérêt du failli, ou dans le sien propre ; la loi ne distingue
plus. Il suffit qu'à l'improbité que cette conduite révèle
le créancier ait ajouté le parjure pour que la pénalité
soit encourue.

La loi ne fait plus pour ce crime l'exception consacrée
par l'article 594 relativement au détournement, en faveur du conjoint, des ascendans ou des descendans. Quelle
que soit la qualité de la personne, la culpabilité est la
même et la peine égale.

Ainsi, que le failli soit ou non poursuivi comme banqueroutier, le créancier supposé pourra toujours l'être.
Puni comme complice, dans le premier cas, il le sera
dans le second, comme auteur d'un fait dont la culpabilité est indépendante de la conduite et des actes du failli.
Cette solution doit d'autant plus être approuvée, qu'indépendamment du préjudice matériel qui résulte de la
participation des créanciers supposés à l'actif, leur introduction fausse la majorité, et peut déterminer l'adoption
d'un concordat désastreux pour les vrais créanciers.

1277. La loi punit l'affirmation faite par le créancier,
tant en son nom, que par interposition de personnes.
L'affirmation faite par mandataire rentre dans la première catégorie. *Qui mandat, ipse fecisse videtur.*

Il y a interposition de personnes, lorsque le créancier
supposé a transmis sa créance à un tiers, pour ne pas
se présenter lui-même à la faillite. Or, si la loi avait
laissé cette porte de sortie à la fraude qu'elle punit, sa
volonté serait constamment et très-facilement éludée.
C'est donc avec raison que la loi a prohibé cette voie

indirecte de se soustraire à son autorité, en imputant à crime, au créancier supposé, l'affirmation faite par le tiers porteur de bonne foi.

1278. 2° Par les individus qui, faisant le commerce sous un nom supposé, ou sous le nom d'autrui, se seront rendus coupables de faits prévus par l'article 591.

Notre époque a été fertile en scandales commerciaux. Celui que cette disposition tend à réprimer n'a été ni le moins révoltant, ni le moins répété.

Un capitaliste veut se mettre à couvert de chances indéterminées d'un commerce publiquement exercé; il a recours à un individu qui, moyennant salaire, prête complaisamment son nom, et devient l'éditeur responsable des conséquences fâcheuses que cet exercice peut entraîner.

La déconfiture devient-elle imminente, l'homme de paille disparaît, et avec lui tout l'actif, remis au véritable commerçant. Celui-ci, protégé par le secret de sa coupable spéculation, pouvait ainsi, tout en s'affranchissant d'une déclaration de faillite déshonorante, jouir en paix des sommes qu'il a extorquées à la confiance publique.

La loi de 1838 ne s'est pas contentée de flétrir ces manœuvres coupables; elle a pris avec juste raison des moyens pour en empêcher le retour. Leur auteur ne doit plus compter sur l'impunité absolue. Il ne pourra, dès que des indices signaleront sa qualité, se soustraire à une poursuite criminelle, et en cas de conviction, à la condamnation afflictive et infamante qui l'attend.

1279. En principe général, les cours d'assises peuvent, même après acquittement, ordonner la restitution des effets à leur légitime propriétaire, et accorder à la partie civile les dommages-intérêts qu'elle réclame (1). Mais

(1) Code d'instruction criminelle, art. 366.

l'article 598 du Code de commerce avait dérogé à ce principe à l'égard des complices du banqueroutier frauduleux. Les restitutions et les dommages-intérêts ne pouvaient être ordonnés que par le jugement ou arrêt de condamnation.

D'autre part, il n'est pas moins certain que les tribunaux correctionnels ne sont compétens pour statuer sur les dommages-intérêts, que si le prévenu est condamné, qu'il soit poursuivi comme auteur ou complice; l'article 466 du Code d'instruction criminelle s'appliquant exclusivement à la juridiction des cours d'assises.

Cet état des choses présentait des inconvéniens réels qui empêchaient souvent les créanciers de s'adresser à la justice, leurs droits à obtenir soit des restitutions, soit des dommages-intérêts, quelque sacrés qu'ils fussent, étant nécessairement subordonnés à une condamnation.

1280. La législation de 1838 a donc été amenée par son inflexible volonté d'atteindre toutes les fraudes, en en rendant la répression plus facile, à modifier celle qui l'avait précédée. Ce sont ces modifications que consacre l'article 595.

En premier lieu, les cours d'assises sont rétablies dans la plénitude des pouvoirs qui leur sont conférés par le Code d'instruction criminelle. Quel que soit le résultat de la poursuite, les restitutions pourront être ordonnées et des dommages-intérêts accordés tant contre l'accusé principal que contre les complices.

En second lieu, cette faculté a été étendue aux tribunaux correctionnels, auxquels il est ordonné de statuer sur les unes et les autres, même en cas d'acquittement.

1281. Ainsi, quelle que soit la juridiction investie,

aucune fin de non recevoir ne saurait naître du résultat
de la poursuite, contre la réclamation de la partie civile.
Les restitutions n'exigent même pas son concours. La
cour ou le tribunal doit y statuer d'office.

Cette initiative ne pouvait pas s'appliquer aux dommages intérêts. Leur allocation ne concerne que l'intérêt
privé ; elle ne peut donc être réalisée, que lorsque le
représentant de cet intérêt étant en cause, en a formulé
la demande.

L'article 598 du Code de commerce déterminait le
taux des dommages-intérêts qui devaient être alloués.
C'était une somme égale à celle dont le condamné avait
tenté de frauder la masse. La loi actuelle laisse aux
magistrats le droit de les arbitrer, et d'en fixer l'importance au chiffre que leur conscience leur dictera.

ARTICLE 596.

Tout syndic qui se sera rendu coupable de malversation dans sa gestion sera puni correctionnellement des
peines portées en l'article 406 du Code pénal.

ARTICLE 597.

Le créancier qui aura stipulé, soit avec le failli, soit
avec toutes autres personnes, des avantages particuliers
à raison de son vote dans les délibérations de la faillite,
ou qui aura fait un traité particulier duquel résulterait en
sa faveur un avantage à la charge de l'actif du failli, sera
puni correctionnellement d'un emprisonnement qui ne
pourra excéder une année, et d'une amende qui ne
pourra être au-dessus de deux mille francs.

L'emprisonnement pourra être porté à deux ans si le
créancier est syndic de la faillite.

ARTICLE. 598.

Les conventions seront, en outre, déclarées nulles à l'égard de toutes personnes, et même à l'égard du failli.

Le créancier sera tenu de rapporter à qui de droit les sommes ou valeurs qu'il aura reçues en vertu des conventions annulées.

ARTICLE 599.

Dans le cas où l'annulation des conventions serait poursuivie par la voie civile, l'action sera portée devant les tribunaux de commerce.

SOMMAIRE.

1294. L'action civile peut être exercée avant ou après l'action correctionnelle. Influence de celle-ci sur la première et réciproquement.

1295. L'exception de nullité opposée incidemment devant un tribunal civil doit faire renvoyer la cause devant le tribunal de commerce.

1296. Les créanciers poursuivants peuvent-ils obtenir des dommages intérêts?

1297. Le délit existe et la peine est encourue alors même que le concordat a été rejeté,

1298. Faut-il appliquer à la durée de l'action en nullité la disposition de l'art. 1304, Cod. civ. ou celle de l'article 638 Cod. inst. crim.?

1282. Après avoir traité des crimes qui peuvent être commis dans les faillites, la loi s'occupe de faits moins graves qu'elle punit de peines correctionnelles. Ces faits peuvent être imputés, soit aux syndics, soit à des créanciers. Quels seront pour les uns et pour les autres les effets et les conséquences du délit dont ils seront convaincus? C'est ce que règlent les dispositions de nos articles.

1283. Nous avons déjà dit que les syndics sont responsables de leurs actes ; qu'ils doivent indemniser les créanciers du préjudice qu'ils peuvent causer à la masse ; qu'enfin, les malversations dont ils se seraient rendus coupables doivent immédiatement faire prononcer leur destitution (1).

Mais cette mesure, propre à garantir de toute nouvelle atteinte les intérêts privés, ne pouvait suffire à la réparation que l'ordre public était en droit d'exiger, pour la violation des devoirs que la loi avait imposés aux syndics. Ces devoirs sont d'autant plus rigoureux qu'ils résultent de la mission qui leur est confiée par la justice.

_____
(1) Vid. suprà, art. 467.

Sous ce rapport, l'abus qu'ils en font acquiert un nouveau degré de gravité.

En conséquence, le syndic, qui sans égard pour la haute confiance dont il a été investi, a abusé de ses fonctions, devra être condamné aux peines portées par l'article 406 du Code pénal, c'est-à-dire à un emprisonnement de deux mois au moins et de deux ans au plus, et à une amende qui ne pourra excéder le quart des restitutions et des dommages-intérêts qui seront dus à la masse, ni être moindre de 25 fr.

La loi laisse à l'apréciation des magistrats les faits qui peuvent constituer le délit matériel et les circonstances susceptibles d'établir la culpabilité du prévenu. Il était, en effet, impossible d'adopter dans cette matière une classification quelconque. La conscience du juge est, et devait être, l'arbitre souverain de l'une et de l'autre.

1284. Un des abus les plus graves, celui qui depuis longtemps avait excité les plus vives, les plus unanimes réclamations, était l'existence de ces traités particuliers à l'aide desquels certains créanciers vendaient leur adhésion au concordat proposé par le failli. Il en résultait cette conséquence que cet acte n'avait aucune sincérité, et que tandis que les uns, d'une entière bonne foi, supportaient réellement la remise stipulée dans le concordat, les autres, qui l'avaient imposée, s'en affranchissaient au moyen des sacrifices particuliers qu'ils avaient arrachés au failli. Ainsi se trouvait violée cette égalité absolue que la loi exige entre tous les intéressés à une même faillite.

Un autre inconvénient de ces traités aux prix desquels on vendait le concordat, était de grever l'actif de charges indépendantes de celles que le traité lui imposait. De telle sorte que l'acquittement des premières amenait quelquefois l'impossibilité de satisfaire aux secondes. Et de là, la nécessité d'une inexécution onéreuse pour le failli, et très préjudiciable pour la masse entière. Mais l'absence d'une loi répressive laissait ce monstrueux abus se perpétuer au grand détriment des créanciers de bonne foi.

Cette loi prohibitive existe enfin, dont les dispositions se placent sous l'égide d'une double sanction pénale: la nullité absolue de tous les traités, une peine pécuniaire et corporelle pour le créancier qui en a accepté le bénéfice. Il n'est pas, dans la loi nouvelle, de prescription qui réponde à un besoin plus vivement senti, à un intérêt plus légitime. C'est aux tribunaux à la féconder par une sévère application, et à s'associer ainsi à la répression d'un abus, qu'ils ont si souvent eux-mêmes signalé à l'attention du législateur.

1285. L'article 597 exige que l'avantage résultant pour le créancier d'un traité particulier, soit à la charge de l'actif. Ces termes sembleraient indiquer que, si une tierce personne s'était engagée à le payer de ses deniers, il n'y aurait pas délit punissable. Mais il convient de remarquer que le législateur a considéré comme à la charge de l'actif, tout ce qui impose un paiement quelconque au failli, en dehors des prévisions du concordat. Or, de quelque manière qu'un tiers soit intervenu, on ne peut admettre le paiement qu'il opèrerait, que comme une avance dont il se fera rembourser par le failli. Dans bien des cas même, son concours ne sera qu'une précaution de plus pour assurer par son interposition un paiement réellement fait par le failli.

Dans un cas comme dans l'autre, il y a réellement délit;

et l'on doit d'autant mieux le décider ainsi, que si le concours d'un tiers suffisait pour rendre le traité inattaquable, l'article 597 resterait bientôt impuissant par la facilité qu'on aurait à en éluder la disposition.

Ainsi quelle que soit l'époque à laquelle le créancier stipulera ou recevra un avantage particulier, il suffit que cet avantage soit à la charge de l'actif pour que la pénalité de l'article 597 soit encourue.

1286. Cette pénalité s'applique en outre à celui qui aura stipulé des avantages particuliers à raison de son vote dans les délibérations de la faillite. Ces dernières expressions doivent s'entendre surtout de celle sur le concordat; car, à vrai dire, toute autre délibération est insusceptible de causer à la masse le préjudice qui peut résulter pour elle, de celle-ci.

Remarquons que dans cette disposition la loi range sur la même classe les stipulations faites avec le failli et celles consenties avec toutes autres personnes. Il suffit donc, quelles que soient les parties, que l'objet des promesses faites et acceptées, soit le vote à donner par le créancier, pour que le délit prévu existe.

Ce qu'il importera donc de rechercher, c'est cet objet lui-même. A quelles conditions devra-t-on le reconnaître?

Les termes généraux de la loi laissent la plus large porte à l'appréciation des magistrats, la volonté du législateur ayant été de ne poser aucune limite déterminée à leur droit d'examen.

Ainsi, et pour considérer le délit sous le rapport du concordat, soit que le créancier l'ait voté après avoir stipulé des avantages particuliers;

Soit qu'ayant refusé de voter, il ait plus tard menacé de s'opposer à l'homologation, et que sous cette menace il les ait obtenus;

Soit, qu'ayant déjà formé opposition, il s'en soit désisté au moyen du traité ;

Soit, enfin, que ce traité ne soit que le prix de l'abstention au vote du concordat,

Les magistrats pourront tenir le délit pour certain et appliquer à celui qui l'a accepté les peines édictées par la loi.

Il importe, en effet, de ne laisser aucune issue à la fraude: s'il suffisait de mettre au traité une date antérieure ou postérieure au concordat ; de rester, dans le premier cas, dans la plus complète inaction; de trouver, dans le second, une fin de non recevoir contre la poursuite dans la date même; les efforts de la loi viendraient nécessairement se briser devant les précautions que la fraude ne manquera jamais de prendre.

En conséquence, quelles que soient les manœuvres tentées pour déguiser l'existence du traité, son objet et son but, dès qu'un créancier aura reçu un dividende supérieur à celui départi à tous les autres, les tribunaux auront à examiner si cet avantage n'est pas la suite d'un accord pris avec le failli. Peu importe la main qui aura réalisé cet avantage, l'époque à laquelle il a été convenu, si, d'ailleurs, la conduite du créancier dans la faillite, témoigne de l'influence à laquelle il a obéi.

1287. Le tribunal de commerce de Paris a rendu, sur ce point, un jugement remarquable, qui fait une juste application des termes et de l'esprit de la loi. Nous devons le faire connaître :

Le sieur Boullay, facteur à la halle aux blés, a été déclaré en faillite le 6 juin 1839. Le sieur C.... s'est fait admettre au passif pour la somme de 10,188 fr.

Boullay obtint de ses créanciers un concordat, le 14 décembre 1839.

Le 21 du même mois, C.... a formé opposition à l'homologation de ce concordat. Il a, de plus, dans le mois de février 1840, déposé une plainte en banqueroute frauduleuse.

Le concordat a été homologué le 13 octobre 1840; mais pendant que cette instance et l'instruction sur la banqueroute se poursuivaient, C.... a obtenu, par conventions verbales du 26 juin 1840, entre lui, le failli, sa femme et un frère de celle-ci, un réglement de sa créance, qui lui accorde un avantage de 68 pour cent de plus qu'aux autres créanciers concordataires.

Le sieur C.... a demandé l'exécution de ces conventions. Il en soutenait la validité en se fondant : 1° sur ce que, n'ayant pas pris part aux délibérations du concordat, il n'en a pas fait la condition de son vote ; 2° sur ce que les avantages par lui obtenus, lui étant garantis par des tiers, ils ne sont pas à la charge de l'actif de la faillite.

Mais, par son jugement du 9 février 1842, le tribunal de commerce de la Seine :

« Vu les articles 597 et 598 ;

« Attendu qu'il ressort des opinions émises dans les rapports présentés aux chambres et dans les discussions qui eurent lieu devant elles, que le but de la loi était de faire cesser ces traités scandaleux déjà réprimés par la jurisprudence, et au moyen desquels certains créanciers savaient se soustraire au sort commun de la masse, et que les termes généraux de l'article 597 démontrent que ces traités doivent être réprouvés, soit qu'ils aient été la condition d'un vote favorable au concordat, soit qu'ils aient été le prix d'un désistement sur l'opposition formée à l'homologation : qu'autrement le succès de ces combinaisons dépendrait du moment choisi pour les mettre à exécution ;

« Attendu que le concordat ne devient obligatoire que lorsqu'il a reçu la sanction du tribunal ; que jusque-là, s'il établit en faveur du failli une preuve de la bienveillance de ses créanciers, il n'est pas un contrat définitif, et qu'il est au moins singulier que C.... vienne se prévaloir de ce qu'il a été étranger au concordat, quand, par l'opposition qu'il a formée, il en suspend l'exécution dans le moment le plus favorable , pour exercer sur le failli une contrainte qui doit tourner à son profit;

« Attendu, en effet, que le concordat est, pour le failli, l'issue la plus favorable que puisse avoir la faillite; que redevenu, sous certaines conditions, libre de sa personne et de son industrie et maître de ses biens, ce résultat est d'une grande importance pour son avenir, et qu'il est facile de comprendre qu'au moment où il aura été assez heureux pour l'obtenir de la majorité de ses créanciers, un créancier de mauvaise foi aura quelques chances de se faire donner des avantages particuliers, alors que le failli sera impatient de franchir ce dernier obstacle et croira n'avoir plus d'autres sacrifices à faire;

« Attendu qu'il est à remarquer, qu'après avoir débuté par des actes hostiles contre le failli, C.... s'en est tout-à-coup désisté, et cela, aussitôt après les conventions verbales du 26 juin; que ces faits indiquent assez que ces hostilités n'étaient qu'un moyen pour obtenir plus que le concordat ne lui accordait ; mais que s'il lui était loisible de se désister de ses poursuites extraordinaires, il ne devait pas oublier que Boullay était toujours en faillite; qu'il est le principal obligé dans les billets qu'il se faisait souscrire , et que tous les engagemens

qu'il prenait ou que prenaient des tiers avec lui, sauf à
les attaquer plus tard, étaient d'avance frappés de nullité,
tant à l'égard du failli, que de toutes autres personnes,
par la loi qui met un frein à l'avidité des créanciers,
aussi bien qu'aux faiblesses coupables du debiteur en
faillite.

« Par ces motifs : le tribunal annule les conventions
et ordonne qu'expédition de son jugement sera transmise
à M. le procureur du roi. »

Appel ayant été relevé de cette décision, la cour royale
l'a purement et simplement confirmée, par arrêt du 10
août 1842 (1).

1288. La peine édictée par l'article 597 consiste en
un emprisonnement qui ne pourra pas excéder un an, et
en une amende qui ne pourra être au-dessus de 2000 fr.
La loi ne fixant aucun *minimum*, c'est à celui déterminé
par l'article 40 du Code pénal, que l'on devra s'arrêter.
Ainsi, l'emprisonnement ne pourra être moindre de 6
jours et l'amende de 16 fr.

L'article 463 du Code pénal n'étant applicable aux
délits créés par une loi spéciale, que si cette loi l'a expressément déclaré, il suit du silence gardé par l'article
597, que sa disposition ne saurait être modifiée conformément aux prescriptions du premier, et qu'ainsi les
tribunaux ne pourraient, dans aucun cas, descendre
jusqu'aux peines de simple police, ni appliquer isolément
l'amende ou l'emprisonnement.

1289. La loi permet de doubler la durée de l'emprisonnement, lorsque le coupable est en même temps
syndic de la faillite. L'acte est alors d'autant plus coupable, que l'influence de la qualité de son auteur lui

(1) *Gazette des Tribunaux*, des 17 février et 11 août 1842.

donnait une plus grande facilité pour l'arracher au failli. D'ailleurs le syndic qui n'use de sa position que pour sacrifier à son propre intérêt celui de la masse qu'il est institué pour protéger et défendre, doit être justement traité avec plus de sévérité, que ne le serait un simple créancier.

1290. Il en est des crimes et délits prévus dans le chapitre III, comme de la banqueroute simple ou frauduleuse, en ce sens, que l'absence de jugement déclaratif ne peut rendre la poursuite non recevable. Ils sont punissables dès qu'ils ont été commis après la cessation de paiemens du commerçant. Ainsi, pour ce qui concerne ceux punis par l'article 597, si, après cette cessation, le commerçant a traité avec ses créanciers, soit pour empêcher la déclaration de faillite, soit pour obtenir le retrait du jugement déjà rendu, celui qui aura stipulé ou reçu des avantages particuliers ne pourra se soustraire au châtiment qu'il a encouru (1).

1291. Nous avons déjà indiqué les motifs pour lesquels le législateur a exonéré le failli ou les tiers de la peine encourue par le créancier, à l'acte duquel ils ont nécessairement participé (2). D'ailleurs, cette exemption était un moyen indispensable pour que la volonté de la loi sortît à effet. Il est évident que l'existence des traités particuliers sera le plus souvent divulguée par la résistance que le failli ou les tiers qui les auront souscrits apporteront à leur exécution. Les considérer comme complices du créancier, les punir de la même peine, c'était d'avance interdire cette résistance, et assurer ainsi au créancier les fruits de sa fraude.

(1) Cass. 23 avril 1841. D. P. 41, 1, 415.
(2) Vid. suprà, art. 504, n. 517.

II.   34

Or, il fallait, dans l'intérêt même de notre disposition, non seulement ne pas proscrire l'exception des débiteurs, mais encore la favoriser. Aussi, le législateur a fait même plus que de les dégager de toute crainte d'une condamnation ; il a ordonné de prononcer la nullité du traité en leur faveur.

1292. Cette nullité est absolue ; elle peut être poursuivie par tous ceux qui y ont intérêt, c'est-à-dire par les tiers qui y ont concouru. par les créanciers du failli, par le failli lui-même.

Les tiers profitent de cette nullité. puisqu'ils se feront ainsi relever des obligations qu'ils ont souscrites. Il résulte même de l'article 598. qui ordonne le rapport, à qui de droit, des sommes déjà touchées. qu'ils devraient obtenir la restitution de tout ce qu'ils auraient payé en exécution de la convention.

Aucune fin de non recevoir ne pourrait donc être tirée de l'exécution totale ou partielle que le traité aurait reçu. La consommation d'un délit ne pouvant créer aucuns droits, la demande en nullité serait. dans tous les cas, admissible.

Ainsi, si au lieu d'une obligation à terme. le créancier avait exigé le paiement immédiat d'une somme d'argent, celui qui l'aurait réalisé pourrait. au moyen de la nullité du traité, en obtenir le remboursement ; à plus forte raison, serait-il admis à poursuivre cette nullité tant que l'exécution n'aurait été que partielle.

Une identité parfaite d'intérêts légitimerait l'action exercée par le failli. Comme aux tiers, il lui importe de faire prononcer la nullité du traité qui le met à couvert pour l'avenir, et qui l'indemnise du passé.

Enfin, les créanciers sont recevables à faire prononcer

cette nullité. Chacun d'eux a, en effet, intérêt à ce que l'actif du failli ne soit grevé que des obligations résultant du concordat, afin qu'il reste particulièrement et exclusivement affecté à leur acquittement.

Cependant leur action n'aurait jamais pour résultat de faire prononcer une restitution quelconque en leur faveur. Le rapport ne pouvant être fait qu'à celui qui a payé, il en résulte que la masse toute entière profitera de la nullité poursuivie par l'un des ses membres, si le failli a lui-même réalisé les avantages stipulés. Dans le cas contraire, la restitution s'opèrera entre les mains du tiers qui aura avancé les fonds.

1293. L'action en nullité, lorsqu'elle est principalement exercée par voie civile, doit être portée devant le tribunal de commerce. La connaissance en appartient aux tribunaux correctionnels, lorsque, sur la poursuite d'office du ministère public, l'une des parties intéressées s'est constituée partie civile.

Il en est, en effet, du délit prévu par l'article 597, comme de tous les autres délits. Le procureur du roi qui en a découvert l'existence peut en traduire les auteurs devant les tribunaux et requérir leur condamnation. Ce droit est indépendant de celui que nous venons de reconnaître aux tiers, au failli et à ses créanciers.

Dans ce cas seulement, il appartient à une autre juridiction qu'à celle du tribunal de commerce, de prononcer la nullité, en tant que l'une des parties intéressées est intervenue pour la demander. Mais cette demande ne peut être accueillie, que s'il y a eu condamnation. L'exception créée par l'article 595 est spéciale aux matières régies par sa disposition. Il faut donc, pour le délit puni par l'article 597, en revenir aux principes ordinai-

res. Dès lors, s'il y a acquittement, on doit rejeter la
demande en nullité et condamner la partie civile aux
dépens.

1294. L'action principale ouverte aux ayants-droit
peut être exercée avant ou après la poursuite du ministère public, et quelle qu'en ait été l'issue. L'influence
de la décision du tribunal correctionnel sur le civil se
réglera par les principes ordinaires en pareille matière.

Mais le tribunal saisi de cette action doit, en cas d'admission de la demande, ordonner qu'une expédition de
son jugement sera transmise au procureur du roi, pour
être par ce magistrat procédé ainsi qu'il appartient. Cependant l'indépendance du tribunal correctionnel n'est
nullement liée par la solution du procès civil. L'affaire
est de nouveau examinée; les preuves recueillies. Il est,
en effet, de principe que celles fournies, que l'aveu
même du prévenu, dans une procédure à fins civiles,
ne peuvent lui être opposés dans l'instance criminelle (1).

1295. Mais la disposition de l'article 599, relativement à la compétence du tribunal de commerce, ne reconnaît aucune autre exception que celle ci-dessus en
faveur du tribunal correctionnel. Ainsi, si le créancier
ayant investi les juges ordinaires de la demande en
exécution du titre auquel les parties auraient donné un
caractère civil, le défendeur excipait incidemment de la
nullité, la cause ne pourrait être retenue ; elle devrait
être renvoyée devant la juridiction consulaire.

Il est vrai que dans cette hypothèse la nullité ne serait proposée que par voie d'exception; et qu'en thèse
ordinaire, le juge du principal est compétent pour statuer

(1) D. A., tom. 8, pag. 614; Merlin, Répertoire *Chose jugée*, § 15;
Toullier, tom. 8, n. 30.

sur l'accessoire. Mais il y a dans l'espèce un motif irrécusable : c'est que l'exception est attributive de juridiction, et qu'en vertu de l'article 599, la connaissance
en appartient exclusivement au tribunal de commerce.

De plus, cette exception imprime à la demande principale un tel caractère, que les tribunaux ordinaires deviennent matériellement incompétens pour l'apprécier.
En effet, demander la nullité de la convention pour violation de l'article 597, c'est indiquer que l'engagement a
son origine dans une faillite. Or, le nouvel article 635
défère expressément à la juridiction consulaire, toutes
les actions nées de la faillite, ou exercées à son occasion.
Il y aurait donc encore, sous ce rapport, nécessité pour
le tribunal civil de se désinvestir.

1296. Les créanciers qui poursuivraient l'action qui
leur est réservée pourraient-ils obtenir des dommages-intérêts à leur profit personnel? Le projet de loi présenté en
1835 contenait une disposition qui soumettait le créancier, auteur du traité, au paiement de ces dommages-
intérêts. Mais il fut reconnu que cette disposition pouvait amener de nombreuses interventions par l'appât
qu'elle offrirait aux créanciers. On convint donc de la
retrancher. Mais, ce qu'il importe de retenir, c'est que
l'on a voulu laisser intact, sans en faire une nécessité,
le principe consacré par l'article 1382, Cod. civ. Aussi,
le retranchement ne fut-il convenu, que sauf aux magistrats à accorder tels dommages-intérêts qu'ils jugeraient
convenables ; et cela est d'autant plus juste que le créancier poursuivant agit réellement dans l'intérêt du failli
ou des tiers qui se sont obligés pour lui; et qu'indépendamment du tort grave que l'admission frauduleuse
du concordat a pu lui occasionner, le gain même du pro-

cès le laisserait dans l'obligation de supporter les frais non sujets à répétition.

1297. Nous avons jusqu'à présent raisonné dans l'hypothèse de l'admission du concordat à la suite de traités particuliers. Qu'arriverait-il si, malgré leur existence, la majorité s'était prononcée contre? La pénalité des articles 597 et 598 n'en serait pas moins acquise. En effet, la loi ne l'a point fait dépendre de l'adoption des propositions faites à la masse par le failli. Il suffit qu'un traité particulier ait existé, qu'il ait eu pour objet le vote du créancier, ou que la charge en demeure à l'actif; enfin, que le créancier l'ait exécuté en ce qui le concerne, pour que le délit soit considéré comme certain. D'ailleurs, sa validité dans l'hypothèse de l'union ferait à son auteur une position plus avantageuse que celle des autres créanciers, en lui assurant une somme quelconque au delà du dividende produit par les répartitions. Or, comme c'est principalement cette inégalité que la loi a entendu empêcher, on ne pourrait, sans méconnaître sa volonté, l'autoriser dans aucun cas.

1298. Quelle est la durée de l'action en nullité? L'article 1304 du Code civil fixe à dix ans la prescription des actions en nullité ou rescision, lorsqu'une loi spéciale ne l'a pas limitée à une durée moindre. Or, dans notre hypothèse, cette loi spéciale existe, c'est la disposition de l'article 638 du Code d'instruction criminelle. Il est certain en effet que la provocation ou l'acceptation d'un traité particulier est un délit; or, il n'y a aucune différence entre les actions qui en naissent. Celle réservée au ministère public serait évidemment prescrite par trois ans, et comme l'action civile est placée sur la même ligne qu'elle, la même prescription doit l'atteindre.

C'est donc l'article 638 qui régit les droits des parties lésées, et par conséquent, le silence qu'elles auraient gardé pendant plus de trois ans, rendrait toutes réclamations ultérieures irrecevables.

Mais l'on doit distinguer dans l'application le cas où le traité ayant été exécuté, on voudrait obtenir la restitution des sommes payées, d'avec celui où aucune exécution ne lui ayant été donnée, le créancier voudrait en obtenir judiciairement le profit. Dans le premier, la nullité serait couverte par le laps de trois ans écoulés sans réclamations. Dans le second, il répugnerait qu'un acte qualifié délit par la loi et puni comme tel, pût devenir l'origine d'un droit de nature à être sanctionné par la justice. Rien ne serait plus facile aux créanciers que d'attendre, sans mot dire, l'expiration des trois ans, et de venir ensuite forcer la justice à sanctionner un acte réprouvé par la loi. On doit donc décider, qu'à quelque époque que se réalise la demande en exécution du traité, la nullité pourra en être demandée par voie d'exception en vertu de la maxime *quæ temporalia sunt ad agendum, perpetua ad excipiendum.*

ARTICLE 600.

Tous arrêts et jugemens de condamnation rendus, tant en vertu du présent chapitre que des deux chapitres précédens, seront affichés et publiés suivant les formes établies par l'article 42 du Code de commerce, aux frais des condamnés.

SOMMAIRE.

1299. Les jugemens et arrêts de condamnation rendus en matière de banqueroute sont destinés non seulement à punir les crimes et délits qui les ont motivés, mais encore à en prévenir le retour. Sous ce dernier rapport, une publicité éclatante était un élément efficace qu'il convenait de ne pas négliger. Le commerce vit de considération et de crédit. Une condamnation pour crime ou délit est de nature à porter à l'une et à l'autre la plus funeste atteinte. La certitude qu'elle ne pourra, dans aucun cas, rester secrète, empêchera bon nombre de commerçants d'en braver l'éventualité.

1300. Cette publicité s'applique aujourd'hui, tant aux jugemens sur banqueroute simple ou frauduleuse, qu'à ceux rendus sur les crimes et délits prévus par les articles 593 et suivants. Elle doit être réalisée dans les formes prescrites par l'article 42 du Code de commerce.

En conséquence, l'extrait du jugement doit être transcrit sur les registres du greffe du tribunal de commerce, et affiché pendant trois mois dans la salle d'audience. Il doit de plus être inséré dans le journal qui, aux termes de la loi du 31 mars 1833, a été désigné par le tribunal pour recevoir les annonces commerciales.

1301. Toutes ces formalités sont remplies aux frais du condamné contre lequel on doit les répéter.

CHAPITRE IV.

De l'administration des biens en cas de banqueroute.

ARTICLE 601.

Dans tous les cas de poursuite et de condamnation pour banqueroute simple ou frauduleuse, les actions civiles autres que celles dont il est parlé dans l'article 595 resteront séparées, et toutes les dispositions relatives aux biens, prescrites pour la faillite, seront exécutées sans qu'elles puissent être attribuées ni évoquées aux tribunaux de police correctionnelle, ni aux cours d'assises.

ARTICLE 602.

Seront cependant tenus, les syndics de la faillite, de remettre au ministère public les pièces, titres, papiers et renseignemens qui leur seront demandés.

ARTICLE 603.

Les pièces, titres et papiers délivrés par les syndics seront, pendant le cours de l'instruction , tenus en état de communication par la voie du greffe; cette communication aura lieu sur la réquisition des syndics, qui pourront y prendre des extraits privés , ou en requérir d'authentiques, qui leur seront expédiés par le greffier.

Les pièces, titres et papiers dont le dépôt judiciaire n'aurait pas été ordonné seront, après l'arrêt ou le jugement, remis aux syndics, qui en donneront décharge.

SOMMAIRE.

1302. Nous avons vu dans les chapitres précédens que dès qu'une faillite éclate, la loi a régi non seulement l'administration des biens, mais encore leur disposition ; qu'elle a placé l'une et l'autre sous la juridiction des tribunaux de commerce. Convenait-il d'autoriser une exception, lorsque les tribunaux criminels étant saisis, ils croiraient utile d'évoquer et d'ordonner le développement de la faillite sous leurs yeux?

Les auteurs du projet du Code de commerce avaient consacré l'affirmative et reconnu la compétence de la juridiction criminelle : cette opinion était fondée sur ce que le développement de la faillite, pouvant amener des preuves de culpabilité, il convenait de mettre les juges, saisis de la poursuite, à même de les recueillir.

Mais ce système trouva de nombreux contradicteurs dans les cours et tribunaux auxquels il fut soumis. On faisait observer que le moindre de ses inconvéniens, était son incompatibilité avec les principes de l'attribution criminelle, qui se restreint dans tous les cas à la répression du fait qualifié crime ou délit. C'était donc la faire sortir de ses limites que de lui déférer ce qui a trait aux intérêts civils des créanciers. Il convenait dès lors de laisser ces objets à la règle générale.

C'est ce que fit, en effet, l'article 500 du Code de commerce, dont la disposition est reproduite par notre article 601.

Nous devons examiner celui-ci sous le rapport de l'administration des biens, sous celui des diverses formalités ordonnées par la loi.

1303. La disposition des biens est nécessairement comprise dans leur administration. Elle est, par conséquent, exclusivement, et dans tous les cas, déférée aux tribunaux de commerce.

Il suit de là que les syndics qui se sont constitués parties civiles dans l'intérêt de la masse, que les créanciers qui ont individuellement pris cette qualité sur les poursuites en banqueroute, ne peuvent obtenir des tribunaux criminels une allocation quelconque des dommages-intérêts. Ces allocations intéressent essentiellement les biens, et sont de nature à grever l'actif. Or, puisque la disposition et l'administration de celui-ci n'appartiennent qu'à la juridiction consulaire, tout autre qu'elle ne saurait y statuer.

1304. Mais ces dommages-intérêts peuvent-ils être accordés par le tribunal de commerce? Nous ne le pensons pas, et cette opinion nous paraît commandée par des considérations puissantes.

La banqueroute n'est préjudiciable aux créanciers que parce qu'elle leur enlève la possibilité d'être payés de ce qui leur est dû. Il est certain que, si ce paiement intégral se réalisait, ils seraient sans intérêt et sans droit pour exiger davantage.

Or, dès qu'il y a faillite, il y a obligation pour le failli de faire ce paiement. La totalité de ses biens présens est affectée à cette obligation ; elle est déférée à la masse. Les biens à venir restent grevés pour tout ce qui n'a pas été payé sur les premiers. La masse n'a donc pas besoin d'obtenir une faculté dont elle est déjà investie. Les dommages-intérêts qu'elle rapporterait ne lui feraient pas retirer un centime de plus, et ne pourraient lui conférer plus de droits qu'elle n'en possède.

Si elle a concordé, il y a bien plus de raison pour le décider ainsi. Alors, en effet, le paiement du dividende libère complètement le failli ; le restant de la dette, quel qu'il soit, est éteint. Il y a, en outre, un motif aussi

décisif à invoquer. La loi n'a pas fait de la découverte de
la banqueroute simple après le concordat, une cause de
nullité ou de résolution. On arriverait cependant , par
une allocation de dommages-intérêts, à cette solution.
Il est certain, en effet, que la charge qui en résulterait,
placerait le failli dans la nécessité de recourir à une
nouvelle faillite, en augmentant outre mesure les engagemens qu'il avait contractés.

Les mêmes considérations repousseraient la demande
des créanciers individuellement. De plus, et par rapport
à eux, il y a une raison plus péremptoire encore.

L'égalité la plus absolue doit régner entre tous les intéressés à une même faillite. Les droits de chacun d'eux
à l'actif commun , se déterminent par le chiffre de la
créance, tel qu'il existe au moment de l'ouverture. Or,
ce chiffre ne saurait être modifié par le caractère de la
faillite ; ce qui, d'ailleurs, serait accordé de plus à l'une
serait nécessairement enlevé aux autres. C'est donc la
masse plutôt que le failli lui-même qui supporterait les
dommages-intérêts alloués.

Mais, dira-t-on, chaque créancier pourra se constituer
partie civile et réclamer des dommages-intérêts pour ce
qui le concerne. C'est, en effet, ce qui ne manquera pas
d'arriver. Nous en avons eu la preuve dans la déconfiture d'Arnaud de Fabre, dans laquelle un créancier étant
intervenu en cour d'assises, fut bientôt imité par tous
les autres. Or, c'est précisément ce que la loi a voulu
éviter dans l'intérêt même des créanciers. Supposez, en
effet, que chacun d'eux , s'étant constitué partie civile,
ait obtenu les mêmes dommages-intérêts. Leur position,
par rapport à l'actif, sera après exactement la même
qu'elle était avant, sauf la charge des frais nombreux

que cette multitude d'interventions aura occasionnés au détriment de chacun d'eux.

Ainsi, l'action civile prenant sa source dans la faillite, ne peut changer la position des créanciers considérés en masse ou isolément. Elle est, dans le premier cas, inutile par sa généralité même ; dans le second, incapable de conférer à celui qui l'exerce, de plus grands droits que ceux des autres créanciers. C'est, au reste, ce que vient de décider la cour régulatrice, en cassant un arrêt de la cour royale de Bordeaux, qui avait consacré le contraire (1).

1305. Mais ce qui est vrai pour le failli, ne saurait l'être pour ses complices. En conséquence, ces derniers peuvent et doivent être condamnés à des dommages-intérêts en faveur, soit de la masse, soit des créanciers qui se sont constitués partie civile. La participation qu'ils ont prise dans le crime ou le délit, leur rend commun et imputable le préjudice qui en est résulté pour les créanciers, et, comme ceux-ci n'ont aucune affectation sur leurs biens, ils ne peuvent obtenir la réparation qui leur est due, qu'en sollicitant de la justice une allocation suffisante.

C'est là, d'ailleurs, pour les complices, une aggravation de la peine qu'ils ont encourue. La loi a d'autant moins voulu les en exempter, qu'elle peut être un motif efficace pour les empêcher de commettre le crime ou le délit qui doit la faire prononcer. Aussi, voyons-nous l'article 595 permettre les dommages-intérêts, même en cas d'acquittement, et l'article 601 excepter de ses dispositions les hypothèses régies par le premier.

Ce que nous disons des complices, s'applique aux au-

(1) 7 novembre 1840. D. P. 41, 1, 136.

teurs des actes punis par les articles 593 et suivans. Nous avons dit, sous l'article 598, que la masse ou les créanciers individuellement peuvent obtenir des dommages-intérêts.

1305. De l'attribution spéciale faite par notre article, en faveur des tribunaux de commerce, de tout ce qui concerne les faillites, il résulte que les livres et écritures doivent rester en la possession des syndics pour faciliter le développement des opérations.

Il en est de même des titres et autres papiers. Cependant on devait, pour ceux-ci, prévoir le cas où les nécessités de l'information criminelle exigeraient, soit leur communication, soit leur dépôt au greffe du tribunal saisi de l'instruction.

1307. L'article 602 fait, en conséquence, un devoir aux syndics de les remettre au ministère public, sur sa réquisition, de la même manière qu'ils sont obligés de lui donner tous les renseignemens qui leur seront demandés.

Ces pièces, titres ou papiers devront, ou être retenus pendant tout le cours de l'instruction, ou être simplement consultés et rendus, ou demeurer joints à la procédure.

Aucune difficulté ne peut s'offrir dans la seconde hypothèse, le dessaisissement momentané des papiers n'étant, dans aucun cas, susceptible de devenir un obstacle à une prompte liquidation.

Dans la première, la fin de la poursuite criminelle amène nécessairement la restitution de tous les titres déposés par les syndics. Le greffier est tenu de les leur remettre sur simple décharge.

Mais, dans l'intervalle, ces titres peuvent devenir nécessaires; et c'est dans cette prévision, que la loi en

ordonne la libre communication par la voie du greffe ;
qu'elle permet aux syndics d'en prendre des extraits
privés, ou de s'en faire délivrer des expéditions authentiques par le greffier.

Dans la troisième, les pièces demeurent à jamais
acquises à la procédure criminelle, en vertu du dépôt
judiciaire qui en a été ordonné, sauf le droit des syndics
d'en faire ordonner la restitution par l'autorité compétente, lorsque cette procédure est définitivement terminée.

Dans tous les cas, l'intention de la loi a été de concilier les exigences de l'information, avec les besoins de
la liquidation de la faillite. Elle permet donc tout ce qui
serait fait dans ce double but (1).

TITRE III.

De la Réhabilitation.

—

ARTICLE 604.

Le failli qui aura intégralement acquitté, en principal,
intérêts et frais, toutes les sommes par lui dues, pourra
obtenir sa réhabilitation.

Il ne pourra l'obtenir, s'il est l'associé d'une maison
de commerce tombée en faillite, qu'après avoir justifié
que toutes les dettes de la société ont été intégralement
acquittées en principal, intérêts et frais, lors même qu'un
concordat particulier lui aurait été consenti.

ARTICLE 605.

Toute demande en réhabilitation sera adressée à la

(1) Vid. art. 483.

cour royale dans le ressort de laquelle le failli sera domicilié. Le demandeur devra joindre à sa requête, les quittances et autres pièces justificatives.

ARTICLE 606.

Le procureur général près la cour royale, sur la communication qui lui aura été faite de la requête, en adressera des expéditions certifiées de lui, au procureur du roi et au président du tribunal de commerce du domicile du demandeur, et si celui-ci a changé de domicile depuis la faillite, au procureur du roi et au président du tribunal de commerce de l'arrondissement où elle a eu lieu, en les chargeant de recueillir tous les renseignemens qu'ils pourront se procurer sur la vérité des faits exposés.

ARTICLE 607.

A cet effet, à la diligence, tant du procureur du roi que du président du tribunal de commerce, copie de ladite requête restera affichée pendant un délai de deux mois, tant dans les salles d'audience de chaque tribunal qu'à la bourse et à la maison commune, et sera insérée par extrait dans les papiers publics.

SOMMAIRE.

1308. Nous avons déjà vu que le failli qui a obtenu un concordat est définitivement libéré envers ses créanciers, par le paiement du dividende convenu. Quelles que soient donc les ressources qu'il acquerra par la suite, elles lui profiteront exclusivement, sans qu'il puisse être recherché à raison de ses anciennes créances.

L'union, au contraire, laisse subsister le lien de droit en faveur des créanciers qui peuvent toujours contraindre le failli sur ses biens à venir. Mais pour peu que ce dernier améliore sa position, il lui devient facile de se débarrasser de ce souci, à l'aide de quelques sacrifices pécuniaires, que les créanciers qui ont craint de tout perdre sont heureux d'accepter.

Il peut donc arriver, dans l'une et l'autre hypothèse, que le failli soit dans une position meilleure que celle de quelques-unes de ses victimes. C'est là, sans doute, un résultat révoltant, mais indispensable, contre lequel le législateur ne pouvait agir que moralement, en inté-

II.   35

ressant l'honneur et l'amour-propre des faillis ; en leur faisant par là un devoir de se purger de la flétrissure que la faillite leur a imprimée.

1309. Or, le failli, même concordataire, reste soumis jusqu'après sa réhabilitation aux incapacités résultant du jugement déclaratif. Ces incapacités ne consistent à rien moins qu'à la perte de la qualité de citoyen.

Ainsi, le failli ne peut voter dans les assemblées électorales, ni être membre des chambres législatives.

Il ne peut faire partie des conseils de département, d'arrondissement, ni être élu conseiller municipal.

Il ne peut être nommé à aucunes fonctions publiques.

Ces incapacités sont consacrées par la loi du 22 décembre 1789, sur les assemblées primaires et administratives, et par la constitution du 14 septembre 1791. Elles ont été maintenues par la loi du 21 vendémiaire an III, et plus tard par la constitution de l'an VIII.

Indépendamment de l'exclusion générale du bénéfice des lois qui exigent, pour y être admis, la qualité de citoyen, d'autres lois spéciales l'ont nommément excepté de leurs dispositions.

Ainsi, il ne peut faire partie du jury, être témoin instrumentaire dans les actes, malgré qu'il ait été déclaré capable d'être témoin testamentaire. Il ne peut être nommé agent de change ou courtier de commerce, concourir à la désignation des prud'hommes, ni être élu en cette qualité (1).

De plus, le décret du 16 janvier 1808, sur la banque de France, le prive de la faculté de faire escompter ses

_____

(1) Réglemens des 11 juin 1809 et 20 février 1810, art. 83 du Code de commerce.

valeurs, et le Code de commerce lui interdit l'entrée de la bourse.

Il ne peut, enfin, rien transmettre à ses enfans, sans leur rendre commune sa propre incapacité. L'article 5 de la constitution de l'an VIII, à laquelle les lois postérieures n'ont nullement dérogé quant à ce, prive, en effet, de l'exercice des droits de citoyen, son héritier immédiat qui détient, à titre gratuit, sa succession totale ou partielle.

Le poids de ces incapacités peut paraître léger tant que sous les liens de la faillite, le débiteur est dans une position malheureuse. Mais il s'aggrave avec le temps, et finit même par devenir intolérable pour celui qui, ayant reconquis une fortune, se voit ignominieusement distingué de ses autres concitoyens, et repoussé de l'exercice des droits dont ils jouissent. C'est sous l'égide des sentimens que cette position doit inspirer, que la loi a placé l'obligation d'indemniser les créanciers de la perte qu'ils ont éprouvée.

Le législateur encourage et a dû encourager la réhabilitation; car, si elle replace le failli dans la position honorable qu'il avait perdue, elle n'est pas moins avantageuse pour les créanciers dont elle amène le paiement intégral. A quelle condition permet-il d'en recueillir le bénéfice? Dans quelles formes doit-elle être poursuivie et prononcée? C'est ce que déterminent les articles que nous avons à examiner.

1310. Nul ne peut être réhabilité, s'il n'a intégralement désintéressé ses créanciers de tout ce qu'il leur est resté devoir, soit après concordat, soit après la liquidation de l'union. La réhabilitation est destinée à effacer toutes les traces de la faillite. Il faut donc que les tiers qui en ont souffert voient ce résultat s'accomplir en ce qui les concerne.

Or, il n'est pas atteint, tant qu'il leur reste dû quelque chose, et c'est pourquoi la loi exige qu'ils soient remboursés en principal, intérêts et frais.

1311. Les intérêts dus sont ceux qui ont couru depuis l'échéance réelle du titre, jusqu'au moment du paiement. Peu importe qu'il n'en fût dû aucuns en matière ordinaire ; la mise en demeure qui doit, aux termes de la loi, les acquérir au créancier, étant suffisamment réalisée par l'état de faillite. On pourrait d'autant moins se prévaloir de l'absence d'un acte extrajudiciaire, ou d'une demande en justice, que l'ouverture de la faillite les rendrait l'une et l'autre frustratoires et inutiles.

1312. A quelque titre que le failli soit débiteur, il ne peut obtenir sa réhabilitation qu'après avoir intégralement payé le créancier. Ainsi, endosseur d'une lettre de change, simple caution d'une dette quelconque, il devrait désintéresser le porteur ou le créancier, sauf son recours contre les endosseurs précédens ou contre les débiteurs principaux.

1313. L'associé en nom collectif qui veut se faire réhabiliter est obligé d'acquitter toutes les dettes de la société, alors même qu'ayant obtenu un concordat particulier, il aurait été déchargé de la solidarité par les créanciers.

Cette seconde disposition de l'article 604 n'a été adoptée qu'après une vive discussion. La commission de la chambre des pairs en demandait même le rejet. « La solidarité, disait son rapporteur, M. Tripier, n'est pas d'ordre public. Les créanciers, en faveur desquels elle est créée, peuvent y renoncer. Sans doute cette renonciation ne résultera pas suffisamment du consentement donné au concordat particulier ; ce n'est là qu'une remise partielle. Mais s'il appert du traité que cette remise a été totale, complète ; si les créanciers ont consenti à ce que cet associé ne soit considéré comme débiteur que de la portion des dettes égale ou correspondante à sa part d'intérêt dans la société ; à ce que ce paiement le libère intégralement, et efface à son égard toutes les traces de la société, la loi ne doit pas interdire la réhabilitation, lorsque le paiement a été réellement effectué. »

Cette proposition fut repoussée par le motif que tout ce qui se réalise au moment du concordat étant l'œuvre de la nécessité, plutôt que de la volonté spontanée et libre des créanciers, ce n'est que le lien de droit civil qui se trouve affecté. La dette originaire continue à subsister dans toute son étendue, à titre d'obligation naturelle. Or, ajoutait M. Quenault, dans son rapport à la chambre des députés (1) : la dette sociale est la dette personnelle de chaque associé ; c'est le paiement intégral de cette dette qui lui est imposé par l'honneur, par la conscience, s'il acquiert les moyens de l'acquitter. Lui accorder, sans qu'il ait payé cette dette toute entière, le bénéfice de la réhabilitation, c'est se départir des conditions qui font le mérite et l'honneur de cette institution. Les créanciers de la société pourraient dire : cet homme a été réhabilité, et cependant, il m'a fait perdre la moitié, les trois quarts de ma créance. Il y aurait ainsi deux sortes de réhabilitation, dont l'une laisserait subsister dans l'opinion une partie de la tâche originelle que la réhabilitation doit complètement effacer. »

Nous avons dû rapporter ces débats pour bien déter-

(1) Séance du 17 mars 1838.

miner le caractère de l'obligation imposée par l'article
604 à l'associé en nom collectif. Elle est absolue, et n'admet aucun tempérament. Elle doit recevoir sa pleine
et entière exécution, alors même que, dans le concordat
particulier, les créanciers en auraient expressément consenti la décharge.

1314. Si, après la réhabilitation de l'un des associés,
un second voulait l'acquérir, il ne pourrait l'obtenir qu'en
justifiant qu'il a désintéressé le premier dans les proportions établies par les articles 1213 et 1214 du Code
civil.

1315. La nécessité de poursuivre la réhabilitation est
une conséquence forcée de l'état de faillite. C'est la seule
voie à employer dès que le jugement déclaratif a acquis
l'autorité de la chose jugée. Ainsi le failli qui, après les
délais de l'opposition et de l'appel, serait parvenu à désintéresser tous ses créanciers, ne pourrait plus obtenir
que ce jugement fût rétracté ; il serait obligé de se faire
réhabiliter (1).

1316. Un arrêt de la Cour royale de Bordeaux du 9
juillet 1832 (2), tout en reconnaissant le principe, ne le
déclare applicable que lorsque la faillite a été *justement*
déclarée, et non lorsqu'il est reconnu que la situation
du débiteur ne le constituait pas *positivement* en état de
faillite.

Mais ces conditions ne sont que le renversement du
principe lui-même. En effet, la question de savoir si le
débiteur était ou non en faillite appartient au tribunal de
commerce saisi de la demande en déclaration. S'il a
mal apprécié, et que son jugement contienne une erreur,

(1) Cass., 29 novembre 1827. D. P. 28, 1, 25.
(2) D. P. 33, 2, 57.

il est loisible à celui qui en souffre de l'attaquer. La loi
lui ouvre d'abord l'opposition, ensuite la voie de l'appel.
S'il n'use ni de l'une, ni de l'autre, il reconnaît qu'il a été
justement rendu.

Autoriser, en cet état, un nouveau recours contre le
jugement, permettre, soit au tribunal qui l'a rendu, soit au
juge supérieur, de se livrer à une nouvelle appréciation,
c'est ouvertement méconnaître et l'autorité de la chose
jugée, et les dispositions de la loi qui règlent la manière
dont les jugemens peuvent être attaqués ; c'est, en un
mot, créer un mode de se pourvoir qui n'est ni l'opposition, ni l'appel, ni le pourvoi en cassation, ni la requête
civile, et dont il n'existe aucune trace dans notre législation.

Il est donc certain que cet arrêt eût encouru la censure
de la cour de cassation, s'il eût été déféré à son appréciation. On peut à cet égard se former d'autant moins
de doute que déjà la cour régulatrice s'est formellement
expliquée dans son arrêt du 29 novembre.

Ainsi à partir de l'époque où le jugement déclaratif a
acquis l'autorité de la chose jugée, il y a pour le failli,
qui a tout payé, nécessité de se pourvoir en réhabilitation. Mais il pourrait le faire, avant même que les opérations prescrites par la loi eussent été accomplies. Il ne
s'agit pas ici d'un de ces traités particuliers que l'article
507 a voulu régir. On ne saurait donc en invoquer la
disposition.

1317. Avant d'arrêter les formes de la réhabilitation,
le législateur dut déterminer l'autorité appelée à en connaître. De longs et vifs débats éclatèrent à cet égard dans
le sein du conseil d'état.

Les uns proposaient d'en laisser le soin au prince. Dans

une monarchie, disaient-ils, toutes grâces doivent émaner du souverain. Mais on répliquait que la réhabilitation n'était pas une grâce, que son principe ne pouvait même être contesté ; qu'il ne s'agissait que d'une seule chose, à savoir : si le failli avait ou non payé, et que la solution de cette question devait être abandonnée au pouvoir judiciaire (1).

Cette opinion ayant prévalu, on proposa de déléguer la matière aux tribunaux de commerce. Mais cette proposition fut écartée par le motif que la réhabilitation touchant à l'état des personnes excédait la compétence consulaire. On convint, en conséquence, de la déférer aux cours royales.

La juridiction, ainsi réglée, restait à établir le mode dans lequel il serait procédé. Comment s'assurerait-on que les paiemens ont été sérieux ? Fallait-il appeler dans l'instance les créanciers ? Après diverses propositions, dont quelques-unes tendaient à soumettre les créanciers à affirmer sous serment qu'ils avaient été réellement payés, on s'arrêta à la procédure consacrée par les articles 604 et suivants du Code de commerce.

1318. C'est cette procédure que la loi actuelle a également adoptée en reproduisant les anciennes dispositions.

En conséquence, le failli qui veut se faire réhabiliter doit en adresser la demande à la cour royale dans le ressort de laquelle il a son domicile. Ces expressions de la loi doivent s'entendre du domicile actuel, et non de celui que le débiteur avait au moment de la faillite. La requête accompagnée des quittances et autres pièces justificatives est communiquée au procureur général.

1319. Sur cette communication, ce magistrat en adresse une copie au procureur du roi et au président du

(1) Vid. art. 610.

tribunal de commerce, 1° du domicile actuel du demandeur, 2° de celui dans l'arrondissement duquel la faillite
a été déclarée. Il commet ces magistrats à l'effet de s'assurer de l'exactitude des énonciations de cette requête.

Dès la réception de cette communication, une copie
de cette requête est, à la diligence des procureurs du
roi, et présidens des tribunaux de commerce, affichée,
tant dans les salles d'audience des tribunaux civils et de
commerce, qu'à la maison commune du double domicile que nous venons d'indiquer. Elle est de plus insérée
par extrait dans les journaux de la localité.

1320. Le but de cette publicité, est d'appeler tous
les renseignemens de nature à éclairer la religion de la
cour sur la sincérité des paiemens allégués par le débiteur. La loi ne se contente pas de la reproduction des
quittances ; elles peuvent n'être que le fruit d'une transaction et déguiser une perte réelle. Or, elle ne permet
pas que la condition qu'elle a imposée à la réhabilitation
puisse être éludée, et qu'on puisse jouir des avantages
qu'elle produit, sans avoir réellement fait disparaître
tous les obstacles. Nous allons la voir exprimer plus
énergiquement encore cette volonté dans l'article suivant.

ARTICLE. 608.

Tout créancier qui n'aura pas été payé intégralement
de sa créance en principal, intérêts et frais, et tout autre
partie intéressée, pourra, pendant la durée de l'affiche,
former opposition à la réhabilitation par simple acte au
greffe, appuyé des pièces justificatives. Le créancier
opposant ne pourra jamais être partie dans la procédure
de réhabilitation.

ARTICLE 609.

Après l'expiration de deux mois, le procureur du roi et le président du tribunal de commerce transmettront, chacun séparément, au procureur général près la cour royale, les renseignemens qu'ils auront recueillis et les oppositions qui auront pu être formées. Ils y joindront leur avis sur la demande.

ARTICLE 610.

Le procureur général près la cour royale fera rendre arrêt portant admission ou rejet de la demande en réhabilitation. Si la demande est rejetée, elle ne pourra être reproduite qu'après une année d'intervalle.

ARTICLE 611.

L'arrêt portant réhabilitation sera transmis aux procureurs du roi et aux présidents des tribunaux auxquels la demande aura été adressée. Ces tribunaux en feront faire la lecture publique et la transcription sur leurs registres.

SOMMAIRE.

1321. Tous les intéressés peuvent former opposition pendant les deux mois de l'affiche. Même les créanciers qui auraient concédé une quittance définitive.
1322. Après l'expiration des deux mois, le procureur du roi et le président du tribunal de commerce, qui ont été consultés, transmettent au procureur général les renseignemens qu'ils ont recueillis, les oppositions qui ont été formées et leur avis personnel.
1323. Le procureur général requiert arrêt ou communique les pièces au failli. Celui-ci peut demander qu'il soit sursis jusqu'après nouvelles explications ou le jugement sur les oppositions.

1321. La demande en réhabilitation doit rester affichée dans les lieux indiqués par les articles précédens, pendant l'espace de deux mois, dans l'intervalle desquels les procureurs du roi et présidens des tribunaux de commerce reçoivent les déclarations des parties intéressées, et recueilleront les renseignemens qu'ils jugeront utiles.

Tous les ayants droit peuvent s'opposer à la réhabilitation. Au nombre de ceux-ci, figurent essentiellement les créanciers qui n'auraient pas été payés de tout ce qui leur est dû.

Remarquons que la loi n'en excepte aucun. Il faudrait donc décider que ceux-là même qui auraient délivré des quittances définitives, seraient recevables à former opposition, si ces quittances leur avaient été imposées pour prix d'un paiement partiel, plus ou moins important. La réhabilitation est essentiellement d'ordre public ; elle ne saurait donc devenir l'objet d'une transaction licite, soit tacite, soit expresse. Ainsi, le créancier qui se serait formellement interdit l'opposition, ne serait nullement lié par son engagement.

Il convient d'autant plus de le décider ainsi, que la certitude de l'inefficacité de tout traité éloignera, chez le failli, la pensée de le proposer et de tenter ainsi une fraude qui peut avoir pour effet de lui enlever les sommes payées, qui demeurent, dans tous les cas, acquises au créancier.

L'opposition est réalisée par un simple acte au greffe, appuyé des pièces justificatives. On doit entendre par là les titres de créances, le bordereau des sommes dues, l'état des sommes payées, en un mot, tout ce qui peut prouver que l'opposant n'est pas entièrement soldé.

Indépendamment des créanciers, la loi ouvre la voie d'opposition à tous les intéressés. Ainsi, si le demandeur était dans une des catégories de l'article 612, tous les créanciers spéciaux pourraient empêcher la réhabilitation.

1322. Après l'expiration du délai de deux mois, le procureur du roi et le président du tribunal de commerce qui ont reçu communication de la demande, transmettent au procureur général les renseignemens qu'ils ont recueillis et les oppositions qui ont pu être formées ; ils y joignent leur avis personnel.

1323. A la réception de ces documens, le procureur général requiert la cour de statuer si rien ne s'oppose à l'admission. Dans le cas contraire, l'équité exige que communication soit donnée au demandeur des renseignemens défavorables et des oppositions qui ont été réalisées.

Dans le premier cas, le failli peut donner toutes les explications qu'il croit utiles, sauf vérification ultérieure. Dans le second, il peut demander un sursis à la prononciation de l'arrêt, jusqu'après le jugement de l'opposition.

En effet, la cour ne peut elle-même la vider. La loi a prohibé de mettre le créancier opposant en cause. Il y aurait donc lieu d'attendre, avant de prononcer sur la réhabilitation, la décision des tribunaux ordinaires sur le mérite des prétentions du créancier.

1324. Si le débiteur a réellement soldé tous les créanciers en capital, intérêts et frais, la cour peut-elle refuser la réhabilitation ?

L'affirmative était enseignée, sous l'empire du Code, par MM. Boulay-Paty (1) et Dalloz (2). La réhabilitation, dit ce dernier, est une affaire de conscience pour le juge. Elle peut être refusée même au simple failli. A quoi bon, en effet, les renseignemens que l'article 609 prescrit de prendre sur la conduite du failli, s'il devait suffire à celui-ci de justifier de l'acquittement de ses dettes.

Nous pourrions nous contenter de faire remarquer que l'article 609 actuel ne reproduit plus les termes qui paraissaient décisifs pour M. Dalloz, et que partant, depuis sa promulgation, il faudrait arriver à une solution contraire. Mais nous croyons devoir ajouter que celle enseignée par ce célèbre jurisconsulte s'écartait de l'esprit dans lequel la loi avait été faite.

Cet esprit nous est démontré par les débats que le projet du Code de commerce subit au conseil d'état. Merlin, combattant la proposition de faire prononcer la réhabilitation par lettres du prince, disait : « L'acte des constitutions du 28 frimaire an VIII attache la suspension des droits politiques à l'état de faillite. Ainsi, lorsque cet état cesse à raison du paiement des créanciers, la réhabilitation s'opère de plein droit, par la seule force de la loi, et sans qu'il soit besoin qu'aucune autorité l'accorde. Il ne s'agit donc que de faire vérifier les faits, d'examiner si l'état de faillite subsiste encore ou s'il a cessé. Ce n'est donc point une grâce à accorder, c'est tout simplement un acte de justice à exercer, c'est tout simplement un jugement à rendre. »

(1) N° 655.
(2) Tom. 8, p. 288, n° 8.

Si cette opinion pouvait ne pas paraître décisive contre la doctrine de M. Dalloz, on ne saurait adresser le même reproche à celle du prince archichancelier.

« L'observation faite par M. Merlin, disait celui-ci, est un trait de lumière qui doit fixer toutes les opinions. L'acte des constitutions de l'an VIII, en effet, réhabilite de plein droit celui qui, par le paiement de ses créanciers, cesse d'être en état de faillite. Il ne dépend plus d'aucune autorité de lui accorder ou de lui refuser sa réhabilitation, et il ne reste qu'à s'en rapporter aux pièces qui attestent sa libération.

« Que si l'on entreprend d'éclairer en outre la moralité, on fera souvent des injustices. Rien n'est plus trompeur que l'opinion (1). »

Il résulte bien de ces termes que sous l'empire du Code de commerce la réhabilitation ne pouvait pas être refusée dès que le demandeur en avait fidèlement exécuté les conditions. Conséquemment l'opinion de MM. Dalloz et Boulay-Paty était inadmissible.

Cela est plus évident encore depuis la loi nouvelle. Celle-ci a voulu encourager les demandes en réhabilitation. Or, on ne pourrait consacrer une mesure qui s'écartât davantage de cette intention, que celle indiquée par ces deux honorables jurisconsultes. En effet, laisser le failli dans l'incertitude, s'il obtiendra ou non sa réhabilitation, même après avoir intégralement soldé ses dettes, serait dans un grand nombre de cas, l'empêcher de réaliser ce paiement, par la crainte de rester ultérieurement soumis aux incapacités qui pesaient sur lui antérieurement. On détruirait ainsi toute l'économie de

---

(1) Procès-verbaux du conseil d'état, 41ᵉ séance, nᵒˢ 19 et 20; Locré, tom. 19.

la loi, au grand détriment des créanciers eux-mêmes. De plus, on attacherait à la moralité des citoyens des effets qui ne peuvent être produits que par une condamnation pour crime ou délit.

Qu'une faillite laisse le débiteur insolvable privé de ses droits de citoyen, on le comprend ; c'est là une compensation de l'avantage qu'elle lui procure, en l'exonérant du paiement de ses dettes. Mais la faillite consiste à devoir et à ne pas pouvoir payer. Celui qui a soldé toutes ses dettes, ne doit plus rien ; il n'est donc plus en état de faillite. Il reprend, dès lors, sa qualité de citoyen, qu'il ne peut perdre que comme tous les autres.

1325. L'arrêt qui intervient, s'il admet la réhabilitation, doit être transcrit sur les registres du greffe des tribunaux civils et de commerce du domicile actuel du failli et de celui qu'il avait au moment de la faillite. Il doit donc être transmis aux procureurs du roi et aux présidens de ces tribunaux, pour qu'ils aient à faire exécuter cette transcription.

1326. Les arrêts qui rejettent la réhabilitation ne prononcent jamais qu'un déboutement en l'état. En conséquence, la demande peut être renouvelée ; seulement, d'après notre article 610, un intervalle d'une année doit s'écouler entre l'arrêt de rejet et la demande nouvelle.

Dans l'un comme dans l'autre cas l'arrêt est prononcé en audience publique.

ARTICLE 612.

Ne seront point admis à la réhabilitation les banqueroutiers frauduleux, les personnes condamnées pour vol, escroquerie ou abus de confiance, les stellionataires, ni

les tuteurs, administrateurs ou autres comptables qui
n'auront pas rendu et soldé leurs comptes.

Pourra être admis à la réhabilitation le banqueroutier
simple qui aura subi la peine à laquelle il aura été condamné.

SOMMAIRE.

1527. Motifs pour lesquels on a consacré des exceptions à la faculté
de se faire réhabiliter.
1528. Identité des causes de ces exceptions avec celles de l'art. 540.
1529. Différence entre les tuteurs administrateurs et comptables, et
les personnes dénommées dans les autres catégories.
1550. Le banqueroutier qui a subi sa peine *pourra être* réhabilité.
Conséquences de cette faculté.

1327. L'objet de la réhabilitation étant surtout l'intérêt des créanciers, on a dû d'abord se demander s'il
convenait de consacrer des exceptions à la faculté de
l'obtenir. L'affirmative a été adoptée, les droits des créanciers étant protégés par les dispositions de l'article
540, qui refuse aux personnes exclues de la réhabilitation la faveur de l'excusabilité, et les laisse pour toujours sous le poids de la contrainte par corps. Or, cette
voie d'exécution sera assez efficace pour déterminer un
paiement intégral de la part du débiteur revenu à meilleure fortune.

1328. Les motifs qui ont fait exclure de la réhabilitation les personnes dénommées dans l'article actuel,
sont les mêmes que ceux qui ont motivé la disposition
de l'article 540. Nous devons donc, pour nous épargner
une répétition inutile, renvoyer aux observations que
nous avons faite sous celui-ci.

1329. On remarquera cependant que les comptables
en général, et les tuteurs qui ne sont pas nommés dans

l'article 540 le sont dans l'article 612 ; ce qui semblerait indiquer que, pouvant être excusés, ils ne peuvent être réhabilités. Mais nous avons déjà dit que la contrainte par corps dont l'excusabilité affranchit le débiteur n'est pas celle qui résulterait d'une qualité et d'une loi spéciale (1). En second lieu, la prohibition de l'article 612 n'est que temporaire pour les tuteurs et les comptables ; elle ne les frappe que tant qu'ils n'auront pas rendu et soldé leur compte, tandis qu'elle est éternelle pour les autres catégories.

1330. Le banqueroutier simple peut être réhabilité. Ici se réalise le pouvoir discrétionnaire que nous contestions tout-à-l'heure à la cour (2). Les causes de la condamnation peuvent être, en effet, de telle nature que la justice se croie dans la nécessité de lui refuser le bénéfice qu'il solliciterait.

Dans tous les cas, le banqueroutier simple ne peut obtenir sa réhabilitation, qu'après avoir subi sa peine. Cette condition est de rigueur. En conséquence, celui qui, s'étant soustrait à la justice, n'a reparu qu'après l'avoir prescrite, ne pourrait être réhabilité.

ARTICLE 613.

Nul commerçant failli ne pourra se présenter à la bourse, à moins qu'il n'ait obtenu sa réhabilitation.

SOMMAIRE.

1331. Cette peine empruntée aux anciens édits est plutôt comminatoire qu'effective. Difficulté pour la faire exécuter.

(1) Vid. suprà nos 830 et 836.
(2) Vid. suprà n° 1324.

II   **36**

1331. Cette disposition des anciens édits a été conservée par le Code de commerce et par la loi actuelle. Celui qui n'a pas payé ses dettes n'est pas digne d'être admis dans un lieu consacré au commerce dont il a violé les principales prescriptions.

Cette peine est cependant plutôt comminatoire que réelle. Ajoutons qu'en fait, il est difficile de la faire exécuter. Cela pouvait être praticable sous l'ancienne législation, lorsque le failli était revêtu d'un signe qui le faisait reconnaître. Cette obligation ayant disparu, comment deviner si celui qui se présente est ou non failli?

ARTICLE 614.

Le failli pourra être réhabilité après sa mort.

SOMMAIRE.

1332. Nature de cette disposition. Elle n'introduit pas un droit nouveau.

1332. Cet article a été ajouté au Code de commerce. Mais la faculté qu'il consacre n'est pas nouvelle. Sous toutes les législations, les sacrifices faits par des enfants, pour racheter la mémoire de leur père, n'ont pu être que favorablement accueillis. L'introduction du principe dans la loi est un hommage à la morale, une recommandation à la piété filiale, un noble encouragement à un pieux devoir.

FIN.

TABLE DES CHAPITRES.

CHAPITRE 6. Du Concordat et de l'Union.

SECTION 2. Du Concordat.

FIN DE LA TABLE DES CHAPITRES.

Imprimé en France
FROC031749060720
24425FR00015B/627

9 782329 423104